철학, 장애를 논하다

ARGUING ABOUT DISABILITY: Philosophical Perspectives

Edited by Kristjana Kristiansen, Simo Vehmas and Tom Shakespeare

First published in English in 2009 by Routledge.
Copyright © 2009 selection and editorial matter, Kristjana Kristiansen, Simo Vehmas and Tom Shakespeare;
individual chapters, the contributors.
Korean translation copyright © 2020 by Greenbee Publishing Co.
All rights reserved.
Authorised translation from the English language edition published by Routledge, a member of the Taylor
& Francis Group.

그린비 장애학 컬렉션 08

철학, 장애를 논하다 : 메를로-퐁티와 롤스에서 호네트와 아감벤까지

발행일 초판1쇄 **2020년 1월 9일** 초판2쇄 2020년 4월 10일

엮은이 크리스트야나 크리스티안센, 시모 베마스, 톰 셰익스피어

옮긴이 김도현 | **펴낸곳** (주)그린비출판사 | **펴낸이** 유재건 | **주소** 서울시 마포구 와우산로 180, 4층

주간 임유진 | **편집 · 마케팅** 방원경, 신효섭, 홍민기 | **디자인** 권희원

경영관리 유하나 | **물류유통** 유재영, 이다윗

전화 02-702-2717 | **팩스** 02-703-0272 | **이메일** editor@greenbee.co.kr | **신고번호** 제2017-000094호

ISBN 978-89-7682-598-8 93300

이 도서의 국립중앙도서관 출판예정도서목록(CIP)은 서지정보유통지원시스템(http://seoji.nl.go.kr)과 국가자료종합목록구
축시스템(http://kolis-net.nl.go.kr)에서 이용하실 수 있습니다.(CIP제어번호: CIP2019042435)

철학과 예술이 있는 삶 **그린비출판사**

그린비 장애학 컬렉션 • 08

철학, 장애를 논하다

메를로-퐁티와 롤스에서 호네트와 아감벤까지

크리스트야나 크리스티안센 외 엮음

김도현 옮김

그린비

| 일러두기 |

1 이 책은 Kristjana Kristiansen, Simo Vehmas and Tom Shakespeare ed., *Arguing About Disability : philosophical perspectives*, Routledge, 2008을 완역한 것이다.

2 주석은 모두 각주이며, 옮긴이의 주석에는 주석 끝에 '— 옮긴이'라고 표기하여 지은이의 주석과 구분했다.

3 인용하거나 참조한 문헌의 서지정보는 처음 나오는 곳의 각주에 자세한 정보를 표기했으며, 이후 등장하는 곳에서는 필자명과 문헌의 제목만 간략하게 표기했다. 인용 및 참조한 문헌의 자세한 서지정보는 권말의 참고문헌에 한 번 더 정리했다.

4 고딕서체로 표기된 것은 원문에서 이탤릭체로 표기된 것이다.

5 ( )의 내용은 저자의 것이며, 문장이 길어 가독성이 지나치게 떨어지거나 내용의 전달에 큰 이점이 있다고 판단된 경우에 한해 옮긴이가 ( )표시를 한 곳도 있다.

6 인용문에서 [ ]의 내용은 인용자가 삽입한 것이며, 본문에서 [ ]의 내용은 맥락적 이해를 돕기 위해 옮긴이가 삽입한 것이다.

7 인용문에 대한 국역본이 존재하는 경우에는 이를 참조하기는 했지만, 대부분 옮긴이의 판단에 따라 새롭게 옮겼다.

8 단행본·정기간행물의 제목에는 겹낫표(『 』)를, 논문·단편·법 등의 제목에는 낫표(「 」)를 사용했다.

9 외국어 고유명사는 2002년에 국립국어원에서 펴낸 외래어표기법을 따라 표기했다.

책머리에

장애는 상당히 난감하고 혼란스러운 개념 ──특히 장애학의 영역에서는── 이며, 고도로 정치화된 논쟁 내에서 장애에 대한 사회적 해석은 생물학에 기반을 둔 보다 전통적인 접근법과 경합하고 있다. 그러한 논쟁이 벌어지는 가운데 일관된 이론적 천착은 때때로 실종되었고, 사회학적 이슈에 대한 선호 속에서 철학적 이슈들은 대개 경시되어 왔다. 『철학, 장애를 논하다』는 장애와 관련된 제도, 정책, 관행의 도덕적 본질, 그리고 이러한 제도, 정책, 관행이 장애인 및 사회에 어떤 의미를 갖는지에 관한 분석과 논쟁을 제공함으로써 그와 같은 결함을 보완해 줄 것이다.

이 선구적인 저작집은 3부로 구성되어 있다. 제1부는 장애에 대한 정의와 이론, 제2부는 사회 속에서의 장애인, 제3부는 응용윤리학을 다룬다. 각 기고자들 ──장애학, 사회학, 심리학, 교육학, 철학, 법학, 보건학을 포함하는 광범위한 학문적 배경을 지닌── 은 장애학 내의 중심 이슈를 탐색하기 위하여 철학적 인식틀을 활용한다. 논의되는 이슈들은 인격personhood, 하나의 현상으로서의 장애, 사회정의, 차별, 통합

등을 포괄한다.

　『철학, 장애를 논하다』는 장애학과 철학적 윤리학의 교차 지점에 대한 개관을 제공하면서, 진정으로 학제적인 과업을 수행하고 있다. 이 책은 장애운동가들뿐만 아니라 장애학이나 응용철학에 관심이 있는 모든 학자들과 학생들에게 크나큰 가치를 지닐 것이다.

차례

서장 _ 장애학과 철학의 피할 수 없는 동맹

시모 베마스·크리스트야나 크리스티안센·톰 셰익스피어

이 책은 철학과 맞닥뜨릴 수밖에 없는 다양한 학문 분야에서 장애 및 장애학자들을 접해 왔던 철학자들에 의해 쓰였다. 이 저작집의 목표는 매우 명확하다. 그것은 전문가와 정책 입안자에게 ①장애의 개념화를 위한 이론적 도구를, 그리고 ②장애의 정의定義와 관련된 이슈 및 장애와 관련된 규범적 이슈에 대한 잘 논증되고 충분한 근거를 지닌 견해를 제공하는 것이다. 이 책을 참신하게 만들어 주는 것은 철학적 이슈로서의 장애에 초점을 맞추고 있다는 점이다. 장애학은 지금까지 대부분 사실상 경험적 성격을 띠어 왔으며, 대체로 사회학적 인식틀에 뿌리를 두었다. 캐럴 토머스Carol Thomas는 거의 십 년 전 "장애에 관한 사회이론의 발전은 아직까지 유아기에 머물러 있다"고 주장했는데,[1] 사회과학적 인식틀에서 장애를 이론화하려는 내재적 경향성에도 불구하고 유감스럽게도 이것은 여전히 적용 가능한 평가라 할 수 있다.

---

1) Carol Thomas, *Female Forms: Experiencing and Understanding Disability*, Buckingham: Open University Press, 1999, p. 29.

철학자들의 편에서 보자면, 그들은 보통 낙태, 안락사, 정의正義 같은 이슈들과 관련해서만 장애에 관심을 가져 왔다.[2] 그러나 그들의 작업은 사람들의 장애화disablement[3]에 주요한 역할을 하며 장애라는 현상의 형성에서 실질적 요소로 작용하는 더 광범위한 (사회적·문화적·정치적인) 맥락적 요인들을 거의 고려하지 못하고 있다. 다행스럽게도 장애의 복합성에 대해 민감성을 지닌 철학적 글들이 발표되기 시작했지만, 이러한 글의 대부분은 일정한 철학 분야, 즉 윤리학이나 정치철학에 주로 초점이 맞추어져 있다.[4]

대체적으로 말하면, 장애학 연구는 매우 유용하게도 장애를 하나

---

2) 이에 대한 예로는 Allen Buchanan, Dan W. Brock, Norman Daniels and Daniel Wikler, *From Chance to Choice: Genetics and Justice*, Cambridge: Cambridge University Press, 2000; John Harris, *Wonderwoman and Superhuman: The Ethics of Human Biotechnology*, Oxford: Oxford University Press, 1992; Helga Kuhse and Peter Singer, *Should the Baby Live? The Problem of Handicapped Infants*, Oxford: Oxford University Press, 1985; Robert M. Veatch, *The Foundations of Justice: Why the Retarded and the Rest of Us Have Claims of Equality*, New York: Oxford University Press, 1986을 보라.

3) 장애학에서 '장애화'란 기본적으로 어떤 손상을 지닌 사람이 특정한 사회적 조건과 맥락에 의해, 즉 물리적·사회적 장벽 및 차별과 억압에 의해 무언가 할 수 없는 상태로 만들어지는 과정을 포착하는 개념이다. 그러나 장애학 이외의 문헌에서는 그냥 단순히 '장애 상태에 있음' (being disabled)을 의미하는 데 사용되기도 한다.—옮긴이

4) 이에 대한 예로는 Alasdair MacIntyre, *Dependent Rational Animals: Why Human Beings Need the Virtues*, London: Duckworth, 1999; Erik Parens and Adrienne Asch eds., *Prenatal Testing and Disability Rights*, Washington, DC: Georgetown Unversity Press, 2000; Martha C. Nussbaum, *Frontiers of Justice: Disability, Nationality, Species Membership*, Cambridge, MA: Harvard University Press, 2006; Jackie Leach Scully, *Disability Bioethics*, Lanham, MD: Rowman and Littlefield, 2008; Anita Silvers, David Wasserman and Mary B. Mahowald, *Disability, Difference, Discrimination: Perspective on Justice in Bioethics and Public Policy*, Lanham, MD: Rowman and Littlefield, 1998; Susan Wendell, *The Rejected Body: Feminist Philosophical Reflections on Disability*, New York: Routledge, 1996[수전 웬델, 『거부당한 몸』, 김은정·강진영·황지성 옮김, 그린비, 2013]을 보라.

의 사회 현상으로 재개념화해 왔고 의미 있는 경험적 분석 또한 생산해 왔지만, 그러한 현상의 복합성을 제대로 다루는 데 필요한 이론적 정밀함의 본질적 차원들은 결여하고 있다. 반면 철학자들은 장애에 관한 경험적 실재 및 사실과 관련된 과제를 수행하는 데 전통적으로 허술한 모습을 보였으며, 틀에 박힌 방식으로 장애를 다루는 경향을 띠어 왔다.[5] 그렇지만 철학에서 전형적으로 나타나는 개념적·분석적 엄격함은, 장애 연구 분야의 이론적 발전이 필요로 하는 바로 그것이라고 할 수 있다. 이 책은 장애에 대한 기술적記述的, descriptive[6] 차원과 규범적 차원 양자를 제공하면서, 다양한 이론적·실제적 시각에서 이러한 결함들을 보완하는 것을 목표로 한다. 우리는 이 책의 각 장들이 장애가 대체 무엇인지에 관한 현재의 이해에 대안적이고 상호 보완적인 관점을 제공할 수 있기를 희망한다.

현재 장애 연구 분야에서 사회과학적 접근법이 강세를 나타내는 것은 오랜 역사적 과정의 결과이다. 서구 문화에서는 장애와 관련해 대략 세 가지의 주요 모델이 발견된다. 그 첫번째는 **도덕적 장애 모델** moral model of disability인데, 성경에서 낯익게 접할 수 있으며 일반적으로

---

5) Anita Silvers, "Formal Justice", eds. Anita Silvers, David Wasserman and Mary B. Mahowald, *Disability, Difference, Discrimination: Perspective on Justice in Bioethics and Public Policy*, Lanham, MD: Rowman and Littlefield, 1998; David T. Wasserman, "Philosophical Issues in the Definition and Social Response to Disabiltity", eds. Gary L. Albrecht, Katherine D. Seelman and Michael Bury, *Handbook of Disability Studies*, Thousand Oaks, CA: Sage, 2001.

6) '기술'(description)이라는 단어는 사전적으로 "대상이나 과정의 내용과 특징을 있는 그대로 열거하거나 기록하여 서술함"이라는 의미를 지닌다. 따라서 '기술적'이라는 표현에는 '있는 그대로'를 반영한다는, 즉 "경험적 실재 및 사실과 관련된"이라는 함의가 담겨 있다고 할 수 있다.—옮긴이

고대에 널리 퍼져 있던 견해이다. 이런 견해에 따르면, 장애는 어떤 개인 또는 그/그녀 선조들의 도덕적 결함을 나타내 주는 표시이다. 예를 들어, 어떤 아기의 손상은 그 아기 부모의 성적 문란으로 인한 결과다. 어떤 사람이 살면서 후천적으로 손상을 입게 될 경우, 그/그녀의 손상은 그/그녀 자신의 도덕적 태만에 의해 설명된다. 이러한 입장에 따르면, 장애는 하나의 응보應報로서 개인들(과 그들의 가족)에게 내려진, 통상 가시적인 손상의 형태를 띤 불리한 상태이다.[7]

근대에 장애는 과학적 방법을 통해 설명되어 왔으며, 개인의 생리적 또는 정신적 결함으로 환원되었다. 장애는 알코올중독, 동성애, 범죄 행위 같은 여러 현상들 중에서도 특히 의료화medicalization(사람들과 사회가 점점 더 의료적 견지에서 설명되는 과정을 나타내는 용어)의 전형적 사례가 되었다. **의료적 장애 모델**medical model of disability이라는 표현은 개인이 지닌 결함의 원인을 불운(사고)이나 부적절한 건강 습관(흡연, 나쁜 섭식)이나 유전인자의 탓으로 돌리는 편파적인 견해에 대한 하나의 통상적 별칭이 되었다. 이런 입장은 장애를 개인이 지닌 생물학적 결함, 질환, 특성의 불가피한 산물로 바라본다. 장애는 개인의 병리 상태로부터 초래되는 개인적 비극이 되었다.[8]

---

7) 이에 대한 예로는 Robert Garland, *The Eye of the Beholder: Deformity and Disability in the Graeco-Roman World*, London: Duckworth, 1995; Silvers, "Formal Justice", pp. 56~59; Henri-Jacques Stiker, *A History of Disability*, trans. William Sayers, Ann Arbor, MI: University of Michigan Press, 1999를 보라.

8) Colin Barnes, Geof Mercer and Tom Shakespeare, *Exploring Disability: A Sociological Introduction*, Cambridge: Polity Press, 1999; Michael Oliver, *The Politics of Disablement*, Basingstoke: Macmillan, 1990; Mark Priestley, *Disability: A Life Course Approach*, Cambridge: Polity, 2003; Silvers, "Formal Justice".

1960년대 말 이래로, 장애에 대한 편파적인 의료적 이해는 신랄한 비판을 받아 왔다. 의학이 편향된——손상을 지닌 사람들에게 억압적인 관행과 사회 제도로 이어지게 되는—— 방식으로 장애를 설명한다고 주장되었다. 이러한 주장에 따르면, 중재intervention[9]는 오로지 '정상적인' 개인을 만드는 것을 목표로 하면서 환경은 그대로 방치하고 있다. 자원은 환경을 변화시키는 데 사용되는 것이 아니라, 손상을 지닌 개인을 '개선'하거나 '교정'하는 데 쓰인다. 이는 장애인들의 완전한 사회 참여를 가로막으면서, 그들의 사회적·도덕적 주변화로 이어지게된다. 다시 말해서, 장애는 의료적 중재를 통해 다루어져야 하는 개인적 문제가 아니라, 사회적 개입을 통해 다루어져야 하는 사회적 문제라는 것이다. 손상을 지닌 사람들의 자기권능강화self-empowerment[10]에

---

9) 'intervention'은 사용되는 분야나 맥락에 따라 '중재'와 '개입'이라는 두 가지 역어가 어느 정도 관행적으로 굳어져 있다고 할 수 있다. 이를 존중하여 본 역서에서도 '의료적', '교육적', '법적' 등의 수식어 뒤에서는 '중재'로, '국가적', '정치적', '사회적', '경제적' 등의 수식어 뒤에서나 그러한 맥락에서는 '개입'으로 옮겼음을 밝혀 둔다.—옮긴이

10) 'empowerment'는 'power'라는 명사에 동사형 접두사 'em[en]-'이 붙고(en+large[큰]: 크게 하다, en+joy[즐거움]: 즐기다), 여기에 다시 명사형 접미사 '-ment'가 붙어 만들어진 단어다. 접두사와 접미사를 빼고 나면 결국 'power'만 남게 되는데, 이 'power'라는 단어 자체가 상당히 폭넓고 다양한 뉘앙스의 의미를 지니기 때문에 우리말로 깔끔하게 번역하기가 쉽지 않은 개념이라고 할 수 있다. 사회복지의 영역에서는 '역량강화'라는 번역어가 많이 쓰이고 한국의 장애인 자립생활운동 진영에서도 이 용어가 다소 무비판적으로 수용되었는데, 그러다 보니 이 과정에서 심각할 정도로 의미의 협소화가 발생하고 말았다. 즉 '임파워먼트'가 장애인 개인의 부족한 문제해결 능력이나 실무 역량, 혹은 자립생활 기술의 강화를 의미하는 것처럼 통용되고 있는 것이다. 자립생활센터들에서 실시하는 소위 '역량강화 교육'도 대개 이런 종류의 것일 때가 많다. 하지만 사회운동에서 'empowerment'란 근본적으로 'power to the people'(민중에게 권력을)과 상통하는 것으로 집단적인 정치적 힘의 강화를 의미한다. 소수자[약세자(弱勢者)] 집단과 다수자[강세자(强勢者)] 집단 간의 불평등한 권력관계를 변화시키는 것이 핵심이며, 그렇기 때문에 정치학 등의 문헌에서는 '세력화'로 번역된다. 예컨대 '노동자·민중의 정치 세력화'에서 그 '세력화'를 영어로 표현할 때 쓸 수 있는 단어가 바로 'empowerment'인 것이다. 이런 측면을 고려하면 '임파워먼트'를 우리말로 옮길 때

대한 강력한 정치적 신념과 결합된 이러한 사회학적 관점은 장애학을 위한 존재론적·인식론적 토대가 되었다.[11]

실제로, 장애라는 하나의 현상이 이해되고 설명되는 방식은 장애와 연관된 어려움들의 제거를 목표로 하는 현실의 개입에 대한 기반이 된다. 장애에 대한 일정한 견해와 이해가 필연적으로 우리의 대응과 행위의 방향을 결정한다. 다시 말해서, 손상과 장애화의 원인이 영적인 것으로 파악된다면, 장애와 관련된 문제를 퇴마 의식이나 신앙요법faith-healing과 같은 영적인 조치를 통해 다루는 것은 아주 자연스러운 일이다. 그리고 장애가 의료적 지식의 견지에서 파악되고 손상과 구분되지 않는다면, 의료적 중재를 통해 개인의 능력을 개선시키는 데 집중하는 것이 합리적일 수밖에 없다.

장애에 대한 이와 같은 개인주의적 접근법들 중 어느 것이 됐든 이의 기계적인 적용을 통해 나타나는 유감스러운 결과는 후견주의[부권주의]paternalism, 즉 타인들의 이익을 위해 그들 대신 결정을 내려주

는 'power'가 지닌 다양한 함의를 담을 수 있는 역어가 필요한데, 잠정적으로는 '권능강화'가 최선이 아닐까 생각한다. 국립국어원 『표준국어대사전』을 찾아보면, '권능'이라는 단어는 "권세와 능력을 아울러 이르는 말"이고, 다시 '권세'는 "권력과 세력을 아울러 이르는 말"이다. 따라서 '권능강화'는 '권력강화', '세력(강)화', '능력강화'라는 다양한 의미를 직접적으로 포괄할 수 있다. 또한 '권능'에 대한 유의어로는 '권한', '권리', '힘'이 제시되어 있다. 즉 '권+능'이라는 단어는 '권'(權)이라는 한자로 시작되는 '권한'-'권리' 등의 의미 계열과 '능'(能)이라는 한자와 연결되는 '능력'-'역량'-'힘' 등의 의미 계열을 동시에 연상시키면서, 이 양자가 스피노자적인 의미에서 서로 결부되어 있음을(Jus[권] = Potentia[능]), 요컨대 어떤 집단의 (법적) 권리는 그 집단의 사회적 힘을 기반으로 하며 그것과 분리되어 있지 않음을 함축할 수도 있을 것이다.—옮긴이

11) 이에 대한 예로는 Simi Linton, *Claiming Disability: Knowledge and Identity*, New York: New York University Press, 1998; Michael Oliver, *Understanding Disability: From Theory to Practice*, Basingstoke: Macmillan, 1996; Priestley, *Disability: A Life Course Approach*를 보라.

는 것이었다. 그것이 당사자들의 바람과는 상반될지라도 말이다. 후견주의의 핵심적인 부분은 관련 지식과 기술을 지닌 권위자들이 문제가 되는 현상을 어떻게 이해하고 다루어야만 하는지 결정하는 일종의 전문가 시스템이다. 종교적 인식틀 내에서, 진리의 소유자는 성직자다. 의료적 담론 내에서, 그러한 진리의 담지자는 의사다. 어느 경우이든 손상을 지닌 사람들의 자율성은 너무나 자주 짓밟혔으며, 그들은 단지 전문가나 여타 지배적인 장애 담론의 신봉자들이 제공하는 자비로운 도움의 수동적인 수령자가 된다. 따라서 장애에 대한 개인주의적 접근법의 결점은 너무나 분명해 보이며, 장애에 대한 사회적 이해의 등장은 장애 담론에 있어서도 장애인의 삶에 대한 제도적 대응에 있어서도 환영할 만한 변화였다.

장애학 분야는 사회학이 지배해 왔으며, 미국에서는 인문학 또한 많은 영향을 미쳤다. 수행된 연구들은 대부분 일정한 전제들의 입증을 목표로 하면서 경험적 성격을 띠었다. 예를 들어, 영국에서 장애는 흔히 억압의 문제로 파악되며, 연구가 수행해 온 기능은 대체로 손상을 지닌 사람들이 실제로 어떻게 억압받는지를 명확히 하는 것이다. 그렇지만 장애가 하나의 사회 현상으로서 억압과 차별의 견지에서 이해될 경우, 건강, 정상성, 행복well-being, 차별, 정의, 평등 같은 개념들——철학에서 오랫동안 논의되어 왔던 종류의 개념들——을 좀 더 면밀히 분석하는 작업이 필수적인 것처럼 보인다. 하지만 장애학의 핵심 개념들 및 근본적인 가정들과 관련해서는 매우 적은 이론적 작업만이 수행되어 왔다. 따라서 이 책은 장애학 이론의 발전과 장애라는 현상의 보다 깊은 이해에 기여하는 것을 목표로 한다.

이 책의 개관

철학은 예들과 반례反例들을 통해 인간 사고의 개념적 경계들을 검토한다. 철학자들은 합리적 탐구를 통해 사고, 행위, 실재와 연관되어 있는 기본 개념과 원리에 대한 이해를 추구한다. 철학적 탐구는 다른 무엇이 아닌 그 자신을 위해 수행된다는 것이 종종 그러한 탐구를 특징 짓기도 한다. 그러나 동시에 철학하기philosophizing가 지혜, 덕, 행복으로 이어질 수 있다는 것에는 일반적인 합의가 존재한다. 장애철학은 내용적으로나 방법론적으로나 응용철학의 한 형태라고 할 수 있다. 응용철학은 실제적 중요성을 지닌 특정한 상황 및 문제에 철학 이론과 개념을 적용하며, 논의되고 있는 현상에서 발견되는 철학적 이슈를 규정하고, 명확히 하고, 체계화하기 위해 표준적인 철학적 기법들을 활용한다. 실천적 측면에서도 또한 철학적 방법이 사용되는데, 이는 대개 새로운 개념적 도구를 발전시키려는 목적을 갖는다.

강단철학은 전통적으로 (넓게는 존재론, 인식론, 언어철학을 포괄하는 것으로 이해되는) 형이상학, 윤리학, 정치철학, 과학철학, 논리학으로 나뉘어 왔다. 논리학은 이 책에 포함되지 않았고, 과학철학은 존재론과의 밀접한 관련성 때문에 형이상학 부분에 편입되었지만, 그 점을 제외하면 형이상학, 정치철학, 윤리학이라는 철학의 세 가지 주요 분과를 기반으로 이 책은 구성되어 있다. 이러한 종류의 분류법은 대개 인위적일 수밖에 없고, 장애라는 현상의 복합적 본질을 제대로 다루지 못한다. 따라서 이 책의 많은 장들은 사회적·윤리적 고찰과 존재론적 고찰을 함께 포함하고 있는데, 이는 이러한 차원들이 대개 서로 뒤얽혀 있고 분리된 독립적 영역으로 여겨지는 것이 적절치 않다는 점을 감안하면 충분히 이해될 만한 것이라 하겠다. 결국 이 책의 모든 장들은 몇몇 부분에서 다소간 겹쳐지는 것에 신경 쓰지 않고, 형이상학이나 정치철학이나 윤리학의 견지에서 장애를 분석하는 데 초점을 맞춘다고 할 수 있다.

제1부: 형이상학

형이상학은 존재론과 인식론으로 구성되는데, 전자는 존재의 본질에 대한 연구이며, 후자는 말 그대로 앎에 대한 이론theory of knowledge이다. 요컨대, 이 책의 제1부는 하나의 현상으로서 장애란 무엇인지, 그리고 이러한 현상의 본질과 (과학적) 지식의 관계는 대체 무엇인지를 검토하는 데 초점을 맞춘다.

　　스티븐 스미스Steven Smith가 쓴 1장은 장애에 관한 몇몇 기본적인 존재론적·인식론적 관념을, 그리고 그러한 관념이 어떻게 장애에 대한 윤리적 확신과 사회 제도의 기반을 형성하는지를 논하고 있기 때문에, 어떤 면에서 이 책 전반을 요약한다고 볼 수 있다. 스미스는 장애라는 현상을 의료적으로 정의된 손상으로 환원하는, 장애에 대한 본질주의적 관념들을 논의하는 것에서 시작한다. 이러한 관념들이 취하는 설명은, 일정한 체현embodiment 방식과 인간 존재를 정상적이고 바람직하거나 결함이 있고 비극적인 것 둘 중 하나로 상정하는 전제들에 기반을 두고 있다. 스미스는 이러한 종류의 관념이 두 가지 점에서 지나치게 단순화된 것일뿐더러 잠재적으로 해악적일 수 있음을 논한다. 그러한 관념이 ①평등한 사회 참여에서 손상을 지닌 사람들을 배제하는 사회 제도들의 기반을 형성하고 ②손상을 지닌 사람들의 행복에 대한 주관적 경험을 약화시키는, 부정적 의미들이 부여된 장애를 구성해 낸다는 점에서 말이다. 동시에 장애에 대한 일면적인 사회적 이해 또한 어떤 사람의 장애인으로서의 정체성을 약화시킬 수 있다. 손상에 대한 주관적 경험(예컨대, 통증pain과 고통suffering)이 무시될 경우에는 말이다. 스미스는 사람들의 행위주체성agency을 강조하는데, 이러한 행위주체성은 어떤 개인이 그/그녀의 환경이나 (손상과 같은) 다양한 예기치 못한 요인에 대한 통제력은 갖지 못할 수 있지만, 그 요인에 어떤 종류의 의미를 부여하고 그런 요인을 자신의 개인적 내러티브와 정체성의 일부분으로서 어떻게 해석할지는 결정할 수 있음을 의미한다. 사람들에 대한 존중은 주관적 경험에 대한 존중을 포함하며, 이것이 공정한 사회 체제 및 정치 체제뿐만 아니라 건강한 인간관계의 기반을 이룬다.

2장에서 스티븐 에드워즈Steven Edwards는 장애의 정의가 언제나 어떤 가치들에 기반하고 있음을 논한다. 그 가치들이 의료적이건 도덕적이건 미적이건 간에, 장애에 관한 개념은 일정한 가치들, 그리고 궁극적으로는 무엇이 좋은 인생인지에 대한 어떤 견해와 연결되어 있다. 에드워즈는 소위 의료적 가치들(통증으로부터의 해방, 인간의 능력, 몸의 형태와 움직임)의 의미와 중요성을 분석하는 것에서 시작한다. 그리고 그러한 의료적 가치들 중 어떤 것도 그 자체로는 중요하지 않지만, 누군가가 소망하는 프로젝트나 삶을 추구할 수 있는 능력에 미치는 영향 때문에 중요성을 갖는다고 추론한다. 따라서 그 핵심에 있어, 장애의 정의는 하나의 윤리적 프로젝트이며 언제나 일정 정도는 주관적 경험에 뿌리를 두고 있다. 가치들은 대개 서로 뒤얽혀 있다. 예를 들어, 미적 취향은 우리의 윤리적 판단에 (의료적 판단에까지도) 크게 영향을 미칠 수 있다. 추하며 혐오스럽다고 여겨지는 신체적 특징이 어떤 문화적 맥락에서는 누군가의 도덕적 가치를 떨어뜨리기도 하는 것이다. 논의되고 있는 가치가 무엇이건 간에, 손상을 지닌 사람들의 주체적인 목소리가 언제나 충분히 고려되어야만 한다.

3장에서 시모 베마스^{Simo Vehmas}와 페카 메켈레^{Pekka Mäkelä}는 손상과 장애의 존재론에 대한 철학적 분석을 제공한다. 그들은 장애라는 현상의 신체적 요소와 사회적 요소 양자가 고려되는 조화된 접근법의 제공을 목표로 한다. 그들은 또한 장애를 구성하는 다양한 존재론적 수준들을 구별하고 그것들의 관계를 이해할 수 있는 분석 도구들을 제공한다. 존 설^{John Searle}의 이론을 따르자면, 그러한 분석은 우리가 살고 있는 세계에 관한 두 가지 사실 범주들 간의 구분에 기반을 두게 된다. '원초적' 사실^{brute facts}과 '제도적' 사실^{institutional facts}이 그것이다. 원초적 사실이란 그것이 존재하는 데 아무런 인간의 제도를 필요로 하지 않는 사실이다. 원초적 사실을 진술하는 데에는 물론 언어 제도가 필요하지만, 진술된 사실이 그 사실에 관한 진술과 같은 것은 아니다. 예를 들어, 21번 과잉 염색체의 현존^{現存, presence}은 원초적 사실이며,[12] 사람들이 행하는 일정한 개념의 구성이나 해체와는 무관하게 이러한 사실은 존속된다. 21번 과잉 염색체를 지닌 사람들의 삶에 대해서 말하

---

12) 일반적으로 인간의 체세포는 23쌍, 총 46개의 염색체를 함유하고 있다. 그러나 21번 염색체가 3개여서 총 47개의 염색체를 지닌 사람들이 있는데, 이럴 경우 다운증후군이 나타나게 된다.—옮긴이

자면, 사회적 실재와 인간의 제도가 그런 상황에 개입하게 된다.[13] 베마스와 메켈레는 그러한 사실 범주들 간의 구분이 제대로 이루어질 수 있게 해주는, 존재론적 범주들과 인식론적 범주들의 분리를 옹호한다. 이는 사회적 구성개념이 사회적 실재를 유의미하게 형성해 낸다는 사실을 부정하는 것이 아니다. 손상 및 장애와 관련된 다양한 해석들은 손상을 지닌 사람들의 삶에 (그들의 내러티브와 정체성을 포함하여) 상당한 영향을 미친다. 동시에 사회적으로 생성된 모든 사실들은 물질적 토대를 필요로 한다. 사실들은 위계적으로 존재하며, 궁극적으로 사실들 모두는 원초적 사실에 의지하고 있는 것이다.

제1부의 마지막 장은 재키 리치 스컬리Jackie Leach Scully에 의해 쓰였다. 그녀는 모리스 메를로-퐁티Maurice Merleau-Ponty의 철학적 관점에서 장애의 물질적 토대와 체현된 본질을 검토한다. 스컬리는 인간의 행복에 대한 손상의 영향을 다루고 있는 단순화된 개념들이 경솔한 결론으로 이어질 수 있음을 논하면서, 예컨대 삶의 질quality of life, QL[14]과 같은 개념과 관련하여 우리의 철학적·규범적 판단에 대한 체현의 영

---

13) 좀 더 전형적인 예를 들면, '공룡은 멸종되었다', '북극은 겨울에 춥다' 등은 원초적 사실이다. 이런 진술들은 인간이 만들어 낸 제도와 무관하며, 심지어 인간 사회가 사라진다 해도 여전히 사실일 것이다. 반면 제도적 사실은 그것이 성립하기 위해 일정한 제도적 맥락이 필요하다. 예를 들어 '나는 1급 장애인이다'라는 진술은 장애를 규정하는 법률과 제도, 그리고 장애 등급제라는 제도가 존재하지 않는다면 성립할 수 없는 사실이기에, 제도적 사실이라고 할 수 있다.—옮긴이

14) '삶의 질'이라는 개념은 흔히 QL = NE × (H + S)라는 공식으로 표현된다. 여기서 NE는 선천적 자질(Natural Endowment), H는 가정(Home), S는 사회(Society)를 말하는데, 동일한 사회 내에서라면 S는 고정 변수이므로 QL = NE × H가 된다. 이 개념을 따를 경우 가난한 장애인은 낮은 삶의 질의 담지자가, 바꾸어 말하면 '살 가치가 낮은 자'가 될 수밖에 없다.—옮긴이

향이 보다 섬세하면서도 철저하게 이해되어야 한다고 주장한다. 현상학의 입장에 따라, 그녀는 세계 내에서 어떤 사람의 현존이란 일상적인 몸의 사건 및 만남의 축적임을 논한다. 사정이 이러하다면 인간의 몸은 인간 정신의 기반이기 때문에, 사회적으로나 생물학적으로 이례적인 체현은 불가피하게 일상적인 사건 및 만남의 본질에 어떤 식으로든 영향을 주게 될 것이다. 정신생활은 몸과 그 주변 환경 간 복합적 상호작용의 산물인 것이다. 몸의 차이들이 아마도 인지 과정에 영향을 미치리라는 것은 분명해 보이지만, 우리는 성급한 결론을 내리지 않도록 주의해야만 한다. 예컨대, 태어날 때부터 수의적隨意的이고 반복적인 신체적 행동을 할 수 없었던 사람은 결국 다른 사람들처럼 사고할 수도 없게 될 것이라 추론하는 건 어리석은 일이다. 이례적인 몸이 누군가의 정체성과 자아감sense of self에 정확히 어떻게 영향을 미치는가는 새롭고도 보다 철저한 경험적 지식을 요하는 이슈다.

제2부: 정치철학

정치철학은 우리의 집단생활을 어떻게 가장 잘 꾸려나갈 수 있는가에 대한 철학적 성찰이라고 할 수 있다. 다시 말해서, 우리의 사회생활을 꾸려나가는 최선의 방식은 제도적으로 어떤 것이며, 이러한 제도들은 어떻게 정당화될 수 있고 정당화되어야만 하는가를 질문한다. 일반적으로 정치철학자들은 자유, 평등, 정의 같은 개념들이 갖는 의미와 중요성을 논한다.

헤이키 이케헤이모Heikki Ikäheimo가 쓴 제2부의 첫번째 장은 인격과 사회적 통합의 의미, 그리고 그것들 간의 연관성에 관한 기술적이고 규범적인 논의들을 포함하면서, 존재론과 정치철학을 통합해 내고 있다. 이케헤이모는 인격에 대한 경합하는 개념들을 분석하는 것에서 시작한다. 그리고 나서, 서로에 대한 사람들의 인정적 태도에 기반을 둔 대인관계론적 인격interpersonal personhood 개념을 도입한다. 다른 사람들이 그녀/그를 인격체person로 인정하고 그에 따라 행동할(즉 존중, 사랑 그리고/또는 기여적 가치부여contributive valuing를 갖고 대할) 경우에만 누군가가 실제로 인격체일 수 있다는 의미에서, 이러한 태도 일반이 누군가를 '인격화한다'. 사람들 간의 인정적 태도와 대인관계는 또한 사회생활의 토대이다. 우리가 행복과 가치감sense of worth을 느끼기 위해서는 일정한 기본적 권리를 갖는 것만으로는, 즉 사회생활에 제도적으로 통합되는 것만으로는 충분치 않다. 사람들이 사회적으로 정신적으로 인격체일 수 있기 위해서는, 그들 자신만의 특성과 선호 등을 지닌 소중하고 개별적인 주체로 인정되는 것이 필요하다. 타인들에 의해 인격체로 고려되지 않는다면, 정신적 발달과 인격감sense of personhood 또한 훼손된다. 손상과 같은 개인의 차이와 이례적 형태는 실제로 흔히 불인정과 사회적 배제로 이어진다. 달리 말하면, 타인들에 의해 하나의 **비인격체**non-person로서 사회생활에 통합된다. 이러한 인정이론recognition theory 접근법은 손상을 지닌 사람들을 향한 비하적이고 배제적인 태도와 관행을 허물기 위한 윤리적이고 정치적인 요건은 무엇인가라는 질문을 제기한다.

6장에서 리처드 헐Richard Hull은 장애를 인간의 자유──타고난 소질뿐만 아니라 사회가 우리에게 부여하는 능력들에 의해 제한되고 결정되는──에 대한 이슈로 확립한다. 우리가 무언가를 할 수 있는 경우에만 우리는 그것을 하는 데 자유롭다. 우리의 능력 부재가 사회 구조와 제도에 의해 야기된다면 그 사회는 불공정한 것이다. 존 롤스John Rawls와 같은 소극적 자유론자들에 따를 경우, 누군가의 자유가 다른 사람으로부터 침해받지만 않는다면 자유와 정의에 대한 충분조건은 만족된다. 이런 접근법은 신체적 손상 같은 것은 사람들의 자유가 아니라 능력을 감소시키는 자연적이고 내부적인 방해물임을 암시한다. 헐은 무언가를 유의미하게 자유라고 칭하기 위해서는, 그것이 최소한 어느 정도는 가치가 있거나 실현 가능한 것이어야 함을 논한다. 또한 사회적·자연적 우연성이 우리의 자유를 제약할 수 있으며, 사회적 의사결정에서 고려의 대상이 되어야 함을 논한다. 어떤 활동은 다른 활동에 비해서 마땅히 더 가치 있게 여겨지는데, 이는 자유가 그 자체로 정의의 유일한 기준은 아님을 의미한다. 다른 한편, 교육, 고용, 여가, 사회적 상호작용 같은 중요한 기본적 자유들에 대한 접근을 보장하는 것은 중대한 사회적·정치적 이슈인데, 왜냐하면 그것들은 그 자체로 가치를 갖는 종류의 자유일 뿐만 아니라 다른 많은 자유들을 누리는 데 있어서도 또한 필수적인 요건이기 때문이다.

제롬 비켄바흐Jerome E. Bickenbach가 쓴 7장의 출발점은 평등으로서의, 그리고 사회가 조직되는 방식에 따른 산물로서의 분배적 정의에 대한 견해이다. 그는 개인들 간의 불평등이 '내부적'(생물학적) 또는 '외부적'(사회적) 원인들에 의한 결과일 수는 있지만, 평등은 단지 사회적·경제적 환경이 야기하는 불리한 차이들이 평등화되어야 함을 요구한다는 점을 강조한다. 그렇지만 이런 입장은 몇 가지 곤란한 질문을 제기한다. 예컨대 개인적 차이들에 대응하는 데 있어 어떤 종류의 사회적 실패가 도덕적으로 중요한 해악에 해당하는가? 예를 들어, 시각 손상을 지닌 사람이 교수직을 수행할 수 있도록 작업 환경을 조정하지 않았다면 변명의 여지가 없다. 그러나 시각 손상을 지닌 사람이 조종사가 되기를 원했을 경우, 그런 조정을 하지 않는 것에는 매우 타당한 이유가 존재한다. 어떤 사람의 사회 참여에 대한 손상의 영향을 제거하거나 경감하는 것은 합당하며 아마도 의무적이라고까지 말할 수 있을 것이다. 그러나 이러한 점에 있어, 손상은 음악적 재능이나 전문적인 취업 기술을 배우는 능력의 결여 같은 재능 부재non-talent와 진정 어떻게 다른가? 비켄바흐는 이와 같은 문제의 해결을 겨냥한 대안적 설명들을 논의한 후, 그런 구별은 정치적이고 경제적인 근거에 따라 이루어진다고 결론짓는다. 과학적 또는 개념적 논거만으로는 그 이슈를 해결할 수 없다는 것이다. 그는 소위 민주적 평등democratic equality이라고 하는 것의 결과도 재능적 메리토크라시meritocracy[15])의 유지이며, 공정하고 평등한 기반 위에서 손상을 지닌 개인들을 경쟁적 메리토크라시로 통합하는 것일 뿐임을 논한다.

제2부의 마지막 장에서 투이야 타칼라Tuija Takala는 두 억압 받는 집단, 즉 여성과 손상을 지닌 사람들에 대한 비교를 통해 집단 정체성의 유의미성과 타당성을 논한다. 이러한 집단들은 둘 다 인류의 이상적 형태——남성과 '비장애인'——를 표상하는 헤게모니적 범주에 기

---

15) 영국의 사회학자 마이클 영(Michael D. Young)이 자신의 책 『메리토크라시의 등장』(*The Rise of the Meritocracy*, 1958)에서 처음 사용한 용어로, 출신이나 가문 등이 아닌 능력이나 실적, 즉 메리트(merit)에 따라서 사회적 지위와 보수가 결정되는 사회 체제를 일컫는다. 흔히 '실력 본위 사회'나 '능력주의 사회'로 번역되기도 한다.──옮긴이

반을 둔 사회적 구성개념의 산물이다. 여성이나 장애인으로의 동일시 [정체화]identification는 사회적으로 유사한 차별적 지위와 특성을 지닌 사람들이라는 집단 멤버십을 개인들에게 제공한다. 이는 심리적으로 나 정치적으로 그 유용성이 밝혀진 정체성 정치identity politics의 토대가 되어 왔다. 그렇지만 타칼라는 이러한 정치적 의제가 그 고귀한 목표들에도 불구하고, 사람들을 종종 일정한 역할 기대role expectation 내로 억압했으며 개성에 대한 여지를 거의 남겨 두지 않음을 논한다. 어떤 의미에서 정체성 정치는 때때로 사람들의 주관적 경험을 무시했다. 사람들이 지닌 다양한 정체성의 근원에 대한 여지를 제공하지 않은 채, 그들을 '여성' 또는 '장애인'이라는 사회적 역할로 제한함으로써 말이다. 따라서 여성과 손상을 지닌 사람들이 개인으로서 성장하기를 원한다면 그들의 집단 정체성을 포기해야 할지도 모른다. 왜냐하면 정치적 성공이라 일컬어지는 것은 목소리의 통일을, 그리고 억압에 대한 합일된 경험을 요구하기 때문이다. 공동체와 집단 정체성이 어떤 점에서 유용하기는 하지만, 사람들이 개별적 인격체가 아니라 그들이 속해 있다고 생각되는 집단의 캐리커처로 간주된다면, 공동체와 집단 정체성은 개인의 권능강화를 침식할지도 모른다.

제3부: 윤리학

규범윤리학normative ethics의 주요 과제는 선善과 올바른 행위에 대한 일반적 연구라고 할 수 있다.[16] 쉽게 말하면, 윤리학의 주요 질문은 '우리

---

16) 이 책은 장애에 대한 응용철학에 관한 것이기 때문에, 제3부에 실린 장들이 철학적 윤리학

는 어떤 존재가 되어야 하는가?', '우리는 어떻게 살아야 하는가?'이다.
따라서 철학적 윤리학은 인간의 특성과 태도가 지닌 큰 특징들을 입법
및 사법까지를 포함하는 규범적 원칙의 기반이 되어 줄 수 있는 방식
으로 기술하는 것을 목표로 한다. 장애철학 문헌의 대다수는 윤리학,
특히 생명윤리에 관한 것이다. 그리고 생명윤리는 장애와 관련하여 전
통적으로 살해killing에 초점을 맞춰 왔다. 즉 생명윤리학자들은 손상을
지닌 사람들의 적극적 또는 소극적 살해에 대한 도덕적 허용가능성을,
혹은 그러한 사람들의 존재 자체에 대한 예방을 정당화하는 요인으로
서의 장애에 대해 주로 논의해 왔던 것이다.[17]

제3부의 전반부 세 장은 살해와 관련된 이슈를 다룬다. 그 중에서
앞의 두 장은 농聾[18]의 '치료' 및 예방이라는 독특하고, 복합적이며, 매
우 논쟁적인 이슈를 논하고 있다. 9장에서 패트릭 셰르밋Patrick Kermit
은 인공와우cochlear implant(농이나 심각한severe[19] 난청인 사람에게 음감

의 여타 분과들, 즉 메타윤리학(metaethics)과 도덕심리학(moral psychology)을 논하지는
않는다.
17) Adrienne Asch, "Disability, Bioethics and Human Rights", eds. Gary L. Albrecht,
Katherine D. Seelman and Michael Bury, *Handbook of Disability Studies*, Thousand
Oaks, CA: Sage, 2001; Simo Vehmas, "Live and Let Die? Disability in Bioethics", *New
Review of Bioethics* 1, pp. 145~157; Susan Wendell, "Toward a Feminist Theory of
Disability", *Hypatia* 4, pp. 104~124.
18) 이 단락에서 '농' 또는 '농'이 포함된 어휘가 굵은 글씨로 표기되어 있는 경우는 수어(sign
language) 공동체의 구성원임을, 그렇지 않은 경우는 의료적 이상으로서의 듣지 못함을 의
미한다. 이에 대해서는 9장의 각주 1을 참조하라.—옮긴이
19) 영어권 국가들에서는 장애의 정도를 표현할 때 단계별로 'mild', 'moderate', 'severe',
'profound'라는 표현이 사용되는데, 우리나라에서는 이를 보통 '경도'(輕度), '중등도'(中等
度), '중도'(重度), '최중도'(最重度)로 옮겨 왔다. 그러나 일상적인 용어법에서 '정도가 심하
다'는 의미로 '중도'라는 표현이 잘 사용되지 않을 뿐만 아니라, '중도 장애'라는 표현은 후천
적 장애를 의미하는 '중도(中途) 장애'로 이해될 여지 또한 존재한다. 따라서 장애 정도를 나

音感을 제공하는 외과적으로 이식된 전자 장치)의 도덕성에 대해 검토한다. 셰르밋이 쓴 장은 두 가지 규범적 논변論辨, argument과 그것들의 관계에 대한 검토인 것이다. 첫번째 논변은 **농인 공동체**에 의해 지지되는 것으로, **농인**은 '치료'를 필요로 하는 손상을 지닌 소수자 집단의 구성원이라기보다는 기본적으로 언어적 소수자 집단의 구성원이라는 생각에 기반을 둔다. 두번째는 모든 아동은 돌이킬 수 없이 닫혀 버린 미래의 선택지를 갖지 **않을** 권리가 있음을 주장하는, 조엘 파인버그Joel Feinberg가 발전시킨 (그리고 다른 많은 사람들에 의해 한층 더 응용되고 발전된) 열려 있는 미래론이다. 셰르밋은 파인버그의 도식 체계가 지닌 주요 결함이 아동의 언어권right to language에 대한 기각임을 논하는데, 언어권은 사회성 및 인지 발달에 대한 권리와 같은 다른 많은 권리의 실현을 위한 필요조건이다. 그리고 루트비히 비트겐슈타인Ludwig Wittgenstein의 언어론에 따라, 셰르밋은 언어가 누군가의 실존에 대한 범위를 한정할 뿐만 아니라 자아상, 정체성, 인지에 대한 기반임을 논한다. 따라서 기본적 언어권은 세계-내-존재being-in-the-world[20]에 대한 전제 조건이다. 인공와우를 통한 득활得活, habilitation[21]이 아동의 언

타내는 표현이 동시에 병렬적으로 쓰이는 경우를 제외하고는 'severe'를 대부분 '심각한'으로 옮겼다.—옮긴이

20) 실존주의 철학자로 잘 알려져 있는 마르틴 하이데거(Martin Heidegger)의 용어이다. 그는 인간 존재를 해명하면서 '현존재'(現存在, Dasein)라는 용어를 사용하는데, 이는 축어적으로 풀면 '거기에'(Da) '있다'(sein)는 말이다. 거기라는 장소가 곧 세계라고 할 수 있으며, '세계-내-존재'(In-der-Welt-sein)란 세계 속에서 다른 존재자와 교섭(交涉)하며 존재하는 현존재로서의 인간이 지닌 본질적인 존재 구조를 이르는 말이다.—옮긴이

21) 의학에서 'habilitation'이라는 용어는 기본적으로 'debilitation'과 반대되는 개념으로, 전자가 '기능 발달'을 의미한다면 후자는 (질병이나 부상 등으로 인한) '기능 저하'를 의미한다. 즉 기능이 저하된 상태를 정상적인 기능 발달의 상태로 다시(re-) 되돌리는 일련의 과정이 바로

어 습득을 침해하지 않는 방식으로 실행되기만 한다면, 하나의 기술적 장치로서 인공와우는 그 아동이 지닌 미래의 자율성에 아무런 위협을 가하지 않는다. 경험적 연구에 비추어, 셰르밋은 해당 아동에게 청문화hearing culture와 **농문화**Deaf culture 양자에 대한 접근을 가능하게 하면서 양쪽 세계 각각의 장점을 취할 수 있도록 해주는 이중언어 접근법이 가장 이로운 해법일 것이라고 결론짓는다.

10장에서 마티 헤이리Matti Häyry는 '농배아'deaf embryo 선택에 활용되는 생식 및 진단 기술의 윤리를 분석한다. 다시 말해서, 우리가 '농'배아나 '청'배아의 착상 사이에서 한쪽을 택해야 한다면, 어떤 것이 윤리적으로 올바른 결정이 될 것인가? 그리고 윤리적 판단은 어느 정도까지 법적 판단을 좌우해야 하는가? 헤이리는 농을 하나의 장애이자 해로운 상태로 바라보는 의료적 관점, 그리고 손상에 자동적으로 부여되는 부정적 가치판단을 거부하는 사회적 관점을 평가하면서 자신의 분석을 이어나간다. 그는 그러한 선택이 진정으로 경합적일 수밖에 없

재활(rehabilitation)인 것이다. 그런데 장애계에서는 재활이라는 용어 자체가 장애인의 몸을 '비정상적인 상태'로 보고 이를 '정상적인 상태'로 복구한다는 것을 의미하기 때문에, 그것이 근본적으로 비장애중심주의(ableism)에 근거하고 있다고 비판한다. 그래서 'rehabilitation'에서의 're-'를 거부하고 그냥 'habilitation'이라는 용어를 사용하자고 제안해 왔다. 다시 말해 'habilitation'은 'rehabilitation'이 지닌 사회적·정치적 함의를 비판하고 이를 대체하기 위해 제안된 용어라는 점에 주의할 필요가 있다. 이와 같은 장애계의 적극적인 문제제기로 인해 2006년 12월 제정된 「유엔 장애인권리협약」(UN Convention on the Rights of Persons with Disabilities, UNCRPD)에서도 'habilitation'이라는 용어가 'rehabilitation'과 병렬적으로 함께 사용되고 있다. 결국 'habilitation'이 지닌 정치적 함의를 살리기 위해서는 새로운 역어의 발명이 필요한데, 한국 정부의 공식 문서에서는 '가활'(加活)이라는 조어가 쓰이고 있지만, 여기서는 대구대학교 조한진 교수가 제안한 '득활'(得活)을 사용하기로 한다. 양쪽 모두 '예전에 지니고 있지 않던 기능을 갖게 됨'을 의미하지만, 전자의 용어가 여전히 그러한 기능을 부여해 주는 전문가의 활동에 방점이 찍혀 있다고 판단되기 때문이다.―옮긴이

으며 단 하나의 합리적 해법은 허용적인 법적 입장permissive legal stand이라고 결론지으면서, 의료적 관점과 사회적 관점 양자의 설득력을 인정하는 비지시적 절충non-directive compromise을 옹호한다. 장애에 대해 서로 대립하는 관점들은 그 기저에 놓여 있는 도덕적 확신 때문에 경직된 입법적 태도로 흐르는 경향을 갖는다. 요컨대 법적인 측면에서 가능한 한 바람직한 관용이 이루어지기 위해서는 '농배아' 선택의 도덕적 경합성이 온전히 인정되어야만 한다. 따라서 유전상담은 '농배아' 선택이라는 이슈의 양쪽 측면에 대해 부모에게 정보를 제공해야 하며, 이러한 방식을 통해 '다중 지시적인'multi-directive 것이 되어야만 한다. 구체적으로는 두 명의 의사가 서로 대립되는 관점에 대해 똑같이 유력한 논거를 제시하면서 이상적인 비지시적 과정을 생성해 내고자 노력할 수 있을 것이다.

린지 브라운Lindsey Brown이 쓴 그 다음 11장은 이러한 논의를 법률의 영역으로 확장한다. 브라운이 분명히 하고 있는 것처럼, 법률은 어떤 현상에 관한 사회적 가치와 관념에 기반을 둔다. 법률은 또한 이러한 관념과 가치를 확고히 하며, 따라서 손상을 지닌 사람들의 삶에 큰 영향을 미칠 수 있다. 브라운은 영국의 법률에서 장애가 어떻게 인식되고 있는지를 검토한다. 그렇지만 그녀가 말하고 있는 요점은 아마도 대다수의 다른 서구 국가들에도 적용될 수 있을 것이다. 법적 담론에서 나타나는 두드러진 특징은 의료 전문가들과 그들의 장애 이해에 대한 거의 무조건적인 의존이다. 예를 들어, 판사들은 어떤 아동의 삶의 질을 평가하고 그에 따라 구명 치료life-saving treatment가 그 아동에게 최선의 이익이 되는지 아닌지를 평가할 때, 아동의 돌봄자보다는 의사의 견해에 의지하기를 선호한다. 브라운은 장애에 대한 편파적인 의료적 이해, 그리고 손상을 지닌 사람들의 삶의 질과 관련된 사회적 요인들을 인정하기를 꺼리는 것이 의료적·사법적 후견주의로 이어져 왔음을 논한다. 요컨대 손상을 지닌 사람들의 주체적[주관적] 목소리는 의료 전문가들이 제시하는 이른바 객관적 견해에 의해 기각될 수 있다. 그리고 법조계가 이를 무비판적으로 승인하면서, 결국 사법 영역에서까지 의료 전문가들의 견해가 실행에 옮겨지고 있는 것이다.

12장에서 베르게 솔베르그Berge Solberg는 장애와 관련하여 아마도 가장 논쟁적이라 할 수 있는 이슈를 다룬다. 바로 산전 선별검사prenatal screening와 선별적 낙태selective abortion에 대해서 말이다. 그는 특히 다운증후군Down syndrome에 대한 산전 선별검사의 분석에 집중하고 있는데, 매우 비판적인 시각에서 이러한 작업을 수행한다. 솔베르그는 다운증후군과 같은 손상은 이른바 강한 정체성 특질strong identity characteristics이 되며, 따라서 산전 선별검사는 마땅히 정체성에 기반을 둔 억압의 표현으로, 그리고 서구 문화에서 지적 능력에 대한 새로운 형식을 띤 과대평가의 표현으로 간주될 수 있음을 논한다. 그는 또한 선별적 낙태가 사소한 일로 치부되어 왔다고 주장한다. 비록 낙태가 인격체의 살해에 해당하는 것은 아닐지라도, 그것은 진정 어떤 도덕적 비용을 수반한다. 솔베르그는 출산에서 부모의 자율성이 갖는 중요성을 인정하지만, 산전 진단prenatal diagnosis이 이러한 자율성을 보장하는 유일한 방법이라는 입장에는 전적으로 동의하지 않는다. 예를 들어, 초음파 이미지와 같은 수많은 의료적 검사나 정밀 촬영 검사에 대한 제대로 된 해석은 다년간에 걸친 고도의 훈련을 필요로 한다. 따라서 임신의 과정이 점점 더 의료화되고 과학기술화될수록 임신부들은 결국 의사의 전문 지식에 좌우되기 때문에, 그녀들은 실제적으로 덜 자율적이게 되고 더 적은 권한을 부여받게 된다. 솔베르그는 산전 선별검사와 관련하여 현재의 관행이 지닌 이익과 피해를 주의 깊게 고려하는 균형 잡힌 규범적 입장이 필요함을 주장한다.

도나 리브Donna Reeve가 쓴 마지막 13장은 조르조 아감벤Giorgio Agamben의 이론을 손상을 지닌 사람들의 사회적 배제에 적용하고 있다. 리브의 논의에서 중심 개념은 단순히 법의 외부에 있고 법과 무관한 존재가 아니라 오히려 바로 그 법에 의해 버림받은 자를 나타내는 호모 사케르homo sacer[22]이다. 리브는 산전 진단과 선별적 낙태는 어떤 존재가 살 가치가 있는 생명으로 간주되고 어떤 존재가 비통한 죽음에 이르게 되는지에 대한 규범적 도식을 표상하고 있음을 논한다. '정상적인' 태아는 24주 이후부터 법의 보호를 받지만, 손상을 지닌 태아는 어떤 예외상태state of exception가 된다. 그들을 살해하는 것은 정당하다고 인정되며, 모호한 근거에 입각하여 정당화될 수 있다. 또한 정도의 차이는 있겠지만, 시설 보호와 강제적인 정신병원 입원은 사람들의

---

22) 'homo sacer'는 라틴어로 '신성한 인간'이라는 뜻이지만, 고대 로마법에서 호모 사케르는 "희생물로 바치는 것은 허용되지 않지만 그를 죽이더라도 살인죄로 처벌받지 않는" 자로 기술된다. 호모 사케르는 희생물이 될 수 없다는 점에서 신의 법에서도 배제되어 있고, 그를 죽여도 살인죄가 성립되지 않는다는 점에서 세속의 법에서도 배제되어 있는 존재, 즉 법질서의 외부에 있는 존재라고 할 수 있다. 그리고 이처럼 호모 사케르가 주권 권력에 의해 법(즉 권리)으로부터 추방되고 배제된 채 벌거벗은 생명으로서만 존재하는 영역이 바로 '예외상태'다. 예외상태는 법의 효력이 정지되고 미치지 않는다는 의미에서 법의 외부에 있지만, 그 자체가 법에 의해 규정된다는 의미에서는 여전히 법의 내부에 있으며 법과의 관계를 잃지 않는다. 결국 호모 사케르 역시 배제의 형식을 통해(서만) 법에 포함되는 존재, 그런 예외상태에서 주권자의 폭력에 무방비로 노출되어 있는 존재라고 할 수 있다.—옮긴이

권리가 존재하기를 그치는 예외상태의 사례라 할 수 있다. 정신병력을 지닌 사람들은 흔히 위험하고 인구 전체에게 위협을 가하는 존재로 간주되며, 이것이 어떤 의미에서는 그들을 테러리스트에 비견될 만한 존재로 만들어 버린다. 마지막으로 리브는 빤히 응시하기, 험담하기, 인격을 침해하는 행동과 같은 심리-정서적인 장애차별주의disablism의 예들을 검토한다. 가시적 손상을 지닌 개인들에 대한 다른 사람들의 그런 반응은 그들의 정서적 안녕에 해로운 영향을 미칠 수 있으며, 그들의 사회 참여까지도 간접적으로 가로막을 수 있다.

제1부

형이상학

1장 _ 사회정의와 장애

의료적 모델과 사회적 모델의 경합하는 해석들

스티븐 스미스

서론

의료적 장애 모델과 사회적 장애 모델은 장애에 대한 경합하는 해석의 이해에 중요한 한도를 확립했다. 그렇지만 이제 그 두 모델은 양극단 사이에 존재하는 일련의 해석들을 허용하는, 장애와 관련된 다양한 담론에 대한 일종의 원형들로서 보다 정확하게 제시될 수 있을 것 같다.[1] 이 장은 바로 이런 견지에서, 장애권운동Disability Rights Movement, DRM에

---

* 이 장은 많은 인용문을 포함하고 있으며, 또한 이전에 발표되었던 나 자신의 저작에 의지하고 있다. 특히 "The Social Construction of Talent: A Defence of Justice as Reciprocity" (*Journal of Political Philosophy* 9, 2001, pp. 19~37)와 "Equality, Identity and the Disability Rights Movement: From Policy to Practice and from Kant to Nietzsche in More than One Uneasy Move"(*Critical Social Policy* 25, 2005, pp. 554~576)에 말이다. 이 장의 초고는 또한 2006년 9월에 개최된 브라이튼대학교 응용철학·정치학·윤리학센터(University of Brighton's Centre for Applied Philosophy, Politics and Ethics)의 컨퍼런스 '의학과 정치체' (Medicine and the Body Politic)에 제출된 바 있다. 나는 이 컨퍼런스 참가자들이 제시해 준 의견에 대해 대단히 감사하게 생각한다.

1) Tom Shakespeare, *Disability Rights and Wrongs*, London and New York: Routledge, 2006[톰 셰익스피어, 『장애학의 쟁점』, 이지수 옮김, 학지사, 2013].

의해 제기될 수 있는 상이한 유형의 요구들을 명확히 하기 위한 노력의 일환으로, 양자의 모델이 어떻게 다양하게 해석될 수 있는가를 재검토하고 있다.

간단히 말하자면, 장애권운동은 보통 의료적 모델을 비장애인과 장애인 간의 억압적이고 착취적인 관계에 대한 기반을 형성해 내는, 장애에 대한 그릇된 해석으로 간주해 왔다. 장애권운동의 논변은 첫째, 장애의 원인으로서 개인적인 의료적 이상에 초점을 맞추는 의료적 모델이 장애를 의료적 손상의 정도와 연관된 고정된 상태로 부당하게 정의한다는 것이다. 둘째, 의료적 모델은 또한 장애인의 비장애인에 대한 '의존'을 불가피하게 야기하는 것이 바로 이러한 의료적 이상——종종 '핸디캡'으로 정의되기도 하는——이라고 온당치 않게 추정한다는 것이다. 그러므로 콜린 반스^{Colin Barnes}에 따르면, 의료적 모델은 "핸디캡을 지닌"^{handicapped}이라는 용어를 "개인에 기반을 둔 기능적 제약"과 연계시키며, 이는 다시 "손상은 영구적이며, [핸디캡을 지닌 사람은] 거의 틀림없이 일생 동안 의존적인 상태로 남게 될 것이다"라는 그릇된 함의로 이어지게 된다.[2]

장애권운동에게 '사회적 모델'은 장애의 원인이 사회적·정치적 영역 내에 있음을 확인해 줌으로써 장애의 이해에 대한 대안적 패러다임을 제공한다. 요컨대 장애에 대한 경험은 특정한 의료적 손상의 정도와 연관된 고정된 의료적 상태로 환원되지 않는다. 오히려 장애

---

2) Colin Barnes, *Disabled People in Britain and Discrimination*, London: Hurst and Calgary, 1991, p. 2.

란 특정한 의료적 이상과 관련하여 한 사회가 정치적·사회적으로 어떻게 조직화되고 구조화되어 있는가에 따라 달라지는 경험이다. 이러한 관점으로부터 장애권운동의 초점은 '장애화에 대한 정치'politics of disablement에 맞춰진다. 그리고 장애화에 대한 정치에서는 시민권citizenship, 통합, 사회 참여에 대한 접근성과 차별적인 장벽의 문제가 '장애 상태'being disabled에 대한 투쟁에서 중심적인 것으로 간주된다.[3] 즉 개인에 기반을 둔 기능적 제약——의료적 모델에서 말하는 어떤 처치, 적응, '치료'cure가 요구되는——에 초점을 맞추지 않는 것이다.

그렇지만 이러한 장애 모델들은 여전히 다양하게 해석될 수 있다. 검토되고 있는 현상의 특성과 관련하여 어떤 모델이 유용한 일반화를 제공할 수는 있겠지만, 그것도 결국 어느 정도는 추상적일 수밖에 없으며 여전히 한층 더 실질적인 해석을 필요로 한다. 그 모델이 구체적인 정책과 관행에 현실적 의미를 지니고자 한다면 말이다. 나는 우선 의료적 모델에 대한 두 가지 해석의 개요를 서술하는 것에서 시작한다. 그리고 아마도 의료적 모델과 사회적 모델의 사이에 존재한다고 할 수 있는 다른 하나의 해석과 더불어, 사회적 모델에 대한 두 가지 해석을 더 제시할 것이다. 나의 주된 논변은 (비록 그것이 철저하고 완전한 것은 아닐 수 있지만) 각각의 해석이 장애인을 바라보고 대하는 방식에서 뚜렷이 구별되는 결과를 가져온다는 것이다.

---

3) Oliver, *The Politics of Disablement*.

의료적 모델의 재해석

장애권운동이 의료적 모델에 반대하는 하나의 이유는, 그것이 장애에 대한 본질주의적 관념으로 간주될 수 있는 것에 기반을 두고 있기 때문이다.[4] 의료적 모델은 비장애인과 전문가의 시각을 통하여 이해된 고정되고 본질적인 특성과 장애 상태를 결부시킨다(즉 장애 상태를 필연적으로 수반하는 어떤 특성이 존재한다고 본다). 그리고 그러한 특성은 불가피하게 개인적 손실이나 비극이 수반된 삶으로 이어진다고 여긴다. 나는 이러한 의료적 모델의 해석을 손상에 대한 '완전히 본질주의적이고 개인적인 결함'full essentialist individual deficiency으로의 해석, 약자로 FEID라고 부를 것이다. 여기서의 요점은 FEID에 기반한 정책과 관행이 장애인을 비장애인 전문가를 통해 이루어지는 중재의 수동적이고 무력한 대상으로 만든다는 것이다. 장애권운동이 보기에 이는 그 사람과 그/그녀의 경험을 본질적으로 '비정상적'이고 '열등한' 의료적 이상으로 환원하는 것이다. 정책 및 관행과 관련해서 보자면, FEID는 손상을 지닌 사람을 의료적으로 '결함'이 있고 '정상에 미달'sub-normal 하거나 그와 유사한 상태로서 명확히 정의하는, 산업화된 세계 전역의 법률 내에 반영되어 있다. 그 결과, 장애인——본질적인 결함이 있는 것으로 간주되는——이란 '정상적으로' 기능을 수행할 수 없으며 이에 따라 별도의 '특별한' 치료를 요하는 존재라고 범주화되었던 (그리고

---

4) 이에 대한 예로는 John Swain, Sally French and Colin Cameron eds., *Controversial Issues in a Disabling Society*, Buckingham: Open University Press, 2003, p. 102를 보라.

되는) 곳에서는 격리 정책과 의학적 치료가 정당화되어 왔다.[5] 가장 극단적으로 이러한 FEID는 20세기 초의 우생학 운동과 파시즘 이데올로기에서 발견되는데, 여기서 장애인이 지닌 근본적 결함은 '순혈 인종'에 대한 하나의 위협으로 간주된다. 이는 손상을 지닌 사람이 본질주의적인 표준과 이상理想으로부터 분리되는 것으로 이어졌을 뿐만 아니라, 유전학적 근절의 권고와 실행, 그리고 손상을 지닌 사람들의 체계적 살인으로까지 귀결되었다.

그렇지만 적어도 표면적으로 FEID는 현대의 대다수 주류 정책 입안자들에 의해 기각되었으며, 손상에 대한 좀 더 사회적이고 통합적인 해석으로 대체되어 왔다. 예컨대, 부분적으로 장애는 결함이 있는 '신체 구조'나 기능의 결과로 간주되기도 하지만(FEID의 반영), 이러한 결함은 다시 사회적 맥락 내에서의 복합적인 기능 작동과 관련하여 정의되고 있다(손상에 대한 좀 더 사회적인 해석의 반영). 이는 의학적인 기능과 사회적인 기능 간의 접점을 상정하면서 FEID로부터 벗어난 장애 해석으로 이어진다. 비록 정도의 문제는 존재하지만, 손상을 지닌 사람이 주류 사회에 참여할 수도 있음을 인정하는 것이다. 그렇다면 손상을 지닌 사람들은 그들이 걸을 수 없기 때문에 결함이 있는 것으로 정의될지는 모르지만, 이동이라는 복합적인 사회활동에서 이러한 결함에 대해 편의를 제공받을 수 있다. 해당 환경이 휠체어 이용자에게 접근 가능한 방식으로 구성된다면 말이다. 이와 같은 후자의 이해

---

5) David Hevey, *The Creatures Time Forgot: Photography and Disability Imagery*, London and New York: Routledge, 1992를 보라.

방식을 나는 손상에 대한 '부분적으로 본질주의적이고 개인적인 결함' part-essentialist individual deficiency으로의 해석, 약자로 PEID라고 부를 것이다. 간단히 말해서, 이러한 해석은 손상을 지닌 사람이 적어도 어느 정도는 사회활동에 참여할 수 있다고 가정한다. 그들의 개인적인 의료적 결함에도 불구하고, 사회적·물질적 환경이 그들에게 편의를 제공하기 위해 변화되는 한에서는 말이다. 다시 말해서, PEID는 여전히 '장애인'과 '비장애인' 간에 본질적인 차이가 존재한다고 가정하지만, 적어도 일정한 사회적 맥락에서는 이러한 차이가 장애인이 '정상적으로 기능을 수행할 수' 없음을 의미하지 않는다.

의료적 장애 모델과 사회적 장애 모델의 요소들을 결합시키거나 합성하는 PEID는 다양한 정책과 관행에서 발견될 수 있으며, 세계보건기구World Health Organization, WHO의 두번째 장애 정의이자 분류 기준인 국제 기능·장애·건강 분류International Classification of Functioning, Disability and Health, ICF에서 적극적으로 활용된다.[6] ICF는 첫번째 장애 정의에 대한 국제장애인연맹Disabled Peoples' International, DPI의 혹독한 비판에 대응하여 이를 개정한 것이다. 첫번째 정의는 1980년에 세계보건기구의 공식 문서[7]로 출간되었지만, 사회 환경의 문제보다는 거

---

6) World Health Organisation(WHO), *International Classification of Functioning, Disability and Health*, Geneva: WHO, 2001.

7) 세계보건기구에 의한 최초의 장애 정의이자 분류 기준인 국제 손상·장애·핸디캡 분류 (International Classification of Impairments, Disabilities and Handicaps, ICIDH)를 말한다. 세계보건기구는 1990년대 중반 ICIDH의 개정 작업을 시작해 1997년에 처음 ICIDH-2를 발표하는데, 이 ICIDH-2는 공식적인 분류 기준이라기보다는 현장에서 적용해 보고 문제점을 파악하기 위해 만든 일종의 시험판이라고 할 수 있다. ICIDH-2는 2001년에 최종 버전이 마련되었으며, 세계보건기구총회(World Health Assembly)는 이를 국제적으로 통용될 수 있도

의 전적으로 의료적 이상에만 초점을 맞추고 있다는 이유로 DPI에 의해 비판받았다. ICF는 이러한 비판의 일부를 수용하여 다루었다. 결함이 있는 신체적 기능이 사회적으로 편의를 제공받을 수 있음을 인정하고, 손상을 지닌 사람의 능동적인 참여를 받아들이면서 말이다.

그렇지만 장애권운동 내에서 많은 이들은 두 모델 사이에서의 이러한 절충을 여전히 불충분한 것으로 여긴다. 즉, 비록 두번째의 좀 더 사회적인 성격을 띤 해석이 (사회 환경이 문제의 일부분으로 간주된다는 점에서) 개인의 결함에 대한 FEID적 이해로부터 벗어났다고는 하지만, 그것은 여전히 장애에 대한 의료화된 이해에 직접적으로 의존하고 있으며, 따라서 정상성에 대한 본질주의적 해석을 피해 갈 수 없다. 그러므로 장애인은 정상성의 기준을 따를 수 없다는 이유 때문에 여전히 '문제적인 것으로' 규정된다. 그리고 여기서 정상성의 기준은 결국 '이상적'이거나 '최선'이라고 간주되는 것과 연계되어 있다. '문제'에 대한 이런 식의 이해는 정상화 과정의 후견인으로서 비장애인 전문가가 권위자로 상정되고, 이에 따라 비장애인 전문가가 장애인의 사회적 기능을 촉진하는 방법을 가장 잘 알고 있다고 가정된 가운데 만들어진 정책을 정당화한다. 다시 말해서, 서로 다른 두 해석에 대해 내가 별도의 용어를 사용하고 있기는 하지만, PEID 내에는 여전히 FEID적 해석에 대한 강력한 공명이 존재하며, 이러한 공명이 오늘날의 정책과 관행에 반영되어 있는 것이다. 그 결과 비장애인 전문가는 마치 장애인들의 경험이 본질적으로 '열등하고' 심지어 '비극적'인 것처럼 그들을 대하며, 장

록 공식 승인했다. 이것이 바로 현재의 ICF이다. ──옮긴이

애인들의 경험에 대한 그러한 이해는 비장애인 전문가가 장애를 지닌 클라이언트나 서비스 이용자들에게 상당한 권력과 통제를 행사하는 것을 정당화한다. 예를 들어, 제니 모리스Jenny Morris에 따르면

> 눈이 보이지 않는 사람은 그로 인해 '개인적 비극'을 경험하는 것으로 간주되며, 앞을 볼 수 없는 상태가 야기하는 어려움을 덜어 주는 것은 해당 전문가의 역할이다. …… [더욱이] 장애에 대한 의료적, '개인적 비극' 모델과 이러한 모델에 수반되어 있는 태도는, 우리가 영위하는 일상생활의 질과 종류에 매우 중요한 역할을 하는 전문가들과의 관계에서 장애인이 경험하는 무력함의 핵심적인 부분이다.[8]

현재 주류적 정책들은 손상에 대한 PEID적 해석을 활용하면서 제시되고 있는데, 이 역시 결함이 있는/비극적인 개인의 상태를 의료적 중재를 통해 변화시키는, 그리고/또는 그러한 상태에 개별적·사회적으로 적응하기 위한 재활프로그램을 제공하는 비장애인 전문가를 수반한다. 장애권운동에게 중요한 점은 이러한 정책들이 (일정한 사회적 경향성에도 불구하고) 대개 장애인에 대한 착취와 차별을 강화하는 데 봉사한다는 것이다. 비록 장애인의 이른바 '특별한 필요'special needs를 충족시키기 위하여 비장애인의 편에서 재분배된 상당한 양의 자원을 수반한다고 할지라도 말이다.[9] 따라서 (비장애인 전문가들에 의해 규정

---

8) Jenny Morris, *Pride Against Prejudice*, London: Women's Press, 1991, p. 180.
9) Oliver, *Understanding Disability*, pp. 62~77.

된) 필요의 충족에 기반을 둔 중재 전략은 돌봄의 제공과 참여의 향상을 이유로 정당화되기는 하지만, 실제로는 사회 통제 메커니즘으로 기능하며 장애인의 자율성과 의사결정 권한을 약화시키는 결과를 낳는다. 마이클 올리버Michael Oliver에 따르면, 영국에서 최근 시행된 지역사회 돌봄[10] 정책은

> 필요에 기반을 둔 사정査定을 서비스 전달의 핵심으로 [만들었다.]
> …… 그렇지만 필요의 사정이란 무엇보다도 권력의 행사이다. 우리가 이야기를 할 때 사용하는 언어에서조차 그러한 권력의 행사가 드러나는 것처럼 말이다. …… 장애인이 이제는 클라이언트나 서비스 '이용자'라고 불리게 되면서, 전문가들이 그들의 필요를 사정한다. …… [하지만] 다양한 연구들은 전문가들이 장애인의 필요를 왜곡하거나 규정하고 있음을 증명한다. …… 현재의 새로운 개혁이라고 하는 것들은 이러한 권력의 균형을 전혀 변화시키지 않는다.[11]

사회적 모델의 재해석

그렇다면 사회적 모델에 대한 서로 다른 해석으로는 어떤 것이 있는

---

10) '지역사회 돌봄'(community care)은 '시설 보호'(institutional care)와 대비되는 개념으로, 격리된 시설이 아닌 지역사회와 가정을 기반으로 클라이언트에게 돌봄 서비스를 비롯한 각종 지원 서비스를 제공하는 것을 말한다. '지역사회 기반 재활'(Community-based rehabilitation, CBR)과 유사한 맥락을 지니고 있으며, 장애인 자립생활운동의 확장과 더불어 유럽과 미국에서 일반화되었다.—옮긴이

11) Oliver, *Understanding Disability*, p. 70.

가? 장애권운동 진영의 대다수는 사회적 모델에 대한 하나의 이해 방식을 적극적으로 촉진했는데, 나는 이것을 '장애화에 대한 정치'[12]로의 해석, 약자로 POD라고 부를 것이다. FEID 또는 PEID적 해석을 통해 제시되는 의료 정책이나 재활 정책 대신, POD적 해석에서의 관심은 사회적·정치적 환경의 변화에 맞춰져 있다. 다시 말해서, 이러한 해석은 장애에 대한 개인적 경험과 손상을 지닌 사람이 사회적·정치적 환경과의 관계에서 경험하는 것을 사실상 다르게 범주화하면서, 장애에 대한 개인적 설명과는 뚜렷이 구별되는 구조적 설명을 제공한다. 장애권운동이 '손상'impairment과 '장애'disability를 명확히 구별하게 된 것은 바로 이 POD적 해석을 통해서이다. 즉, 손상이란 특정한 의료적 이상을 말하며, 그것은 장애로 이어질 수도 (또는 이어지지 않을 수도) 있다. 그리고 장애란 손상을 지닌 사람에게 (항상은 아니지만) 흔히 부과되는 다양한 사회적·정치적 제한을 말한다. 예를 들어, 분리에 저항하는 신체장애인 연합Union of the Physically Impaired Against Segregation, UPIAS에 따르면,

손상이란 신체적·정신적·감각적 손상에 의해 야기된, 해당 개인 내에 존재하는 기능적 제약을 말한다.

장애란 물질적·사회적 장벽에 의해 야기된, 지역사회에서의 정상적

---

12) 이 용어는 (의료적 장애 모델 및 사회적 장애 모델이라는 용어와 더불어) 1990년에 마이클 올리버가 『장애화에 대한 정치: 사회사업과 복지국가에 대한 비평』(*The Politics of Disablement: Critical Texts in Social Work and the Welfare State*)에서 처음으로 사용했다.

인 삶에 다른 사람들과 동등하게 참여할 수 있는 기회의 상실 또는 제약을 말한다.[13]

이런 구분에 따라, 장애는 장애권운동 내의 많은 이들에 의해 철저히 사회적·정치적인 개념으로 간주되며, 의료적인 또는 개별화된 의미는 전혀 지닐 수 없게 된다. 클레어 라이어코위츠Claire H. Liachowitz에 따르면

장애는 신체적 손상을 지닌 개인들과 그들을 둘러싼 사회 환경 간에 지속되는 관계의 전형을 보여 주는데, 그들은 어떤 때에 어떤 조건하에서는 장애 상태에 있지만, 다른 때에 다른 조건하에서는 통상적 시민으로서 기능을 수행할 수 있다.[14]

그렇지만 나의 논변은, 이와 같은 POD적 해석이 여러 면에서 앞선 두 가지 의료적 모델론의 해석에 급진적 도전을 제기하고 있음에도 불구하고, 여전히 '통상적인'ordinary 또는 '정상적인'normal 생활이라는 동일한 본질주의적 신화를 고수하고 있다는 것이다. 왜냐하면 POD

---

13) Union of the Physically Impaired Against Segregation(UPIAS), *Fundamental Principles of Disability*, London: UPIAS, 1976; 또한 Jerome E. Bickenbach, Somnath Chatterji, E. M. Badley and T. B. Üstün, "Models of Disablement, Universalism and the International Classification of Impairments, Disabilities and Handicaps", *Social Science and Medicine* 48, 1999, pp. 1173~1186을 보라.

14) Claire H. Liachowitz, *Disability As a Social Construct: Legislative Roots*, Philadelphia, PA: University of Pennsylvania Press, 1988, p. 2.

적 해석 또한 '이상적' 그리고 '비이상적' 존재태存在態, state of being와 연계된, '정상적인 것'과 '비정상적인 것'에 관한 고정된 가정에 의지하고 있기 때문이다. 요컨대 POD적 해석에서는 통상적인 시민권이라는 관념과 연계된 기능성의 가치가 추상적인 수준에서 하나의 고정된 이상理想으로서 구체화된다. 그것은 다시 말하면, 손상을 지닌 사람들을 포함하여 모든 개인들이 공유하는 사회적 목표인 정상화normalization에 기반을 둔 이상이라고 할 수 있다. 물론 POD에서의 정상화란 어떤 결함의 의료적 근원이 아니라 오로지 사회적인 것과 관련되기 때문에, POD는 (위의 의료화된 해석들과 비교했을 때) 정상화에 대한 이해를 상이하게 개념화한다고 할 수 있다. 그렇지만 나의 주된 요점은 이런 모든 해석들 각각이 그 나름의 주요한 목표로서 촉진하고자 하는 통상적인 시민권이라는 이상적 상태를 상정하기 때문에, '결함'을 하나의 '사회적 문제'로 규정한다는 것이다. 그래서 POD적 해석은 흔히 장애인을 '비장애인'이 이미 누리는 것과 동일한 이상적이고 정상적인 상태에 참여할 수 있는 미래를 기대하며 투쟁하고 있는 것으로 묘사한다. 예를 들면, 장애권운동 내에서는 '자립생활'independent living이라는 이상이 장애인의 목표로서 흔히 촉진되어 왔으며, 그러한 이상은 정상적인 또는 통상적인 시민권의 특성을 반영하고자 했다. 그렇지만 이런 목표를 상정하는 것은 목표의 상정 과정에서 그 자체로 본질주의적일 수 있는 '정상성'과 '비정상성', 그리고 '자립'과 '의존' 간의 경직된 구분이 형성되는 방식을 무시한다. 이러한 구분은 ⓐ모든 비장애인이 자립적이라는 것은 당연한 사실이며 ⓑ자립이라는 상태는 여하튼 바람직한 '존재태'라는 그릇된 가정에 기반을 둔다.[15] 그 결과, POD적 해석에 따르자면 자립이라는 목표를 달성하는 데 있어 어떤 장애인의 능력 부재가 비록 사회적 원인과 관련된다고 하더라도, 이러한 목표가 달성되지 않은 채 남겨져 있는 상태는 하나의 결함이라는 것이 여전히 자명한 사실로 가정된다.

요약하면, 지금까지 검토된 장애에 대한 모든 해석에서는 결함이라는 문제가 본질적 사실들^{essential facts} ——사회적인 것이든, 의료적인 것이든, 또는 양자가 혼합된 것이든 ——과 관련하여 고정되어 있으며, 이러한 '사실들'이 바로 그 문제를 야기한다. 더욱이 그것은 (PEID와 POD에서처럼) 사회적 그리고/또는 의료적 적응을 거치든, 아니면 FEID에서처럼 손상을 지닌 사람의 격리나 근절의 방법을 사용하든, 통상적인 시민권을 촉진하는 전략을 통해서 일정하게 고정시켜 낼 수 있는 문제이다.

그렇지만 내가 생각하기에 장애권운동의 정치적 요구에 대한 어떤 주해도 한층 더 복잡하게 만드는, 최소한 다른 하나의 사회적 모델에 대한 해석이 존재한다. 이러한 해석 내에서 장애란 접근할 수 없고 차별적인 사회 환경에 의해 사회적으로 야기되는 것일 뿐만 아니라, 장애 그 자체가 '사회적으로 구성되는' 것이다. 즉 어떤 개인의 결함이나 기능부전(그리고 그 반대인 '재능'과 '역량')에 대한 정의와 사회적 의미 또한 특정한 사회적·정치적 과정과 연관되어 개념화될 수 있는

---

15) 또한 Steven R. Smith, "Distorted Ideals: The 'Problem of Dependency' and the Mythology of Independent Living", *Social Theory and Practice: An International and Interdisciplinary Journal of Social Philosophy* 27, 2001, pp. 579~598에서의 나의 논변을 보라.

것이다. 따라서 장애인은 두 가지 유형의 사회적·정치적 과정을 통해 차별을 겪게 된다. 첫째, 위의 POD적 해석을 반영하는 것으로, 일정한 의료적 이상을 지닌 개인을 배제하는 사회적·정치적인 구조적 환경에 의해서 차별을 당하게 된다. 둘째, 애초부터 재능과 핸디캡이 무엇인 지를 규정하는 사회적·정치적 담론에 의해서 그런 차별적 상황에 놓 인다. 이제부터 탐구하고자 하는 것은 바로 이러한 두번째 유형의 사 회적 과정인데, 이는 내가 사회적 모델에 대한 '장애화의 사회적 구성' social construction of disablement 으로의 해석, 약자로 SCOD라고 부르는 것 과 통한다고 할 수 있다.

　　SCOD적 해석과 더불어 장애권운동은 접근 불가능성과 사회적 불평등의 이슈뿐만 아니라, 장애인의 개인적이고 집단적인 정체성의 부정적인 사회적 구성에 관한 문제에도 또한 초점을 맞추게 되었다고 볼 수 있다. 예를 들어, 장애권운동은 손상에 대한 경험이 어떤 개인의 비극적인 상실일 수밖에 없다는 의료화된 가정을 거부하는데, 이는 부 분적으로 비장애인 전문가와 장애인 클라이언트/고객 간의 불평등한 권력관계와 관련하여 위에서 살펴본 구조적 근거 때문이기도 하지만, 또한 어떤 장애인이 지닌 장애인으로서의 정체성이 결과적으로 훼손 되어 있다고 판단하기 때문이다. 그래서 존 스웨인John Swain 등에 따르 면 "많은 장애인들에게 있어, 장애에 대한 비극적 관점은 그 자체가 장 애를 만들어 내는 요인이다. 그런 관점은 장애를 만들어 내는 사회에 대한 경험, 장애인의 삶의 향유, 심지어 장애인의 정체성과 장애인으 로서의 자기인식까지도 부정한다".[16]

　　'결함'이나 '기능부전'(그리고 그 반대인 '재능'과 '역량')의 사회적 구성에 대한 여기에서의 논의와 관련해서 보자면, 장애인의 정체성 —손상과 직접적으로 연관되어 있는 것으로서의 —이 지닌 긍정적 측면에 대해서는 사실상 인식이 결여되어 있다. 나는 이제 이러한 인식의 결여가 어떻게 이해될 수 있는지를 두 가지 상이한 방식으로 탐색할 것이다. 첫째, 재능이라는 견지에서 규정될 수 있지만 또한 어떤 개인의 손상과도 별개로 발생하는, 장애인의 정체성이 지닌 여러 측면들이 경시되곤 한다. 이런 현상은 비교적 이해하기 쉽다. 예를 들어 스티븐 호킹Stephen Hawking은 심각한 신체적 손상을 지니고 있는데, 장애에 대한 POD적 해석에 따르면 그 손상은 사회 환경의 접근성에 의존하는 장애로 이어질 수도 있고 이어지지 않을 수도 있다. 그렇지만 장애의 경험에 대한 사회 환경의 영향이 무엇이든 간에, 이러한 신체적 손상은 수학과 물리학의 이해에 대한 그의 재능과는 별개로 존재하는 것이다. 장애권운동이 보기에, 장애인의 재능은 대개 그들의 손상된 상태에 대한 지배적인 의료적 해석에 의해 가려지며, 이는 다시 특정 장애인의 다른 재능이나 역량에 대한 오판으로 이어진다. 좀더 형식적으로 말하자면 합성의 오류fallacy of composition가 발생한다고 할 수 있는데, 이로부터 어떤 사람을 구성하는 일부 특징에 기반을 두고 전인全人에 대한 그릇된 결론이 도출된다. 사실, 이제는 주류 정책 입안자나 정부도 이러한 식의 판단이 하나의 오류로 인정되어야 한다는 것을 받아들이고 있다. 예를 들면, 다양한 형태의 차별금지법Anti-Discrimination Legislation, ADL을 통해서 고용주가 장애인들도 (그들이 지닌

---

16) Swain, French and Cameron eds., *Controversial Issues in a Disabling Society*, p. 71.

의료적 손상에도 불구하고) 재능을 지닌 것으로 여기도록 고무하고 보장하려는 정책 입안자나 정부의 경우에는 말이다.

그렇지만 사회적 모델에 대한 위의 SCOD적 해석을 활용하여 제기할 수 있는 훨씬 더 강력한 두번째 주장이 존재한다. 그것은 바로, 어떤 점에서는 손상으로 여겨지는 특정한 의료적 이상이 다른 점에서는 미처 인식되지 않은 하나의 재능으로 간주될 수도 있다는 것이다. 이러한 주장에 따르면, 문제는 FEID와 PEID에서 발견되는 '개인의 결함' 공리公理가 폐쇄적인 동어반복으로 보이는 전제와 더불어 시작된다는 점이다. 즉 의료적 손상은 모든 점에서 그런 손상을 지닌 개인에게 있어 필연적으로 재능의 감축을 의미한다는 전제 말이다. 그러나 장애권운동 내에서 SCOD적 해석을 촉진하고 있는 이들에게, 이는 단지 비논리적인 정의의 과정을 거칠 경우에만 성립되는 사실이다. SCOD에 따르면, 일정한 의료적 이상이 어떤 사람의 경험 및 자기발전과 관련하여 필연적으로 결함을 의미한다는 주장은 그 자체가 장애를 만들어 내는 요인이다. 예를 들어, 충족되지 않은 삶을 살아가는 비극적 희생자로서의 장애인에 대한 이미지는 장애인이 할 수 있고 성취할 수 있는 것에 대한 기대를 더욱 제한할 뿐만 아니라, 특정한 손상 상태에 있다는 것과 관련하여 이루어질 수 있는 어떠한 긍정적 평가도 약화시키는 경향이 있다. 즉, 문제는 손상에 대한 의료적 해석이 손상을 지닌 개인 및 손상 상태를, 그 자체로 장애를 만들어 내는 대단히 편협한 정의의 범주로 환원하기 때문에 긍정적 유형의 평가를 용납하지 않는다는 것이다. 반면 장애에 대한 SCOD적 해석은 손상을 사실상 정체성의 긍정적 일부로 개념화함으로써, 어떤 장애인이 자기 자

〈표 1.1〉의료적 모델과 사회적 모델에 대한 해석들

	해석	장애에 대한 이해
의료적 모델	1. '완전히 본질주의적이고 개인적인 결함'으로의 해석(FEID)	장애는 불가피하게 결함과 '비정상성'을 수반한 삶으로 이어지는, 고정된 의료적 특성에 의해 야기된다.
	2. '부분적으로 본질주의적이고 개인적인 결함'으로의 해석(PEID)	장애는 위와 같은 의료적 특성에 의해 야기되기는 하지만, 이러한 특성은 '정상적인 생활'을 어느 정도 가능하게 해주는 사회 환경의 변화에 의해서 부분적으로 완화될 수 있다.
사회적 모델	3. '장애화에 대한 정치'로의 해석(POD)	장애는 손상을 지닌 사람들을 '정상적인 시민권' 영역의 활동으로부터 체계적으로 배제하는 사회적 관행에 의해 야기된다.
	4. '장애화의 사회적 구성'으로의 해석(SCOD)	장애는 손상이 정의되는 방식에 의해 야기되며, 개인의 정체성, 발전, 성취에 부정적 영향을 미친다고 항상 가정되는 특성과 연관되어 있다.

신, 자신의 정체성, 자신의 손상에 대해 긍정적 태도를 갖는 것을 적극적으로 인정하고 고무한다. 다른 방식으로 말하면, 손상을 지닌다는 것은 적어도 어떤 면에서는 기쁘게 받아들일 수 있는 무엇이며, 따라서 핸디캡이라기보다는 오히려 하나의 재능으로 간주된다. 나는 장애와 손상에 대한 이와 같은 좀 더 복잡한 반응이 일단 이해가 되면, 그것은 손상을 지닌다는 것이 적어도 어떤 점에서는 재능의 소유를 의미할 수 있다는 관념을 또한 허용하게 되며, 그렇다면 권능을 부여하는 새로운 방식 속에서 '손상'을 이해할 수 있는 가능성 역시 인정됨을 아래에서 논할 것이다. 이러한 주장을 좀 더 살펴보기에 앞서, 〈표 1.1〉을 통해

지금까지 그 개요가 서술되었던 의료적 모델과 사회적 모델의 네 가지 해석을 요약해 보기로 하자.

재능으로 간주되는 손상?

(재능이라는 것이 실질적으로 어떻게 이해되든 간에) 모두가 동일한 정도로 지니고 있지 않은 특질이나 특성만이 재능으로 간주될 수 있다는 점을 강조하는 것은 매우 중요하다. 따라서 재능은 사람들 간의 유사성보다는 차이와 관련된다. 그렇다면 문제는 신체적·정신적 특성과 관련된 것들을 포함해서 우리가 이러한 차이들을 어떻게 평가하는가라고 할 수 있다. 개인들 간의 신체적·정신적 차이는, 그 차이들이 어떤 가치 있는 형태의 자기발전——그와 같은 다양성이 존재하지 않는다면 재생산될 수 없는——을 생산할 잠재력을 지닌 것으로 여겨진다면 재능의 존재를 나타내 줄 수도 있다. 이런 점이 인정된다면, 어떤 의료적 이상이 (어떤 점에서는 하나의 의료적 손상으로 간주된다 하더라도) 다른 점에서는 하나의 재능으로 간주될 수 있을 것이다.

나는 의료적 손상에 대한 이러한 개념이 실제로 장애권운동 내에서 종종 적극적으로 촉진되고 있음을 논하고자 한다. 예를 들어, 제니 모리스는 그녀의 저서 『편견에 맞선 자부심』*Pride Against Prejudice*에서, 자신의 의료적 이상을 강점과 개인적 통찰력의 원천으로, 또는 그런 이상을 지니지 않았다면 성취되지 않았을 발전의 원천으로 여기고 있는 다양한 장애인 피면담자들의 말을 인용하고 있다. 한 장애여성에 따르면, "우리 모두가 장애를 순전히 우리 앞에 예견되어 있는 재앙이나 능력의 감소로 여기는 것은 아니다. …… [나에게 있어] 그것은 정신적이고, 철학적이며, 심리적인 이득을 가져다주었다".[17] 그녀는 계속해서 다음과 같이 말한다.

> 우리가 아웃사이더라는 것이 하나의 재능임을 올바르게 인식할 수 있다면, 우리는 단지 다른 사람들의 시각에서만, 그리고 사회의 기준을 따르고 추구하기를 택하며 그런 기준의 승인을 받고자 할 때에 한해서만 장애 상태에 있게 되는 것임을 발견하게 될 것이다. …… 일단 우리가 우리 자신을 사회의 편협한 기준에 의해 판단하기를 그치면, 우리는 또한 모든 사물과 모든 이들을 그와 같은 동일한 제약에 의해 판단하기를 그칠 수 있다. 우리가 더 이상 표준적인 다수자의 열망을 우리의 것으로 동일시하면서 편안함을 느끼지 않을 때, 우리는 강제된 아웃사이더의 역할에서 벗어나 삶을 고양시키고 편견에서 해방된 주체적 사유의 상태로, 끊임없이 의심하는 아웃사이더 ─ 신체적 이상에 맞서 분투할 필요가 전혀 없고, 그 신체적 이상을 포용하는 ─ 로 변환될 수 있다. 그리고 그렇게 함으로써, 그러한 신체적 이상에 의해 장애 상태에 있게 되는 것을 중단시킬 수 있다.[18]

여기서 충분히 강조될 필요가 있는, 그리고 사회적 모델 및 의료적 모델이 다양하게 해석될 수 있는 방식에 대한 위에서의 논변들과도 관

---

17) Morris, *Pride Against Prejudice*, p. 187.
18) *Ibid.*, p. 187.

련되어 있는, 세 가지 요점이 존재한다. 첫째, 그녀의 근본적인 주장은 재능이란 (FEID, PEID, POD적 해석에서와 같이) 의료적 이상에도 불구하고 강점으로 간주될 만한 특성을 생산할 수 있는 능력이 아니며, 오히려 의료적 이상 때문에 이런 특성이 생산된다는 것이다. 다시 말해서, 의료적 이상은 결함이 아니라 활용될 수 있는 하나의 재능이다. 그것이 특성에서의 다양성과 삶에 대한 통찰로 이어질 수 있다면 말이다. 둘째, 이런 특질들은 지금 존재하는 것보다 훨씬 더 통합적이고, 그녀의 기준을 따르자면, 훨씬 더 풍부한 사회를 뒷받침한다. 이와 같은 유형의 사회는 정상성과 비정상성이라는 개념을 단지 하나의 통계적 경향으로만 구성해 낼 것이며, (지금처럼) 이러한 개념이 표준에서 벗어난 특성을 지닌 사람들의 감소된 역량에 대한 잘못된 가치판단의 전주곡이 되지 않을 것이다. 셋째, 장애에 대한 SCOD적 해석을 활용할 경우 (통상 손상으로 규정되는) 어떤 신체적·정신적 이상이 재능으로 규정될 수 있는데, 왜냐하면 ⓐ그것이 그러한 이상을 지닌 개인에게 이득이 될 수 있으며, ⓑ올바르게 인식되기만 한다면, 그러한 이상을 지니지 않은 이들에게도 이득이 될 수 있기 때문이다. ⓑ와 관련한 예를 들자면, 위 인용문의 장애여성은 '아웃사이더'라는 것에 대한 자신의 보다 직접적인 경험을 통하여 관습적인 표준에 의해 구속받지 않는 삶의 새로운 가능성을 전달할 수 있으며, 이러한 표준으로부터 자유로워질 수 있는 비장애인의 능력도 그녀가 획득한 특정한 통찰에 의해 도움을 받을 수 있는 것이다.

그렇지만 나는 이제 SCOD를 조금 더 심화시켜 살펴볼 것이다. 여기서 내 논변의 요지는 SCOD의 유망한 반본질주의적 적격성과 사회적 모델에 대한 보다 권능강화적인 해석에도 불구하고(혹은 어쩌면 그 때문에), 내가 생각하기에 SCOD가 몇몇 손상들의 경험에 대한 이해와 관련해서는 그 타당성을 상실할 위험이 있다는 것이다. 분명히, 표준에서 벗어난 신체적 이상을 지닌다는 것 자체가 그 이상이 핸디캡으로 규정되는지 재능으로 규정되는지를 결정하지는 않는다. 예를 들어, 어떤 사람의 비정상적인 큰 키라는 신체적 이상이 비록 어떤 사회적 맥락에서는 핸디캡을 의미할 수도 있겠지만(예컨대 기수나 발레리나가 되는 데 있어서는), 다른 사회적 맥락에서는 매우 높게 평가될지도 모른다. 사람들로부터 크게 인정받고 매우 높은 보수가 지급되는 농구선수나 슈퍼모델이 되기 위한 경우라면 말이다. 즉, 이러한 비정상적인 특성과 관련된 사회적 구성의 과정은, 비록 어떤 사회적 맥락에서는 그 특성을 핸디캡으로 규정하지만, 적어도 일정한 다른 사회적 맥락에서는 그것을 하나의 재능으로 규정하게 되는 것이다. 그렇지만 이와 같은 핸디캡에서 재능으로의 사회적 '전이성'transferability은 위의 장애여성 피면담자의 경우 훨씬 더 낮다고 할 수 있다. 그녀의 비정상적인 특성은 다수의 다양한 사회 분야에서 타인들에 의해 핸디캡으로 규정되기 때문에, 그 특성은 이상적인ideal 것과는 거리가 먼 것으로 간주된다. 따라서 비록 그녀가 장애인이라는 자신의 시각에서 보다 해방적인 사람이 되고 주체적인 사유자가 되기 위해 자신의 비정상적인 '재능'을 활용할 수는 있겠지만, 비장애인들은 그녀가 지닌 경험의 이런 측면을 대개 재능의 보유로 인정하지 않을 것이다. SCOD적 해석에 따르자면, 타인들(즉 비장애인들)이 그녀의 신체적 특성을 다양한 사회 분야에서 핸디캡으로 규정할 수 있게 되는 것은,

다름 아닌 바로 이러한 장애를 만들어 내는 사회적 구성의 과정 때문이다.

그러나 위와 같은 이론적 방향에 대한 하나의 반론은, 재능과 핸디캡 간에 이러한 유형의 SCOD적인 전이성이 원론적으로 존재하지 않는 (통상 결함으로 규정되는) 비정상적인 의료적 이상이 존재할 수밖에 없다는 것이다. 예를 들어, 만성 실금失禁은 특정한 사회 제도나 사회적 구성의 과정과는 상관없이 모든 인간에게 하나의 결함으로 여겨질지 모른다. 마찬가지로, 심각한 지적 손상 또한 기본적인 수준 이상의 과학기술을 지니고 있는 모든 사회에서 해당 개인에게 전적인 불리함을 부과하는 것으로 여겨질지 모른다. 하지만 나는 이와 같은 극단적인 예가 존재함에도 불구하고, SCOD적 해석에 대한 반대는 너무 성급하게 앞서 나간 것임을 논하고자 한다. 더욱이 이러한 반대는 부분적으로 인간의 행위주체성에 대한 우리의 이해 방식에 기반을 두고 있기에, [그러한 이해 방식의 변화에 따라] 어떠한 인간의 경험에 대해서라도 긍정적 반응이 이루어질 수 있음——그 경험에 대해 또 다른 타인들은 전적으로 부정적인 견해를 지닐 수 있음에도 불구하고——을 논할 것이다. 그래서 나는 이제 이런 성급함이 부분적으로는 지금까지의 SCOD적 해석이 주장했던 내용과 관련된 모호함의 결과일 수 있음을 살펴볼 것이다. 내가 생각하기에는 그 모호함이, 사회적 모델에 대한 POD적 해석과 SCOD적 해석 양자를 촉진하고 있는 장애권운동의 주장이 지닌 타당성과 일관성에 관한 문제로 이어지는 듯하다.

정체성과 인간의 행위주체성

무엇보다도, 장애를 만들어 내는 사회적·정치적 구조——POD적 해석을 반영하는——가 현존한다고 했을 때 손상을 지닌 사람들이 지닌 현재의 정체성——SCOD적 해석을 반영하는——을 어떻게 온전히 받아 안을 수 있는가와 관련하여, 장애권운동에게는 좀 더 근원적인 정치적·철학적 문제가 존재한다고 할 수 있다. 핵심적인 문제는 이것이다. SCOD적 해석에 따르면, 긍정적인 자기인식은 장애를 만들어 내는 현재의 사회적·정치적 환경에서 역설적인 방식으로 성취될 수밖에 없고, 따라서 적어도 어느 정도는 그런 환경에 영향을 받는다. 그렇지만 만일 POD적 해석이나 SCOD적 해석을 진지하게 받아들인다면(즉 '장애 상태'의 경험에 대한 사회의 심대한 영향력을 강조한다면), (POD적 해석이 촉진하려는) 구조적 변화에 따른 결과는 (SCOD적 해석이 촉진하려는) 긍정적 정체성도 아마 사회의 변화에 대응하여 또한 변화한다는 것일 터이다. 따라서 이런 변화를 사회적·정치적 과정으로 인정하는 것은, 한편으로는 현재 존재하는 장애인의 정체성의 촉진과, 다른 한편으로는 사회적·정치적 변환이 발생한 후에 존재하게 될 미래의 비억압적인 정체성의 촉진 사이에서 일관성의 문제를 발생시킨다.

이러한 일관성의 문제를 다루기 위해 나는 우선 SCOD적 해석의 주창자에 의해 제기될 수 있는 두 가지 주장을 분리하려고 하는데, 내가 생각하기에는 그것이 장애권운동의 입장에 미묘한 차이를 추가적으로 부여할 수 있을 것 같다.

1. 결함으로 규정될 때의 개인적인 의료적 이상은 어느 모로 보나 사회적으로 구성된 것이다.
2. 의료적 모델의 장애에 대한 해석은 어느 모로 보나 온당치 않게 의료적 손상을 결함으로서 사회적으로 구성해 낸다.

사회적 장애 모델에 대한 SCOD적 해석은 아마 둘 다를 주장하겠지만, 이 양자가 논리상 필연적으로 연결되는 것은 아니다. 그러므로 이러한 두 가지 주장 간에 구분을 두는 것에 의해, (첫번째 주장을 기각하는 것을 통해서) 의료적 모델에 대한 근거의 일부를 제한적으로 수용하고, 그에 따라 일정한 의료적 손상을 지닌다는 것이 적어도 어떤 점에서는 (비非사회적인 의미에서) 결함임을 인정하는 것은 가능하다. 비록 이것이 차별적인 사회적 관행에 의해 강화되고 심화된 결함일지라도 말이다. 그렇지만 두번째 주장을 통해서, 심각한 손상을 지닌다는 것이 반드시 절대적인 결함은 아님을 SCOD적 해석에 근거하여 논하는 것도 가능하다. 왜냐하면 강점은 또한 그러한 이상을 지닌다는 것으로부터도 획득될 수 있고, 그것은 다시 (미래가 아닌 현재 존재하는 것으로서의) 긍정적인 자기정체감에 기여할 수 있기 때문이다.

나는 SCOD의 두번째 사회적 구성주의적 주장과 POD의 사회적 구조주의를 결합시키는 이론적 방향이 대체로 UPIAS의 손상 ——제약을 발생시키는 의료적 이상으로 정의된 —— 과 장애(또는 핸디캡) ——손상에 사회적으로 부과된 제한으로 정의된 —— 간의 구분과 일치하는 것임을 논하고자 한다. 게다가 UPIAS의 진술에 따라 손상이 어떤 의미에서는 제약을 발생시키는 것으로 간주된다면, 그것은 또한 원론적으로는 손상에 대한 PEID적 해석의 일부 요소를 받아들일 수 있다.

그렇지만 장애에 대한 다양한 해석들 간의 이와 같은 논리적 일관성이, (이론적 정밀함이 지닌 매력에도 불구하고) 정치적으로든 철학적으로든 우리가 원하는 것일까? 나는 지금까지 이러한 해석들이 장애권운동 진영의 논평가들에 의해 제기된 주장의 다수와 모순되지 않음을 논했다. 간단히 말해서, '사회적 약자'(이 경우에는 장애인)의 차별받는 처지는 단지 사회적이고 경제적인 구조적 부정의에 의해서만 야기되는 것은 아니다. 그것은 또한 정체성의 배제라 불릴 수 있는 것에 의해 야기되기도 한다. 즉 '사회적 약자'가 자신의 경험에 대해 지닐 수 있는 반응의 다양성이 보다 지배적인 해석에 대한 선호 속에서 사실상 무시되거나 주변화될 때에 말이다.

그럼에도 불구하고, 내가 생각하기에 위의 내용에는 개인의 행위주체성이라는 각별한 개념이 내재해 있는데, 그런 행위주체성의 현존이 다름 아닌 인간관계를 이해하고자 할 때 내가 '생산적 긴장'이라고 부르려는 것을 발생시킨다. 이러한 긴장은 개인이 (사회적으로든 의료적으로든) 우발적 결정론contingent-determinism에 얽매여 있지 않다는 생각을 반영하지만, 동시에 의료적 손상을 지닌 사람들을 체계적으로 배제하는 사회 구조에 대한 비판을 견지한다. 좀 더 구체적으로, 인간의 행위주체성이라는 개념은 우리에게 무엇을 말해 주는가?

이에 대해 조금 더 이야기해 보자면, 내 주장의 요지는 인간의 행위주체성은 경험에 대한 능동적 관여라 불릴 수 있는 것을 포함한다는 것이다. 그것은 개인들에게 그들이 처한 환경과 조건으로부터 한 걸음

물러나 생각하고, 그에 따라 그러한 환경과 조건에 반응할 수 있는 능력을 제공한다. 종종 아주 놀라운 방식으로 말이다. 이 놀라운 능력은 인간의 행위주체성 그 자체로부터 나오며, 한 사람이 자신의 삶을 선택할 수 있는 능력, 보다 중요하게는 아마도 자신의 삶에 대한 관점을 선택할 수 있는 능력에 기반을 둔다고 할 수 있을 것이다. 그리고 그것은 역동적일 뿐만 아니라 미리 예측할 수 없는 것이다. 이런 능력이 존재한다고 했을 때, 한 명의 행위주체는 그의 경험과 환경에 대한 그 자신의 개인적 반응과 관련된 예측을 근본적으로 거스를 수 있다. 즉, 지배적인 사회적 표준을 통해서 초래된 예측뿐만 아니라, 그와 가까운 타인들의 생각으로부터 나온 예측, 심지어는 어쩌면 그 자신의 예측을 말이다. 내가 생각하기에 이런 능력을 인정하는 것은 장애와 관련된 문제들을 이해하는 방식에 심대한 영향을 미치며, 지금까지 제기된 논변들 내에 반영되어 있던 것이기도 하다.

사람의 통제 너머에 있는 환경에 의해 야기될지 모를 (신체적인 것이든 정서적인 것이든) 인간의 고통에 대한 경험을 예로 들어 보자. 고통을 겪는 사람은 고통스러운 경험과 그것을 야기한 환경을 전적으로 유감스럽게만 여길 수도 있다. 즉, 개인의 행복에 대한 그 자신의 이해에 비춰 보았을 때, 그러한 고통이 자신의 삶에서 절대적인 결함으로 이어지는 것으로 말이다. 그렇다면 위에서 살펴본 SCOD적 해석의 언어를 활용한다고 하더라도, 그런 고통은 어느 모로 보나 하나의 결함을 생산해 내는 것 아닐까? 다시 말해서, 어떤 장애인들은 분명히 그들의 손상에 정확히 이러한 방식으로 반응하는 것으로 볼 수 있고, 따라서 의료적 모델의 FEID적 해석의 예측에 전적으로 부합하는 것이 아닐까? 그렇지만 SCOD적 해석에 따르면, 다른 많은 장애인들은 이런 예측을 근본적으로 받아들이지 않으며 또한 앞으로도 받아들이지 않을 것이다. 사실 장애권운동 내에서는 특정한 손상을 지닌다는 것을 모든 면에서 결함으로 여기는 장애에 대한 개인적 시각이 단지 (장애 상태를 필연적인 비극으로 규정하는) 장애에 대한 지배적인 의료적 구성의 산물로 간주되어야 하는지, 아니면 손상이라는 일정한 상태에 대한 하나의 정당한 반응으로서 보다 진지하게 받아들여져야만 하는지에 관해 격렬한 논쟁이 존재해 왔다.[19] 여기서 이 논쟁을 좀 더 깊게 살펴볼 충분한 여유는 존재하지 않는 것 같다. 일단 지금은 SCOD적 해석에 대한 위에서의 두 가지 주장 중 두번째에 대한 나의 선호가, 장애인들이 손상에 대한 자신의 경험 중 적어도 어떤 측면은 당연히 유감스럽게 여길 수 있다는 것을 허용한다는 점만 말해 두기로 하자. 그들이 그저 장애에 대한 의료화된 구성에 굴복하는 것이라고 결론 내리지 않으면서도 말이다.

나는 이제 인간의 행위주체성에 관한 나의 주장이 특히 이러한 후자의 맥락[즉, SCOD적 해석에서의 두번째 주장의 맥락]에서 어떻게 더 잘 이해될 수 있는지에 대해 간략한 개요를 서술할 것이다. 첫째, (신체적인 것이든 정신적인 것이든) 통증이나 고통이 비록 어떤 장애인들의 경험에서는 실재한다고 하더라도, 반드시 모든 장애인에게 해당하는 것은 아님이 논해질 수 있다. 따라서 통증이 없는 손상은 개인의 행복 감소로 이어지지 않는다. 설령 개인의 행복이 통증이나 고통의 경험에

---

19) 이에 대한 예로는 Morris, *Pride Against Prejudice*를 보라.

의해 필연적으로 위협을 받는 것이라 가정한다고 하더라도 말이다. 둘째, 인간이 자신의 삶을 평가하는 복합적이고 역설적인 방식과 관련된 이유들, 그리고 내가 기술했던 인간의 행위주체성과 관련된 이유들로 인해, 나는 통증이나 고통의 경험 그 자체가 직접적으로 하나의 결함이 될 수는 없음을 주장하고자 한다. 대개 사람은 적어도 어느 정도의 통증과 고통을 포함할 수 있는 자신의 모든 경험에 대해 반응하고 그 경험으로부터 배우며, 모든 것을 고려해 보면 결국 그와 같은 반응과 배움이 모여 보다 풍부한 삶으로 이어지게 된다. 누구도 고통스러운 삶을 원하지 않는다는 것이 합리적인 생각일 수는 있지만, 반면에 완전히 고통이 없는 존재 역시 대다수의 사람들에게는 상당히 타당하게 결함이 있는 것으로 간주될 수 있는 것은 바로 이런 맥락에서다. 나의 좀 더 진전된 주장은 통증과 고통에 대한 이런 이해 ──인간의 행위주체성과도 관련되어 있는──가, 지금까지 살펴본 의료적 모델이나 사회적 모델보다 인간의 경험에 대해 좀 더 미묘한 차이를 부여하는 해석을 가능케 한다는 것이다. 이런 이해는 확실히, 손상을 지닌다는 것이 반드시 본질적으로 비극적인 삶으로 이어진다는 장애에 대한 어떠한 환원주의적 해석도 차단해 준다. 그리고 이런 이해는 어떤 장애인들에게 존재할 수 있는 통증과 고통의 경험을 부인하는 장애에 대한 일정한 SCOD적 해석(즉, 위에서의 첫번째 주장)의 경향 역시 차단할 수 있다. 그렇기는 하지만, SCOD의 효력을 인정하는 것은 고통스러운 손상을 지닌다는 것이 반드시 해당 개인에게 있어 절대적인 결함은 아님을 우리가 인식할 수 있도록 해준다. 왜냐하면 강점은 또한 그러한 이상을 지닌다는 것으로부터도 획득될 수 있고, 그것은 다시 (미래가 아닌 현재 존재하는 것으로서의) 긍정적인 자기정체감에 기여할 수 있기 때문이다.

결론: 자아성, 장애, 사회정의

장애와 인간의 경험에 관한 위의 주장들은 좀 더 일반적으로 우리를 어디로 향하게 하는가? 일단 이런 주장들이 수많은 철학적 질문들에 대해 답변하고 있지 않다는 점은 인정되어야만 한다. 예를 들면, '자아'의 본질에 관한 질문, 사유하는 주체 또는 성찰적 주체란 선택 및 계획과 관련하여 어떤 방식으로 인지되며, '선택하고 계획한다'는 것은 도대체 무엇을 의미하는가라는 질문 등에 대해서 말이다. 이 장에서 제시된 내 논변의 대다수는 적어도 부분적으로는 이러한 질문들에 대한 답변에 기대고 있다. 비록 지금까지는 일괄적인 방식으로 다루어지긴 했지만 말이다. 그렇지만 나는 이제 결론에 즈음하여, (장애인과 비장애인 양자에 대한) '자아'의 본질에 좀 더 주의를 기울여 보고자 한다. 왜냐하면 그것이 어떤 경험에 대한 반응의 통상적인 예측을 거스를 수 있는 인간의 능력과 연관되어 있기 때문이다.

경험이 근본적으로 우리의 삶을 변화시키는 상황에서 우리는 종종 자신의 반응에 놀라게 되는데, 왜냐하면 그런 반응이 우리가 상상했던 예측을 거스르기 때문이다. 그런데 여기서 '거스른다'는 것은 무엇을 의미하는가? 무엇이 정확히 거스름이나 반대의 대상이 되고 있으며, 이러한 거스름은 실제의 삶과 구분되는 것으로서의 상상된 삶과 어떻게 관련되는가? 아마도 이 질문들에 대한 어느 정도 명료한 한 가지 답변은 '거스른다'는 것은 그녀가 무엇이 될 것이라고 (그리고/또는 무엇을 할 것이라고) 어떤 사람이 상상했던 것과 그녀가 실제로 현재 되어 있거나 되고 있는 것 간의 불일치를 드러낸다는 것이다. 다시 말해서 거스른다는 것은 인식론적 차원의 문제이며, 여기에 수반되는 해결책은 그녀가 개인적인 자기성찰이나 치유법 등을 통해서 그녀 자신을 더 잘 알게 되는 것을 보장하는 것이라 할 수 있다. 그렇지만 '거스른다'는 것이 무엇을 의미하는가에 대한 아마도 보다 덜 명료한 또 다른 답변은, 그것이 자아에 대한 상상된 지식과 실제적 지식 사이에 존재하는 문제적인 불일치를 드러낸다기보다는, 오히려 경험이 일어나고 있는 동안에도 변화하는 어떤 유동적인 상태 내에 개인의 인격이 존재하는 방식을 반영한다는 것이다. 실존철학의 언어를 빌려 오자면, 요컨대 자아란 '같은 자리에서' 자기성찰을 행하는 고정된 실체나 본질적 존재가 아니라, 오히려 비본질적인 '되기'becoming라고 할 수 있다. 좀 더 간결하게 말하면, 자아는 삶에 대한 자기성찰을 통해 알 수 있게 되는 것이라기보다는, 삶에 대한 능동적 관여를 통해 구성되는 것이다. 그러나 인간의 정체성에 대한 질문에 있어 이런 답변은 이 장에서 살펴본 논변들과 어떤 관련이 있는가?

앞서 이야기되었던 내용을 상기해 보면, 사회적 모델에 대한 SCOD적 해석을 따를 경우, '사회적 약자'의 불평등한 처지는 POD적 해석이 주장하는 것처럼 단지 사회적이고 경제적인 부정의에 의해서만 야기되는 것은 아니다. 그것은 또한 정체성의 배제라 불릴 수 있는 것에 의해 야기되기도 한다. 우리가 살펴본 인간의 행위주체성이라는 개념과 관련해서 보자면, 이러한 배제의 과정은 사회적 약자로 규정된 존재가 자신의 경험에 대해 지닐 수 있는 다양한 반응이, 보다 지배적인 해석에 대한 선호 속에서 사실상 무시되거나 주변화될 때 발생한다. 이에 따라 행위주체에 대한 존중은 결과적으로 부차화되고, 이러할 경우 고통이 수반된 이상을 지닌 사람은 자신의 통제 너머에 있는 환경과 경험에 의한 비극적이고 수동적인 희생자로 사실상 환원되고 만다.

요약하면, 따라서 나는 다름 아닌 인간관계를 사회적으로 고려하고자 할 때 '생산적 긴장'을 발생시키는 개인의 행위주체성이라는 각별한 개념을 지지한다. 좀 더 구체적으로 말하자면, 이런 긴장은 ⓐ행위주체들이 대단히 예측 불가능하지만 대개 긍정적인 방식으로 그들의 경험에 관여하면서, 창조적으로 책임지는 주체responsible-subject[20]인 타자들을 상상하고 그들과 동질감을 느끼는 것을 가능하게 해준다. 그러나 여기서 ⓑ어떤 주체들(이 경우에는 손상을 지닌 사람들)은 또한 특정한 의료적 이상을 지니는 것이 가져오는 부정적인 결과를 조정하

---

20) 리투아니아 출신의 유대인, 프랑스 철학자 에마뉘엘 레비나스(Emmanuel Levinas)가 사용하는 개념이다. 레비나스는 흔히 '타자성'의 철학자로 불리는데, 그의 철학은 타자를 동일자로 환원하는 서구철학의 존재론, 즉 고유성을 무시한 채 타자를 전체성 속에서 파악하는 서양 철학의 지배적인 사유 방식에 대한 비판을 근간으로 한다. 그리고 이런 비판과 통찰은 자신의 가족을 모두 잃어야 했던 아우슈비츠의 체험에서 비롯된다고 할 수 있다. 레비나스가 보기에 제2차 세계대전과 나치즘이라는 전체주의는 본질적으로 타자를 동일자(나)로 환원하는 서구 존재론의 구조에서 유래하는 것이었다. 따라서 그의 철학 작업이 견지하는 근본적인 주제는, 나라는 동일자로 흡수되지 않는 절대적 타자가 있음을 드러내고, 그 타자에 대한 윤리적 책임성이 나의 나됨, 즉 나의 주체성을 구성하는 근본임을 보이는 것이었다. 이와 같은 배경 속에서 그는 감성적 존재로서의 인간은 자신의 삶을 향유하면서도 자기중심적 자아를 초월하여 타자를 위해 헌신하는 '책임지는 주체'가 될 수 있다고 보았으며, 이러한 주체로의 구성은 기본적으로 자아와 타자의 만남이라는 사건, 또는 타자의 현현(顯現)을 통해 이루어지게 된다.—옮긴이

기 위해서, 사회적·정치적 환경의 구조적 변환을 마땅히 기대할 수 있다. 설령 이러한 이상을 경험하는 사람이 충분히 행복하거나 현 상태의 자신의 삶에 만족하고 있다고 하더라도 말이다. 자유주의적 평등주의liberal egalitarianism 정치철학의 언어를 활용해서 다시 말하자면, 사회 제도 및 정치 제도가 '가장 어려운 처지에 있는'worst-off 것으로 규정된 이들에게 자원을 재분배·재구조화해야만 함을 인정하고, 동시에 또한 어떤 일을 경험해 왔던 간에 긍정적 정체성을 생성할 수 있는 인간의 능력을 인정하면서, 사람을 자유롭고 평등한 행위주체로서 존중하는 것이 건강한 인간관계를 확립하는 데 핵심이 된다. 자유주의적 평등주의 정치철학뿐만 아니라 사회운동 및 정치운동에게 있어서도 어려운 과제는 이러한 양자의 명령이 서로 지향하는 바가 다름을 인정하면서도, 여기에 적절히 대응하는 것이라 할 수 있다.

2장 _ 장애의 정의들
윤리적 가치와 여타의 가치들

스티븐 에드워즈

서론

이 장에서 나는 우선 장애와 가치들 간의 관계에 존재하는 몇 가지 측면을 설명하고자 한다. 가치와 장애 개념 간의 명백하고도 밀접한 연관성을 강조하는 네 명의 주목할 만한 논평가들이 제기했던 주장에 의지해서 말이다. 그리고 나서 장애 개념이 궁극적으로는 무엇을 '좋은 인생'으로 간주할 것인가에 관한 일정한 견해와 연계되어 있음을 입증하고자 시도할 것이다. 마지막으로 나는 휴고 엥겔하르트Hugo Tristram Engelhardt가 자신이 '기형'deformity이라고 부른 것과 관련하여 제기한 강력한 주장에 대해[1] 문제를 제기할 것이다.

장애화의 이해라는 맥락에서 가치의 위상을 강조하는 데에는 적어도 두 가지 이유가 있다. 첫번째는 일단의 사람들을 구별하기 위해 채택된 개념들은 순수하게 과학적이고 기술적記述的인 것이 아니며, 가

---

1) Hugo Tristram Engelhardt, *The Foundation of Bioethics*, Oxford: Radcliffe Press, 1996.

치에 기반을 둔 차원이 결합되어 있음을 우리 자신에게 상기시키고자 함이다.[2] 이 장에서 고찰하는 (장애를 정의하는 데 사용되는) 접근법들에 대해서도, 그 모두가 일정한 가치를 전제하고 있음이 충분히 입증될 수 있다. 비록 그러한 가치의 전제가 명시적일 수도 있고 함축적일 수도 있기는 하지만 말이다. 가치에 초점을 맞추는 두번째 이유는, 장애라는 현상의 맥락에서 가치가 지닌 위상의 인식이 우리로 하여금 다음의 두 가지 질문, 즉 '어떤 종류의 가치인가?'와 '누구의 가치가 가장 중요한가?'라는 질문에 이르도록 하기 때문이다.

이 장에서 나는 의료적, 도덕적, 미적 가치 체계라는 세 가지 유형의 가치 체계를 살펴본다. 나의 의도는 장애라는 이슈를 둘러싼 문제들에서, 누구의 가치가 가장 중요한 것으로 간주되는가라는 질문과 관련하여 의견의 차이가 존재함을 보여 주는 것이다. 어떤 한 집단의 의견이 다른 집단의 견해보다 더 중요함을 결정적으로 입증하는 것은 비록 불가능하지는 않겠지만 매우 어려운 일이다. 여기서 그런 일에 전력하는 것은 적절하지도 않아 보인다. 그러나 장애에 대한 특성이나 반응과 같은 핵심적 문제들에 관해서라면, 나는 장애인 당사자의 견해가 여타 집단의 견해보다 더 큰 도덕적 가중치를 지닌다는 입장을 지지하며, 내가 여기서 제시하는 내용은 이에 어느 정도 도움이 될 것이다.[3] 이렇게 이야기하는 것이 물론 장애인 당사자들의 의견에는 절대 오류가 없다는 말은 아니다. 방금 기술된 입장은 어떤 사람이 장애 상

---

2) Simo Vehmas, "Ethical Analysis of the Concept of Disability", *Mental Retardation* 42, 2004, pp. 209~222를 보라.
3) Ibid., pp. 209~222.

태에 있는지 아닌지의 문제를 그/그녀 **단독으로** 확정하는 조악한 형태의 주관주의와는 전혀 다르다.

마지막으로 용어상의 문제를 하나 지적해 두어야 할 듯하다. 내가 이 글에서 고찰하고 있는 논평가들 중 한 명인 렌나르트 노르덴펠트Lennart Nordenfelt는 그의 저작에서 '핸디캡'handicap이라는 용어를 사용한다. 명백히, 스웨덴어에서는 영어에서 그 용어가 사용될 때 많은 이들이 느끼게 되는 경멸적인 함의를 담고 있지 않다.[4) 그래서 노르덴펠트가 그 용어를 사용한 경우에는 이를 그대로 따랐다.

네 가지 견해

장애에 대한 관념을 고찰해 보면, 다양한 종류의 가치들이 촉진되는 다음과 같은 몇 가지 방식이 존재한다.

1. 휴고 엥겔하르트: "우리는 도덕과는 무관한 중요한 가치들의 망을 통해서 …… 질병disease, 질환illness, 장애를 접하게 된다."[5) 또한 "장애를 …… 하나의 현상으로 보게 되면 거기서 잘못된 무언가를

---

4) 어원적으로 핸디캡은 원래 일종의 제비뽑기 게임을 지칭했다. 이 게임에서는 승자가 벌금을 냈고, 심판은 그 돈을 '모자 속에 가려진 손'(hand in a cap)에 보관했다고 한다. 이후 그 용어는 시합을 좀 더 공평하게 만들기 위해서 유리한 경쟁자에게 일정한 부담을 지우는 것을 지칭하게 된다. 그렇지만 어원과는 무관하게 핸디캡이라는 단어가 '손에 모자를 들고'(cap-in-hand) 이루어지는 구걸 행위를 연상시키기 때문에, 때때로 경멸적인 의미를 띠기도 한다.—옮긴이
5) Engelhardt, *The Foundation of Bioethics*, p. 206.

발견할 수 있다."[6]

2. 존 해리스John Harris: 그는 장애를 "해를 입은harmed 상태"로, 즉 "우리가 그렇게 되지 않기를 강력하고도 합리적으로 선호하는" 이상으로 간주한다.[7]

3. 렌나르트 노르덴펠트: "어떤 사람을 핸디캡을 지닌 것으로 분류하는 것 그 자체가 윤리적 또는 정치적 판단을 전제한다."[8]

4. 앨리슨 래퍼Alison Lapper: "그 조각상은 장애에 관해 궁극적인 것을 말하고 있다. 장애가 다른 어떤 것만큼이나 아름답고 유효한 존재의 형태일 수 있다는 것을 말이다."[9] 이는 그녀가 런던 트라팔가 광장Trafalgar Square에 전시된 그녀 자신의 조각상에 대해 했던 이야기이다.[10]

---

6) *Ibid.*, p. 197.

7) John Harris, "Is There a Coherent Social Conception of Disability?", *Journal of Medical Ethics* 26, 2000, p. 97.

8) Lennart Nordenfelt, *Action, Ability and Health*, Dordrecht: Kluwer, 2000, p. 123; 또한 Vehmas, "Ethical Analysis of the Concept of Disability", p. 214를 보라. 그는 "장애라는 개념의 본질적 핵심은 윤리적인 것이다"라고 말한다.

9) Ouch!, "Alison Lapper Pregnant Unveiled", 2005, http://www.bbc.co.uk/print/ouch/news/btn/lapper/index.shtml(2006년 11월 16일에 최종 접속).

10) 앨리슨 래퍼는 '살아 있는 비너스'라고 불리는 영국의 구족화가이자 사진작가이다. 그녀는 팔다리가 마치 물개처럼 짧은 해표지증(海豹肢症, phocomelia)을 지니고 태어나, 상지는 거의 존재하지 않으며 매우 뭉툭하고 짧은 다리를 갖고 있다. 그녀는 모성 및 장애에 대한 사회적 편견에 도전하는 예술 작품으로 사회에 기여한 공로를 인정받아 2005년에 제2회 세계여성상(Women's World Awards)에서 세계여성성취상을 받았다. 그리고 영국의 조각가 마크 퀸(Marc Quinn)이 임신 9개월인 그녀를 모델로 해서 만든 5m 높이의 「임신한 앨리슨 래퍼」(Alison Lapper Pregnant)라는 작품이 런던시 공모전에 입상하면서, 같은 해 가을 트라팔가 광장에 한동안 전시되기도 했다.—옮긴이

이러한 인용문들에서, 나는 해리스와 노르덴펠트의 진술에 내재해 있는 것은 도덕적 가치인 반면 래퍼의 발언이 제기하고 있는 것은 미적 가치임을 주장하고자 한다. 나는 이제 세 가지 가치 체계를 살펴보려고 하는데, 우선 엥겔하르트가 '도덕과는 무관한' 가치라고 부르며 옹호하고 있는 것을 좀 더 면밀히 검토하는 데에서 시작할 것이다.

의료적 가치

엥겔하르트가 애초에 제기한 가치는, 그의 주장에 따르면 '도덕과는 무관한' 것이다. 비록 엥겔하르트가 의료 내에 그 근원을 갖는 미적 가치를 언급하기는 하지만("기형과 기능부전은 추하다"[11]), 그는 도덕적이지도 미적이지도 않으면서 "통증으로부터의 해방, 인간의 능력, 몸의 형태와 움직임에 대한 이상ideal을 반영하는" 어떤 종류의 가치가 존재한다고 말한다.[12]

홍미로운 것은 엥겔하르트가 이런 종류의 가치 또는 가치 체계에 어떤 이름을 붙이길 삼간다는 점이다. 그러나 그는 명시적으로 그것이 도덕적 가치와는 전혀 다르고, 예술 작품에 의해 촉진되는 미적인 종류의 가치와도 또한 뚜렷이 구별된다고 말한다.

따라서 엥겔하르트의 논의를 따르자면, 그런 종류의 가치는 도덕적이고 미적인 것을 넘어 의료적 가치를 포함하는 것으로 확장될 수 있을 것이다. 왜냐하면 이러한 가치는 고통의 경감, 몸의 형태 및 움직

---

11) Engelhardt, *The Foundation of Bioethics*, p. 206.
12) *Ibid.*, p. 206.

임의 유지와 같은 의료 행위의 목표에서 분명히 드러나기 때문이다. 조금 더 확대해서 얘기해 보면, 고통이라는 문제와 관련해서는 그러한 고통의 경감을 의료의 중심 목표로 간주하는 것이 타당해 보인다. 왜 그런가? 일단, 고통이란 우리 대부분이 회피하기를 원하는 상태이고, 우리가 고통을 겪고 있다면 그 고통으로부터 벗어났을 때 기쁠 것이다. (물론 여기에서 우리의 초점은 고통 **그 자체**가 아니라, 해당 주체가 견디고 싶어 하지 않는 고통에 있다.) 어떤 신체적 변화가 골절이나 야생 동물에게 물리는 것과 같은 고통의 경험과 결부된 것이라고 가정해 보자. 그럴 경우 신체적 변화는 의료 활동의 초점이 된다. 이러한 신체적 변화 그 자체가 본질적으로 나쁜 것은 아니지만, 그것은 고통을 야기하고 활동성을 떨어뜨리기 때문에 평가 절하된다. 엥겔하르트의 말처럼 "일단의 가치판단은 어떤 상태들을 다루어져야 할 문제로서 두드러지게 만든다".[13] 엥겔하르트가 보기에는 유사한 근거가 그 자신이 강조하는 의료적 가치에서 또 다른 가치판단을 이끌어 내면서, 인간의 능력에 초점을 맞추도록 하는 동기가 된다고 할 수 있다. 여기서의 얘기 또한 인간의 능력을 떨어뜨리는 신체적(그리고 정신적) 변화가 평가 절하된다는 것이며, 따라서 능력의 유지는 의료적 접근법에서 핵심적인 위상을 갖는다. 예를 들어 어떤 사람의 팔뼈가 부러지게 되면, 그것은 테니스를 칠 수 있는 그의 능력을 훼손한다. 엥겔하르트에 따르면 이 경우 테니스를 칠 수 있는 그 사람의 능력을 회복시키는 것이 의료적 목표가 되는데, 왜냐하면 능력의 회복은 높이 평가되고 능

---

13) *Ibid.*, p. 205.

력의 상실은 평가 절하되기 때문이다. 이런 입장을 몸의 형태에 대한 그의 언급과 관련시켜 살펴보자. 일단 그의 견해는 인간에게 전형적인 일정한 유형의 몸의 형태 및 움직임이 있으며, 이런 형태 및 움직임의 유지가, 그리고 그것이 상실되었을 경우 이의 회복이 핵심적인 의료적 목표가 된다는 것이다. 이는 엥겔하르트가 일정한 종전형적인species-typical 형태로부터의 일탈을 병리 상태의 표시로 간주하기 때문이다. 내가 생각하기에 '이상적인' 몸의 형태가 엥겔하르트의 의료 개념에서 그렇게 중요하게 취급되는 것은 바로 이 때문이다. 일탈은 앞서 논의 된 것과 같은 종류의 '일단의 가치판단'과 연계성을 지니기 때문에, 그 가 보기에 일탈이란 병리적인 것이다.

엥겔하르트가 언급하고 있는 몸의 형태라는 개념은 또한 미적 가치를 제기하는 것이라 할 수 있다. 즉 그가 보기에 "기형은 추하다".[14] 다소간 극단적인 이런 주장은 아마도 과도하게 협소한 미적 감각을 나타내 주는 것일 텐데, 이 역시 부분적으로는 엥겔하르트의 견해에 존재하는 건강과 종전형적인 몸의 형태 간의 밀접한 연관성에서 기인한다. 만일 누군가가 이 둘을 함께 연결짓고 동연同延의 것으로 여기도록 미혹된다면, 종전형적인 몸의 형태로부터의 일탈은 당연히 평가 절하될 수밖에 없을 듯하다. 나는 미적 가치에 대한 이후의 논의에서 이런 주장을 다시 다룰 것이다.

어쨌든 이 모든 것을 보았을 때, 고통의 경감, (종전형적인 방식으로 움직이고 몸의 형태를 회복할 수 있는 능력을 포함하는) 능력의 회복,

---

14) Engelhardt, *The Foundation of Bioethics*, p. 206.

몸의 형태의 복원을 목표로 한 행위들에서는 의료적 가치가 분명히 드러난다. 즉, 이러한 행위들은 고통스럽지 않은 상태, 그리고 몸의 형태 및 기능의 유지와 관련된 가치에 의해 추동된다.

엥겔하르트의 관점에는 두 가지 종류의 비판이 가해질 수 있다. 첫 번째는 의료적 가치가 단순한 수단적 의미와 대립하는 것으로서의 **본질적** 의미를 지닌다는 관념은 기각되어야 한다는 것이다. 이를 이해하기 위하여 위에서 언급된 앨리슨 래퍼의 조각상을 고려해 보자. 그녀는 비전형적인 몸의 형태를 지닌 여성이다. 그러나 이것이 그 자체로 의료적 중재를 야기한다고 생각하는 것은 타당해 보이지 않는다. 예컨대 전형적인 몸의 형태를 부여하기 위한 치료 같은 것을 말이다(미래에는 일정한 형태의 유전자 치료법에 의해 이러한 치료가 이루어질 수 있을지도 모른다). 앨리슨 래퍼의 몸의 형태가 문제로 다루어질 수도 있는 가장 그럴듯한 이유는, 그녀의 상실된 팔 때문에 충만한 삶을 영위할 수 있는 그녀의 능력이 침해된다는 점일 것이다. 따라서 만일 그녀의 상실된 팔 때문에 그녀가 자신을 행복하게 해줄 인생 설계를 추구할 수 없다면, 이는 어떤 형태로든 의료적 중재의 고려를 요하는 하나의 문제가 될지도 모른다. 그러나 의료적 중재가 요구되는지 아닌지를 평가하는 데 있어 핵심적인 고려 사항은 그녀의 몸의 형태 그 자체가 아니라, 그러한 몸의 형태가 그녀가 바라는 유형의 삶을 추구할 수 있는 능력에 미치는 영향이다.

동일한 논리가 엥겔하르트의 논의에서 강조된 여타의 의료적 가치들에도 적용될 수 있다. 고통은 사람들이 좋은 삶이라고 간주하는 것을 추구할 수 있는 어떤 사람의 능력에 영향을 미칠 때에만 의료적 문제가 된다. 어떤 인생 설계에는 고통의 인내가 포함될지도 모르며, 그런 경우에 고통은 의료적 문제가 아니다. 이런 점들은 엥겔하르트가 이야기하는 의료적 가치들이 본질적 의미가 아닌 수단적 의미를 지닌다는 것을 입증한다. 관련해서 말하자면, 이 장에서 제기되고 있는 논의는 또한 의료적으로 높이 평가되는 상태(통증이 없음, 일정한 몸의 형태를 지님, 일정한 종류의 신체적 동작을 할 수 있음)가 도덕적 가치와 밀접하게 연관되어 있음을 분명하게 보여 준다. 이런 연관성이 존재하는 것은, 예컨대 비전형적인 몸의 형태가 갖는 의미란 그것이 그/그녀가 영위하기를 원하는 유형의 삶을 추구할 수 있는 능력에 어떤 영향을 미치는가에 따라 달라지기 때문이다. 그리고 이것은 도덕적인 문제이다. 엥겔하르트가 지적하고 있는 여타의 측면들, 즉 고통의 경감과 몸의 움직임이 갖는 의미와 관련해서도 동일하게 말할 수 있다. 이런 측면들은 그 자체로 의미를 갖는 것이 아니라, 누군가가 바라는 유형의 프로젝트나 삶을 추구할 수 있는 능력에 미치는 영향 때문에 의미를 갖는다. 의료적 가치에 대해 고찰했으니, 이제 나는 계속해서 도덕적 가치를 고찰하고자 한다. 특히 해리스와 노르덴펠트의 견해에 대해서 말이다.

도덕적 가치

앞서 언급된 것처럼, 존 해리스의 주장은 '도덕과는 무관한' 의료적 가치와는 대조적으로 도덕적 가치와 직접적으로 관련된다. 도덕적 가치는 인간 행위의 대부분을 추동하는 것이라 할 수 있으며, 우리가 '좋은 것을 하기' 위해, 타인에게 도움이 되기 위해, '공정하게 행동하기'

위해 노력할 때 특히 그러하다. 해리스는 장애를 해를 입은 상태로, 즉 "우리가 그렇게 되지 않기를 강력하고도 합리적으로 선호하는" 이상으로 간주하는 것처럼 보인다.[15] 이런 견해는 도덕적 가치를 포함하고 있는데, 왜냐하면 그러한 가치가 "타인에게 해를 끼치는 것은 잘못된 것이다"라는 인식을 전제로 하기 때문이다. 따라서 해를 입은 상태에 있다는 것은 부정적으로 평가되는 상태에 있는 것이다. 이와 같은 설명은 손상/장애를 지닌다는 것과 평가 절하된 상태에 있다는 것 사이에 필연적인 관계가 존재한다는 입장으로 이어질 수밖에 없음을 유념해 두자. 다시 말해서, 장애 상태란 본질적으로 부정적인 것, 가급적 회피되어야 할 상태인 것이다. 이런 입장을 받아들이게 되면, 산전 선별 검사 프로그램 같은 의료적 중재는 당연히 정당화될 수밖에 없을 것이다. 이것이 바로 가능하다면 언제나 손상된/장애를 지닌 아이의 출산을 예방하고자 하는, 그리고 어떤 상해 역시 예방하고자 하는 이유가된다. 누군가가 장애란 불가피하게 해를 입은 상태일 수밖에 없다는 입장을 받아들일 경우에는 말이다.

　왜 어떤 사람은 손상/장애를 불가피하게 해를 입은 상태로 여기게 될까? 이 질문에 대한 해리스의 답변은 손상이 "가치 있는 경험의 박탈"을 야기한다는 것이다.[16] 누군가는 이러한 주장이 ([결론적으로는 아니더라도] 적어도 그 시작점에서는) 일정한 타당성을 지닌다고 여길 수 있다. 특히 감각 손상과 관련된 경우에는 말이다. 만일 누군가가 자

---

15) Harris, "Is There a Coherent Social Conception of Disability?", p. 97.
16) Ibid., p. 98.

기 아이의 울고 웃는 소리를 들을 수 없다면, 또는 그 아이의 얼굴을 볼 수 없다면, 이런 환경에서 그 사람이 일련의 가치 있는 경험을 박탈당한다고 주장하는 것은 타당해 보일 수 있다.

해리스의 견해를 비판적으로 보자면, 그의 설명은 감각장애인들의 실제 경험을 충분히 공정하게 다루고 있지 않다고 말할 수 있다.[17] 많은 이들은 감각장애인들에게만 열려 있는 가치 있는 경험의 기회가 존재하며, 따라서 어떤 종류의 경험의 박탈은 또 다른 종류의 경험에 대한 접근 가능성에 의해 어느 정도 상쇄된다는 반론을 제기할 수 있을 것이다. 또한 선천적 농인이나 맹인이 듣거나 본다는 것과 같은 경험을 전혀 알지 못한다면, 그들이 가치 있는 경험을 박탈당한다고 말하는 것이 앞뒤가 맞는 주장일 수 있을까? 선천적 맹인이나 농인이 지금까지 그 어떤 것도 보거나 듣지 못했다면, 그들은 거의 틀림없이 보거나 듣는다는 것에 대해 전혀 알지 못할 텐데 말이다. 그렇지만 이런 지점에 대해 해리스를 방어하고자 한다면, 비록 어떤 사람이 x를 전혀 소유해 본 적이 없다고 하더라도 x를 박탈당했다고 말하는 것이 타당해 보이는 상황을 지적함으로써 그에게 길을 열어 줄 수도 있다. 예를 들면, 매우 가난하고 아무런 교육 기관도 존재하지 않는 나라의 아이들에 대해서, 누군가는 그들이 교육을 박탈당했다고 말할 수 있다. 이는 어떤 사람이 비록 이전에 무언가를 결코 소유하거나 경험한 적이 없다고 하더라도, 그 무언가를 박탈당했다고 말하는 것이 충분히 타당해 보이는 상황이라 할 수 있다.

---

17) Vehmas, "Ethical Analysis of the Concept of Disability", pp. 209~222를 보라.

그러나 좀 더 문제가 되는 것은, 해리스의 장애 개념이 아무런 감각장애를 수반하지 않는 중등도의 지적장애를 지닌 사람의 경우에, 다시 말해서 어떤 사람에게 박탈된 일련의 감각적 경험이 명백히 존재하지 않는 상황에 어떤 방식으로 적용될 수 있는가하는 점이다. 어떤 지적장애인이 접근할 수 없을지도 모를 일정 범위의 경험을 굳이 생각해 본다면, 아마도 그/그녀가 복잡한 인지 과제를 처리할 수 없다는 것이 하나의 예가 될 수는 있겠다. 그러나 당연하게도 '복잡함'이란 상대적인 개념이다. 어떤 사람에게는 복잡한 것이 다른 사람에게는 그렇지 않을 수 있다. 수학자에게는 2차 방정식이 간단한 것일 수 있지만, 일반인에게는 그것이 복잡해 보일 수 있다. 어린 아이에게는 신발 끈을 묶는 것이 복잡한 과제일 수 있지만, 성인에게는 그것이 보통 복잡한 것으로 여겨지지 않는다. 따라서 복잡함이라는 개념에 명백히 상대성이 존재하는 것이라면, 이것은 해리스의 장애에 대한 정의를 구해 낼 수 있는 유망한 전략이 아니다.

　　더욱이 다음과 같은 경우를 생각한다면 해리스의 장애 개념은 너무나 과도하게 포괄적인 것처럼 보일 수 있다. 섬세한 음악적 이해력을 지닌 음악가와 비교했을 때, 나 자신의 음악 감상 능력은 엄청나게 거칠고 둔감할 것이다. 그러므로 나는 그러한 범위의 가치 있는 경험을 박탈당한다. 미식가와 비교했을 때, 나의 미각은 마찬가지로 둔감하고 거칠다. 그/그녀는 구별할 수 있는 미묘한 차이에 나는 무감각한 것이다. 다시 한 번 나는 어떤 범위의 가치 있는 경험을 박탈당하고 있는 것처럼 보인다. 이런 종류의 비교는 어떤 가치 있는 경험이 전공자나 전문가에게는 가능하지만 비전문가에게는 불가능한, 여타의 매우 광범위한 영역들에 대해서도 당연히 이루어질 수 있다. 따라서 해리스의 장애에 대한 정의를 받아들인다면, 결국 우리 모두가 손상을 지닌/장애 상태에 있는 존재라는 결론에 이를 수밖에 없는 것처럼 보인다. 그렇다면 그의 설명은 '과도한 포괄성'이라 부를 수 있는 것을 근거로 기각될 수 있을 것 같다. 왜냐하면 장애에 대한 하나의 정의는 그 규정적 특성definitive characteristic에 부합하는 것을 그렇지 않은 것과 어떻게 구별할 수 있는지를 우리에게 제시해야 한다고 생각하는 것이 타당해 보이기 때문이다. 그러나 정의를 다루는 어떤 이론이 모든 것을 포괄한다면 이런 구별이 가능하지 않고, 따라서 하나의 정의가 제시될 수 있었던 전체적인 요점 자체가 애당초 상실되고 만다.[18]

또한 해리스의 설명에는 우리로 하여금 어떤 경험을 가치 있다고 분류하게 만드는 것이 정확히 무엇인지에 대한 해명이 결여되어 있다. 이것은 심각한 결점으로 보이는데, 왜냐하면 그의 설명이 누군가가 '가치 있는' 경험을 다른 종류의 경험과 어떻게 구별하는지의 문제를 회피하고 있기 때문이다. 우리는 사람들로 하여금 어떤 것을 가치 있는 경험으로 여기게 만드는 것이 정확히 무엇인지를 알아야만 한다. 나는 (여타 유형의 경험과 대조되는 것으로서의 가치 있는 경험이 무엇인

---

18) 이런 포괄성은 해리스의 정의가 지닌 강점이 될 수도 있다. 세계보건기구의 ICF에서 제시되는 '보편성'의 개념을 보자. 이에 따르면, 장애란 실제로 하나의 보편적인 경험이며, 모든 인간이 그들 인생의 어떤 단계에서는 겪으리라 예견할 수 있는 것이다. 이러한 포괄성/보편성은 ICF에 대한 비켄바흐의 해설에서 분명해진다. 그는 "장애화란 …… 일부 인구집단을 다른 인구집단으로부터 본질적으로 구별해 주는 차이가 아니라, 인간의 조건(human condition)이 지닌 하나의 본질적 특징이다"라고 쓰고 있다(Bickenbach, Chatterji, Badley and Üstün, "Models of Disablement, Universalism and the International Classification of Impairments, Disabilities and Handicaps", p. 1184).

지에 대한) 그런 종류의 판단은 무엇이 '좋은 인생'을 만들어 주는가에 대한 이해를 배경으로 이루어진다고 생각한다. 이는 장애에 관한 논의가 좋은 인생의 구성 요소와 조건은 무엇인지와 관련된 상당히 심오한 윤리적 이슈를 전제하는 방식을 잘 보여 준다. 내가 말하는 '좋은 인생'이란 반드시 '좋은 것을 하며 사는 삶'을 의미하지 않으며, 오히려 살아가면서 만족할 수 있는 어떤 삶, 즉 '충족감을 주는 삶'을 의미한다. 누군가에게 자신의 아이가 어떤 종류의 삶을 살아가길 원하는지 물어보라. 이것은 대체적으로 누군가가 무엇을 좋은 삶이라고 여기는지에 대한 단서를 제공한다. 해리스의 논법에 따르면, 손상/장애를 지닌다는 것은 좋은 삶을 영위할 수 있는 누군가의 능력을 침해하거나 그렇지 않으면 아예 좋은 삶의 영위를 불가능하게 만드는 것처럼 보인다. 이런 견해는 장애인 당사자들의 가치지향을 공정하게 다루고 있지 않다.

　나는 이제 도덕적 가치에 대한 또 다른 관점, 노르덴펠트의 관점에 대한 설명으로 넘어갈 것이다.

노르덴펠트

앞에서도 언급된 것처럼, 노르덴펠트는 다음과 같이 말한다. "어떤 사람을 핸디캡을 지닌 것으로 분류하는 것 그 자체가 윤리적 또는 정치적 판단을 전제한다."[19] 이런 주장은 또한 장애화에 대한 논의에서 가치의 위상을, 특히 윤리적 가치의 위상을 예증해 준다. 위의 인용문에서 정치적 판단에 대한 언급은, 그러한 판단이 불가피하게 어떤 윤리

---

19) Nordenfelt, *Action, Ability and Health*, p. 123.

적 측면을 지니고 있음을 진정 강조하는 것이라 할 수 있다. 이러할 수 밖에 없는 것은 그러한 모든 판단이, 판단을 당하는 대상이 되는 사람에게 유익하든 또는 그 반대이든 어떤 영향을 미치기 때문이다.

왜 노르덴펠트는 사람들을 핸디캡을 지닌 것으로 분류하는 것이 그 기저에 놓여 있는 윤리적 요소로부터 기인한다고 생각하는 것일까? 이런 견해를 올바로 이해하기 위해서는 장애와 핸디캡에 대한 그의 정의를 간략하게나마 고찰하는 것이 반드시 필요하다. 노르덴펠트의 정의는 그의 일반장애이론general theory of disability에서 결정적 측면을 구성하고 있으며, 그러한 일반장애이론은 다시 그의 건강이론의 구성 요소가 된다.[20]

간단히 요약하면, 노르덴펠트는 누군가가 자신에게 중요한 어떤 것을 할 수 없을 때 그 사람이 장애 상태에 있게 된다고 본다. 이러한 능력 부재는 (손상과 같은) 내부적 요인과 (휠체어가 접근하기 어려운 대중교통 시스템 같은) 외부적 요인의 결합으로부터 기인한다. 그는 아래와 같이 적고 있다.

A는 다음과 같은 경우, 그리고 오직 그러한 경우에만if and only if[21] H라는 행위와 관련해서 핸디캡을 지니게 된다. H는 일정한 맥락 속에서 일어나는 행위이다. 해당 맥락 속에서 A는 그동안 합의되어 왔던 특정한 일련의 환경에서는 H를 수행할 수 없다. A가 H를 수행하는

---

20) Lennart Nordenfelt, *On the Nature of Health*, Dordrecht: Kluwer, 1995; Nordenfelt, *Action, Ability and Health*.
21) 이 표현은 주로 수학이나 논리학에서 사용되는 것으로, 필요충분조건을 나타낸다.—옮긴이

것은 A의 중대 목표들 중 하나 혹은 그 이상을 실현하기 위한 필요조
건이다.[22]

여기서 그의 설명의 구체적인 모든 세부 사항을 논할 필요까지는
없을 것 같다.[23] 그러나 이미 언급된 것처럼 노르덴펠트에게 있어서는
누군가가 자신에게 중요한 어떤 것을 추구할 수 없을 때, 그리고 이것
이 내부적 요인(예컨대 손상의 현존)과 위에서 언급된 종류의 외부적
요인의 결합으로부터 연유할 때 핸디캡을 지니게 된다. '중대 목표들'
vital goals이란 어떤 사람의 장기적인 행복에 중요한 종류의 목표를 표
현하기 위해 노르덴펠트가 사용하는 용어이다. 다음의 예를 살펴보자.
누군가가 하반신 마비로 인해 걸을 수 없지만, 그에게는 탐조 여행이
매우 중요하다. 실은 너무나 중요해서, 그러한 활동을 추구할 수 없다
면 좋은 삶을 영위하는 것은 상상조차 할 수 없다. 만일 그가 이러한 관
심사와 활동을 가령 해당 장소까지 차를 운전해 감으로써(또는 누군가
가 운전해 주는 차를 타고 가서) 추구할 수 있다면, 그리고 아마도 그 차
를 타고 내릴 수만 있다면, 노르덴펠트의 정의를 따를 경우 그는 핸디
캡을 지닌 것이 아니다. 왜냐하면 그는 그에게 중요한 모든 것을 추구
할 수 있기 때문이다. (이는 논의의 편의를 위해 적당한 사례를 상정해 본
것이다.)

---

22) Lennart Nordenfelt, "On the Notions of Disability and Handicap", *Social Welfare* 2, 1993, p. 23.
23) 좀 더 자세한 논의에 대해서는 노르덴펠트의 다른 저술들, 그리고 Steven D. Edwards, *Disability, Definition, Value and Identity*, Oxford: Radcliffe Press, 2005를 보라.

그렇다면 이번에는 또 다른 사람, 심각한 지적장애를 지니고 있는 짐Jim의 경우를 살펴보자. 짐이 즐기는 것이 다른 무엇보다도 극장에서 영화를 보는 것이라고 가정해 보자. 극장에서 영화를 보는 것이 짐에게 는 매우 중요한데, 왜냐하면 그것이 두말할 나위 없이 그의 중대 목표들 중 하나로 간주되기 때문이다. 지금까지는 짐이 자신을 극장에 데려다주는 핵심적인 지원을 보조인으로부터 매일 같이 정기적으로 제공받아 왔다고 가정하자. 노르덴펠트의 정의에 의하면, 짐은 핸디캡을 지닌 것이 아니다. 왜냐하면 그는 그의 중대 목표를 실현할 수 있기 때문이다. (이 또한 논의를 편의를 위해 적당한 사례를 상정해 본 것이다.)

이제는 사회 서비스 지출과 관련된 정부의 정책에서 변화가 발생했다고 가정해 보자. 보조인이 제공하던 짐에 대한 핵심적인 지원은 철회되었다. 극장에 가는 것이 더 이상 불가능하다. 짐은 장애가 심해서 혼자서는 갈 수 없고, 짐이 거주하는 시설에는 그를 극장에 데려다줄 만큼 보조원의 수가 충분치 않은 것이다. 짐은 그의 중대 목표를 추구할 수 없기 때문에, 그는 이제 핸디캡을 지니게 되었다. 이는 어떤 사람이 핸디캡을 지닌다고 정의하는 것이 정치적 판단을, 다시 말해서 윤리적 판단을 전제한다는 노르덴펠트의 요점을 잘 설명해 준다.

이러한 논의는 또한 손상/장애화와 가치들 간의 밀접한 연관성을 설명해 준다. 노르덴펠트에 따르면, 이 지점에서 장애/핸디캡의 핵심적 차원은 윤리적 판단과 분리될 수 없음이 입증되고, 그것은 다시 윤리적 가치를 구체화한다. 그뿐만 아니라 어떤 사람에게 있어 무엇이 좋은 삶을 구성하는가와 관련된 좀 더 일반적인 윤리적 개념이 다시 전면에 등장하게 된다. 적어도 짐의 경우에 있어서는, 좋은 삶이란 매일 극장에 가는 것을 수반하는 삶이다. 노르덴펠트의 접근법은 손상을 지닌 당사자의 가치에 상당히 큰 중요성을 부여한다는 점에서 중요하다. 그리고 그것은 또한 장애화나 장애화와 관련된 차원들이 어떤 핵심적인 가치적 요소를 지니고 있음을 명확히 한다.

지금까지는 노르덴펠트의 견해를 뒷받침하는 근거에 대해 어느 정도 호의적인 실례를 제시했는데, 나는 몇 가지 다른 정의들을 살펴보는 것으로 나아가기에 앞서 그의 견해에 대한 두 가지 정도의 비판을 조명해 보고자 한다. 노르덴펠트의 접근법에 대한 첫번째 비판은 그것이 장애인을 위한 사회적 급여 및 서비스의 제공과 관련된 정책 입안의 시도를 무너뜨릴 위험을 무릅써야 한다는 것이다. 이는 사람들에게 자신의 중대 목표를 실현할 수 있(다고 느끼)는지 아닌지를 실제로 물어보지 않는다면 그들이 장애 상태에 있는지 아닌지를 알 수 없을 정도로 노르덴펠트의 장애 개념이 개인화되기 때문이다. 이와 같은 이유로 몇몇 비평가들은 노르덴펠트의 개념이 지닌 신뢰성에 의문을 제기한다. 또한 누군가는 위에서 언급된 두 가지 예(탐조 여행과 짐의 극장 방문)에서와 같은 방식으로 모든 장애를 개선하는 것이 가능한지 물을 수도 있을 것이다. 다른 한편, 어떤 중대 목표를 구상하거나 또는 표현할 수 없을 정도로 심각한 장애/손상을 지닌 사람의 경우는 어떻게 되는가? 예를 들어, 그러한 심각한 장애/손상을 지닌 누군가가 자신의 기본적인 필요를 충족시키고 있고 이러한 상황에서 그의 기본적인 중대 목표가 음식, 물, 거처 등에 대한 것이라고만 표현된다면, 그는 여전히 손상된/장애 상태에 있다고, 혹은 '핸디캡을 지닌' 상태라고 분명히 말할 수 있는가? 이처럼 노르덴펠트의 접근법은 여타의 정의에 따라 장애를 지닌 것으로 간주되는 사람들의 삶을 고찰하는 데에는 타당성을 지닌 듯하지만, 완결성을 지닌 하나의 정의로 받아들이기에는 일련의 문제적 측면들이 존재하는 것처럼 보인다.[24]

여타의 정의들

독자 여러분들은 지금까지 여기서 언급된 정의들 외에 여타의 장애 정의들에 대해서도 알고 있을 것이다. 장애를 정의하려는 노력이 가져온 초기의 성과는 세계보건기구의 국제 손상·장애·핸디캡 분류 International Classification of Impairments, Disabilities and Handicaps, ICIDH라고 할 수 있다.[25] 이 정의에서 장애화라는 현상은 세 개의 요소로 나뉘어 있다. 손상, 장애, 핸디캡이 그것인데, 이런 사고방식은 그동안 충분히 설명되어 왔고 또 많은 비판을 받아 왔다.[26] 그럼에도 여기서 ICIDH를 다루는 목적은, 그 정의 내에 담겨 있는 가치적 요소를 주의 깊게 살펴보기 위해서이다.

---

24) Steven D. Edwards, "Plastic Surgery and Individuals with Down's Syndrome", eds. Inez de Beaufort, Medard Hilhorst and Søren Holm, *In the Eye of the Beholder: Ethics and Medical Change of Appearance*, Oslo: Scandinavian University Press, 1996; Lennart Nordenfelt, "On Disability and Illness: A Reply to Edwards", *Theoretical Medicine* 20, 1999, pp. 181~189; Thomas Schramme, "A Qualified Defence of a Naturalist Theory of Health", *Medicine, Health Care and Philosophy* 10, 2007, pp. 10~11을 보라.

25) World Health Organisation(WHO), *International Classification of Impairments, Disabilities and Handicaps*, Geneva: WHO, 1980.

26) Lennart Nordenfelt, *On Disabilities and their Classification*, Linköping: University of Linköping Press, 1983; Nordenfelt, "On the Notions of Disability and Handicap", pp. 17~24; Oliver, *The Politics of Disablement*; Edwards, *Disability, Definition, Value and Identity*를 보라.

우선 가장 생물학적인 범주인 손상의 정의에 초점을 맞춰 보는 것이 가치가 확장되어 나가는 방식을 설명하는 데 도움을 줄 수 있을 것같다. ICIDH에서 손상에 대한 정의는 "심리학적·생리학적·해부학적구조나 기능의 상실 또는 비정상성"이라는 언급을 포함하고 있다.[27)]여기서 상실 또는 비정상성이 왜 일정한 중요성을 갖는지 질문이 이루어질 필요가 있는데, 일단 누군가 이에 대한 답을 찾고자 노력을 시작하게 되면 그는 불가피하게 가치의 영역에 발을 들여놓을 수밖에 없다. 이러한 가치는 불쾌하거나 '추하다'고 판단되는 외모와 관련된 미적 가치일 수 있다.[28)] 아니면 그것은 타인에 대한 의존과 반대되는 것으로서의 자립생활과 같은, 특정한 종류의 생활양식이 담지하는 중요성과 관련된 도덕적 가치일 수도 있다. 만일 어떤 손상이 높은 수준의의존으로 이어진다면, 이러한 의존 관계 때문에 그 손상은 부정적으로평가된다. 특히 자율적인 행위주체라는 관념에 커다란 중요성이 부여되고, 그런 행위주체는 타인에게 의존하지 않고 자립적이라는 관념이중시되는 맥락에서 이러한 부정적 평가가 이루어질 가능성이 높다.

좀 더 건조하게 말하면, '상실'loss이나 '비정상성'abnormality이라는용어가 그 자체로 가치담지적value-laden이라고 주장될 수도 있을 것이다. 이는 '상실'이라는 용어의 경우에는 확실히 사실인 것 같은데, 왜냐하면 무언가를 상실한다는 것이 보통 부정적으로 여겨지기 때문이다(암 종양의 상실에서와 같이 '상실'이 긍정적으로 평가될 수 있는 경우

---

27) WHO, *International Classification of Impairments, Disabilities and Handicaps*, p. 27.
28) Engelhardt, *The Foundation of Bioethics*, p. 206.

도 있으므로, 비록 예외가 존재하기는 하지만 말이다). 적어도 가치 진술적인 담론의 영역 내에서는 '상실'이라는 용어가 부정적으로 평가되는 사건과 결부된다.

'비정상성'이라는 용어와 관련해서는, 그 용어가 지닌 '통계 기술적'statistical descriptive 의미와 '규범적'normative 의미를 구별하는 것이 중요하다.[29] 후자의 의미는 예를 들면 어떤 행동 방식에 대한 반감을 표현할 때, '그것은 정상적이지 않다'는 식의 진술에서 사용된다. 물론 통계 기술적 이해와 규범적 이해는 서로 부합할 수 있다. 예컨대 어떤 종류의 행동이 드물기도 하고 부정적으로 여겨지기도 한다면 말이다.

덧붙여 언급해 두자면, 신체 기관의 기능과 같은 현상에 대한 정의들에서는 ICIDH 또한 그러하듯, 엥겔하르트가 도덕과는 무관한 것으로 여기는 종류의 가치들은 그저 의료적인 특징들로서 이해된다. 유사한 점이 세계보건기구가 보다 최근에 제시한 분류 체계인 ICF와 관련해서도 지적될 수 있다.[30] ICF에서 '손상'이라는 범주는 유지되지만, 장애와 핸디캡이라는 차원은 각각 '활동 제약'activity limitation과 '참여 제한'participation restriction이라는 용어로 대체된다.

활동 제약은 어떤 개인이 활동을 수행하는 데 지닐 수 있는 어려움이다. 이러한 활동 제약은 해당 활동을 어떤 방식으로 수행함에 있어서의 질과 양이라는 측면에서, 또는 건강 이상이 없는 사람에게 기대되

---

29) Nordenfelt, "On the Notions of Disability and Handicap", p. 18.
30) WHO, *International Classification of Functioning, Disability and Health*.

는 정도를 기준으로 했을 때, 가벼운 일탈에서부터 심각한 일탈에 이르기까지 다양할 수 있다.[31]

장애화의 좀 더 사회적인 차원은 '참여 제한'이라는 용어로 표현되며, 이는 다음과 같이 정의된다.

참여 제한은 여러 삶의 상황들 속에 연루되면서 어떤 개인이 겪을 수 있는 문제이다. 참여 제한이 존재하는지의 여부는, 어떤 개인의 참여 정도를 해당 문화나 사회에서 장애가 없는 개인에게 기대되는 참여의 수준과 비교함으로써 판단된다.[32]

이러한 개정된 도식에서도 손상의 개념이 유지됨으로 인해 어떤 가치적 요소가 여전히 존재한다. 그러나 다른 두 가지 차원들——활동 제약과 참여 제한——역시 '제약'이나 '제한'은 바람직하지 않으며 문제로 다루어져야 할 어떤 것임을 함의한다는 점에서 가치평가적인 듯 보인다.

초기의 세계보건기구 문서보다도 앞선 장애의 정의는 UPIAS에 의해 제시되고 있는데, 이는 영국 장애권운동의 발전에서 획기적인 전환점을 이루는 것으로 간주되는 정의이다. 이 정의는 장애 이슈에서, 특히 장애가 이해되는 방식에 있어, 장애인 당사자의 시각이 최우선성

---

31) *Ibid.*, p. 191.
32) *Ibid.*, p. 191.

을 지녀야 한다는 선명한 주장을 나타낸다.[33] 그 정의는 또한 비극적 사건이나 환자의 역할을 제외하고는 사회적 역할로부터 장애인이 배제되는 현실이 종식되어야 함을 강력히 주장한다.[34]

충분히 예견되는 바와 같이, UPIAS의 정의는 '결함'이라는 꼬리표가 붙은 팔다리, 그리고 배제나 제한과 같은 현상을 언급함에 있어 명백히 가치담지적이다. 다음의 정의를 고찰해 보자.

손상: 팔다리의 일부나 전부가 부재한 것, 또는 팔다리, 몸의 기관이나 작동방식에 결함을 지니고 있는 것.
장애: 신체적 손상을 지닌 사람들에 대해 거의 또는 아무런 고려도 하지 않음으로써, 그들을 주류 사회활동의 참여에서 배제하는 당대의 사회 조직에 의해 야기된 불리함이나 활동의 제한.[35]

더욱이 UPIAS의 정의는 "장애의 원인을 정확하게 사회와 사회 조직 내에 위치시킨다".[36] 노르덴펠트의 정의에 대한 앞선 논의에서 지적했던 것처럼, 정치적 판단은 윤리적 가치나 장애가 정의되는 방식에 따라 달라지는 '장애' 및 '비장애'와 같은 범주들에 영향을 줄 수 있다. 그러나 UPIAS의 정의는 장애의 인과관계에 대한 사회적 요소를 강조

---

33) UPIAS, *Fundamental Principles of Disability*; Oliver, *The Politics of Disablement*; Shakespeare, *Disability Rights and Wrongs*를 보라.
34) Oliver, *The Politics of Disablement*.
35) UPIAS, *Fundamental Principles of Disability*.
36) Oliver, *The Politics of Disablement*, p. 11.

하다 보니, 장애에 대한 생물학적 요소를 무시할 위험성이 있다.[37] 또한 감각장애와 지적장애를 어떻게 포괄할 수 있는지가 명확한 것도 아니다.

지금까지 논한 것처럼, 상당히 다양한 장애 정의들은 어떤 가치적 요소를 전제한다. 그것은 기능이나 형태와 관련된 의료적 가치일 수도 있고, 가치평가적인 의미에서 무엇이 해롭고 무엇이 정상적인가와 관련된 도덕적 가치일 수도 있다. 나는 또한 좀 더 심층적인 수준에서 보자면 장애의 정의는 인간에게 있어 무엇이 좋은 삶인가와 관련된 어떤 근원적인 가치를 전제한다는 점을 보여 주고자 노력했다.[38]

이제 나는 이 절의 도입부에서 제시한 네 개의 인용문 중 마지막 인용문에 대한 논의로 돌아가고자 한다. 그것은 예술가인 앨리슨 래퍼의 발언을 인용한 것이며 미적 가치를 수반하고 있다. 그 다음에 나는 기형에 관한 엥겔하르트의 언급 또한 재논의할 것이다.

미적 가치

미적 가치와 장애 이슈 간의 관계는 어떤 것인가? 이런 질문은 특히 앨리슨 래퍼의 조각상에 의해 촉발된 바 있다. 그 조각상은 팔이 없고 임신한 상태에 있는 그녀의 누드를 표현한 것이다. 그것은 조각가 마크 퀸Marc Quinn에 의해 제작되었으며, 2005년 9월 15일 런던 트라팔가 광장에 처음 공개적으로 전시되었을 때 얼마간 논쟁을 불러일으켰다.

---

37) Shakespeare, *Disability Rights and Wrongs*.
38) 이런 생각은 Edwards, *Disability, Definition, Value and Identity*; Vehmas, "Ethical Analysis of the Concept of Disability", pp. 209~222에서 좀 더 상세히 전개되고 있다.

어느 정도 예상되는 것처럼 조각상에 대한 반응을 다양했다. 어떤 이들은 (모델인 래퍼를 포함해서) 그 조각상을 매우 긍정적으로 평가했으며, 또 다른 이들은 다양한 이유로 그것을 불편하게 여겼다. 기형의 '추함'에 관한 엥겔하르트의 언급에서 표현되고 있는 종류의 견해와 그 조각상에 대한 부정적인 반응 간에는 아마도 어떤 연관성이 존재할 것이다. 논의의 원활함을 위해서, '기형'이라는 용어를 종전형적인 형태로부터의 일탈이라고 이해하기로 하자. 앨리슨 래퍼의 몸은 그러한 의미에서 '기형'이라고 할 수 있는데, 왜냐하면 인간은 일정한 길이의 팔 두 개를 지니고 있는 것이 종전형적이기 때문이다. 그녀에게는 이러한 두 팔이 결여되어 있으며, 그러므로 위와 같은 방식의 기형에 대한 정의에 따르면 기형인 것으로 간주된다.

그 조각상 및 (엥겔하르트의 용어를 계속해서 사용한다면) 기형에 관한 판단과 관련하여 여기서 작동하고 있는 가치의 종류는 미적인 것이다. 이러한 미적 가치는 아름다움이나 추함 같은 개념들을 언급하는 판단들에서 분명히 드러난다. 따라서 예술 작품과 같은 것들은 미적 속성을 보여 주는 전형적인 예가 된다고 할 수 있다. 그리고 비평가들은 예술 작품의 가치(또는 그러한 가치의 결여)에 관한 미적 판단을 제시한다. 과거에는 남들이 보았을 때 다운증후군을 지니고 있는 것이 분명히 드러나지 않는 형태로 외모를 바꾸기 위해서 성형수술을 받는 이들과 관련하여 미적 가치가 논의되기도 했다.[39]

엥겔하르트의 주장에 담겨 있는 입장은 어떤 면에서는 유익한 부

---

39) Edwards, "Plastic Surgery and Individuals with Down's Syndrome".

분이 있는데, 왜냐하면 그것이 어중간하지 않고 매우 단호하면서 극단적인 주장이기 때문이다. 그의 주장은 기형과 부정적으로 평가되는 미적 속성 간에는 필연적인 연관성이 있다는 것이다. 다시 말해서, 기형을 봄으로써 촉발되는 미적 가치는 불가피하게 부정적이라는 것이다. 물론 앨리슨 래퍼의 조각상에 대한 엇갈린 반응은 이것이 사실이 아님을 보여 준다. 그렇다면 엥겔하르트는 자신의 주장을 방어하기 위해서 어떻게 대응할까? 하나의 선택지는 그 조각상을 보고 부정적인 미적 가치판단('그것은 추하다', '그것은 혐오스럽다' 등등)이 유발되는 사람만이 온당함을 논하는 것일 수 있다. 그들의 미적 감각은 말하자면 올바르게 '조율되어' 있다. 나머지 사람들은 단지 잘못 판단하고 있을 뿐이다.

그러나 이것이 어떻게 타당할 수가 있는가? 미적 속성은 누군가의 판단은 온당하고 다른 이의 판단은 온당치 않다고 확신하는 것이 가능한 종류의 속성이라고 할 수 없다. 그것이 예술계에 늘 의견의 불일치가 상존할 수밖에 없는 하나의 이유이며, 그러한 예술계에서 비평가들은 특정한 예술 작품의 가치에 대해 합의를 이루어 내지 못한다. 어떤 종류의 판단은 진정한 논쟁에 대한 여지조차 거의 존재하지 않는, 단순한 사실의 문제('이 방에는 두 개의 의자가 있다')에 관한 것일 수 있다. 그러나 미학적 문제에서의 판단이란 그렇지 않다. 그러므로 엥겔하르트가 제기한 단호한 주장은 거의 확실하게 그릇된 것일 수밖에 없다. 그리고 래퍼의 조각상과 그것이 유발했던 엇갈린 반응은 나의 견해에 얼마간의 힘을 더해 준다. 그뿐만 아니라, 엥겔하르트의 단호한 주장과는 상반되게, 미적 취향과 관련된 변화들은 문화마다 그리고 역사적 시기마다 서로 다르다는 것이 충분히 입증되어 있다. 어디에서나 긍정적으로 평가되는, 미학적으로 이상적인 인간 형태가 공통되게 존재하는지는 명확하지 않다. 따라서 기형에 대해 본질적으로 부정적인 평가가 이루어질 수밖에 없다는 생각은 생명력을 지닐 수 없을 것 같다. 그리고 설령 누군가가 근본적으로 비정상적인 외모를 지닌 어떤 사람을 보는 것에 의해 처음에는 혼란감을 느낀다고 하더라도, 그 사람과의 지속적인 상호작용은 보통 처음의 부정적인 미적 평가를 감축시켜 준다. 기형이 본질적으로 추한 것이라면 이런 일은 일어나지 않을 것이다. 따라서 엥겔하르트의 단호한 주장을 받아들일 필요는 없다.

맺음말

나는 논평가 네 명의 장애에 대한 견해를 제시하면서 이 글을 시작했다. 각 견해가 가치에 대한 어떤 주장(들)을 내포하고 있음을 시사하면서 말이다. 이런 견해들은 각각 의료적, 도덕적, 미적인 것이라 말할 수 있을 것이다. 나는 그러한 의료적, 도덕적, 미적인 시각을 장애에 대한 몇몇 통상적인 정의들을 검토하고 그 정의들이 지닌 가치평가적 요소를 드러내기 위해 사용했다. 좀 더 어려운 작업은 가치담지적인 문제에 관해, 어떤 한 사람의 의견은 적확하고 다른 사람의 의견은 명확히 그릇된 것임을 입증하는 것이다. 이런 곤란함은 미적 가치에 대한 논의에서 잘 드러나고 있다. 도덕적 가치와 의료적 가치에 대한 논의에서는, 미적 가치에 대한 논의에서도 그런 것처럼, 정의의 문제와 관련하여 장애인 당사자의 의견에 큰 가중치가 부여되어야 할 타당한 이유가 존재함이 분명히 드러났으리라 기대한다. 이미 언급된 것처럼, 비록 여기에는 논란의 여지가 있을 수밖에 없지만, 장애인 당사자의 의견에 더 많은 가중치가 부여되어야 할 타당한 도덕적 근거가 존재한다고 생각한다. 이런 입장은 장애로 간주되는 객관적으로 확인 가능한 상태가 존재한다는 생각을 따르는 '객관주의적 노선'과, 어떤 사람이 장애 상태에 있는 것인지 아닌지의 문제는 전적으로 그 자신의 견해에 의해 판단된다는 생각을 따르는 '주관주의적 노선' 사이에 위치한다. 이 장에서 제시된 논의의 요지는 어떤 의미에서든 스스로를 장애 상태에 있는 것으로 여기는 사람들의 견해에 정당한 가중치가 부여되어야만 한다는 것이다.

3장 _ 장애와 손상의 존재론

자연적 특징과 사회적 특징에 대한 논의

시모 베마스·페카 메켈레

서론

장애란 생물학적 손상의 문제일 뿐만 아니라, 일차적으로 하나의 사회 현상이라는 것이 현재는 광범위하게 인정되고 있다. 장애화는 단지 사람들이 지닌 손상이라는 측면을 통해서만은 설명되고 이해될 수 없으며, 오히려 사회 제도의 측면에서 이해되어야 한다. 다시 말해서, 손상을 지닌 사람들의 제약된 기회를 설명해 줄 수 있는 것은 개인들이나 그들의 소위 무능력이 아니다. 사회 또한 부분적으로 책임이 있는 것이다. 점점 더 대중적인 학문 분야가 되고 있는 장애학 내에서 전형적으로 표현되고 촉진된 이러한 사회학적 관점은 인간에 대한 본질주의적 견해를 거부한다. 인간 존재의 구성과 관련하여 특징적으로 '인간적' 또는 '정상적'이라고 여겨지는 것은 인간의 본질(그것이 무엇일지라도)

* 우리는 이 장의 초고를 읽고 건설적인 논평을 해준 데 대해 댄 구들리, 카티아 쿠리(Katja Kurri), 아르토 라이티넨(Arto Laitinen)에게 감사드리고 싶다.

에 의존하는 것이 아니라 문화적으로 생산된 표준에 의존한다. 인간성과 정상성은 사회적으로 구성되는 것이다. 사회적 구성주의는 이와 같이 장애학에 대한 존재론적·인식론적 기반으로 간주될 수 있으며, 그 결과 그것은 장애란 대체 무엇인가뿐만 아니라 누군가가 장애에 관한 정보를 어떻게 해석하는가를 이해하기 위한 인식틀이 되었다.[1]

간략히 말하자면, 장애에 대한 사회적 구성주의의 관점은 다음과 같은 내용을 주장한다고 할 수 있다.

1. 장애는 손상과 같은 것이 아니며, 손상을 기반으로 해서는 제대로 이해될 수 없다. 비록 손상과 장애를 동일시하는 관념이 우리의 문화에 깊이 뿌리박혀 있기는 하지만, 그것은 필연적으로 확정되어 있는 것이 아니다. 즉 그런 관념은 불가피한 것이 아니다.

2. 개인의 생물학적 이상으로서 규정되는 '서구적' 장애 개념은 온당치 않으며 해롭다.

3. 장애에 대한 개인주의적 사고방식을 버릴 수 있다면, 또는 최소한 근본적으로 전환할 수 있다면, 우리는 훨씬 더 풍요로워지게 될 것이다.[2]

---

1) Gary L. Albrecht, "American Pragmatism, Sociology and the Development of Disability Studies", eds. Colin Barnes, Michael Oliver and Len Barton, *Disability Studies Today*, Cambridge: Polity Press, 2002; Barnes, Mercer and Shakespeare, *Exploring Disability*, pp. 93~95; Linton, *Claiming Disability*, pp. 37~45; Steve Taylor, "Disability Studies and Mental Retardation", *Disability Studies Quarterly* 16, 1996, pp. 4~13. 우리는 장애라고 하는 것을 장애를 만들어 내는 물질적 제도들과 뒤얽혀 있는 언어, 가치, 관념뿐만 아니라 물질적 차원(즉 장애인의 삶을 형성해 내는 다양한 사회경제적 관행과 사회의 구조) 양자를 포함하는 넓은 의미에서의 사회적 구성개념으로 이해한다.

사회적 구성개념으로서의 장애가 실제로 무엇을 의미하는가에 대해서는 다양하고도 상이한 설명이 존재한다. 이러한 논의에서 반복적으로 제기되는 문제 중 하나는 몸과 손상의 역할, 의미, 중요성이다. 이 문제는 특히 장애를 사회적 억압의 한 형태로, 따라서 사회적 견지에서 개념화되어야 할 하나의 현상으로 규정하는 (주로 영국의) 유물론적 연구의 전통(즉 사회적 장애 모델)과 관련된다. 장애의 사회적 원인을 분석하는 데 초점을 맞추는 이런 접근법에서는 어떠한 상황에서도 손상과 같은 개인적 속성은 중대한 것으로 여겨지지 않는다. 그러다 보니 영국에서 손상에 대한 연구는 이내 장애학의 주변부로 밀려났다.[3] 많은 이들이 손상 연구의 주변화가 사회적 장애 모델의 중대한 결점으로 작용해 왔음을 주장해 왔다. 장애를 설명하고 이론화하려는 모든 이론적 해석은 신체적 이슈를 충분히 고려할 필요가 있음을 논하면서 말이다.[4] 엄격한 유물론적 관점과는 대조적으로 많은 학자들은 장애를 기능적 제약의 측면에서 정의하는데, 그렇지만 그렇게 정의하다 보면 손상의 중요성을 인정하지 않을 수 없다.[5]

---

2) Ian Hacking, *The Social Construction of What?*, Cambridge, MA: Harvard University Press, 1999, p. 6을 보라.

3) 이에 대한 예로는 Bill Hughes, "Disability and the Body", eds. Colin Barnes, Michael Oliver and Len Barton, *Disability Studies Today*, Cambridge: Polity Press, 2002; Carol Thomas, "Disability Theory: Key Ideas, Issues and Thinkers", eds. Colin Barnes, Michael Oliver and Len Barton, *Disability Studies Today*, Cambridge: Polity Press, 2002를 보라.

4) 이에 대한 예로는 Shakespeare, *Disability Rights and Wrongs*; Morris, *Pride Against Prejudice*; Thomas, *Female Form*; Wendell, *The Rejected Body*, 그리고 또한 이 책에 실린 스컬리의 글을 보라.

5) Hughes, "Disability and the Body"; Tom Shakespeare and Nicholas Watson, "The Social Model of Disability: An Outdated Ideology?", *Research in Social Science and*

요컨대 장애에 대한 사회적 구성주의의 전통 내에서 끊임없이 제기되는 가장 중요한 이슈는 손상의 의미라고 할 수 있다. 즉 신체적 특징이라고 하는 것이 어느 정도까지가 고유한 속성이고 어느 정도까지가 사회적 구성개념인가라는 문제 말이다. 이에 따라 장애의 사회학뿐만 아니라 손상의 사회학에 대해서도 점점 더 많은 양의 문헌들이 나타나게 되었다. 손상의 사회학을 구성하려는 기획은 주로, 근대주의적이라는 딱지가 붙는 설명들에 대한 반작용과 반명제였다고 할 수 있다. 장애에 대한 전통적인 의료적 관점뿐만 아니라 영국의 사회적 장애 모델 또한 몸을 "전前사회적이고 자체적 동력이 없는 물질적 대상으로, 그리고 자아와 불연속적이고 분리되어 있으며 자아로부터 미루어 파악할 수 있는 것으로" 다룬다는 이유로 비난받아 왔다.[6] 양자의 설명 모두가 생물학적 실체로서의 손상과 몸이라는 일면적인 견해만을 제시하기 때문에 오류를 지닌 것으로 간주된다. 즉 "손상된 몸은 역사를 갖고 있으며, 그것은 생물학적 실체인 것만큼이나 또한 하나의 문화적 현상이다".[7]

Disability 2, 2001, pp. 9~28; Thomas, *Female Forms*, pp. 40~42; Carol Thomas, "How is Disability Understood? An Examination of Sociological Approaches", *Disability and Society* 19, 2004, pp. 569~583; Carol Thomas, "Rescuing a Social Relational Understanding of Disability", *Scandinavian Journal of Disability Research* 6, 2004, pp. 22~36.

6) Bill Hughes and Kevin Paterson, "The Social Model of Disability and the Disappearing Body: Towards a Sociology of Impairment", *Disability and Society* 12, 1997, p. 329.

7) Kevin Paterson and Bill Hughes, "Disability Studies and Phenomenology: The Carnal Politics of Everyday Life", *Disability and Society* 14, 1999, p. 600.

신체를 위한 그리고 신체에 대한 탈근대적 성전(聖戰)

손상의 사회학에 대한 논의는 일반적으로 탈근대주의 또는 포스트구조주의라 불리는 영역에서의 이론화를 중심으로 대부분 전개되어 왔다. 데카르트주의적 경향을 담지한 이론들을 겨냥하고 있는 다양한 비판들을 하나로 묶어 주는 요소는 이원론적 설명에 대한 기각이라고 할 수 있다. 데카르트주의적 세계관은 다수의 이분법을 생산해 냈다. 예컨대 인간이라는 존재도 두 개의 분리된 실체, 즉 몸과 마음으로 구성된 것으로 간주되었다. 사회적 장애 모델 역시 장애는 사회적이고 정치적인 것으로 간주하고 손상은 생물학적이고 개인적인 것으로 간주하는 근대주의의 덫에 빠져 있다고 비난받아 왔다. 많은 탈근대주의 학자들은 상황이 그렇게 간단하지 않음을 설득력 있게 논했다. 손상같이 전적으로 물질적이고 생물학적인 것으로 여겨지는 실체들 또한 문화적이고 사회적인 실체라는 것이다.[8]

우리는 사회적 범주와 사회적 구성물로서의 장애라는 기본 개념을 기반으로 하는 입장들과 싸울 하등의 이유가 없다. 우리는 또한 손상이 생물학적이면서 동시에 문화적인 실체라는 것도 별 이의 없이 인정한다. 그렇지만 우리의 용어법 내에서 **손상**이란 해당 맥락에 의존하

---

8) Bill Hughes, "The Constitution of Impairment: Modernity and the Aesthetic of Oppression", *Disability and Society* 14, 1999, pp. 155~172; Morris, *Pride Against Prejudice*; Shakespeare, *Disability Rights and Wrongs*; Shakespeare and Watson, "The Social Model of Disability: An Outdated Ideology?"; Thomas, *Female Forms*; Wendell, *The Rejected Body*.

면서, 부분적으로는 기능적 제약을 야기하거나 구성하는 자연적 속성에 대한 하나의 보통 명사라는 점에 유의해야 한다. 비록 문제가 되는 그 속성의 제약적 함의가 부분적으로는 사회적 용어들로 설명될 수 있겠지만 말이다. 손상은 언제나 사람들의 유기체적 기능이나 사회적 기능과 관련하여 바람직하지 않은 것으로 여겨지는 어떤 종류의 이상을, 그리고 물질적 요소를 포함한다. 따라서 손상이란 그 존재 여부의 식별이나 정의가 문화적·사회적으로 결정되는 물질적 또는 유기체적 현상이라 할 수 있다. 즉 손상이란 불가피하게 개인적 속성에 어떤 의미를 부여하는 것과 관련될 수밖에 없다. 그렇지만 **장애**는 자연적 속성 내지는 특징이라는 한편의 요소와, 그것을 둘러싼 사회적·물질적 세계라는 다른 한편의 요소 간의 관계 내에 존재하는 하나의 관계론적 현상이다. 장애는 그 본질상, 필연적으로, 또 자명하게 하나의 사회적 구성개념인 것이다. 장애를 손상과 구별해 주는 것은 그것이 사람들의 신체적 이상과 분리될 수 있다는 점이다. 대개의 경우 장애란 사람들의 신체적 또는 정신적 특성으로 환원될 수 없는, 매우 총체적인 사회 구조 및 메커니즘을 수반한다. 말하자면, 장애는 그 자신의 독자적인 영역을 갖는다. 그러므로 사회 현상으로서의 장애는 엄밀한 의미에서 보자면 손상을 반드시 필요로 하지는 않는다. 즉, 어떤 개인의 특징이나 행동 방식이 비록 입증 가능한 유기체적 기반을 갖지 않을지라도, 거기에 장애라는 꼬리표가 붙게 될 수도 있다.

이러한 서술에서 나타나는 자연주의적naturalist 경향성에도 불구하고, 우리는 이 장에서 제시되는 장애와 손상의 존재론에 대한 우리의 설명이 대체적으로 극단적인 의료적 입장과 극단적인 사회적 입장 사이에서 양자를 조화시키는 관점이라고 생각한다. 또한 그 핵심에 있어, 우리의 글은 사실상 (사회적) 구성주의를 견지한다고 할 수 있는데, 왜냐하면 이 글이 "어떤 현재적 실체 및 사실의 생성이나 확립으로 이어지는, 혹은 그것과 연루된, 실제적이고 역사적으로 위치지어지는 사회적 상호작용 내지는 인과적 경로를 드러내고 분석하는 것을" 목표로 하기 때문이다.[9]

그러므로 우리가 보기에 구성주의의 견지에서 장애를 개념화하는 데에는 어떤 극단적 요소가 전혀 존재하지 않는다. 그렇지만 어떤 장애학자들이 탈근대적 개념에 기반을 두고 손상에 관해 진술했던 몇몇 내용은, 그리고 그것의 필연적 유산은, 우리에게 기묘하고 혼란스러우며 전혀 도움이 되지 않는 것처럼 보인다. 우리는 다음과 같은 진술들을 어떻게 이해해야 하나? "손상과 그것의 물질성은 규율 지식/권력disciplinary knowledge/power이 당연시된 효과이다."[10] 이 진술은 손상이란 일차적으로나 심지어 이차적으로도 생물학적 사실이 아니며, 전문가들의 기술과 지식에 기반을 둔 권력의 역사적으로 불확정적인 효과임을 의미하는가? 또한 다음의 발췌문은 예컨대 지적 손상 같은 것이 표상에 선행하는 생물학적 근거를 갖고 있지 않음을 말하고 있는 것인가? "선행하는 언어가 존재하지 않는다면, '지적 능력/장애', '증후군' …… 같은 '정신적인' 것들은 말 그대로 분별 있게 이야기 될 수 없

---

9) Hacking, *The Social Construction of What?*, p. 48.
10) Shelley Tremain, "On the Subject of Impairment", eds. Mairian Corker and Tom Shakespeare, *Disability/Postmodernity: Embodying Disability Theory*, London: Continuum, 2002, p. 34.

다."[11] 다시 말하면, 손상은 물질적 실체의 문제가 아니라, 표상, 담론, 사회적 구성의 문제인가? [이러한 측면을 분명히 하기 위해] 손상이라는 단어에는 작은따옴표를 해야 하는가? "근대적이고 유물론적인 세계 내에서 손상은 그 특성상 생물학적인 것으로 남아 있으며, 변화될 수 있고 변화되어야 할 장애인의 삶의 어떤 패턴으로 존재하지 않는다."[12] 그렇다면, 예를 들어 다운증후군과 관련하여 나타날 수 있는 무능력과 여기서 손상이라고 말해지는 것은 단지 손상을 재구성하고 해체하기만 하면 폐지될 수 있고 또 폐지되어야 하는 것인가? 아니면 손상은 완전히 다른 어떤 것에 대한 알레고리나 신화인가? "그것[정신지체]은 하나의 물화物化, reification이다. 그것은 하나의 범주, 즉 해당 범주를 만들어 낸 사람의 생각과는 무관한 어떤 존재를 지닌다고 상정할 수 있는 사회적으로 생성된 범주이다. …… 정신지체는 잘못된 명칭이며 하나의 신화인 것이다."[13] 로버트 보그단Robert Bogdan과 스티븐 테일러Steven J. Taylor는 정신지체가 하나의 객관적 사실로 이해되어서는 안 된다고 말하기는 하지만 지적 능력의 측면에서 사람들 사이에 차이가 존재함을 부정하지 않으며, 그보다는 이러한 차이의 본질과 유의미

---

11) Dan Goodley and Mark Rapley, "Changing the Subject: Postmodernity and People with 'Learning Difficulties'", eds. Mairian Corker and Tom Shakespeare, *Disability/Postmodernity: Embodying Disability Theory*, London: Continuum, 2002, p. 128. 댄 구들리와 마크 래플리가 제시하는 요점은 너무나 뻔한 것이어서 사실 다소간 무의미해 보이기도 한다. 즉 그가 말하는 내용은, 우리가 언어가 없다면 어떤 것에 대해서도 이야기할 수 없고 어떤 사고도 표현할 수 없다는 것이다.

12) Ibid., p. 133.

13) Robert Bogdan and Steven J. Taylor, *The Social Meaning of Mental Retardation: Two Life Stories*, New York: Teachers College Press, 1994, p. 7.

성이 우리가 그러한 차이를 어떻게 바라보고 해석하느냐에 달려 있다고 여긴다.

장애학 문헌들에서는 실재론적 경향을 지닌 우리와 같은 철학자들을 당혹스럽고 혼란스럽게 만드는, 위와 유사한 발췌문들이 수없이 많이 발견될 수 있다.[14] 장애학 내에서의 그와 같은 흔한 수사법이 우리에게는 극단적인 형태의 사회적 구성주의나 언어학적 관념론을 나타내고 있는 것처럼 보이는데,[15] 그것이 일관되게 적용될 경우 손상은 일차적으로나 심지어 이차적으로도 생물학적 사실이 아니라는 결론에 이르게 된다. 즉 그것에 관해 무언가가 말해지거나 글로 쓰이기 전까지는 아무것도 존재하지 않는다는 것이다. 손상은 어떤 종류의 인공물artifact로 표상된다.[16] 담론이나 텍스트 외부의 실재를 부정하는 그런 상대주의적 경향은, 비록 다수의 비판적인 사회적 구성주의자들이

---

14) 이에 대한 예로는 Scot Danforth, "What Can the Field of Developmental Disabilities Learn from Michel Foucault?", *Mental Retardation* 38, 2000, pp. 364~369; Scot Danforth and William C. Rhodes, "Deconstructing Disability: A Philosophy for Inclusion", *Remedial and Special Education* 18, 1997, pp. 357~366; Dan Goodley, "'Learning Difficulties', The Social Model of Disability and Impairment: Challenging Epistemologies", *Disability and Society* 16, 2001, pp. 207~231; Hughes, "The Constitution of Impairment: Modernity and the Aesthetic of Oppression", pp. 155~172; Hughes and Paterson, "The Social Model of Disability and the Disappearing Body: Towards a Sociology of Impairment", pp. 325~340; Griet Roets, Dan Goodley and Geert Van Hove, "Narrative in a Nutshell: Sharing Hopes, Fears, and Dreams with Self-Advocates", *Intellectual and Developmental Disabilities* 45, 2007, pp. 323~334; Margrit Shildrick and Janet Price, "Breaking the Boundaries of the Broken Body", *Body and Society* 2, 1996, pp. 93~113을 보라.
15) Hacking, *The Social Construction of What?*, p. 24.
16) Shaun Best, "The Social Construction of Pain: An Evaluation", *Disability and Society* 22, 2007, pp. 161~171을 보라.

이에 반대하고 있기는 하지만 사회적 구성주의의 사고 자체에 내재되어 있다고 할 수 있다.[17] 그렇지만 장애학 내에는 [반드시 사회적 구성주의가 아니라고 하더라도] 손상의 실재에 이의를 제기하는 언어적 시도가 존재한다. '타인들에 의해 어떤 손상을 지닌 것으로 간주되는 사람들'과 같은 구절이나[18] '학습적 장애'learning difficulties[19]와 같은 용어들에 작은따옴표를 하는 것은[20] 이런 이상들이 객관적인 유기체적 기반을 갖지 않음을 시사하는 것처럼 보인다. 이와 같은 경향은 탈근대적인 일련의 사고가 보여 주는 일관된 결과인데, 이러한 사고는 현상 외부의 기원이나 원천 또는 보다 근원적인 어떤 실재를 재포착하거나 심지어 표상할 수 있는 가능성마저 부정하며, 그러한 기원이나 원천의 존재 자체를 의문시하거나 부정하기까지 한다. 즉 어떠한 자연적 소여所與도 사회적 결정의 과정에 선행하지 않는다는 것이다.[21]

---

17) Vivien Burr, *Social Constructionism* 2nd edn., London and New York: Routledge, 2003, p. 23.

18) Michael Oliver, "The Social Model in Action: If I Had a Hammer", eds. Colin Barnes and Geof Mercer, *Implementing the Social Model of Disability: Theory and Research*, Leeds: The Disability Press, 2004, p. 21.

19) '학습적 장애'(learning difficulties)는 영국(및 영국연방 내의 국가들)에서 주로 사용되는 용어로 '학습장애'(learning disabilities or learning disorder)와는 달리 매우 포괄적인 개념이다. 학습장애가 뚜렷한 지적·정서적·신체적 결함이나 환경의 문제가 없는데도 불구하고 언어의 이해 및 사용, 수리 개념 등의 기초적인 학습에 상당한 장애를 보이는 경우를 나타내는 반면, 학습적 장애란 신체적 장애와 대비되는 정신적 장애 중 우리가 흔히 정신질환이라고 부르는 정신장애(mental disorder)를 제외한 모든 장애를 포함한다. 즉, 우리나라로 보자면 법적 장애범주인 지적장애와 자폐성장애에 더하여, 주로 특수교육에서 많이 이야기되는 학습장애와 주의력결핍과잉행동장애(ADHD) 등을 모두 아우르는 개념인 것이다.―옮긴이

20) Goodley, "'Learning Difficulties', The Social Model of Disability and Impairment: Challenging Epistemologies", pp. 207~231.

21) Lawrence E. Cahoone, "Introduction", ed. Lawrence E. Cahoone, *From Modernism to Postmodernism: An Anthology* 2nd edn., Oxford: Blackwell, 2002, p. 15; Diana Fuss,

사이먼 윌리엄스Simon Williams는 신체적 이슈들에 대해 탈근대주의 자들이 언어학적 기여를 하기는 했지만, 그들이 몸을 담론과 표상으로 환원함으로써 몸을 완전히 축소시켜 버렸다고 지적한다. 그 결과 우리에게 남는 것은 하나의 담론적인 몸, "몸이 지닌 문제가 사실은 전혀 문제가 되지 않는 몸"이 된다.[22] 물론 우리가 장애에 관한 포스트구조주의적 설명의 올바른 독해에 대해 독점권을 주장하고자 하는 것은 아니지만, 우리는 우리의 해석이 타당성을 지니며 여기서 제기된 우려들도 합리적이라고 믿는다. 그러므로 우리는 장애학 내에서 손상의 사회학 담론에 참된 의미에서의 존재론적 기반과 엄밀한 검토가 결여되어 있다고 생각한다. 우리가 보기에는 누군가가 장애라는 현상을 충분히 이해하고 설명할 수 있으려면 그에 앞서 손상의 존재론이 해명될 필요가 있다.

이 장에서 우리는 손상과 장애에 대한 몇 가지 인식론적·존재론적 문제들을 다룬다. 손상이란 도대체 무엇을 말하는 것인가? 그것은 단지 물질적인 것인가, 아니면 오직 사회적인 것인가, 아니면 그 사이에 있는 어떤 것인가? 장애화와 손상의 관계는 무엇인가? 손상은 (사회적으로) 구성될 수 있는 것인가? 우리가 보기에 손상은 물질적인 차원과 사회적인 차원 양자를 포함한다. 우리는 손상이란 그것의 어떠한 사회적 기능에 있어서도 그 필요조건인 물질적 사실들에 근거하고 있음을

Essentially Speaking: Feminism, Nature and Difference, New York: Routledge, 1989, pp. 2~3.

22) Simon J. Williams, "Is Anybody There? Critical Realism, Chronic Illness and the Disability Debate", *Sociology of Health and Illness* 21, 1999, p. 804.

논한다. 물론 우리가 여기서 장애와 손상의 존재론에 대해 광범위한 설명을 제공할 수 있을 것이라는 환상을 갖지는 않는다. 그렇지만 우리는 탈근대적 설명이 지닌 함정과 모호성을 피해 갈 수 있으리라 기대되는 실재론적 인식틀을 제시하고 있으며, 또한 장애라는 현상의 이해에 있어 좀 더 타당하고 명확한 기반을 제공하고 있다고 믿는다.

세계의 고유한 특징과 관찰자-상대적인 특징

손상은 그 자체로 고유하게 존재하는가, 아니면 일차적으로 언어적 인공물로 이해되어야 하는가? 이런 딜레마를 해결하기 위해서는 어떤 개념적 명확함이 요구된다. 무엇보다도, 인식론 및 존재론과 관련하여 '객관적'이라는 것과 '주관적'이라는 것의 의미들 간에는 중요한 차이가 존재한다. 먼저, 객관적/주관적이라는 것의 차이가 지닌 인식론적 의미는 사물이 세계 내에 어떻게 존재하는가에 대한 사람들의 판단, 그리고 그런 판단의 진실성(또는 신뢰성)에 대한 논의와 관련된다. 어떤 판단의 진실성(또는 정확함)이 판단을 내리는 사람이나 듣는 사람의 태도, 느낌, 관점에 의존한다면 그 판단은 주관적이다. '제인 오스틴Jane Austen은 에밀리 브론테Emily Brontë보다 뛰어난 작가이다'[23]라는 진술은 주관적 판단에 대한 하나의 예일 수 있다. 어떤 판단의 진실성이 판단을 내리는 사람이나 듣는 사람과는 독립적인 세계-내-사실

---

23) 제인 오스틴은 『오만과 편견』(*Pride and Prejudice*)으로, 에밀리 브론테는 『폭풍의 언덕』(*Wuthering Heights*)으로 잘 알려져 있는 영국의 대표적인 여성 작가이다.—옮긴이

fact in the world에 의해 정해진다면, 그 판단은 객관적이다. 다시 말해서, 어떤 진술이 인식론적 의미에서 객관적이라면, 그 진술을 참이게 하는 객관적인 세계-내-사실이 존재한다. '제인 오스틴은 1775년에 햄프셔주, 스티븐턴에서 태어났다'라는 진술은 객관적 판단에 대한 하나의 예일 것이다. 그렇지만 인식의 객관성과 인식의 주관성 간의 차이는 정도의 문제이다.[24]

다음으로, 존재론적 의미에서 객관적이라는 것과 주관적이라는 것은 세계-내-실체의 속성, 실체의 유형, 그 실체의 존재 양식을 나타낸다. 객관적 실체는 어떠한 인지자認知者나 인지자의 정신 상태와도 독립적으로 존재하는 반면, 주관적 실체는 인지자나 인지자의 정신 상태에 의존한다. 그러므로 통증은 존재론적인 의미에서 주관적 실체라고 할 수 있는데, 왜냐하면 통증의 존재가 주체의 경험에 의존하기 때문이다. 그러나 예컨대 산맥은 존재론적으로 객관적이라고 할 수 있는데, 왜냐하면 산맥의 존재 양식이 어떠한 인지자와도 독립적이기 때문이다. 다시 말해서, 산맥은 인간과 감각을 지닌 여타의 주체들 모두가 지구에서 사라진다 할지라도 세계 내에 존속할 것이다. 여기서 우리는 객관적이라는 것과 주관적이라는 것의 의미들을 구별할 필요가 있다. 즉, 우리는 존재론적으로 객관적인 실체에 대해 인식론적으로 주관적인 진술을 할 수도 있고, 마찬가지로 존재론적으로 주관적인 실체에 대해 인식론적으로 객관적인 진술을 할 수도 있다. 예를 들어, '21번 과잉 염색체를 지니고 있지 않은 것이 그것을 지니고 있는 것보다 좋다'

---

24) John R. Searle, *The Construction of Social Reality*, London: Penguin, 1995, p. 8.

라는 진술은 존재론적으로 객관적인 실체에 관한 것이지만, 그러한 객관적 실체에 대한 [인식론적으로] 주관적인 판단을 담고 있다. 반면에, '나의 아이가 21번 과잉 염색체를 지니고 있다는 사실이 나에게 심적 고통을 야기한다'라는 진술은 인식론적으로 객관적 사실을 전하고 있다. 어떠한 관찰자의 의견과도 독립적인 실제 사실의 존재[즉 심적 고통의 존재]가 그 진술을 참이 되게 한다는 의미에서 말이다. 그렇지만, 그러한 현상 자체, 즉 심적 고통은 [존재론적으로] 주관적인 존재 양식을 지닌다.[25]

표상에 선행하는 사물의 존재와 관련된 또 하나의 중대한 차이는 세계의 **고유한**intrinsic 특징과 **관찰자-상대적인**observer-relative 특징 간에 존재한다. 예를 들어, 다리가 마비된 어떤 사람이 앉아 있거나 이동할 때 사용하는 물건을 상상해 보자. 그 물건은 일정한 질량과 화학적 구성을 지니고 있을 것이다. 예컨대 그것은 금속, 플라스틱, 고무로 만들어졌으며, 그 모든 물질은 일정한 분자들로 구성되어 있을 것이다. 이런 특징들 모두는 의심할 여지없이 고유한 것이다. 그렇지만 바로 그 동일한 대상에 대해서 그것을 휠체어라고 말하는 것도 참이다. 우리가 그것을 휠체어라고 명명하거나 기술할 때, 우리는 그 대상의 관찰자-상대적 또는 이용자-상대적인 어떤 특징을 명시하고 있다고 할 수 있다. 그것은 단지 사람들이 그것을 휠체어로 이용하기 때문에 휠체어인 것이다. 휠체어라는 개념 자체가 그 물건의 이용자-상대적인 어떤 기능과 목적을 함의한다. 세계의 관찰자-상대적인 특징은 실재에 어떤

---

25) *Ibid.*, pp. 8~9.

물질적 대상을 추가하지는 않지만, 논의의 대상이 되는 특징이 관찰자나 이용자에 따라 상대적으로 존재하는 실재에 인식론적으로 객관적인 특징을 추가할 수 있다. 다시 말해서, 그것이 휠체어라는 것은 이 대상의 인식론적으로 객관적인 특징이다. 그러나 그 특징은 관찰자나 이용자에 따라 단지 상대적으로만 존재하기 때문에 존재론적으로 주관적이다.[26] 존 설은 이러한 명제를 다음과 같이 요약한다. "관찰자-상대적인 특징은 단지 관찰자의 태도에 따라 상대적으로만 존재한다. 고유한 특징은 관찰자와는 상관이 없으며 관찰자와 독립적으로 존재한다."[27]

손상: 원초적 사실인가 제도적 사실인가?

표상에 선행하여 존재하는 손상이나 증후군 등에 대한 이슈가 무엇인지를 확정하려면, 먼저 개념적 차이에 대한 고찰이 좀 더 이루어질 필요가 있다. 존 설은 한편으로는 (원초적 사실을 다루는) 물리학이나 생물학의 문제에 속하는 세계의 특징들이 존재하며, 다른 한편으로는 문화나 사회의 문제에 속하는 특징들이 존재함을 논한다. 비록 이러한 두 가지 차원이 서로 연관되어 있기는 하지만, 이 둘은 어느 정도 분리될 수 있고 또 분리되어야만 한다. 에베레스트 산의 정상 부근은 눈과 얼음으로 덮여 있다는 것과 같은 원초적 사실은 그런 사실의 존재에

---

26) Searle, *The Construction of Social Reality*, pp. 9~10.
27) *Ibid.*, p. 11.

있어 인간의 어떠한 제도도 필요로 하지 않는다. 반면에 요제프 라칭거Joseph Ratzinger가 바로 베네딕토 16세, 즉 제265대 교황이라는 것과 같은 제도적 사실은 오직 인간의 제도 내에서만 존재할 수 있다. 원초적 사실을 진술하는 데에도 물론 언어 제도가 필요하지만, 진술된 사실이 그 사실에 관한 진술과 같은 것은 아니다.[28] 요컨대, 누군가가 맹장염에 걸렸다는 **진술**은 언어 제도를 필요로 하며, 유기체의 기능과 그러한 기능의 결과를 식별하는 제도(즉 의료)를 필요로 한다. 그러나 **진술된 사실**, 즉 누군가의 맹장이 감염되었다는 사실은 언어 제도나 여타의 어떠한 제도와도 독립적으로 존재한다.

원초적 사실은 해당 사실의 존재를 위해 언어나 표상을 필요로 하지 않는다. 반면에 제도적 사실은 언어나 표상을 필요로 한다. 그런 부류의 사실에 대한 하나의 명백한 예는 **선언**declaration인데, 이러한 언어 행위에서는 "언어행위의 명제적 내용propositional content에 의해 표상된 사태가 바로 그 언어행위의 성공적인 수행에 의해 존재하게 된다".[29] 따라서 제도적 사실은 '이제 두 사람이 부부가 되었음을 선포합니다'나 '이로써 전쟁이 선언되었다'와 같은 문장의 수행적 발화performative utterance[30]에 의해 생성될 수 있다. 장애라는 맥락에서 수행적 발화의

---

28) *Ibid.*, p. 27.

29) *Ibid.*, p. 34.

30) 『말과 행위』(*How To Do Things With Words*) 등의 저서로 잘 알려져 있는 일상언어학파의 대표자 존 오스틴(John L. Austin)이 사용하여 일반화된 개념이다. 그는 어떤 사실의 진술을 목적으로 하는 사실적 발화(constative utterance)와 행위적 성격을 갖는 수행적 발화(performative utterance)를 구분한다. 이를테면 "나는 내일 비가 온다는 데 만 원을 걸겠다"와 같은 내기의 경우, "다음 시간에는 휴강하겠다"는 약속의 경우, "이 자동차를 포니라고 이름 짓노라"라는 명명의 경우, 그 밖의 다양한 서약, 선서, 유언에서 이루어지는 발화가 수행

한 가지 예는 바로 진단 시의 발화일 것이다. 즉 어떤 사람의 손상은 의사가 진단을 선고했을 때 제도적으로 존재하기 시작한다. 대다수 제도적 사실의 경우에는 언어적 요소가 부분적으로 해당 사실의 구성 요소가 되는 듯하다. 우리에게 어떤 사람을 대통령이나 장애인 등으로 표상하는 데 필요한 [제도적] 기구가 없다면, 우리에게는 장애인은 말할 것도 없고, 대통령, 여왕, 남편, 부인도 있을 수 없다.[31]

그러나 어떤 사실에 이름을 붙이거나 합의할 수 있으려면, 즉 제도적 사실을 가질 수 있으려면, 우리에게는 먼저 원초적 사실이 있어야 한다. 화폐, 게임, 학교, 의료적 진단이나 그 밖의 다른 어떤 인간의 제도가 우리에게 존재하기 위해서는 반드시 어떤 물질적 실재가, 즉 우리가 어떤 사회적 기능을 부여할 수 있는 원초적 사실이 존재해야 한다. 모든 종류의 물질이 화폐가 될 수 있다. 그것이 금속 조각이든, 종잇조각이든, 플라스틱 카드 위의 마그네틱 기록이든, 어쨌든 화폐는 어떤 물질적 형태로 존재해야만 한다. 좀 더 일반적으로 이야기해서, 사회적 사실, 특히 제도적 사실은 위계적으로 구조화되어 있다. 말하자면 제도적 사실은 원초적 사실 위에 존재한다. 원초적 사실에 대해 보자면, 그것은 물질적 대상에 한정되지 않는다. 즉 소리, 종이 위의 표시, 사람들의 머릿속에 있는 생각까지도 원초적 사실로 간주될 수 있다.[32]

적 발화라고 할 수 있다. 이것은 어떤 사실에 관한 문장이 아니며, 그러한 발화 자체가 무엇을 행하는 것과 같은 작용력을 갖는다. 따라서 전자의 사실적 발화는 참과 거짓의 구분이 가능하지만, 수행적 발화는 적절함과 부적절함을 논할 수 있을 뿐이다. 이러한 오스틴의 언어행위이론과 화용론을 계승하여 발전시킨 이들 중 한 명이 바로 이 장에서 자주 인용되고 있는 존 설이다.—옮긴이

31) Searle, *The Construction of Social Reality*, p. 37.

따라서 원초적 수준의 사실은 제도적 사실의 필수적인 기반이다. 그렇지만 또한 제도적 사실은 사회적 관습 없이는, 그리고 표상 없이는 존재할 수 없다.[33] 사회 현상은 필연적으로 사회사社會史를 갖는다. 예를 들어, 빌 휴즈Bill Hughes와 케빈 패터슨Kevin Paterson이 몸과 손상을 순전히 생물학적인 견지에서만 구성해 내는 설명들을 비판하는 것은 지극히 옳다.[34] 그러나 이것은 손상이 전적으로는 말할 것도 없고, 일차적으로 사회적인 수준에서 생산되는 것임을 의미하지는 않는다. 21번 3염색체증trisomy 21(즉 다운증후군)의 진단은 하나의 사회사를, 그러한 진단을 받은 사람들의 삶에 대한 다양한 사회적 결과를 보여 주는 사회사를 지니고 있다. 그렇지만 21번 3염색체증이 일정한 현상에 대한 하나의 [사회적] 구성이며 고안된 용어라는 사실에도 불구하고, 그것은 또한 실존하는 물질적 사실에 대한 용어이다. 즉, 어떠한 구성이나 표상과도 무관하게, 누군가는 21번 과잉 염색체를 지니고 있거나 지니고 있지 않은 것이다. 21번 과잉 염색체의 존재는 사회사를 지니고 있지 않으며, 단지 생물학적 역사만을 지닐 뿐이다. 다시 말해서, '다운증후군'이라는 진단은 해부학이나 생리학만의 산물이 아니지만, 21번 과잉 염색체의 존재는 그렇다고 할 수 있다.

순전히 유기체적 수준에서 보자면, 어떤 염색체의 존재 자체는 표상과 아무런 관련이 없다. 그러나 이와 같은 특정한 생물학적 현상을

---

32) *Ibid.*, pp. 34~35를 보라.
33) *Ibid.*, p. 68.
34) Hughes and Paterson, "The Social Model of Disability and the Disappearing Body: Towards a Sociology of Impairment", pp. 325~340.

21번 과잉 염색체로 명명하는 것은 우리를 원초적 수준에서 제도적 수준으로 옮겨 놓는다. 어떤 실체를 '과잉된' 것으로 규정한다는 것은 곧 그 실체를 생물학적 법칙이나 통계학, 그리고 이러한 종류의 신체 조직이 통상적으로 존재하는 방식에 비추어 바라봄을 함의하기 때문이다.[35] 그렇지만 무엇보다도 이 증후군의 정의는 (다른 모든 증후군과 마찬가지로) 어떤 신체 기관이나 유기체에 속하는 것으로 여겨지는 기능과 관련되어 있다. 예컨대 우리는 해당 유기체의 생존과 관련된 인체 내의 일정한 인과관계를 인식한다. 우리가 '심장은 피를 펌프질한다'라고 말할 때, 우리는 어떤 고유한 사실, 원초적 사실을 밝히고 있는 것이다. 그러나 우리가 '심장의 기능은 피를 펌프질하는 것이다'라고 말할 때, 우리는 이와 같은 고유한 사실을 우리가 지니고 있는 가치 체계 내에 위치시키고 있다. 우리가 어떤 대상에 일정한 기능을 부여할 때, 그것은 그 실체가 수행해야 할 어떤 과업이 있음을, 또는 무언가에 대한 수단임을 의미한다. "요컨대 기능은 결코 고유한 것이 아니며 언제나 관찰자–상대적이다."[36] 우리가 심장이나 다른 어떤 신체 기관에 일정한 기능을 부여했을 때에만, 그 신체 기관들과 관련하여 성공success이라는 어휘를 사용할 수 있다. 즉 기능부전, 혹은 더 낫거나 더 나쁜 심장에 대해 말할 수 있다. 우리가 단순히 자연의 원초적 사실에 대해

---

35) 생물학적 법칙이 반드시 통계적 방법과 어떤 관련이 있는 것은 아니다. 예를 들어, 정상적인 발달 과정에 따르자면 어미 물고기가 낳은 알은 성어(成魚)가 되어야 한다. 백만 개의 알 중 단지 하나에서만 실제로 이런 일이 일어남에도 불구하고 말이다. 그렇다 하더라도 생물학적 법칙에 따르자면 어미 물고기가 낳은 알이 성어가 되는 것은 하나의 정상적 과정이다.
36) Searle, *The Construction of Social Reality*, p. 14.

이야기하는 것이라면 그렇게 할 수가 없는 것이다.

21번 과잉 염색체 또는 다운증후군으로 명명된 이상은 자연의 원초적 사실을 포함하고 있다. 그렇지만 그것은 또한 인식론적으로뿐만 아니라(이는 언제나 표상과 연관된다) 존재론적으로도 어떤 제도적 수준을 포함한다. 왜냐하면 이러한 이상은 (인간의 몸 및 마음의 목적과 관련지어) 사람들이 다양한 신체 기관에 부여한 가치 및 목적과 대단히 밀접하게 관련되어 있기 때문이다. 21번 과잉 염색체는 하나의 가치 체계와 관련지어 식별되고 이해된 원초적 사실에 대한 하나의 예이다. 이런 원초적 사실은 통계적으로 일정한 생물학적 특징과 상관관계를 지님이 인정되어 왔다. 그러나 이런 원초적 사실은 또한 어떤 사회적 결과를 암시한다. 사실, 다운증후군은 대단히 사회적인 범주이다. 신생아와 태아에게서 나타나는 이러한 이상을 정의하고 식별해야 할 필요성은 이중적인 것으로 간주될 수 있는 사회적 기대 내지는 예상에 기반을 둔다. ①인간이 발달해 나가는 일반적인 방식과 어떤 종류의 존재로 성장하리라는 것에 대한 기대 ②다운증후군을 지닌 개인은 바람직하다고 여겨지는 방식으로 발달해 나가지 못할 것이라는 예상.

그뿐만 아니라, 어떤 개인들에게 21번 과잉 염색체가 존재한다는 사실의 공인은 그들의 삶에 중대한 사회적 결과를 초래한다(다시 말해서, 원초적 사실의 식별은 사람들에게 중대한 제도적 결과를 가져올 수도 있다). 그 중대한 결과란 대다수의 사람들이 이러한 개인들을 일차적으로 그들이 지닌 유기체적 이상과 관련지어 바라보게 된다는 것이다. 우리는 이러한 사람들에 대해 다양한 제도들을 발전시켜 왔다. 우리는 21번 과잉 염색체를 지닌 개인의 출생을 예방하기 위해서 임신 기간

동안 이런 원초적 사실을 탐지할 수 있는 기술을 고도로 발전시켰다 (사실, 그러한 아동의 출산을 예방하는 것은 서구의 의료적 관행에서 엄청난 노력이 투여되는 영역이자 그 자체로 하나의 제도가 되어 버렸다). 우리는 또한 이런 종류의 이상을 지닌 아동들을 양육하고 교육시키기 위해서 이들에게 특화된 시설을 건립했다. 우리는 (그들의 생물학적 이상이 재생산을 가로막지 않는 경우에는) 그들이 재생산되는 것을 예방하고, 사회생활과 직업생활에 참여하는 것 등을 막을 수 있는 다양한 절차와 방법을 지니고 있다.[37] 다시 말해서, 종종 몸의 원초적brute 사실은 야만적brutal이라 묘사될 수 있는 방식으로 어떤 개인의 제도적 삶을 결정하기도 한다.

'사회적 손상'의 구성

그 원인이 잘 알려져 있고 확실한 손상의 존재론은 별로 복잡할 게 없어 보인다. 즉, 21번 과잉 염색체와 같은 유기체적 실체는 물질적인 원초적 사실인 반면, 원초적 사실에 대한 우리의 지식과 그러한 사실이 사람들의 삶에 미치는 영향은 언제나 적어도 부분적으로 사회적으로 구성된다고 정리할 수 있을 것이다. 그렇지만 행동이나 사회생활에서

---

37) Stephen Baron, Sheila Riddell and Heather Wilkinson, "The Best Burgers? The Person with Learning Difficulties as Worker", ed. Tom Shakespeare, *The Disability Reader: Social Science Perspective*, London: Continuum, 1998; Len Barton, "Sociology, Disability Studies and Education: Some Observation", ed. Tom Shakespeare, *The Disability Reader: Social Science Perspective*, London: Continuum, 1998; Vehmas, "Live and Let Die? Disability in Bioethics", pp. 145~157.

현저한 문제를 지니고 있는 것으로 간주되는 사람들의 경우에는 상황이 좀 더 복잡하다. 다시 말해서, 주의력결핍과잉행동장애Attention Deficit Hyperactivity Disorder, ADHD[38]나 아스퍼거증후군Asperger's syndrome[39] 같은 진단의 실체를 우리는 무엇이라 이해해야 하며, 그것들은 어느 정도까지가 원초적 사실 또는 제도적 사실인 것인가? 어떤 실질적인 의미에서 **사회적** 손상이라 불릴 수 있는 것이 존재하는가? '나쁜' 또는 '미친' 행동은 원초적 사실로서 묘사될 수 있는가?

정신의학적 이상은 일반적으로 그 증상에 근거해서 분류된다.[40] 대개의 경우 학자들은 어떤 특성이나 행동에 대하여 특정한 유기체적 원인을 입증하지 못해 왔다. 오히려 진단은 어떤 사람들의 문제적 특성이나 행동에 대한 관찰에 기반을 둔다. 일정한 행동들이 먼저 식별되거나 구성될 때에만, 그러한 행동을 드러내는 사람들을 조현병, ADHD, 아스퍼거증후군 등으로 진단하거나 그런 꼬리표를 붙일 수

---

38) ADHD는 주로 아동기에 많이 나타나는 증상으로, 주의력이 부족하여 산만하고 소근육 협응력이 떨어지며, 충동적인 행동 및 과다 행동을 보이는 상태를 말한다. 그러나 ADHD를 지닌 것으로 간주되는 사람들에게서 중추신경계의 구조적 결함 같은 것은 발견되지 않으며, 정확한 원인도 현재까지는 알려진 바가 없다.─옮긴이

39) 지능과 언어의 발달은 지연되어 있지 않지만, 사회성과 의사소통에서 자폐증과 유사한 증상을 나타낸다. 사회적 상호작용이 원활치 않아 또래 친구를 사귀는 데 어려움을 겪고, 변화를 싫어하거나 불편해 하며, 같은 동작을 반복하는 상동행동을 나타내기도 한다. 말을 할 때는 억양이 단조롭거나 과장되고, 문맥에서 벗어난 부적절한 단어를 반복하기도 하며, 얼굴 표정과 몸짓을 잘 사용하지 않는 경향이 있다. 1944년에 오스트리아의 소아과 의사인 한스 아스퍼거(Hans Asperger)가 처음 발표했기 때문에 그의 이름을 따서 명명되었다. 전반적 발달장애(Pervasive Developmental Disorder)의 하나로 분류되고 있으며, 유전으로 인한 것이라 추정되고 있을 뿐 정확한 원인은 밝혀지지 않았다. 영화 「내 이름은 칸」의 주인공이 지니고 있던 장애가 바로 이 아스퍼거증후군이다.─옮긴이

40) Ian Hacking, *Rewriting the Soul: Multiple Personality and the Science of Memory*, Princeton, NJ: Princeton University Press, 1995, p. 12.

있다. 이 모든 것은, 예를 들면 '행동장애'behavioral disorder라고 불리는 성벽性癖이 전적으로 언어 의존적임을 함의하는 것처럼 보인다. 왜냐하면 그에 대응하는 사실 자체가 언어 의존적이기 때문이다. '오늘은 8월 9일 목요일이다'라는 생각과 관련해서도, 그것이 언어 제도와 연관된 어떤 위치를 점하고 있다는 사실을 제외하면 어떠한 실재적 사실도 존재하지 않는다. 그러나 이것은 예를 들면 개에 대해서는 참이 아니지 않은가? 단지 언어 제도나 동물을 식별하는 시스템과 관련지어서만은, 어떤 대상이 온당히 '개'라고 불릴 수 없지 않은가? 맞다. 왜냐하면 "어떤 대상을 개이게 하는 특징은 언어와는 독립적으로 존재하는 특징이기 때문이다".[41] 동일한 방식의 설명이 21번 3염색체증이나 이분척추증spina bifida[42] 같은 이상들에 대해서도 적용될 수 있는데, 왜냐하면 그것들은 명백히 입증 가능한 원초적 사실이기 때문이다.

그렇지만 지적장애나 행동장애, 또는 인간에 대한 다른 어떤 범주화들은 원초적 사실일 수 없는데, 왜냐하면 사회적·제도적 사실은 행성, 염색체, 신경관과 같은 방식으로 '객관적 물질세계에' 존재하는 것이 아니기 때문이다.[43] 유사하게, 공격이라는 개념은 '객관적 물질세계에' 존재하지 않지만, 누군가의 코를 주먹으로 가격하는 것은 '객관적 물질세계에' 존재한다. 동일한 방식의 설명이 모든 인간의 만남, 관계,

---

41) Searle, *The Construction of Social Reality*, p. 65.
42) 태아 발달기에 척추가 완전히 밀착하지 못하고 갈라져서 생기는 선천성 척추 결함이다. 완벽히 닫혀 있지 않은 틈 사이로 척수가 삐져나와 신경 손상과 마비를 일으키고, 결함이 있는 아래쪽으로 다양한 형태의 기능장애가 발생한다.—옮긴이
43) Searle, *The Construction of Social Reality*, p. 68을 보라.

행동에 적용될 수 있다. 즉, 어떤 일이 물질적으로 일어나기는 하지만, 정확히 **무엇**이 일어났는가는 제도적으로 결정된다.

　신경정신의학적 진단은 결혼과 같은 제도적 사실을 생성하는 언어행위와 유사한 것으로 간주될 수 있으며, 제도적 사실로서의 결혼은 다시 지위부여 기능status function을 갖는다. 즉 남편과 아내라는 지위를 생성해 낸다. 이러한 지위부여 기능은 (이 경우에는 결혼식에서) 수행된 언어행위에 의해 사람들에게 부과되는 특정한 권리와 의무를 수반한다.[44] 한편 누군가를 ADHD로 진단하는 것은 제도적 사실을 생성하지만, 어떤 커플을 남편과 아내로 선포하는 것처럼 명확하게 권리와 의무를 수반하는 지위부여 기능을 갖지는 않는다. 정신의학적 진단이 생성할 가능성이 높은 것은 이언 해킹Ian Hacking의 용어를 따르자면 인간 종의 **루핑 효과**looping effect of human kinds이다.[45] 루핑 효과란 "일정한 방식으로 분류된 사람들은 그들이 기술된 방식을 따르거나 그렇게 성장하는 경향을 지니게 됨[을 가리킨다]. 그러나 그들은 또한 그들 나름의 방식으로 발달해 가며, 따라서 그런 분류나 기술은 끊임없이 수정되어야만 한다".[46] 그러므로 정신의학적 진단들이나 이러한 진단을

---

44) *Ibid.,* p. 83.
45) Hacking, *Rewriting the Soul: Multiple Personality and the Science of Memory.* [해킹은 인간과학이 발전시킨 지식들 덕분에 구성된 사회집단을 지칭하기 위해 '인간 종'(human kinds)이라는 용어를 사용한다. 그의 논의에 따르면 심리학, 정신의학, 사회학 같은 인간과학에 의해 구성된 인간 종들은 자연과학에서의 '자연 종'(natural kinds)과는 전혀 다르다. 왜냐하면 인간과학에 의해 특정한 인간 종으로 분류된 사람들은 그러한 종에 대한 지식을 갖게 되며, 그것은 그들의 자기인식과 행동거지에 변화를 가져오고, 자신의 집단 정체성을 형성하도록 유도하고, 때로는 그들에 대한 분류와 지식을 바꾸도록 강제하기 때문이다.─옮긴이]
46) *Ibid.,* p. 21.

받은 사람들은 "변화하는 대상^{moving target}이라고 할 수 있는데, 왜냐하면 우리의 연구가 그러한 대상 자체와 상호작용을 하며 그 대상을 변화시키기 때문이다. 그리고 대상이 변하기 때문에, 그들은 이전과 같은 종류의 사람들이 아니다. 대상이 변해 버린 것이다".[47] 사람들이나 행동의 새로운 분류는 인격체를 규정하는 새로운 방식을, 그리고 새로운 선택을 생성할 수도 있으며, 이 때문에 행위에 대한 새로운 기회가 이러한 사람들 앞에 열릴 수도 있다. 이전에 일정한 유형의 사람들은 내성적이고 강박적이며 비사교적인 것으로, 또는 충동적이고 지나치게 활동적인 것으로 기술되었다. 이제 그들은 아스퍼거증후군이나 ADHD를 지니고 있는 것으로 기술된다. 내성적이고 강박적이며 비사교적인 상태를 규정하는 새로운 방식, 그리고 또한 충동적이고 지나치게 활동적인 상태를 규정하는 새로운 방식이 생성되어 온 결과로 인해서 말이다.[48]

따라서 진단이란 어떤 의미에서는 '사람들을 만들어 내라'^{making up people}라는 슬로건을 통해서 기술될 수 있는데,[49] 여기서 사람들에 대한 새로운 (과학적) 기술은 그들이 지닌 자존감의 의미를 변화시키며, 그들의 정체성을 재조직하고 재평가한다. 실제로 사람들의 행동을 다른 무엇보다도 생물학적이고 의료적인 문제로 규정하는 것이, 수동

---

47) Hacking, *Rewriting the Soul: Multiple Personality and the Science of Memory*, p. 2.
48) Ibid., p. 236, p. 239를 보라.
49) Ian Hacking, "Kinds of People: Moving Targets", *The Tenth British Academy Lecture*, London: The British Academy, 2006, p. 2, http://www.britac.ac.uk/pubs/src_pdf/hacking.pdf(2007년 3월 26일에 최종 접속).

적이거나 권능이 박탈된 사람들에게 ADHD나 아스퍼거증후군 같은 꼬리표를 부여하게 만들었음이 논해져 왔다. 그들이 지닌 소위 문제행동을 그들 스스로 통제할 수 없다는 이유로 말이다.[50] 그리하여 그들은 그들의 행위에 대해 책임질 수도 없고, 그 문제의 원인이 사실상 해당 개인의 신체적 속성이기 때문에 주변 환경과 시설(예컨대 학교) 또한 크게 도움이 될 수 없는 것으로 간주된다. 이런 관점에서 보면, 진단은 전문가(예컨대 의사)나 시설(예컨대 학교)과 관련하여 '환자'의 위치를 보여 주는 **지위 지표**status indicator로 기능한다고 할 수 있다.[51] 따라서 지위부여 기능이나 지위 지표로서의 진단은 권력적 위치를 생성해 낸다.[52] A라는 사람이 B가 ADHD를 지닌 것으로 진단한 의사라면, A는 B에 대해 B의 삶과 몸을 중재할 수 있는 권력을 갖는다.

따라서 새로운 진단과 분류는 새로운 종류의 인간을, 그리고 사람들 간에 새로운 종류의 관계를 생성해 낸다. 예를 들어, 인격체의 종류로서 동성애자와 이성애자는 19세기 말에야 생겨났다. 동성 간 성행위는 언제나 존재해 왔지만, 동성애자와 이성애자는 그런 구분이 이루어진 후에야 존재하게 되었다.[53] 유사하게 ADHD와 같은 진단은 일정한

50) 이에 대한 예로는 Paul Cooper, "Understanding AD/HD: A Brief Critical Review of Literature", *Children and Society* 15, 2001, pp. 387~395; James E. Levine, "Re-Visioning Attention Deficit Hyperactivity Disorder(ADHD)", *Clinical Social Work Journal* 25, 1997, pp. 197~209를 보라.

51) Searle, *The Construction of Social Reality*, p. 85를 보라.

52) *Ibid.*, pp. 95~96.

53) Ian Hacking, "Making up People", eds. Thomas C. Heller, Morton Sosna and David E. Wellbery, *Reconstructing Individualism: Autonomy, Individuality, and the Self in Western Thought*, Stanford, CA: Stanford University Press, 1986, p. 225.

사람들에 대해 새로운 정체성과 새로운 인성personality을 생성해 냈으며, 그리하여 사회적으로 살아가는 새로운 방식을 생성해 냈다. 그것은 또한 사람들이 그들의 개인적 내러티브를 변경하거나 심지어 재창안하는 것을 가능하게 한다. 그들의 인성에 관한 새로운 이해와 더불어, 사람들은 과거의 사건과 행위에 상이한 의미를 부여할 수 있다. 즉, 사람들이 과거를 다시 생각하고, 다시 기술하며, 다시 느끼게 되는 것이다. 어떤 의미에서는, 행해졌을 당시엔 거기에 있지 않았던 행위들로 과거가 채워지게 된다.[54] 예를 들어, 태도가 나쁘고 말을 안 듣는 버릇없는 녀석이 어떤 수준 이상은 알 수 없는 무력한 아이로 변환될 수도 있다. 즉 그/그녀는 단지 신체적 이상의 희생자였던 것이다.

사람들의 삶에 대한 이야기들이 달라지면 사람들 또한 다르게 이해된다. 사람들에 대한 새로운 기술을 가지고 우리 사회는 새로운 정체성과 인성을 요구할 수 있다. 그리고 "인과관계의 연쇄가 더 탄탄할수록 ─ 보다 특정한 원인이 존재할수록 ─ 더 완벽한 내러티브가 구성된다".[55] 그러한 내러티브가 현대 서구 사회에서는 의료적 담론에 의해 지배되며, 의료적 담론이 신뢰할 만한 과학적 설명을 제공하면서 우리의 새로운 정체성은 좀 더 굳건한 근거에 의지하게 된 것처럼 보인다. 일탈된 인격체의 공식적 전기는 이제 의학 분야에서 하나의 비판적 연구로 자리를 잡았다. 이러한 의료-과학적 담론에 대한 전반적인 동조가 아마도 사람들의 특성과 행동에 관한 지나치게 단순화된 신

---

54) Hacking, *Rewriting the Soul: Multiple Personality and the Science of Memory*, pp. 249~253을 보라.
55) *Ibid.*, p. 256.

경학적·유물론적 설명을 믿고자 하는 충동이 흔하게 나타나는 하나의 이유일 것이다.

존재론과 장애정치

장애의 진정한 본질에 관한 열띤 논쟁이 벌어지는 것은 아마도 장애 정치와 존재론의 밀접한 연관성 때문일 것이다. 서구 사회에서 일탈은 도덕이나 의료의 견지에서 이해되어 왔다. 이러할 경우, 손상은 사람들의 도덕적 결함이나 병리적 이상의 결과로 간주될 수 있다.[56] 이런 종류의 견해들은 손상을 지닌 사람들의 삶에 지대한 영향을, 대개는 아주 부정적인 방식으로 미쳐 왔다. 그러므로 장애에 대한 인식론적 지배를 두고 격렬하게 투쟁이 벌어지는 것은 지극히 당연한 일이다. 사람들의 삶에 대해 가장 타당한 이야기를 제공하는 인식론이 정치적 투쟁에서도 또한 승리를 거두리라 예견될 수 있다.

장애학 내에서 사회적 구성주의가 지배적인 한 가지 이유는 그것이 지닌 정치적 유용성 때문이라고 할 수 있다. 사회적 구성에 대한 담론은 지식과 공인公認이 갖는 권위를 약화시키며, 따라서 손상을 지닌 사람들의 주체적인 목소리에 정당성을 부여해 준다. 사회적 구성주의는 권위를 지녔던 가정의 정체를 드러냄으로써, 불가피한 것으로 여겨지고 당연시되었던 사실에 도전한다. "정체의 폭로가 지닌 핵심은 피억압자를 해방시키고, 지식의 범주들이 어떻게 권력관계에 이용되는

---

56) Silvers, "Formal Justice", pp. 56~59를 보라.

지를 보여 주는 것이다."[57] 많은 신경정신의학적 진단의 경우, 정신의학적 정체성의 구성이 누군가의 행복과 사회적 지위를 위태롭게 하는 것이라면, 그러한 정체의 폭로는 두말할 나위 없이 필수적이다. 그리고 사회적 행동과 사교능력에 있어서의 문제들은 필연적으로 어떤 개인이나 그/그녀가 지닌 특성의 견지에서만은 도저히 이해될 수 없는 상호대화적인 현상이기 때문에, 심리적 정체성을 기반으로 사람들을 범주화하는 것에는 명백한 차별의 위험성이 존재한다. 이런 사실의 확인은 예컨대 약물 투여를 통해 사람들의 몸에 영향을 미침으로써 그들의 행동을 통제하려는 것이 도덕적으로 의심스러운 시도임을 시사하는 것처럼 보인다.[58]

일부 장애학의 전통 내에서, 억압에 관한 담론은 의심의 여지가 없는 일종의 진언眞言, mantra이 되었다. 즉, 장애인을 억압한 누군가가 비난받지 않을 수 있는 맥락은 전혀 존재하지 않는 듯 보이며, 이에 대한 입증책임은 언제나 이러한 관념에 문제를 제기하는 이들에게 부과된다. 그런 경향에 대한 하나의 예는 댄 구들리Dan Goodley와 마크 래플리 Mark Rapley의 글에서 발견되는 다음의 인용문인데, 그들은 "당연시되고 있는 손상에 대한 견해들이 억압의 핵심이다"라고 주장한다.[59] 이런 종류의 진술은 영국 장애학계에서 채택되고 있는 연구 전통의 일관

---

57) Hacking, *The Social Construction of What?*, p. 58.
58) 이는 물론 그 자체로 심도 깊은 논의가 이루어져야 할, 경험적으로 간단치 않은 이슈라 할 수 있다.
59) Goodley and Rapley, "Changing the Subject: Postmodernity and People with 'Learning Difficulties'", p. 138.

된 결과인데, 이 전통 내에서 연구의 타당성은 정치적 기준에 의해 판단되며 연구물 생산에 대한 존재론적·인식론적 기반으로서 사회적 장애 모델의 채택이 요구된다.[60] 이러한 '해방적 연구'의 전통 내에서는, '당위'^{ought}로부터 '존재'^{is}를 도출해 내는 것이, 즉 (아마도 숭고한) 정치적 의제의 목표와 목적에 가장 잘 기여할 수 있는 존재론을 채택하는 것이 하나의 요건인 듯하다.[61]

손상과 장애라는 현상의 존재론 및 구성을 이해하고자 하는 이 장에서의 시도는 일차적으로 기술적記述的이며, 그러한 우리의 입각점은 어떤 정치적 개입이나 여타의 규범적 개입과도 무관하다고 할 수 있다. 이런 시도는 현 상태를 변화시키기 위한 의제를 형성해 내기에 앞서 존재론을 올바로 정립해야 한다는 생각에 대한 방법론적 개입과 관련될 뿐이다. 그러나 이것이 해당 주제[즉, 손상과 장애라는 현상의 존재론 및 구성의 이해]와 관련된 도덕적·정치적 이슈로부터 누군가의 시야를 차단함을 의미하지는 않는다. 오히려 정반대로, 우리는 해당 현상의 부인할 수 없는 구성 부분들에 대한 관련성을 부인하는 어떤

---

60) Colin Barnes, "Disability and the Myth of the Independent Researcher", *Disability and Society* 11, 1996, pp. 107~110; Colin Barnes and Alison Sheldon, "'Emancipatory' Disability Research and Special Education Needs", ed. Lani Florian, *The SAGE Handbook of Special Education*, London: Sage, 2007; Geof Mercer, "Emancipatory Disability Research", eds. Colin Barnes, Michael Oliver and Len Barton, *Disability Studies Today*, Cambridge: Polity Press, 2002; Michael Oliver, "Changing the Social Relation of Research Production?", *Disability, Handicap and Society* 7, 1992, pp. 101~114; Emma Stone and Mark Priestley, "Parasites, Pawns and Partners: Disability Research and the Role of Non-Disabled Researchers", *British Journal of Sociology* 47, 1996, pp. 699~716.

61) Simo Vehmas, "Philosophy and Science: The Axes of Evil in Disability Studies?", *Journal of Medical Ethics* 34, 2008, pp. 21~23.

극단적인 입장보다도, 여기서 옹호되고 있는 유형의 존재론적 입장이 도덕적·정치적 이슈에 대한 생산적인 논의에 훨씬 더 잘 기여하리라 생각한다.

예를 들어, 손상으로 분류된 어떤 사람의 일정한 신체적 속성이 일정한 사회적 맥락 내에서 장애를 만들어 내는 억압적인 대우로 귀결된다면, 행해져야 할 일차적이고도 올바른 실천은 해당 맥락에서의 사회 제도를 바꾸는 것이라 할 수 있다. 그것이 가능하다면 말이다. 그렇지만 사회 구조, 관행, 제도, 가치 구조 등은 주지하다시피 바꾸기가 어렵고 또 더디게 변한다. 그런 구조나 제도들은 집단적으로 생성되고 유지되기 때문에, 또한 역사적으로 뿌리가 깊기 때문에, 이는 지극히 당연한 일이다. 이것이 진실이라면, 그 사람의 신체적 속성 자체를 바꾸는 것이 실제로는 좀 더 적절한 일이 될지도 모른다. 그것이 그 사람의 일생 동안 그/그녀의 행복을 증대시키는 유일한 길이라면 말이다. 이는 도저히 용납할 수 없는 사회적 맥락의 부적절한 태도적 환경 때문에 그러한 신체적 속성이 해당 개인의 행복과 관련하여 불운한 결과들을 발생시켰음을 부정하는 것이 아니다.

요컨대 사태state of affairs를 인정하는 것과 현 상태status quo를 용납하는 것은 다르다. 그러므로 어떤 신체적 속성이 일정한 맥락에서는 그 속성을 지닌 사람에 대한 억압적인 대우로 이어질 수도 있음을 인정하는 것이 이러한 상황에 대한 용납을 의미하지는 않는다. 그렇지만 위에서 논의된 존재론이 장애와 손상이라는 현상의 정체를 드러내 주고 그리하여 그런 현상을 올바른 노선에 따라 **구성하는** 것이라면, 우리는 손상 및 장애가 지닌 물질적 특징과의 관련성을 부정할 때보다 우리의 도구상자에 사태의 변화를 시도할 수 있는 더 많은 도구를 갖게 된다. 손상의 물질적 근원 및 이에 대한 장애의 상관적 본질을 강조하는 존재론은 우리로 하여금 사람들의 괴로움으로 귀결되었던 유기체적 요인과 사회적 요인 양자를 근절할 수 있도록 해준다. 다시 말해서, 우리의 정치가 올바른 존재론에 근거할 때, 사회 내 모든 개인의 평등과 행복을 증대시키고자 하는 목표를 달성하는 데 있어 우리는 좀 더 유연하고 효율적일 수 있다.

그렇다면 손상에 대해 자연주의적 견해를 갖고 있다는 것이 곧 장애인에 대한 억압을 의미하지는 않는다. 오히려 정반대로, 표상보다는 사실에 기반을 둔 존재론이 정치적 측면에서도 또한 더 나을 수 있다. 손상의 물질적 기반을 인정하는 견해는 유용할 뿐만 아니라 손상을 지닌 개인들에게 불가피하다고 할 수 있는데, 왜냐하면 그들의 이상이 물질적 대응을 필요로 하는 물질적 기반을 지니고 있기 때문이다. 사람들은 **손상**의 의료적 모델을 진정 필요로 하는 경우가 존재한다. 사람들은 그들이 지니게 될 수도 있는 손상이나 다른 어떤 의료적 이상의 물질적 결과에 관한 **사실**을 필요로 한다(비록 모든 손상이 의료적 치료를 필요로 한다는 의미에서의 의료적 이상은 아니라고 하더라도 말이다). 쉽게 말해서, 사람들은 의학적 사실에 기반을 둘 수밖에 없는 알약, 수술, 요법, 여타의 치료를 필요로 한다. 경합하는 무수히 많은 텍스트, 담론, 표상은 고통을 겪고 있는 사람들에게 별다른 위안이 되지 못한다.

결론적으로, 장애와 손상이 물질적 차원과 사회적 차원 양자를 포함하고 있음을 인정하는 것 자체에는 어떠한 억압적인 요소도 존재하지 않는다. 다발성경화증^{multiple sclerosis62)}은 의료적 문제이며, 다발성 경화증을 지닌 사람의 사회 참여는 의료적 문제인 동시에 정치적 문제이기도 하다. 다시 말해서, 손상 일반은 대개 원초적 사실과 제도적 사실 양자 모두라고 할 수 있으며, 장애란 궁극적으로 원초적 사실에 의존하는 사실들의 위계에 기반을 둔 제도적 사실이다.

---

62) 뇌와 척수의 전역에 걸쳐 신경세포의 축삭(axon)을 둘러싸고 있는 절연물질이 되풀이하여 산발적으로 파괴되는 병이다. 눈의 이상, 지각 장애, 언어 장애, 운동 실조, 운동 마비, 배설 곤란, 현기증 따위의 증상이 나타나는데 정확한 원인은 밝혀지지 않고 있다.—옮긴이

4장 _ 장애와 사고하는 몸

재키 리치 스컬리

지난 몇 십 년 사이, 의학의 진보와 나란히 발생한 정치적·사회적 변화는 표준으로부터의 신체적·정신적 일탈에 관해 사고할 수 있는 새로운 여지를 창출했다. 오늘날 장애는 해방운동과 소수자 권리의 이슈로 그 인식틀이 설정될 수 있다. 즉, 하나의 생의학적 현상, 새롭게 등장한 정치적 정체성, 일련의 사회적 관계와 관행으로, 그리고 이러한 목록들이 보여 주는 것처럼 정치적·윤리적 탐구의 주제로 말이다. 장애학 내에서 장애의 재개념화는 손상을 인간들 사이에 존재하는 변이變異, variation의 한 형태로서 연구하는 것을 가능하게 만들었으며, 그에 따라 "주체성과 사회생활의 중요하고도 중심적인 축"으로서의 차이에[1] 주의를 기울이는 20세기 후반의 경향에 합류하였다. 장애를 고찰하는 것은 주변화된 형태의 정체성에 새로운 분석의 초점을 도입할

---

1) Mairian Corker, "Differences, Conflations and Foundations: The Limits to 'Accurate' Theoretical Representation of Disabled People's Experience", *Disability and Society* 14, 1999, p. 630.

뿐만 아니라, 손상과 그로 인해 초래되는 결과에 대한 우리의 지식을
확장시킨다. 그럼으로써 장애는 자율성, 능력, 체현embodiment, 온전함,
인간의 완전성, 유한성과 한계, 개인과 공동체 간의 관계와 같은 이슈
들, 이러한 이슈들과 관련하여 우리 삶의 "모든 측면에 스며들어 있는"
관념들,[2] 그리고 도덕철학과 생명윤리가 고심을 거듭하고 있는 이슈
들에 대해 새로운 시각을 제공한다. 장애를 고찰하는 것은 몸을 철학
적 사고의 중심에 다시 위치시킨다.

윤리학과 몸

서구 철학의 전통이 체현이라는 주제를 진지하게 다루는 데 만성적으
로 실패해 왔다는 비판은 이제 더 이상 낯선 것이 아니다. 자아를 탈체
현되고disembodied 탈맥락화된 비역사적인 의식의 소재지로 파악하는
것에 대한 지속적인 선호는, 도덕적 행위주체에 관한 철학적 담화가
체현의 물질적 특징이 아니라 합리적 사고를 할 수 있는 행위주체의
능력에, 또는 행동적 특성이나 (때때로) 정서적 특성에 관심을 지니고
있었음을 의미한다. 후기 계몽주의 윤리학 사상 또한 보편화될 수 있
는 윤리학에 대한 바람을 오도하여 해석하는 경향을 보였다. 다시 말
해서, 보편화된 윤리학을 사람들이 마치 도덕적으로 유의미한 특징들
내에서는 전혀 구별이 안 되는 것처럼, 신체적 특징들까지를 포함하여
그들을 구분해 주는 특징들이 제거된 것처럼 극단적으로 다루어짐을

---

2) Linton, *Claiming Disability*, p. 118.

의미하는 것으로 해석했던 것이다. 요컨대 주류 도덕철학은 몸을 도덕적 통찰의 원천이라기보다는 오히려 그러한 통찰에 대한 장벽으로 취급하는 경향이 있다.

그렇지만 실제로는 도덕철학과 윤리학은 언제나 몸에 관심을 가져 왔는데, 왜냐하면 도덕이 행동과 관련되며 행동에는 몸이 수반되기 때문이다. 도덕적 관심에 대한 우리의 기본적 감성은 다음과 같은 인식을 반영한다. 체현된 자아 때문에 개인들은 상호 간에 상처를 입기 쉬우며, 이에 뒤따르는 윤리 이론과 윤리적 준칙이란, 체현된 인간이 상호작용할 때 발생하는 일들을 규제하는 일반화된 추상이라는 인식을 말이다. 일단 우리가 윤리학과 존재론을 이런 방식으로 사고하기 시작하면, 여기서 제기되는 하나의 명백한 질문은 단지 체현이라는 **일반적** 사실뿐만 아니라 몸과 장소의 **세부 내용** 또한 개인의 도덕적 이해에 있어 중요한 요소가 아니냐는 것이다.

이런 질문은 손상된 또는 장애를 지닌 체현을 좀 더 면밀한 철학적 관심을 받을 만한 가치가 있는 것으로 만든다. 한 가지 이상의 이유로 말이다. 우선 그러한 체현은 인간 및 정체성의 본질을 사고하는 데 있어 몇 가지 심대한 함의를 던진다. 장애가 의료적 이상이라기보다는 존재의 한 형태라면, 그것은 어떤 종류의 존재인가? 그것은 정확히 어떻게 발생하는가? 장애는 젠더, 민족성, 계급 같은 여타의 사회적·존재론적 범주들과 어떤 관계가 있는가? 장애는 진정한 존재론적 범주인가, 아니면 단지 기이한 몸들의 잡다한 모음을 편재하는 데 유용한 범주일 뿐인가? 그리고 장애는 하나의 정체성이다, 라고 말할 경우, 그것은 가능하다면 정상성을 회복해야 할 도덕적 의무를 지니고, 그러한 회복이 불가능하다면 발생 자체를 예방하기 위해 노력해야 할 손상된 정체성^{spoiled identity3)} 이외에 도대체 다른 어떤 것이 될 수 있는가?

표준으로부터 벗어난 몸에 대해 우리들이 실제로 생각하는 것 또한 윤리적으로 중요한데, 왜냐하면 정상적인^{normal} 체현에 대한 우리의 믿음이 규범적^{normative} 성격을 띠게 되기 때문이다. 그러한 믿음이 이상적인 몸을 식별해 주며, 이례적인 몸을 정상화하기 위해 기울여야 할, 우리가 적절하다고 생각하는 노력의 정도를 결정한다. 도덕철학 내에서, 좀 더 구체적으로는 생명윤리 내에서, 몸과 이례적인 몸의 형태에 대한 규범적 관념은 그것이 삶의 질에 대한 결정이 이루어지는 인식틀에 영향을 미칠 때 각별한 힘을 갖는다. '삶의 질' 평가는 그것이 생사가 걸린 결정에 대한 기반을 형성할 때, 특히 그런 결정이 당사자를 대신해서 제삼자에 의해 이루어져야만 할 때(말기 환자에 대한 치료 결정^{end-of-life}, 산전 선별검사, 태아가 지닌 손상을 이유로 한 임신중절 등이 그 예가 될 것이다) 막대한 도덕적 가중치를 지닌다. 그러함에도 불구하고, 일반적으로 보자면 생사가 걸린 결정에 대한 생명윤리학적 논의들이 삶의 질을 다루는 명확한 철학 이론에 의해 뒷받침되는 것은 아니다. 게다가 그런 결정은 다음의 두 가지 가정에 기반을 둔다. ①우리는 평가의 대상이 되는 삶의 특징들을 충분히 파악하고 있다. ②어떠한 특징들이 삶의 질과 유의미한 관련성을 갖는가, 그리고

---

3) Erving Goffman, *Stigma*, Harmondsworth: Penguin, 1971[어빙 고프먼, 『스티그마: 장애의 세계와 사회적응』, 윤선길·정기현 옮김, 한신대학교 출판부, 2009].

그러한 특징들이 어떻게 측정될 수 있는가에 대해 광범위한 합의가 존재한다. 그렇지만 손상과 장애라는 맥락 내에서 이러한 두 가지 가정은 그 어느 쪽도 옹호될 수 없을 것 같다. 왜냐하면 ①손상을 지닌 삶의 실재가 어떤 것인지에 대해 평가를 하는 쪽에서 지식이 부족하기 때문에, 그리고 ②손상이나 장애에 대한 주관적 경험이 삶의 질 측정에 대한 기준들을, 혹은 관련 개인들에 의한 가중치 부여나 우선순위 부여를 변경시킬 수도 있기 때문이다.[4] 사실상 이미 우리는 손상이나 장애에 대한 경험이 장애인의 도덕적 이해를 변경한다는 점을 논했던 바 있다.[5]

체현이 한 사람이 지각하는 세계에 어떤 영향을 미치는지 이해하기 위해서는 도덕철학이 통상적으로 택하는 것보다 좀 더 경험적인 접근법이 요구된다. 그러나 경험적 연구는 특정한 몸의 차원에서 삶의 특징들을 밝혀 줄지는 모르지만, 그러한 체현의 상태에 **있다**는 것이 어떤 것인지에 대해 이야기하려는 시도는 전혀 하지 않는다. 이에 대해 이야기하기 위해서는 좀 더 현상학적인 접근법이 요구된다고 할 수

4) Gary L. Albrecht and Patrick J. Devlieger, "The Disability Paradox: High Quality of Life Against All Odds", *Social Science and Medicine* 48, 1999, pp. 977~988.; Ron Amundson, "Disability, Ideology, and Quality of Life: A Bias in Biomedical Ethics", eds. David Wasserman, Robert Wachbroit and Jerome E. Bickenbach, *Quality of Life and Human Difference: Genetic Testing, Health Care, and Disability*, Cambridge: Cambridge University Press, 2005.

5) 이러한 의견은 Catriona Mackenzie and Jackie Leach Scully, "Moral Imagination, Disability and Embodiment", *Journal of Applied Philosophy* 24, 2007, pp. 335~351 과 Jackie Leach Scully, "Disabled Embodiment and an Ethic of Care", eds. Christoph Rehmann-Sutter, Marcus Düwell and Dietmar Mieth, *Bioethics in Cultural Context*, Dordrecht: Springer, 2006에서 좀 더 충분히 논해지고 있다.

있다. 현상학은 어떤 주체의 자아감, 지각, 이해란 해당 주체가 세계 내에서 그/그녀의 현존을 어떻게 경험하는가에 의존함을 인정한다. 현상학의 관점에서 보자면, 세계 내에서 어떤 사람의 현존이란 일상적인 몸의 사건 및 만남의 축적이다. 해당 체현이 사회적으로나 생물학적으로 이례적인 것이라면, 그 점이 일상적인 사건과 만남의 본질에 영향을 주게 될 것이다. 때로는 매우 심대하게 말이다.

강고한 형태의 사회적 장애 모델은 장애란 일정한 신체적 조건에 있는 사람들을 물질적으로 배제하는 사회적 장벽의 산물이라고 여기는데, 이런 형태의 사회적 장애 모델을 다루는 데 있어 현상학적 접근법은 중대한 결함을 갖고 있다. 사회적 장애 모델은 분석의 시선을 병리화된 개인으로부터 사회적 관행으로 돌려놓았다. 강고한 사회적 모델은 장애란 개인의 손상된 몸에 관한 것이 아니라, 장애를 만들어 내는 사회 내에서 억압받는 낙인화된 집단에 관한 것이라고 논함으로써, 체현과 장애 간의 연계를 단절하고자 시도한다. 상이한 유형의 몸을 지닌 존재의 체험lived experience에 면밀한 주의를 기울이고자 하는 현상학적 철학의 전략은 이를 거스른다. 이런 이유 때문에 사회적 모델에 입각한 비평가들은 현상학적 접근법이 장애라는 '문제'를 병리화된 개인에게로 되돌려 놓으며, 차이를 지닌 사람들을 장애화하도록 사회가 편재된다는 실제 이슈에서 다른 곳으로 주의를 돌리게 만든다고 논한다.

그렇지만 장애학 내의 여러 학자들은 장애에 관한 좀 더 현상학적인 정보가, 그리고 장애의 경험을 내부로부터 이해하는 것이, 손상에 대한 윤리학적이고 존재론적인 판단을 내리는 데 필수적인 일부분임을 논해 왔다. 장애의 경험에 대한 그와 같은 주관적 이해는 오랫동안 지속되어 온, 실제의 도덕적 삶에 대한 통찰의 중요한 원천인 몸에 대한 철학적 경시를 바로잡는 데 어느 정도 도움이 된다. 이는 경험적 설명이 장애를 사고하는 데 있어 **유일하게** 참된 원자료^{原資料}임을 주장하는 것이 아니며, 장애의 경험에 대한 더 깊은 지식이 장애의 의미와 윤리에 대한 합의를 빠르게 이끌어낼 것이라고 주장하는 것도 아니다. 일상의 주관적 경험을 통해 이해된 장애를 지닌 몸은, 비정상성과 장애에 대한 현대적 이해의 단지 일부를 형성할 수 있을 뿐이다. 의료적 담론에 의해 전형적인 방식으로 제시되는 장애를 지닌 몸, 대중문화 내에서의 그러한 몸에 대한 표상, 돌봄자들의 이해 등과 같은 여타의 통찰들 또한 우리가 좀 더 온전한 상황을 이해하는 데 없어서는 안 될 중요한 기여를 한다.

사고하는 몸

특정한 유형의 몸을 가졌거나 그런 상태에 있다는 것은 특정한 도덕적 이해를 지닌 인격체로 귀결될 수 있지 않을까? **이례적인** 몸을 지녔거나 그런 상태에 있다는 것은 **이례적인** 도덕적 이해의 생산으로 또한 이어질 수 있지 않을까? 체현에 대해 현상학이 던지는 이러한 화두는 아직까지 충분한 고려의 대상이 되지 못했다. 그러나 적어도 **어떤** 상황들에서는, 장애와 관련된 윤리적 문제들에 대해 장애인들이 비장애인들과는 상당히 다른 견해를 나타낸다는 것은 명백해 보인다. 최근의 잘 알려진 예들로는 테리사 시아보^{Theresa Marie Schiavo}의 소송 사건에서[6] 생명유지 장치 제거에 반대하는 논변이나,[7] 농인들이 청각장애를 지닌 아동을 갖는 것에 대한 선호를 표명하는 경우가[8] 포함될 수 있을 것이다.[9] 페미니즘적 관점의 인식론은 상이한 사회적 위치가 뚜렷이 구별되는 인식론적 시각을 제공하게 됨을,[10] 때때로 어떤 상황에서

6) 1963년생인 테리사 시아보는 1984년에 결혼하였으며, 거식증에 의해 초래된 심장마비로 뇌 손상을 입고 1990년부터 식물인간이 되었다. 1998년에 그녀의 남편은 "평소에 아내가 인위적인 방법으로는 살기 싫다고 말했다"며 법원에 생명유지 장치의 제거를 요청했으나, 그녀의 부모는 "병상의 딸이 '나는 살고 싶다'(I want to live)는 의미로 자주 'Ahhh, Waaa'라고 절규했다"며 이에 반대했다. 이로 인해 시아보의 남편과 부모 측은 7년간에 걸친 법정 소송을 벌이게 되는데, 이 사건은 미국은 물론이고 세계적으로도 안락사 논쟁을 불러일으켰다. 결국 2004년 9월에 플로리다주 대법원은 주지사의 개입을 위법으로 판결하고 생명유지 장치의 제거를 명령했으며, 2005년 3월에 그 명령이 집행되면서 시아보는 숨을 거두었다. ─옮긴이

7) Jay Wolfson, "Erring on the Side of Theresa Schiavo: Reflection of the Special Guardian Ad Litem", *Hastings Center Report* 35, 2005, pp. 16~19.

8) K. W. Anstey, "Are Attempts to Have Impaired Children Justifiable?", *Journal of Medical Ethics* 28, 2002, pp. 286~288; Trevor Johnston, "In One's Own Image: Ethics and the Reproduction of Deafness", *Journal of Deaf Studies and Deaf Education* 10, 2005, pp. 426~441; Neil Levy, "Deafness, Culture and Choice", *Journal of Medical Ethics* 28, 2002, pp. 284~285; Michael Parker, "The Best Possible Child", *Journal of Medical Ethics* 33, 2007, pp. 279~283; Eric B. Schmidt, "The Parental Obligation to Expand a Child's Range of Open Futures When Making Genetic Trait Selections for Their Child", *Bioethics* 21, 2007, pp. 191~197; Scully, *Disability Bioethics*.

9) 내가 이런 입장들이 반드시 옳다고 주장하는 것은 아니며, 단지 그것들이 장애인과 비장애인 사이에서의 도덕적 이해에 대한 차이가 발견되는 상황의 좋은 예가 됨을 말하고 있는 것임에 유의하기 바란다. 물론, 모든 농인들이 농아동을 갖는 것을 선호하는 것도 아니고, 그러한 선호에 따라 행동하는 것에 동의하는 것도 아니다. 또한 마찬가지로, 모든 장애인들이 테리사 시아보의 사건에서 같은 의견을 지니고 있었던 것은 아니라는 점도 지적될 필요가 있을 것이다.

10) Sandra Harding, "Rethinking Standpoint Epistemology: What is 'Strong Objectivity'?", eds. Linda Alcoff and Elizabeth Potter, *Feminist Epistemologies*, London and New York: Routledge, 1993; Sandra Harding, *The Feminist Standpoint Theory Reader: Intellectual and Political Controversies*, London and New York: Routledge, 2004; Nancy Hartsock, "The Feminist Standpoint: Developing the Ground for a Specifically Feminist Historical Materialism", eds. Sandra Harding and Merrill B. Hintikka, *Discovering Reality: Feminist Perspective on Epistemology, Metaphysics, Methodology, and Philosophy of Science*, Boston, MA: Reidel, 1983.

는 부정의不正義를 지각하는 데 인식론적 이점을 제공하기까지도 함을 시사한다. 여기서 나의 흥미를 끄는 것은 이례적인 체현의 경험이 (페미니즘 이론 내에서 젠더적인 체현의 경험과 유사하게) 이러한 인식론적 시각의 차이 및 이점에 기여를 하는 정도이다.

신체적으로 이례적인 상태에 있다는 것이 어떤 사람의 도덕적 이해에 영향을 미친다면, 그런 이례적인 상태에 있음이 어떤 과정을 통해 발생하게 되는지, 그리고 그것이 만들어 내는 결과적인 차이는 무엇인지를 확인하는 것은 철학자들에게 중요하다. 나는 이제 철학자 모리스 메를로-퐁티의 작업을 검토하고자 하는데, 그의 작업은 몸과 몸을 둘러싼 물질적 환경 사이의 가장 원초적인 상호작용을 직접적으로 다룬다. 사고하는 몸thinking body에 대한 메를로-퐁티의 현상학적 접근법은 도덕적 이해에 대해 몸의 변이가 갖는 영향력을 파악하는 데 있어 얼마간의 분석적 견인력을 제공한다. 그렇지만 부분적으로는 당시에 활용할 수 있었던 제한된 신경학적 지식 때문에, 메를로-퐁티는 결국 몸의 변이가 갖는 인식론적 결과에 대해 만족스러운 이론을 제공하지는 못하는데, 이 지점에서 나는 메를로-퐁티의 철학적 주장을 어느 정도 뒷받침해 줄 수 있는 신경과학 분야에서의 최근 작업들에 의지한다. '체현된 인지'embodied cognition라고 불리는 것에 대한 연구는 몸이라는 유기체적 실재와 그런 유기체적 실재의 작동 과정 양자가 추상적 사고에 중요하다는, 그리하여 상이한 체현이 윤리에 관한 사고를 포함하는 고차원적 인지에 미묘한 영향을 미칠 수 있다는 생각에 대해 얼마간의 증거를 제공한다.

메를로-퐁티는 보통 현상학자로 분류되기는 하지만, 그가 취하는 접근 방법은 이전 시대 및 동시대의 현상학자들과 근본적으로 다르다. 프란츠 브렌타노Franz Brentano, 에드문트 후설Edmund Husserl, 마르틴 하이데거Martin Heidegger는 현상에 대한 지식을 통해 세계-내-존재의 진실에 도달하기 위해 분투했지만, 현상이 알려지게 되는 매개체로서의 몸을 구체화하는 데에는 별다른 관심을 두지 않았다. 그 결과, 그들은 필연적인 몸의 연루가 세계-내-존재를 결국 세계-내의-몸-내-존재being-in-the-body-in-the-world와 같이 그 이상의 어떤 것이 되게 만드는 방식을 경시했다. 이와 대조적으로, 메를로-퐁티는 지각의 과정과 운동성의 실현 과정은 체현되어 있는 것이며, 세계-내-존재의 현상학적 파악에 있어 중심적인 것임을 논한다.[11]

전통적인 인지과학과 인지철학은 실재에 관한 우리의 지식이 세계에 대한 내적인 심적 표상mental representation의 구성을 통해 획득된다는 류의 인식론을 선호한다. 이러한 인식론은 비물질적인 마음과 물질적인 몸의 분리를 수반한다. 그뿐만 아니라, 내적인 마음의 표상과 외부 세계 간의 분할을 수반한다. 20세기에 대부분의 심리학, 마음의 철학, 인지과학은 어떤 종류의 세계-내-몸의 모델에 의지했는데, 여기서 몸이란 감각적 자극을 [수동적으로] 받아들이는 대상이었고, 몸에 대한 해석은 마음에 맡겨졌다. 그리고 그러한 심리학, 마음의 철학, 인지과학은 신체적 행동을 통제하기 위해 최선을 다했다. 극단적인 경우에는 외부 현상에 대한 표상을 산출하고 보관하기 위한 일종의 기계로서

---

11) Maurice Merleau-Ponty, *The Phenomenology of Perception*, London and New York: Routledge, 2002[모리스 메를로-퐁티, 『지각의 현상학』, 류의근 옮김, 문학과지성사, 2002].

취급되었으며, 이런 경우를 제외하면 몸 그 자체는 주요 관심사가 아니었다.

그러므로 인간의 몸이 마음의 **기반**이라는 메를로-퐁티의 제언은 전통으로부터의 일탈이라고 할 수 있다. 마음이 체현된 것이라고 말함으로써, 메를로-퐁티는 정신생활이란 몸과 그 주변 환경 간의 운동적이고 감각적인 관계의 기능임을 이야기하고자 한다. 모든 종류의 사고는 이와 같은 관계의 산물로서 출현한다. 이러한 산물은 처음에는 전언어적이고 전인지적이며, 그것이 바로 세계에 대해 언제나 적극적으로 사고하지 않더라도 세계를 헤쳐 나갈 수 있는 우리의 능력에서 발견되는 '일차적 의식'primary consciousness[12]이라고 할 수 있다. 메를로-퐁티에게서 '마음'이 의미하는 것은 주로 이러한 시초적인 전성찰적 앎이다. 그렇기는 하지만, 그는 또한 몸이 고차원적이고 의식적이며 이성적인 사고와 표상의 기반이라는 생각을 지니고 있는데, 그러한 사고와 표상은 체현된 전의식적인 과정보다 발생적으로 이차적이다. 그렇다면 사고란 몸과 뚜렷이 구별되는 마음에 의해 구조화된 일련의 명제가 아니다. 오히려 애초에 신체적 행동과 습관이 사고를 가능하게 한다. 그리고 그러한 몸과 몸의 습관적 행동이, 특정한 사회적 환경 내에서 어떻게 특정한 종류의 인간이 되는가에 관한 지식의 형태 그 자체를 구성한다.

---

12) 미국의 생화학자이자 신경과학자인 제럴드 에덜먼(Gerald Edelman)이 의식에 관한 자신의 이론에서 사용한 용어로, 다른 말로는 '근원 의식'(core consciousness)이라고도 한다. 이에 대응하는 개념이 '이차 의식'(secondary consciousness) 또는 '고등 의식'(higher consciousness)이다.─옮긴이

상황을 파악하기

손상된 몸의 현상학적 이론화에 대한 메를로-퐁티의 특별한 기여는 체현된 인간의 삶에 있어 **일차적** 경험의 상호의존성, 즉 감각, 지각, 동작의 상호의존성에 대한 서술인데, 그러한 서술은 일차적 경험들이 그 다음에 어떻게 기초적 사고로 넘어가게 되는지를 지적하고 있다. 지각이란 몸이 세계에 관한 정보를 수동적으로 받아들이는 과정 이상의 것이다. 그것은 또한 몸이 세계 내에 존재하는 방식이다. 그뿐만 아니라, 지각 과정과 운동 과정 간에는 협력이 존재한다. 메를로-퐁티가 말했듯, 그런 양자의 과정은 몸이 자신을 둘러싼 물질적·사회적 환경을 지향적으로(즉 대상 중심적으로object-directed) 파악하는 하나의 방식으로서 가장 적절히 이해될 수 있다.

> 나의 지각이 나에게 가능한 한 다양하고도 명확히 절합된articulated 광경을 제시해 줄 때, 그리고 나의 운동 지향motor intention이 전개되면서 기대하는 반응을 세계로부터 받아들일 때, 나의 몸은 세계에 맞춰 조정된다[어떤 번역은 '세계를 파악한다'고 옮기고 있다]. 지각과 행동에서의 이런 최대한의 선명함이 지각의 **기초**를, 내 삶의 기반을, 나의 몸이 세계와 공존할 수 있는 일반적 환경을 명확히 나타낸다.[13]

> 체현된 실체들에게 있어, 세계-내-존재라 함은 그러한 존재 구조

---

13) Merleau-Ponty, *The Phenomenology of Perception*, p. 292.

를 가능한 한 최대한 잘 파악하고자 끊임없이 노력하고 있다는 것을 의미한다. 메를로-퐁티는 이런 과정을 정확히 그리고 구체적으로 감각적 자극과 운동적 반응의 메커니즘 내에 위치시킨다. 지각이 이루어지는 환경이 몸의 방향정위$^{orientation14)}$, 움직임, 기술을 지시한다. 우리는 다양한 일상 활동에 참여하는 것을 통해, 상황에 대한 '최선의 파악'을 우리에게 제공하는 몸의 자세가 존재함을 알게 된다. 예를 들어, 우리가 시행착오를 통해 듣거나 보거나 집중하는 것을 돕는 행동거지를 알아내는 것과 마찬가지의 방식으로, 우리 대다수는 [일정한 시행착오를 거쳐] 중력장 내에서 우리의 몸을 똑바로, 그리고 균형 잡힌 상태로 유지해 주는 자세를 알게 된다. 따라서 지각과 행동은 우리가 처음 체현된 순간부터 서로에 대해 필수적인 협력자이다. 지각과 움직임을 뚜렷이 구별되는 두 가지 기능이 아니라 이와 같이 서로를 구성하는 요소로 이해하는 것은 정신적인 것과 물질적인 것 간의 전통적인 개념적 분할을 해소한다.

전언어적·비개념적 내용

이처럼 현상학은 말이나 해석 이전에 존재하는 지각 및 이해의 세계가 가능할 뿐만 아니라 심지어 필연적인 것임을 드러내고자 시도한다. 메를로-퐁티의 업적은, 언어로 표현하는 것이 불가능하지는 않겠지만

---

14) 자신이 놓인 상황을 시간적·공간적으로 올바르게 파악하여 이것과 관계되는 주위 사람이나 대상을 인지하는 것을 말한다.―옮긴이

정의상 그것이 곤란할 수밖에 없는 경험의 형태들을 분명히 설명하고
자 분투했다는 데 있다. 어떤 형태의 언어에 앞서, 몸에 먼저 다가서는
경험을 말이다. 대다수 철학자들이 이성적 사고의 과정을 다루기는 하
지만, 이성적 담론은 전前서술적인 형태를 띠는 의식의 활기活氣를, 대
개 명제의 주어/술어적 형태로는 결코 옮겨지지 않는 원초적인 경험
의 층위를 다루는 데는 부적합하다.

  이것이 중요한 이유는 메를로-퐁티의 경우 신체적 경험이 모든
종류의 사고에 대한 토대가 된다고 주장하기 때문이다. 무언의 인식
wordless awareness이라는 층위가 몸의 일상적인 세계-내-존재 대부분에
대한 조직 원리로서 지속되기는 하지만, 의식적이고 상징적인 사고를
뒷받침하는 좀 더 복잡한 인지 구조를 생산하는 것은 결국 몸과 그 주
변 환경 간의 일차적인 공간적·시간적 상호작용(지각, 움직임, 행동)이
기 때문에, 몸은 마음의 토대이다. 이런 이유로 메를로-퐁티는 인지능
력이란 물질적 세계 내에서 몸의 시공간적인 행동이 축적되는 것에 의
한 파생효과라고 말하면서, 몸이 상상적이고 분석적인 과정의 토대라
고 또한 결론 내린다. 경험의 체현된 비개념적인 내용이 그에 이어지
는 우리의 모든 범주, 우선순위, 판단의 기저를 이룬다.

신체도식

메를로-퐁티는 해당 주체의 몸의 경계들에 대한, 그리고 몸과 몸의 구
성 부분들이 행하는 것에 대한 전성찰적인 감각을 기술하기 위해 [심
리도식에 대비되는] 신체도식corporeal[body] schema이라 불리는 것을 사

용했다. 이러한 자기수용적 감각이 우리가 우리 자신에 대해 반드시 생각하지 않고도 스스로 움직이고 위치를 설정하는 것을 가능하게 해 준다. 정신분석과 발달신경학 양자는 어린 시절에 형성되는 경계감과 몸의 자기통제가, 통합된 심리적 자아감의 나란한 등장과 연계되어 있 다고 이론화한다. 태어나기 직전이나 태어난 후 한동안, 유아는 아마 도 감각, 구조, 다른 대상에 대한 방향정위 등의 측면에서 자아/타자의 경계를 그다지 갖고 있지 않을 것이다. 일관성 있는 신체적·심리적 정 체성은 신체적 행동의 반복을 통해 힘들여 획득된다. 처음에는 분열되 어 있던 지각들이 점차 어느 정도 안정된 형태를 띤, 다른 생물과 무생 물로부터의 자동적 분리감으로 합쳐지면서 말이다.[15]

신체도식은 촉각적·근감각적kinesthetic·자기수용적 자극의 조직화 를 통해 형성되는데, 이러한 신체도식 개념은 체현에 대한 현대의 신 경과학적 저작 내에서 다시 부상했다. 그런 과학적 문헌에서는 자신의 몸과 관련하여 의식의 층위 아래에서 작동하는 일련의 감각운동적 과 정들로서의 **신체도식**과, 문화적으로 비롯되며 보통은 의식적인 개념 및 믿음 체계인 **신체상**body image을 구별한다.[16] 이 두 가지는 의식에 대

---

15) 메를로-퐁티가 일관성 있는 자아감이 편의적 허구(convenient fiction) ──상황이 실제로 어 떠한가에 대한 반영이라기보다는, 유아가 어쨌든 활동을 하기 위해 자신에게 쏟아져 들어오 는 인상의 혼돈으로부터 통합해 낸 어떤 것 ──일 수도 있는 가능성을 검토했던 것은 아님에 유의하기 바란다. 후에 자크 라캉(Jaques Lacan)과 프랑스 정신분석학파의 다른 학자들이, 사실은 분열되어 있는 정신에 대한 위장으로서의 자아, 즉 에고(ego)라는 개념을 진정으로 발전시켰다. 신체적 일체감이 마찬가지로 꾸며낸 것일 수 있는 가능성에는 상대적으로 관심 이 덜 기울여져 왔다.

16) 비록 메를로-퐁티가 용어 사용에서의 비일관성으로 비판을 받아오기는 했지만, 숀 갤러거 와 앤드루 멜초프는 메를로-퐁티가 실제로는 그의 저작 전반에 걸쳐 신체상과 신체도식 간 의 일관된 구별을 유지하고 있음을 논한다(Shaun Gallagher and Andrew N. Meltzoff, "The

한 양자의 가용성이라는 견지에서 구별될 수 있다. 신체상은 믿음과 표상으로 이루어져 있으며 그 지향적 대상이 주체의 몸인 반면, 신체도식은 주체의 지향성이라는 층위 아래에서 작동한다.[17] 신체상의 여러 측면들은 의식적인 성격의 것이고 말로 표현될 수 있기 때문에, 그것은 얼마든지 변경될 수 있다. 즉 부정적인 신체상도 의식적인 인지 작업을 통해 바뀔 수 있는 것이다.[18] 이에 반해서 신체도식은 의식의 외부에 위치해 있다.[19] 그 도식은 몸이 어떠한 상태에 있는지뿐만 아니라 몸이 주변 환경과 어떻게 관련되어 있는지를 나타내는 내적인 구성물이다. 따라서 그것은 주체/대상의 구별을 해소하는 역동적이고 변증법적인 인식론을 뒷받침한다. 세계에 대한 지식과 그러한 지식의 대상적 구성 요소는 행동 및 능력의 신체적 표현을 통해 매개되며, 이는 다시 세계와의 만남에서 나타나는 반복되는 패턴을 통해 수정된다.

신경과학에서의 체현된 마음

메를로-퐁티는 마음의 체현에 대해 설득력 있는 **현상학적** 논거를 제

Earliest Sense of Self and Others: Merleau-Ponty and Recent Developmental Studies",
Philosophical Psychology 9, 1996, pp. 213~219).

17) Shaun Gallagher and Jonathan Cole, "Body Image and Body Schema in a Deafferented Subject", *Journal of Mind and Behaviour* 16, 1995, p. 371.

18) 신체이형장애(body dysmorphia)를 지닌 환자의 심리치료를 하나의 예로 들 수 있을 것이다. [신체이형장애란 외모에 별다른 이상이 없음에도 불구하고 본인 스스로 만족하지 못하여 자신의 모습이 남들과는 다르게 볼품없고 추하게 생겼다고 여기는 일종의 강박증을 말한다.—옮긴이]

19) Shaun Gallagher, *How the Body Shapes the Mind*, Oxford: Oxford University Press, 2005.

시하기는 했지만, 어떤 종류의 메커니즘이 일차적인 감각운동적 경험을 고차원적 사고로 변환시켜 내는가의 문제를 다루지는 않았다. 그가 비록 인지에 관한 자신의 철학적 논변들을 뒷받침하기 위해서 현존하는 심리학적, 정신분석학적, 그리고 가장 중요하게는 신경생리학적 연구들에 광범위하게 의지하고는 있지만, 이는 부정할 수 없는 사실이다. 그의 경험적 데이터 대부분은 신경병리학 분야로부터 온 것이어서, 이러한 신경병리학에서 이야기하는 표준적인 기관의 파손이 가져오는 효과가 현상학적 규범에 대한 그의 철학적 모델링에 영향을 미치고 있다. 후기 저작에서[20] 메를로-퐁티는 앎의 개념적 형식들이 지각 내에 기원을 두고 있으며, 그러한 기원에 의존한다는 것을 인정하고자 한다. 그리고 지각을 통해 이루어지지만 또한 지각을 넘어서는, 타인들과의 의사소통과 같은 고차원적 기능의 생산에 관해 기술하는 데 관심을 돌린다.[21] 그러나 그는 어떤 과정을 통해 체현이 복잡한 인지의 중요한 측면들을 결정하게 되는지를 제시하지는 않는다. 따라서 일차적 의식에 대한 체현된 기반의 정교화 작업이 그럴듯하기는 하지만, 이것이 상징적 사고, 개념화, 상상, 기억 등과 어떻게 연결되는지를 파악하기는 어렵다.

　　이런 공백은 이례적인 몸이 사고에서 어떤 종류의 차이를 만들어

20) 메를로-퐁티의 마지막 저작 *The Visible and the Invisible*[모리스 메를로-퐁티, 『보이는 것과 보이지 않는 것』, 남수인 옮김, 동문선, 2004]은 그의 사망 시 미완성의 원고로 남겨져 있었다.

21) Maurice Merleau-Ponty, *The Primacy of Perception: and Other Essays on Phenomenology, Psychology, the Philosophy of Art, History and Politics*, Evanston, IL: Northwestern University Press, 1964; John Sallis, *Merleau-Ponty: Perception, Structure, Language*, Atlantic Highlands, NJ: Humanities Press, 1981.

내는지에 대해, 충분한 정보에 근거한 내용의 제시를 어렵게 만든다. 우리는 표준적인 형태의 팔과 다리를 지니고 있지 않다는 것이, 예컨 대 감각적 자극과 운동적 반응의 다소간 이례적인 경로를 확립하고 강 화하면서, 주변 환경에 대해 몸의 특이한 방향정위로 귀결될 것이라 예측할 수는 있을 것이다. 그리고 메를로-퐁티의 현상학에서 이는 해 당 주체의 세계에 대한 파악에 있어 문제가 될 것이다. 다시 말해서, 적 절한 파악을 확립하는 것이 어쨌든 가능할 것인가 아닌가라는 문제가 존재하는 것이다. 그러나 이런 문제가 추상적 사고의 과정에 영향을 미치게 된다고 말하는 것은 한 단계 더 나아간 이야기이다.

지난 20년 동안, 소위 **체현된 인지**는 신경과학 내에서 그 입지를 넓혀 왔다. 체현된 인지는 복잡한 정신 과정이 사람들과 주변 환경 사 이에서 이루어지는 물질적 상호작용에 토대를 둔다고 주장한다.[22] 그 리고 이는 인지란 본질적으로 컴퓨터와 같은 과정이며 규칙에 기반을 둔다고 여기는 고전적인 견해 내지 1세대 신경과학 이론가들의 견해 와 대조된다. 체현된 인지에 대해 다양한 견해가 존재하며, 장애의 윤 리학을 이론화하는 데 있어 그 견해들이 갖는 함의를 종합적으로 검토 하는 것은 내가 여기서 할 수 있는 작업의 범위를 넘어서는 것이다.[23]

---

22) 체현된 인지와 인지언어학에 대한 훨씬 더 풍부한 세부 내용에 대해서는 Diane Pecher and Rolf A. Zwaan eds., *Grounding Cognition: The Role of Perception and Action in Memory, Language and Thinking*, Cambridge: Cambridge University Press, 2005; Gallagher, *How the Body Shapes the Mind*를 보라.

23) 예를 들면 Margaret Wilson, "Six Views of Embodied Cognition", *Psychonomic Bulletin and Review* 9, 2002, pp. 625~636을 보라. 여기서 마거릿 윌슨은 체현된 인지에 관한 여섯 가지의 뚜렷이 구별되는 주장을 확인하고 있다. ① 인지는 상황에 의존한다. ② 인 지는 시간적 압박을 받는다. ③ 인지 작업은 해당 환경에 이전된다. ④ 해당 환경은 인지 체계

어쨌든 이런 모든 견해들의 배후에는 메를로-퐁티의 현상학에서도 낯설지 않은, 주체의 감각운동적 능력과 환경이 결합되어 특정한 인지능력의 발달을 촉진한다는 생각이 존재한다. 물질적 세계와 상호작용을 하는 몸의 선차적인 주관적 경험이 신경기질neural substrate을 생산해 내면, 그러고 나서 이 신경기질이 사고와 후차적인 언어에 대한 기반을 형성하는 데 활용될 수 있다. 인간과 여타 영장류는 광범위한 신경망의 기본 바탕을 지니고 태어난다.[24] 이러한 기본 바탕은 아기가 자신의 몸과 주변 환경에 대해 알아감에 따라, 또는 "촉각적, 자기수용적, 전정감각적 자극 사이에서의, 그리고 그러한 자극과 자기 자신 및 다른 사람의 신체적 구조와 움직임에 대한 시각적 인지 사이에서의 체계적 상호작용을" 통해서 발달된다.[25]

의 일부분이다. ⑤ 인지는 행동과 연결되어 있다. ⑥ 오프라인에서의 인지는 몸을 기반으로 한다. 다시 말해서, 본래 행동과 인지에 기여하기 위해 진화된 감각운동적 기능이 다른 시간 및 장소에서의 상황과 사건을 생각하는 데 필요한 사고 과정, 즉 상상과 기억에서의 활용을 위해 선택적으로 취해져 온 것이라 할 수 있다.

24) 유아가 아무런 신체상이나 신체도식을 지니지 않은 채 태어나는 것인지(그래서 양자는 태어난 후 경험의 결과로 획득되는 것인지), 아니면 그런 신체상이나 신체도식 양쪽의 여러 측면들을 '타고나는'——유전적이거나 또는 태아기 초반의 경험으로부터 생성되는——것인지에 대해서는 논쟁이 존재한다. 이러한 논쟁은 이 책의 범위에서 상당히 벗어나 있는 것이지만, 숀 갤러거의 『몸은 어떻게 정신을 형성하는가』(How the Body Shapes the Mind, 2005)에서의 논의를, 그리고 그 책 내의 참고문헌들을 따라가며 살펴볼 수 있다. 아기들이 태어난 후 매우 단시간에 얼굴과 몸의 움직임 및 표현을 모방할 수 있다는 사실, 그리고 해표지증(즉 선천적으로 팔다리가 부재한) 아동에게서 나타나는 환지감각(phantom limb sensation)[팔다리가 없지만 마치 존재하는 듯 느끼는 것—옮긴이]의 보고는, 신체상이나 신체도식과 관련된 최소한의 어떤 것이 시초부터 존재한다는 견해를 뒷받침한다. 이에 대해서는 Esther Thelen, "Motor Development: A New Synthesis", *American Psychologist* 50, 1995, pp. 79~95: Esther Thelen and Linda B. Smith, *A Dynamic Systems Approach to the Development of Cognition and Action*, Cambridge, MA: MIT Press, 1994: Giovanni Berlucchi and Salvatore Aglioti, "The Body in the Brain: Neural Bases of Corporeal Awareness", *Trends in Neurosciences* 20, 1997, pp. 560~564를 보라.

그러므로 인지란 내재적인 제약과 환경적인 제약 양자 모두의 영향을 통해 형성되는 것이다. 이런 관점은 20세기 중반과 후반의 인지과학에 널리 퍼져 있던 인지 및 의식에 대한 견해와의 급진적 단절이다. 20세기 중후반의 인지과학에서는 어떤 주체의 정신적 사건mental event이 해당 주체를 구성하고 있는 신경조직 이외의 유기물과는 거의 완전히 독립적으로 작동한다고 이해되었던 것이다.

체현된 언어

체현된 인지 테제에서는, 신체적 경험의 양상들이 추상적 개념을 구조화한다는 일반 가설을 뒷받침하기 위해 인지과학의 다양한 하위분야로부터 온 데이터들이 활용된다. 그러나 비록 인지가 보다 기본적인 신경 구조에 의해 떠받쳐지는 것이라고는 하지만, 몸이 정확히 어떤 방식으로 특별히 도덕적 사고를 발생시키는가라는 문제는 여전히 미해결의 상태로 남아 있다. 내가 여기서 개요를 서술하려는 한 가지 흥미로운 주장은 ('자율'이나 '정의'와 같은 도덕적 개념들을 포함한) 추상적 개념들이 체현된 은유를 통해 이해된다는 견해이다.

인지언어학cognitive linguistics은 도덕 담론 내에서 사용되는 것과 같은 추상적 개념을 이해하고 활용할 수 있는 인간의 능력을 해명하기 위해 오랫동안 고심해 왔다. 비록 언어학이 언어를 체현과는 독립적인

---

25) Berlucchi and Aglioti, "The Body in the Brain: Neural Bases of Corporeal Awareness", p. 560.

추상적 명제 체계로 간주하기는 하지만, 새로운 연구 노선들은 몸이, 좀 더 정확히 말하면 몸의 감각적·운동적 경험이, 일정한 단어와 문구를 사람들이 어떻게 이해하는가, 그리고 이러한 단어와 문구가 그 의미를 갖기 위해 언어 내에서 어떤 방식으로 등장하는가와 관계가 있음을 옹호하는 사례를 제시한다. 이런 관점에서는 개념적 추상이란 표상과 명제를 통해서가 아니라 대상에 대한 신체적 행동·지각·조작을 통해서 일차적으로 매개된다.[26] 요약하자면, 그러한 발상은 세계 및 그 세계 내의 대상과 습관적으로 상호작용을 하는 과정 내에서 **심상도식** image schema이 생성된다는 것이다. 심상도식은 어떤 명확한 형태의 심상이 아니라, 반복적으로 발생하는 지각적·운동적 신체 경험에 일관성을 부여해 주는 '경험적 게슈탈트'experiential gestalts[27]에서 시각적·청각적·촉각적·근감각적인 요소들이 결합된 것이다. 관련 문헌에서 자주 등장하는 하나의 예는 **균형**에 대한 심상도식이다.[28] 분명한 것(균형

26) Raymond W. Gibbs jr., "Why Many Concepts are Metaphorical", *Cognition* 61, 1996, pp. 309~319; Mark Johnson, *The Body in the Mind: The Bodily Basis of Meaning, Imagination, and Reason*, Chicago, IL: University of Chicago Press, 1987; George Lakoff and Mark Johnson, *Metaphors We Live By*, Chicago, IL: University of Chicago Press, 1980; George Lakoff and Mark Johnson, *Philosophy in the Flesh*, New York: Basic Books, 1999; George Lakoff and Mark Johnson, "Why Cognitive Science Needs Embodied Realism", *Cognitive Linguistics* 13, 2002, pp. 245~263.

27) Raymond W. Gibbs jr., Paula Lenz Costa Lima and Edson Francozo, "Metaphor Is Grounded in Embodied Experience", *Journal of Pragmatics* 36, 2004, p. 1192. ['게슈탈트'(gestalt)는 독일어로 '형태'라는 사전적 의미를 지니며 '전체'라는 의미를 내포하는데, 막스 베르트하이머(Max Wertheimer)로부터 비롯된 형태주의 심리학(gestalt psychology)에 의해 하나의 고유 개념이 되었다. 형태주의 심리학의 기본 관점은 우리가 인식하는 형태(전체)는 부분들의 단순한 합이 아니라는 것이다. 즉, 심리 현상은 개별 요소들의 가산적 총화로는 설명할 수 없는 통합적으로 구조화된 '전체성'을 갖는다고 주장하면서, 그런 성질을 게슈탈트라고 개념화했다.—옮긴이]

을 잃고 넘어지는 것)에서부터 다소 덜 분명한 것(너무 춥거나 너무 덥다고, 너무 습하거나 너무 건조하다고 느끼는 것)에까지 걸쳐 있는 균형과 불균형에 대한 선차적인 신체적 경험이, 소위 균형적이라는 것 혹은 불균형적이라 것의 의미를 우리가 파악할 수 있도록 해준다.

여기서의 주장은 사람들이 은유의 어구 외적인[non-literal] 의미를 이해하는 것은 그것이 우리가 습득한 언어적 관례이기 때문이 아니라, 우리에 대해 **체현된** 의미를 지니고 있기 때문이라는 것이다. 그러나 나는 이러한 이론가들이 인지라는 측면에서 몸만이 **전부**라고 주장하는 것은 아님을 강조하고 싶다. 즉, 사회 조직과 문화는 일정한 인식틀과 제약을 부여하며, 체현된 관념연합[association][29]이란 문화적으로 가변적인 것이다. 더욱이 체현된 은유 테제가 인지언어학자들에게 보편적으로 받아들여지고 있는 것은 아니다. 몇몇 비평가들은 체현된 은유 테제에서 활용되고 있는 증거들이 결코 아직까지는 우리로 하여금 감각운동적 경험을 추상적 개념의 이해에 대한 토대로 여기는 모델과, 특정한 공간 관계와 그러한 추상적 개념 간의 연합이 순전히 관례적이고 학습된 것이라고 여기는 모델을 구별짓게 해주지는 못한다고 말한다.[30] 그러나 **만일** 사람들이 추상적 개념을 구조화하는 데 현상적 경험의 양상들을 활용한다는 것이 사실로 밝혀진다면, (수직성[verticality]과

28) Raymond W. Gibbs jr., "Embodiment in Metaphorical Imagination", eds. Diane Pecher and Rolf A. Zwaan, *Grounding Cognition: The Role of Perception and Action in Memory, Language, and Thinking*, Cambridge: Cambridge University Press, 2005; Johnson, *The Body in the Mind*.
29) 심리학에서 '연합' 혹은 '관념연합'이란 어떤 경험적 요소가 일정한 법칙에 따라 표상적 심상이나 관념과 연결되는 것, 혹은 그런 과정을 말한다.—옮긴이

지배, 또는 균형과 공정함의 연결과 같은) 연합된 경험적 요소들은 추상적 개념에 대한 우리의 기본적 이해에 있어 생략될 수 없는 일부라고 할 수 있다.

이례적인 몸의 위상

장애의 시각에서 보자면, 현상학적 이론들과 신경과학적 이론들 양자와 관련하여 실로 이목을 끄는 것은 체현의 규범적[표준적] 형태에만 사실상 거의 모든 초점이 맞춰지고 있다는 점이다. 메를로-퐁티는 비규범적인[비표준적인] 몸의 형태에 관해 도리어 더 언급을 하지 않았다. 그의 저작은 페미니스트 현상학자들로부터 젠더적 편향성을 이유로 많은 비판을 받아 왔다. 즉 젠더화된 차이와 분명히 **일정한 관련**이 있는 주제인 섹슈얼리티에 대한 그의 저술조차도 남성의 체현된 경험을 표준으로 삼고 있다는 것이다. 아이리스 영Iris Marion Young은 메를로-퐁티가 여성에게만 특유한 신체성身體性, corporeality의 형태에 대해서, 이를테면 임신이나 유방을 지녔다는 젠더화된 경험에 대해서 어떤 설명을 제공하는 데 실패한 것뿐이라고 말한다.[31] 반면에 엘리자베스 그로츠Elizabeth Grosz에 따르면, "그의 저술에서는 자신의 정식화

---

30) Sam Glucksberg, *Understanding Figurative Language*, Oxford: Oxford University Press, 2001; Gregory L. Murphy, "On Metaphorical Representation", *Cognition* 60, 1996, pp. 173~204.

31) Iris Marion Young, *On Female Body Experience: 'Throwing Like a Girl' and Other Essays*, Oxford: Oxford University Press, 2005.

가 단지 한 종류의 주체의 경험에 대한 가치화^{valorization}와 분석으로부터 도출되어 왔을지 모른다는 언급이 결코 단 한 번도 이루어지지 않는다".[32] 젠더화된 몸의 현상학적 경시에 대한 이런 비판은 다른 유형의 표현형 변이$^{phenotypic\ variance}$[33]를 다루는 방식에도 마찬가지로 정확히 적용된다. 메를로-퐁티가 손상된 체현을 다루기는 했지만, 신체도식에 대한 부연의 맥락에서 이루어진 시각 손상에 대한 간략한 논의를 제외하면, 그것은 주로 '정상적인' 상태를 명확히 하기 위한 것이었음이 인정되어야만 한다. 메를로-퐁티는 지각과 신경 통합의 이례적 형태가 가져오는 몇몇 결과를 탐구하기 위해서, 뇌손상을 입은 슈나이더의 사례와 같은 신경병리학적 데이터를 활용한다.[34] 그리고 질병 상태에서는 몸의 지향궁$^{志向弓,\ intentional\ arc}$이 "활기를 잃어버린다"고 말하면서 질환의 영향을 언급한다.[35] 이는 통합된 살아 있는 몸의 파손이나

---

32) Elizabeth Grosz, *Volatile Bodies: Toward a Corporeal Feminism*, Bloomington, IN: Indiana University Press, and Sydney: Allen & Unwin, 1994, p. 110.
33) '유전자형'(genotype)이 단지 유전자의 영향에 의해 형성된 생물의 형질을 말하는 반면, '표현형'(phenotype)이란 유전자와 더불어 환경의 영향에 의해 형성된 생물의 형질을 말한다.—옮긴이
34) Merleau-Ponty, *The Phenomenology of Perception*, pp. 118~159.
35) Ibid., p. 157. [반사작용이 일어나는 전체 경로(감각수용기 → 구심성 뉴런 → 반사중추 → 원심성 뉴런 → 실행기)를 반사궁(反射弓, reflex arc)이라고 하는데, 지향궁은 이 반사궁 개념을 원용하여 메를로-퐁티가 새롭게 만들어 낸 개념이다. 반사궁을 통한 반응은 부분적이고 선형적인 인과성의 과정이지만, 지향궁은 주체의 지향적인 동기 부여와 대상의 지평적인 상황성이 종합적으로 통일되는 상태를 일구어 내는 과정이자 능력이라고 할 수 있다. 원서에서 해당 절을 전체적으로 옮겨 보면 다음과 같다. "의식의 삶—인식적 삶, 욕망의 삶, 또는 지각적 삶—은 '지향궁'에 의해 조건지어지는데, 이 지향궁은 우리의 주위에서 우리의 과거, 우리의 미래, 우리의 인적 환경, 우리의 물리적·이데올로기적·도덕적 상황을 투사해 준다. 아니 좀 더 정확히 말하면, 지향궁이 우리를 그 모든 각각의 시간과 환경과 상황 속에 위치짓는다. 감각의 통일성, 감각과 지능의 통일성, 감성과 운동성의 통일성을 발생시키는 것은 다름 아닌 이 지향궁이다. 그리고 질환 속에서는 바로 이 지향궁이 '활기를 잃어버린다'." 지향궁에 대한 좀 더 포괄적인 설명은 조광제, 『몸의 세계, 세계의 몸: 메를로-퐁

쇠약으로서의 질환에 대한 언급이다.[36] 즉, 그것은 상이한 종류의 신체 도식을 지니고 있는 상이한 종류의 몸, 해당 주체에게는 충분히 정상적이고 기능적인 몸에 관한 것이 아니다. 보편성을 갖는 현상학적 존재론의 확립에 대한 몰두가 현상학자들로 하여금 일차적인 규범적 경험에 존재할 수 있는 어떤 변이의 인정을 꺼리게 만든 것처럼 보인다. 세계-내-존재는 공통의 원초적인 지각이라는 측면에서 기술될 수 있다는 주장이 훼손될 것에 대한 두려움 때문에 말이다.

그러나 세계-내-존재의 경험을 정상적인 것(현상학자들이 중점을 두고 있는 것)과 병리적인 것(현상학자들이 정상성에 관해 말할 때에만 단지 흥미의 대상이 되는 이례적 형태)으로 이분하는 현상학은, 기능이 완벽한 사람들조차 일정한 지각이나 행동에 있어서는 그 능력이 대단히 가변적이라는 분명한 사실을 덮어 버린다. 우리는 '정상적인' 자연발생적 신체감각이라고 하는 것이 언급될 때에는 언제나, 이러한 감각이 다중의 축을 지닌 어떤 연속체를 따라 작동한다는 것에 유념할 필요가 있다. '정상적인' 사람들에게 있어서조차, 메를로-퐁티가 사고에 대한 토대가 되며 보편적인 것이라 여기는 지각과 동작의 원활한 지향궁은 사실 대개의 경우 서툴고 불완전하게 작동하거나 결함을 지니고 있다. 몸의 현상학은 이런 종류의 변이에 그다지 주의를 기울이지 않거나, 극단적으로는 능력의 스펙트럼 양 끝에 위치한 비정상적인 것을 가려 버린다.

티의 『지각의 현상학』에 대한 강해』, 이학사, 2004, 4장을 참조하라.─옮긴이]

36) Rosalyn Diprose, *The Bodies of Woman*, London and New York: Routledge, 1994, p. 106.

적어도 현재로서는 인지과학 또한 이런 비판에서 자유롭지 못하다. 내가 앞서 체현된 인지를 옹호하며 약술했던 데이터는 비장애인을 피험자로 활용한 실험과 관찰로부터 온 것이다. 나는 표준과는 상이한 방식으로 느끼고 움직이는 몸을 지닌 것에 수반되는 지각적·운동적 경험에서의 차이를 고려하고자 명확한 노력을 기울였던, 그와 같은 체현된 인지 패러다임 내에서 수행된 어떠한 연구도 알지 못한다. 이는 중요한 공백이라고 할 수 있는데, 왜냐하면 인지의 기반으로서 기능하는 경험의 본질을 좌우하는 것은 바로 유기체의 체현에 존재하는 **특수성**임을 논하는 것이 다름 아닌 체현된 마음 패러다임이기 때문이다. 감각운동적 경험이 우리가 구성해 낼 수 있는 개념적 범주들을 형성하는 것이라면, 결국 그런 경험이 또한 세계가 우리에게 출현하는 방식을 형성하게 된다. 그리고 체현된 마음 패러다임이란 몸의 특수성의 변화가 인지에 일정한 영향을 미친다는 점을 말하고 있는 것이라 할 수 있다. 손상이 원론적으로 변이의 원천일 수 있음을 지적하고 있는 문헌 내에는 한두 가지 간단한 여담이 존재한다. 예를 들어 토마스 판 롬파이Thomas Van Rompay 등은 "장애인의 체현된 상호작용은 온전한 움직임을 지닌 이들의 상호작용과는 현저히 다르다"고 말한다.[37] 그러나 이와 같은 예외적 언급을 제외하면, 인지과학자들은 그들이 관심을 갖고 있는 피험자의 몸이 표준적 형태와 반드시 부합하지 않을 수도 있다는 것을 좀처럼 인정하려 들지 않았다.

---

37) Thomas van Rompay, Paul Hekkert, Daniel Saakes and Beatriz Russo, "Grounding Abstract Object Characteristics in Embodied Interactions", *Acta Psychological (Amsterdam)* 119, 2005, p. 347.

아이러니하기는 하지만, 도구, 의류, 탈것, 장신구와 같은 대상들과 몸의 습관적인 연계가 신체도식에 어떤 영향을 미치는가는 좀 더 많은 고찰의 주제가 되어 왔다. 이러한 주제는 장애인에게 진정 특별한 의의를 갖는다고 할 수 있는데, 장애인들 중 다수가 다양한 보조 기구들과 오랜 기간 동안 연계되어 살아가기 때문이다. 즉 흰 지팡이, 휠체어, 의수족, 보청기, 또는 안내견 등과 말이다. 실험심리학과 임상신경생물학 양자는 세계 내에 존재하고 있는 개체의 상태를 끊임없이 재설정하고 몸의 유기적 일부가 아닌 대상을 받아들이기 위하여 신체도식이 변경될 수 있다는 강력한 증거를 제공해 왔다. 그리고 메를로-퐁티 자신도 몸이란 피부의 경계에 한정되는 것이 아니며, 어떤 외부 대상을 그러한 경계들 내부로 옮겨옴으로써 그 자신을 확장한다고 주장했다. 신체도식은 끊임없이 유동하는 상태로 존재하면서 어떤 외부 대상은 체내화하고 다른 특정한 외부 대상들은 분리시켜 낸다.

내가 늘 차를 운전해 왔다면, 나는 어떤 좁은 통로에 일단 들어서고 나서 내가 차체의 폭을 그 통로의 폭과 견줘 보지 않고서도 거길 '통과'할 수 있었다는 사실을 깨닫게 된다. 마치 내가 내 몸의 폭을 어떤 출입구의 폭과 견줘 보지 않고도 그곳을 통과하는 것처럼 말이다. 그 차는 하나의 대상이기를 그쳤다. …… 그 맹인의 지팡이는 그에게 하나의 대상이기를 그쳤고, 더 이상 지팡이 그 자체로 지각되지 않는다. 지팡이의 끝은 촉감의 범위와 활동 반경을 확장하면서, 그리고 시각과 유사한 것을 제공하면서, 감도의 영역area of sensitivity이 된다. 상황을 탐색하는 데 있어, 그 지팡이의 길이는 명확히 하나의 중항中項으로서 개입되는 것이 아니다. 그 맹인은 지팡이의 길이를 통해 대상들의 위치를 인식한다기보다는 오히려 대상들의 위치를 통해 그 지팡이의 길이를 인식한다. …… 어떤 지팡이에 …… 익숙해진다는 것, 그것은 곧 [그 지팡이] 내로 이식된다는 것, 혹은 반대로, [그 지팡이를] 우리 자신의 몸의 체적 내로 통합시킨다는 것이다.[38]

신경의수족에 대한 최근의 연구는 외부 대상과의 상호작용이 신경연결도neural connectivity의 일정한 재편을 촉진한다는 사실을 확인해 준다. 좀 더 이목을 끄는 것은, 이와 같은 재형성이 발생하기 위해 외부 대상이 반드시 몸과 물질적 접촉을 할 필요조차 없음을 그러한 연구가 또한 시사한다는 점이다. 듀크대학교Duke University의 집단연구팀은 뇌-기계 인터페이스Brain-Machine Interface, BMI를 활용하여, 짧은꼬리원숭이와 붉은털원숭이가 뇌의 신호만으로 몸에 부착되지 않은 로봇 팔을 조종하는 것을 배울 수 있었다고 보고한 바 있다.[39] 2005년 5월에는, 이 원숭이들에게서 자신의 몸을 제어하거나 몸에 부착된 로봇 팔을 조정하는 데 사용되는 신경회로의 재편이 나타났다고 보고되었다. 원숭이의 뇌가 로봇 팔이 마치 자신의 또 다른 팔인 것처럼 그 로봇 팔의 속성들을 체내화할 수 있도록 뉴런의 연결 구조가 변화되어 온 듯했다. 연구팀은 이러한 결과들이 다양한 종류의 인공 기관을 받아들일

---

38) Merleau-Ponty, *The Phenomenology of Perception*, pp. 165~166.
39) 2003년 10월 13일 BBC 온라인 뉴스 서비스에 기사화됨. [뇌-기계 인터페이스는 뇌의 신호를 읽어 낼 수 있는 컴퓨터 장치를 통해, 물질적 접촉 없이도 생명체의 생각과 의지에 따라 외부의 기계가 작동되도록 하는 제어 시스템을 말한다. 뇌-컴퓨터 인터페이스(Brain-Computer Interface, BCI)라고도 불린다.─옮긴이]

수 있는 뇌가소성brain plasticity[40]에 대하여 일반적으로 인정될 수 있는 견해의 폭을 확대한다고 논했다. 즉 "차에서 의류에 이르기까지 우리의 삶에서 사용하는 모든 것은 우리의 자아감 내로 체내화될 수 있다"는 것이다.[41]

이런 논변이 과연 어느 정도까지 받아들여질 수 있는지, 그리고 특히 그 논변이 [안내견과 같은] 보조 동물assistive animal이나 사람과 같은 '대상'에게도 확대될 수 있는지가 그 다음에 이어질 질문이 될 텐데, 현재로서는 데이터의 부족 때문에 이에 대해 뭐라 답변할 수가 없다. 몇몇 설명들로부터 아쉬운 대로 단서를 얻을 수 있는데, 대단히 흥미로운 하나의 예는 팔다리의 흔적만 지닌 채 태어났던 다이앤 드브리스Diane DeVries에 대한 인류학자 겔리어 프랭크Gelya Frank의 장기 연구에서 발견된다. 프랭크는 아래와 같이 쓰고 있다.

다이앤이 최종적으로 기술했던 경험의 많은 부분은 '몸'에 대한 관습적인 개념과 깔끔하게 들어맞지 않는다. 예를 들어, 다른 사람들과 다이앤의 상호의존은 …… 경계를 지닌 몸이라는 전형적인 정의로는 도저히 설명할 수 없는 친밀감과 동일시를 발생시켰다. 다이앤이 [그녀의 여동생인 데비Debbie가] 춤추는 것을 배우는 데 참여했던 내용을

---

40) 과거에는 인간의 뇌란 한번 성숙되고 나면 구조적으로 거의 변하지 않는다는 것이 정설이었다. 그러나 최근의 연구는 외부의 자극과 경험에 따라 언제든지 뇌의 신경망과 연결 구조가 새롭게 재조직화될 수 있고 새로운 기능도 활성화될 수 있음을 입증하였는데, 뇌의 이러한 변화 가능성을 '뇌가소성' 또는 '신경가소성'(neuroplasticity)이라고 한다.―옮긴이
41) 듀크대학교 프랫 E-프레스(Pratt e-press)에 기사화됨, http://www.pratt.duke.edu/pratt_press/web.php?sid=230&iid=29(2005년 6월에 최종 접속).

살펴보자. "춤을 출 수 있는 이러한 다이앤 내에 어떤 다이앤이 존재하는 것은 사실이며, 그것이 내가 나의 여동생을 가르치는 것을 가능하게 했다. 그러나 내가 그녀를 그처럼 잘 지도할 수 있었던 데는 또 다른 이유가 있다. [나는 그녀의 몸이 움직이는 것을 단지 보기만 했던 것이 아니다.] 나는 어떤 의미에서 그녀의 움직임을 느꼈고, 그녀 몸의 일부(외견상 나에게는 부재한 그러한 부분)는 또한 나의 것이기도 했다. 그래서 나는 그녀의 몸이 어떻게 움직이는지를 알았기 때문에, 나는 그녀에게 춤추는 것을 지도할 수 있었다."[42]

전반적인 감각적·운동적 경로가 의식에 기본 틀을 제공하며, 신체적 경험이 다수의 구체적·추상적 관련 개념을 뒷받침하는 심상도식을 생성해 내는 것이 사실이라면, 몸의 차이가 인지 과정에 예기치 않은 영향을 미치게 되리라 예상할 수 있다. 물론 그런 결과가 발생하지 않을 수도 있다. 몸의 차이가 아무런 영향을 미치지 않거나, 차이의 정도가 너무 미미해서 별로 두드러지지 않을지도 모른다. 신경 전달 과정이나 여타의 생물학적 과정에서 흔히 관찰되는 고도의 가소성이나 가외성redundancy[43]이 변조된 감각운동적 자극을 공동 보존경로common conserved pathway[44]로 전달하는 것을 보장하고, 그리하여 인지적 측면에

---

42) Gelya Frank, *Venus on Wheels: Two Decades of Dialogue on Disability, Biography, and Being Female in America*, Berkeley, CA: University of California Press, 2000, p. 124.

43) '가외성'이란 유기체나 조직체에서 어떤 기능을 고정된 특정 부위만이 아닌 다른 곳에서도 중복적으로 수행할 수 있는 성질을 말한다. 이를 통해 일정 부위의 결손이나 예기치 않은 오류의 발생으로 인한 피해를 보완 내지 상쇄할 수 있게 된다.―옮긴이

서는 최종 결과가 표준적인 것과 구별되지 않을 수도 있는 것이다. 지금으로서는 신경과학적 이해의 수준과 경험적 데이터의 부족 때문에, 우리는 그러한 몸의 차이가 얼마나 큰, 또는 어떤 종류의 인지적 차이를 만들어 내는지에 대해 많은 것을 추정할 수 있는 처지에 전혀 있지 못하다.

'상이하게 체현된 인지'론을 극단적으로 받아들일 경우, 그것은 태어날 때부터 수의적이고 반복적인 신체적 행동을 할 수 없었던 사람은 또한 결국 다른 사람들처럼 **사고할** 수 없게 됨을 말하는 것으로 해석될지도 모른다. 그러나 이는 명백한 난센스다. 그러한 손상들이 매우 드물다는 점을 고려한다 할지라도, 그와 같은 과도한 결론을 뒷받침할 수 있는 경험적 증거나 일화성 증거는 전혀 존재하지 않는다. 뇌성마비나 유전적 근질환의 결과 등으로 인해 자신의 의지대로 움직임을 제어할 수 있는 능력이 태어날 때부터 심하게 훼손된 사람들도, 그점을 제외하면 인지적으로는 온전한 상태에 있다. 그렇다면 가령 선천적 수족 이형이나 다른 종류의 골이형성증骨異形成症, skeletal dysplasia을 지닌 사람, 샴쌍둥이, 휠체어를 평생 이용하는 사람의 신체도식은 표준형의 몸을 지닌 사람의 신체도식과 상당히 미묘하지만 아마도 중요한 면에서 상이할 것이라는 완화된 주장이 보다 타당성을 갖는다고 할수 있다. 이것이 신체적으로 덜 광범위한 손상 ——전체적인 몸의 형태나 운동 능력에 덜 영향을 미치는——을 지닌 사람들에게도 진실인지,

---

44) 특정한 형태의 감각운동적 과정만이 발생하는 경로로 개발·전유되어 있지 않아, 필요시 다양한 형태의 자극을 수용하여 전달하도록 변용될 수 있는 공유 경로를 지칭한다.—옮긴이

진실이라면 어느 정도나 진실인지는 지금으로서는 답변할 수 있는 질문은 아니다. 처음엔 나는 직관적으로 경미한 변이들——예를 들자면 선천적 농이나 손발가락의 상실 내지는 다지증——은 어떤 주체의 신체도식을 유의미하게 변경할 가능성이 별로 없다고 여겼다. 그렇지만 [난청인인] 나의 개인적 경험은, 내가 끊임없이 음원을 참조하여, 그리고 나에게 있어 좀 더 중요하게는 광원을 참조하여, 청인hearing people 과는 미묘하게 다른 방식으로 스스로의 위치를 파악한다는 사실을 말해 준다.[45) 내가 그렇게 하고 있다는 것을 스스로 확실히 의식하는 것은 아니지만, 그것은 나의 지각 조직화 및 운동 조직화가 청각이 정상인 이들과는 다르게 환경적 단서들에 반응하며 공조하고 있다는 것을 시사한다. 그리고 이는 여타의 이례적인 체현에 있어서도 또한 진실일 것이다.

그렇다면 이례적인 몸과 환경 간의 상호작용이 고차원적 인지에 대해 갖는 효과들은 어떤 것일까? 마크 존슨Mark Johnson은 신경언어학적 연구를 윤리학의 맥락 내로 끌어들인 최초의 철학자 중 한 명인데, 그는 개념적 은유의 체현된 구성이 심대한 윤리적 영향을 미치게 됨을 논한다. 존슨은 도덕적 상상력에 대한 자신의 저서에서, 일상적인 **도덕적** 사고가 신체적 과정에 뿌리를 두고 있는 은유 및 의미론적 틀을 통해 조직된다고 말한다.[46) 그가 말하는 도덕적 사고에는 도덕적 상황의

---

45) '농인'(deaf people)과 대비하여 소리를 듣고 구어(음성언어)를 사용하는 사람들은 흔히 '건청인'(健聽人)이라고 표기되어 왔다. 그러나 이런 표현은 농인이 건강하지 않으며 무언가 결여되어 있다는 관점을 전제로 하기 때문에, 장애계에서는 좀 더 가치중립적인 '청인'이라는 용어를 사용하고 있다.——옮긴이

기술과 같은 일련의 과정, 그리고 도덕적 판단 및 평가와 기본적인 도덕적 추상(자유, 의무, 권리, 행위)으로 이어지는 분석적 사고가 포함된다. 예를 들면, 권리란 소유로 이해된다("나는 이러한 권리를 갖는다", "당신은 그것을 나에게 하나의 권리로 제공해야 한다"와 같은 진술). 의무란 짐이다("그의 의무가 그를 짓누르고 있다", "우리가 그 짐의 일부를 덜 수 있을까?"와 같은 진술). 권리와 책임은 평형을 이루어야만 한다("권리에는 책임이 수반된다"와 같은 진술). 체현된 은유 모델에서는, 수직성과 균형에 대한 심상도식이 균형과 평형의 도덕적 가치에 관한 기본 관념을 생성해 낸다. 이런 사실은 우리가 **권력의 균형**, 또는 **균형 잡힌** 논변이나 사람에 대해 좋게 이야기하는 것이나, "공정함이란 **한편에 치우치지 않은** 상태를 말하는 것이다", "정치적·지적 **불안정**은 피해야만 한다"라고 말하는 것에서와 같이 일상적인 도덕적 담론 내에 반영되어 있다. 마찬가지로, 수직이나 똑바른 상태에, 더 낮은 상태보다는 더 높은 상태에 부여되어 있는 체현된 가치는 그에 상응하는 구절을 통하여 도덕적 영역에 은유적으로 전이된다. 그리하여 바람직한 인간이란 곧 **똑바른** 사람, 또는 **고상한** 사람이다. 역으로 바람직하지 않은 인간은 **타락한** 사람이다. 어떤 이는 **자신의 두 발로 설[자립할]**stand on one's own two feet 수 있는데, 이는 바람직하다. 역으로 어떤 이는 **다른 누군가에 의해 부양되어야만** 하는데, 이는 바람직하지 않다.

이는 몇 가지 흥미로운 함의를 지닌다. 첫째, 본질적으로 이러한

---

46) Mark Johnson, *Moral Imagination: Implications of Cognitive Science for Ethics*, Chicago, IL: University of Chicago Press, 1993.

체현된 마음과 개념적 은유 테제가 시사하는 바는, 일상적인 도덕적 사고 내에서 어떤 상황이 대개 공유된 은유, 의미론적 틀, 내러티브 구조를 통해 개념화된다는 것이다.[47] 이는 해당 상황의 도덕적으로 유의미한 특징에 대한 우리의 선재적인 체현된 판단이 그러한 상황을 지각하고 기술하는 바로 그 행위에 적용됨을 의미한다. 도덕적 이슈들에 대한 기술 및 분석 작업에서 우리가 별 생각 없이 활용하는 은유가 실은 그러한 이슈들에 관해 우리가 할 수 있는 추론의 유형과 우리가 도달할 수 있는 결론을 좌우하게 된다. 이런 가능성이 상존함을 자각하는 것은 중요한데, 왜냐하면 우리가 선입견이 가져오는 왜곡 효과를 적절히 경계하기 위해서는 우리의 사회적·도덕적 전통으로부터 물려받은 개념틀, 또는 (체현된 인지 테제가 옳다면) 우리의 체현된 경험을 인식할 필요가 있기 때문이다. 그러한 자각은 또한 상이한 은유의 집합이 그것으로부터 기인하는 상이한 도덕적 의무를 지님과 동시에, 은유의 선택에 따라 동일한 상황이 상이한 방식으로 틀 지어질 수 있음을 이해하도록 돕는다. 사회적 위치가 어떤 사람이 사건을 지각하고 기술하는 방식에 영향을 미친다는 발상은 그다지 새로운 것이 아니다. 여기서 도입되고 있는 낯선 발상은, 세계 내에서 어떤 사람의 체현된 현존이 지닌 사회적 본질뿐만 아니라 생물물리학적 본질이 도덕적 지각과 해석에 일정한 영향을 미친다는 것이다. 메를로-퐁티의 일차적인 '무언의 의식'silent consciousness 개념과 체현된 인지에 대한 최신의 패러다임을 통해, 몸의 형태, 움직임, 관행이 어떻게 정상적이라고

---

47) Johnson, *Moral Imagination*.

느껴지는 상태를 취하는지 상상하는 것이 가능하게 되었다. 이와 같은 체현된 인지와 인지언어학 이론들은 우리로 하여금 특정한 지각적 또는 운동적 경험의 규범력이 개념과 언어적 구성을 배후에서 뒷받침하는 메커니즘을 실험적인 형태로나마 제시할 수 있도록 해준다. 이러한 배치의 체현된, 그리고 전의식적으로 암호화된 본질은 그것을 사실상 난공불락의 상태로 만든다. 적어도 이례적인 몸의 형태를 갖게 되는 것과 같은 외부의 도전이 제기될 때까지는 말이다.

둘째, 손상 때문에 일정한 형태의 가치화된 은유를 체현하는 데 실패한 사람들 ——그들은 똑바르지 않다, 자립할 수 없다, 적극성이 없다——은 똑바름, 자립, 적극성과 같은 공인된 용어들에 연결되어 있는 긍정적 함의를 부여받지 못하게 될 것이라는 점이다. 물론 이러한 연합은 의식적으로 이루어지지 않으며, 특정한 의미를 작동시키기 위해서 해당 어휘가 의도적으로 선택되는 것도 아니다(혹은 그런 경우는 매우 드물다). 그러나 일정한 단어나 구절 내에 포함되어 있는 의미의 무의식적인 층위는 상당히 강력하다. 일상적 담론 내에서, 우리의 용어법은 우리가 깨닫고 있는 것 이상으로 자기 자신이나 타인의 도덕적 상태 및 능력에 관한 무언의 진술을 전달한다. 케이 툼스Kay Toombs가 만성질환에 관해 쓰면서 다음과 같이 말했을 때, 그녀는 이런 측면을 이해하고 있었다.

똑바른 자세에 부여되어 있는 가치가 과소평가되어서는 안 된다. …… 수직성은 자율성과 직접 연관된다. 유아의 자율감 및 자립감이 똑바른 자세를 유지할 수 있는 능력의 발달에 의해 향상되는 것처럼

······ 이에 상응하여 똑바른 상태의 상실은 자율성의 상실을 동반한다.[48]

이례적인 체현을 갖게 되거나 그런 상태에 있다는 것이, 형태상으로나 기능적으로 이례적인 몸을 지닌 사람들은 필연적으로 완전히 특이한 이해의 틀을, '정상적인 사람들'의 그것과는 공통분모가 전혀 없는 이해의 틀을 발전시키게 됨을 의미하는 것은 **아님**이 강조될 필요가 있다. 그것은 또한 손상에 관해 말할 가치가 있는 모든 것은 생물학적인 몸의 차이가 발생시키는 부작용으로 축약될 수 있음을 의미하지도 않는다. 손상의 효과와 손상에 **대한** 사회적·문화적 대응의 효과를 구분하려는 시도는 통상 분석적으로도 까다로운 일이지만, 더욱 중요한 것은 그런 시도가 실제로 발생하는 효과들이 서로 복잡하게 뒤얽혀 있다는 진실을 대개 반영하지 못한다는 점이다. 전성찰적인 도덕적 인지가 환경과 상호작용하는 몸에 의해 규정된 감각운동적 경로를 통해 매개된다는 것이, 그리고 이례적인 상호작용이 수반될 경우 이러한 매개가 상이하게 일어난다는 것이 정말로 사실이라고 가정해 보자. 그렇다면 물질적 환경에서의 차이와 문화적·사회적 환경에서의 차이도 이례적인 몸의 형태나 움직임 그 자체와 마찬가지로 도덕적 인지에 대해 형성적 효과를 갖는다는 것 역시 진실일 것이다. 그러므로 '정상적인 사람들'의 마음이나 도덕과는 달리, '장애 마음'과 '장애 도덕'에서는

---

48) Kay Toombs, *The Meaning of Illness: A Phenomenological Account of the Different Perspectives of Physician and Patient*, Dordrecht: Kluwer, 1993, p. 65.

어떤 본질적인 결론이 존재할 수 없다.

그러한 통찰이 시사하는 바는 이례적인 몸을 지닌 채/이례적인 몸으로 산다는 것이 어떤 것인지와 관련된 몇몇 매우 기본적인 문제에 대한 답변의 결여가 장애에 대한 철학적 작업을 여전히 방해하고 있다는 점이다. 이례적인 체현이 야기하는 도전은 그것이 규범적 기준의 정당화, 특히 비장애인의 시각에서 수행되는 규범적인 윤리적 평가의 정당화(말하자면, 주로 규범윤리학)와 관련하여 난제를 제기한다는데 있다. 나는 몸의 차이에 대한 철학적 관여가 그에 관한 경험적·실험적·과학적 지식의 데이터베이스가 확대될 때까지는 커다란 진보를 이룩할 수 없을 것이라고 주장하고 싶다. 그리고 이러한 지식의 확대와 철학적 관여의 진보는, 처리되어야 할 문제가 아닌 연구할 가치가 있는 하나의 현상으로서 장애에 관심을 갖는 철학자들, 사회과학자들, 생명과학자들에게 달려 있을 것이다.

제2부

정치철학

5장 _ 인격과 장애인의 사회적 통합
인정이론 접근법

헤이키 이케헤이모

서론

인격체라는 것은 무엇을 말하는가? 장애인이라는 것은 무엇을 말하
는가? 손상은 누군가의 인격을 훼손할 수 있는 것인가, 아니면 우리
인격체들은 우리의 능력과는 완전히 무관한 것인가? 손상을 지닌 개
인이 타인들에 의해 하나의 인격체로서 진지하게 받아들여지지 않는
다면, 이것이 누군가를 인격체에 미달하는 존재로 만드는가? 아니면
인격체라는 것은 타인들의 지각 및 태도와 무관한 것인가? 사회적 통
합의 임무로 흔히 언급되는 것은 인격이라는 문제를 숙고하는 데 어
떤 역할을 하는가? 이것이 이 장에서 다루게 될 일단의 철학적 질문들
이다.

---

* 나는 유익한 논평을 해준 데 대해 로 밍첸(Ming-Chen Lo)과 이 편저작의 엮은이들에게 마
땅히 감사의 말을 전해야 할 것 같다. 시모 베마스의 논문 「스티브는 누구이며 어떤 존재인
가」는 이 글을 쓰는 데 중요한 영감을 제공해 주었다. Simo Vehmas, "The Who or What of
Steve", eds. Matti Häyry, Tuija Takala and Peter Herissone-Kelly, and Gardar Árnason,
Arguments and Analysis in Bioethics, New York: Rodopi, 2007.

나는 인격체라는 것이 무엇을 의미하는가에 관해 사람들이 생각하고 이야기하는 몇 가지 방식을 명확히 하는 것에서 시작한다. 특히, 나는 이런 견해들 중 하나에 주의를 기울일 것이다. 그것은 아직까지 분명히 표현된 적이 거의 없지만, 인격체라는 것이 수반하는 구성 요소 중 다른 무엇으로 환원될 수 없는 핵심적인 요소, 즉 내가 **대인관계론적 인격**이라고 부르는 것을 파악하고 있는 견해이다. 계속해서 나는 대인관계론적 의미에서 인격체라는 것은 자신과 관련된 구체적인 타인들로부터 특정한 종류의 '인정적 태도'를 수신하는 주체라는 것임을 주장할 것이다. 이 장의 세번째 절에서 논의될 인정적 태도란 인격체에게 고유한 정신적 특징에 대한 반응이자, 동시에 그 대상들에게 '인격체이게 하는 유의미성'person-making significance이 존재하는 것으로 여기는 태도를 말한다. 구체적인 사회생활의 맥락 내에서, 누군가를 대인관계론적 의미에서 하나의 인격체로 만드는 것은 바로 이런 유의미성이다. 다시 말해서, 인지적 태도가 '나－당신의 관계'를, 즉 인정하는 사람과 인정받는 사람 간에 '도덕적 우리'moral we를 형성해 낸다.

그다음에 나는 특정한 종류의 손상이 어떻게 대인관계론적 의미에서 사람들을 **인격**으로부터 배제하는 것으로 이어질 수 있는지에 대해 논의한다. 설령 그들에게 '인격체이게 하는 정신적 능력'이 잘 갖추어져 있다고 하더라도 말이다. 계속해서 나는 많이 논의되기는 했지만 상대적으로 불분명한 개념인 '사회적 배제와 통합'을 제대로 이해하고자 시도하면서, 사회적 배제의 중요하고도 뚜렷한 측면 중 하나가 바로 인정의 결여임을, 그에 따라 구체적인 사회생활의 맥락에서 대인관계론적 인격으로부터 배제되는 것임을 논할 것이다. 이런 형태의 사회적 배제와 성공적으로 맞서려면, 우리는 사회적 배제의 본질을 이해해야만 한다. 그리고 이는 다시 다른 인격체들 사이에서, 하나의 인격체로서 인격체의 삶을 영위하는 데 무엇이 수반되는지 이해하는 것을 필요로 한다.

인격: 그것은 무엇이며, 왜 우리는 그것에 관심을 가져야 하는가?

인격체라는 것과 관련하여 우리가 반드시 관심을 가져야 할 만큼 그렇게 특별한 것은 무엇인가? 간단히 말해서, 무엇이 인격체와 비인격체를 구별해 주는가? 일상어에서 '인격체'person라는 단어는 '인간'human (being)이라는 단어와 거의 동일한 의미로 사용된다. 그러나 이러한 의미의 동일함이 그렇게 명백하지 않은 일상적 상황을, 다시 말해서 '인격체'라는 개념이 '인간'이라는 개념과는 독자적인 구분선을 갖는 상황을 상상해 보기란 어렵지 않다. '인격체'가 얼마나 존재하는지 그 수를 산정하는 다음의 간단한 연습 문제에서 각 사례들을 고려해 보자.

> **사례 1** 당신은 평범하고 대체적으로 건강한 당신의 친구 한 명과 함께 방 안에 있습니다. 그 방에 몇 명의 인격체가 있는지 산정하시오. 두 명인 것이 아주 명백한가요?
> **사례 2** 당신은 건강하게 갓 태어난 인간의 아이 한 명과 방 안에 있습니다. 인격체의 수를 산정하시오. 그 방 안에 있는 인격체는 한 명인가요, 두 명인가요?
> **사례 3** 당신은 선천적 기형 때문에 모든 고등의 뇌기능이 결여되

어 있는 인간 한 명과 방 안에 있습니다. 그 방 안에 있는 인격체는 한 명인가요, 두 명인가요?

사례 4 당신은 사고로 심각한 뇌 손상을 당하고 회복 불가능한 혼수상태에 있는 친구 한 명과 방 안에 있습니다. 그 방 안에 있는 인격체는 한 명인가요, 두 명인가요?

1과 같은 사례에서는 인격체의 수를 산정하는 데 아무런 문제가 없으며, 인격체의 수를 산정하는 것과 인간의 수를 산정하는 것 사이에 어떠한 차이가 존재한다고 생각할 만한 명백한 이유가 전혀 존재하지 않는다. 반면에, 2~4와 같은 사례에서는 상황이 상당히 달라진다. 그 방에 있는 **인간**의 수에 대해서는 아마도 의심의 여지가 없을 것이다. 그러나 그곳에 있는 **인격체**의 수에 대해서는 불확실함이 존재하는 것 같다. 우리의 일상에서 작동되고 있으나 대개는 숙고되지 않은 인격체나 인격이라는 개념이 우리가 지니고 있는 인간이라는 개념과 절대로 동일하지 않음을 분명히 보여 주는 것은, 바로 이런 사례들 및 이와 유사한 사례들이다.[1]

그렇다면 사례 2~4에서처럼 인격이 의심스러운 상태에 있는 인간들이 사실상 인격체인지 아닌지에 대해서는 무어라 말을 할 수 있을

---

1) 때로는 인격체의 수를 산정하는 것에서의 불확실함이 '인격체'라는 용어가 사용되는 완전히 비이론적이고 불특정적인 일상적 방식에 대한 하나의 예로서 제시되기도 한다. 그러나 인격체의 수를 센다는 것은 이미 인격체와 비인격체를 구별해 주는 요소에 대한 어떤 개념, 그러한 개념에 대한 믿음을 분명하게 수반하고 있다. 즉, 비록 다소 모호하다 할지라도, 인격이라는 어떤 개념에 대한 믿음 말이다.

까? 이런 문제에서 결정적으로 중요한 점은 무엇이며, 우리는 어떻게 판단해야 하는가? 다시 말해서, 우리가 사용하는 인격이라는 개념은 무엇인가? 분명히 이러한 세 가지 사례들 간에는 커다란 차이가 존재하지만, 일반적인 수준에서 보자면 그 사례들은 적어도 한 가지 유사점을 지니고 있다. 그것이 아마도 논란의 대상이 되는 인간들이 인격체인지 아닌지에 있어, 어떤 점이 왜 진정한 문제로 존재하는지를 설명해 줄 수 있을 것이다. 즉 논란의 대상이 되는 인간들 각각은 보다 평범한 사람들이라면 지니고 있을 어떤 핵심적인 능력이 결여되어 있는 것이다. 이것이 당신으로 하여금 그들을 인격체라고 간주하지 않게 한다면, 또는 적어도 그들이 인격체인지 아닌지 망설이게 한다면, 당신이 지니고 있는 명확한 또는 불명확한 인격 개념은 우리가 **정신적 인격 개념**psychological concept of personhood이라고 부르는 것에 해당한다고 할 수 있을 것 같다. 상당히 많은 일련의 철학자들에 의해 옹호되어 온 정신적 인격 개념에 따르면, 인격체라는 것은 오직 인격체만이 지닐 수 있는, 그리하여 인격체와 비인격체를 구별해 주는 정신적 능력을 지니고 있는 것이다.

요컨대, 당신이 특정한 인간을 인격체로 간주할 것인지 아닌지에 대해 망설이고 있다면, 적어도 한 가지 이유는 그들이 그러한 '인격체이게 하는' 능력을 지니고 있는지 아닌지에 대해 확신하지 못하기 때문일 것이다. 그러나 보다 근본적인 종류의 망설임이 또한 결정적으로 중요할지 모른다. 비록 특정한 인간이 당신이 생각하기에 인격체에게 특유한 어떤 정신적 능력을 지니고 있지 않다고 확신한다 할지라도, 당신은 그가 인격체가 아니라고 결론 내리는 것에 매우 불편함을 느낄

지도 모른다. (적어도 내가 알고 있는 많은 이들은 그러했다.) 만일 그런 불편함을 느낀다면, 당신이 지니고 있는 불명확한 인격 개념은 단지 정신적 차원의 개념화에 의해서만은 철저히 규명될 수 없을 듯하다. 그것은 정신적인 요소들 외에도 어떤 종류의 도덕적 요소 내지는 도덕적 차원을 포함하고 있는 것 같다. 내가 생각하기에 이것은 **지위**의 측면에서 인격을 사고함으로써 가장 잘 파악될 수 있다.

지위상의 인격 개념status concept of personhood이라고 불릴 수 있는 것에 따르면, 인격체라는 것은 비인격체는 지니지 못한 어떤 근본적인 종류(들)의 도덕적 지위를 지니고 있는 것이다. 누군가가 어떤 인간이 정신적인 의미에서는 인격체가 아니라고 생각하지만 도덕적 지위의 측면에서 그 생명체/그녀/그를 인격체가 아니라고 판단하는 데 불편함을 느낄 경우 망설임이 뒤따르게 된다. 사실, 우리가 일상적으로 사용하는, 통상 성찰적이지도 않고 명료하지도 않은 인격 개념은 정신적 인격 개념과 지위상의 인격 개념의 어떤 혼합물인 것처럼 보인다. 그리고 이것이 논란의 대상이 되는 사례들에 대해 사고할 때, 어떤 생명체나 누군가의 인격에 관한 문제를 자꾸만 상당히 혼란스럽게 만드는 이유 중 적어도 일부분을 이루고 있는 듯하다.

그렇다면 '인격체이게 하는 지위'를 지닌다는 것은 무엇인가? 즉 지위상의 인격 개념은 정확히 무엇을 말하는 것인가? '어떤 인격체의 지위'에 대해 이야기할 때도 흔히 그러하듯이, 그 개념 자체는 철학 문헌 내에서 많은 주목을 받지 못했다. 내가 보기에는 우리가 인격체이게 하는 지위에 관해 사고하거나 이야기할 때 적어도 두 가지 상이한 개념을 구별할 필요가 있는데, 그 양자는 도덕적으로 깊은 관련성을 지닌다. 다시 말해서, 우리는 좀 더 정확한 두 가지 지위상의 인격 개념을 구별할 필요가 있으며, 누군가가 인격이 의문시되는 사례에 대해 그녀/그의 마음을 정하려고 노력할 때에는 아마도 그 양자 모두가 작동하고 있을 것이다. 한편으로는, 우리가 **제도적 지위상의 인격 개념**이라고 부를 수 있는 것이 존재한다. 이 개념에 따르면, 인격체라는 것은 제도적으로 보장된 또는 보장될 수 있는 어떤 '규범적' 지위^{deontic status}를 지니고 있는 것이다.[2] 관련 문헌에서 가장 흔히 언급되는 이에 대한 예는 '생명권'^{right to life}이다.[3] 다른 한편으로는, 우리가 **대인관계론적 지위상의 인격 개념**이라고 부를 수 있는 것이 존재한다. 이 개념은 관련 문헌 내에서 보통 분명히 설명되지 않아 왔던 것이지만,[4] 일단 설명

---

2) 나는 '규범적 지위'라는 개념을 존 설의 『사회적 실재의 구성』(*The Construction of Social Reality*, 1995)에서 가져왔다. 간단히 말해서 그것은 집단적으로 혹은 제도적으로 창조된 지위를 의미한다. 권리와 의무뿐만 아니라 법적 또는 도덕적 '보호'도 규범적 지위의 사례라고 할 수 있다. 지위에 대한 관련 개념들의 보다 상세한 논의에 대해서는 Heikki Ikäheimo, "Recognising Persons", eds. Heikki Ikäheimo and Arto Laitinen, *Dimensions of Personhood*, Exeter: Academic Imprint, 2007을 보라.

3) 예를 들어, Michael Tooley, "Abortion and Infanticide", *Philosophy and Public Affairs* 2, 1972, pp. 37~65를 보라. 그는 인격체라는 것은 그 자신이 '중대한 생명권'(serious right to life)이라고 부른 것을 지닌다는 것과 동일한 의미일 뿐이라고 규정한다. 또한 Joel Feinberg, "Abortion", ed. Tom Regan, *Matters of Life and Death*, New York: Random House, 1980을 보라. 그는 다른 많은 이들과 마찬가지로, 인격에 대한 '기술적'(descriptive) 개념과 '규범적'(normative) 개념을 구별한다. 파인버그의 기술적 인격 개념은 내가 '정신적 인격'이라는 용어를 통해 말하고자 하는 것에 해당한다. 파인버그의 '규범적 인격' 개념에서는 인격이 기본적으로 하나의 권리적 지위(right-status)로 사고되는데, 그는 인격체이게 하는 정신적 능력에 생명권이 근거를 둔다고 주장할 수 있는 방식에 대한 하나의 유용한 목록을 제공한다. 나 자신의 '지위상의 인격' 개념은 파인버그의 규범적 인격 개념보다 좀 더 포괄적인 것이다. 전자가 권리적 (또는 의무적) 지위뿐만 아니라(즉 '규범적 지위'뿐만 아니라), 인격체들이 서로에 대해 지니고 있는 인정적 태도가 작용함으로써 '서로의 시각에서' 점하고 있는 지위들도 포함한다는 점에서 말이다. 다시 말해서, 파인버그와 달리 나는 **제도적 지위상의 인격**과 **대인관계론적 지위상의 인격**을 구별한다.

되기만 한다면, 이는 지극히 친숙한 일상적 현상임이 쉽게 확인될 수 있는 어떤 것이다. 대인관계론적 의미에서 인격체라는 것은 대략적으로 말해서, 타인들에 의해 인격체로 간주된다는 것이다. 좀 더 구체적으로 말하면, 그것은 타인들에 의해 '인격체이게 하는 유의미성'의 견지에서 바라봐진다는 것으로, 그러한 유의미성이 다른 인격체들의 주관적인 관점 내에서 인격체와 비인격체를 구별해 준다. 실제적 또는 도덕적 측면에서 말이다. 이와 같이 타인들을 '인격화하는'personifying 방식으로 바라보는 것 내지는 타인들에 대한 태도가 그들에게 대인관계론적인 인격체의 지위를 부여해 주고, 그럼으로써 그들을 구체적인 상호작용의 맥락 내에서 대인관계론적 의미에서의 인격체로 만들어 주는 것이다.

　자신과 관련된 타인들에 의해 인격체로 간주되는 것, 그리하여 누군가와의 만남이나 상호작용에서 인격체의 지위를 지니는 것은 어떤 개인에게 있어 분명히 매우 중요하다. 다른 방식으로 말하면, 타인들을 인격체로 간주하는 것 또한 마찬가지로 중요하다. 당신이 어떤 생명체나 누군가를 인격체이게 하는 유의미성의 견지에서 바라보는지 아닌지는 당신이 그 생명체/그녀/그와 관계를 맺는 방식 전반에서 커다란 차이를 만들어 낸다. 우리는 윌프리드 셀러스Wilfrid Sellars를 따라, 누군가를 하나의 인격체로 인지하고 받아들인다는 것은 자신과

---

4) 그렇지만 Robert Spaemann, *Persons: The Difference Between 'Someone' and 'Something'*, New York: Oxford University Press, 2007에서의 논의를 참조할 수 있다. 로베르트 슈페만에 대한 비평에 대해서는 Bernd Ladwig, "Das Recht auf Leben – nicht nur für Personen", *Deutsche Zeitschrift für Philosophie* 55, 2007, pp. 17~39를 보라.

타인을 도덕적 공동체moral community 또는 '우리'라는 측면에서 사고
한다는 것이라고 말함으로써 이런 차이를 파악하기 시작할 수 있다.[5]
마르틴 부버Martin Buber의 용어를 사용하자면, 그것은 자신과 타인을
'나 – 그것의 관계'I-it relationship와는 대조적으로 '나 – 당신의 관계'I-thou
relationship라는 측면에서 파악하는 문제이다.[6] 이런 사고방식 또는 그
것이 지닌 가능성은 앞서 언급된 사례들 각각에서 상이한 방식으로 결
정적인 중요성을 지니며, 좀 더 논란의 대상이 되는 사례들에서도 그
러한 사례들을 복잡하게 만드는 데 최소한 중요한 일부를 이룬다고 할
수 있다.

　　이제 사례 2로 되돌아가 보자. 이 사례에서 중요한 점은 사람들이
신생아와 나 – 당신의 관계를 전혀 수립할 수 없다는 것이다. 적어도
아직까지는 말이다. 그러나 여기에는 통상 신생아와의 관계가 사람들
이 바라는 형태로 진전되어 갈 것이라는 큰 기대가 존재하는데, 실은
신생아와 관련된 타인들의 그런 기대가 아이들이 앞으로 나 – 당신의
관계 내에서 온전한 파트너가 될 수 있는 인격체로 발달해 가는 데 필
요조건인 것 같다. 요컨대, 비록 인격체이게 하는 온전한 유의미성이
라는 측면에서 유아들을 바라보는 것이 부적절하다 하더라도, 그들을

5) Wilfrid Sellars, "Philosophy and the Scientific Image of Man", ed. Robert G. Colodny,
　　Frontiers of Science and Philosophy, Pittsburgh, PA: University of Pittsburgh Press,
　　1962, ch. 7. 정확히 말하자면, 셀러스는 내가 **제도적** 지위상의 인격이라고 표현했던 것만을
　　염두에 두고 있는 듯 보인다. 그렇지만 나는 어떤 생명체나 누군가를 하나의 인격체로 받아들
　　이는 데 있어 필수적인 것으로서의 도덕적 공동체 또는 '우리'라는 그의 개념이, 실은 **대인관**
　　계론적 지위상의 인격 개념을 통해 더 잘 파악될 수 있다고 믿는다.
6) Martin Buber, *I and Thou*, New York: Free Press, 1971.

사실상의 비인격체로 간주하는 것 역시 그들과 관계를 맺는 적절한 방식이라고 단언할 수는 없다.

사례 3에서는 상황이 매우 다른데, 여기서는 현재가 아닌 앞날을 생각했을 때조차 나─당신의 관계를 수립할 수 있는 방법이, 따라서 논란의 대상이 되는 인간과 누군가와의 관계를 도덕적 공동체라는 측면에서 사고할 수 있는 방법이 전혀 존재하지 않는 것처럼 보인다. 요컨대, 논란의 대상이 되는 인간이 누군가의 아이이기 때문에 다른 인격체[즉 부모]와 특별한 관계를 맺을 수는 있다 하더라도, 그 인간 자체를 대인관계론적 의미에서 하나의 인격체로 간주하기는 어렵다.

마지막으로 사례 4에서는, 나─당신의 관계를 수립하거나 유지하기에는 이미 때가 너무 늦어 버린 것처럼 보인다. 그런 사실을 인정하기 어렵게 만드는 것은 한때 존재했던 관계에 대한 기억과 열망, 그리고 상실되어 버린 것에 대한 슬픔일지 모른다. 우리는 흔히, 아마도 대개는 무의식적으로, 인격체이게 하는 유의미성을 몸에 투사projection하는 것에 의지한다. 그러한 투사는 말하자면, 더 이상 우리와 함께할 수 없는 (정신적) 인격체에 대한 애도라고 할 수 있다. 그렇지만 곰곰이 생각해 보면, 우리는 인격체이게 하는 유의미성의 이런 투사가 진정으로 대인관계론적인 관계에 대한 허약한 모방일 뿐임을 충분히 잘 알고 있다. 그러나 여기서 인격체이게 하는 유의미성의 측면에서 타인을 바라보는 것은 단지 투사에 불과한 것이 아니라, 오히려 그러한 타인이 어떤 존재인가라는 물음에 대한 **반응**이라고 할 수 있다.

대인관계론적 인격, 인정, '우리'라는 것의 본질

'인격체이게 하는' 유의미성의 측면에서 인간을 바라보는 것이 우리의
상호 간의 삶에서 가장 핵심적인 요소들 중 하나임에는 틀림없다 하더
라도, 타인들을 이런 방식으로 바라본다는 것이 정확히 무엇을 말하는
지는 아직 명백한 것이 아니다. 이와 관련하여 나는 세 가지 내용을 제
시하고자 하는데, 이는 최근 많이 논의되고 있는 헤겔주의적인 '인정'
recognition(독일어로는 'Anerkennung') 개념에 대한 하나의 이해 방식
으로부터 연유한다.[7] 다른 곳에서 나는 특별히 대인관계론적 의미에
서의 인정이란, **어떤 생명체나 누군가를 하나의 인격체로 받아들이는
태도**라는 측면에서 이해되어야만 함을 논한 바 있다.[8] 타인을 '인격화
하는' 이러한 태도 일반으로서의 인정에는 좀 더 구체적인 세 가지 형
태가 있는데, 악셀 호네트Axel Honneth의 분석을 따르되 이를 약간 수
정하자면, 그것을 우리는 각각 존중respect, 사랑love, 기여적 가치부여

---

7) 이에 대한 예로는 Axel Honneth, *The Struggle for Recognition: The Moral and Political
Grammar of Social Conflicts*, Cambridge: Polity Press, 1995[악셀 호네트, 『인정투쟁: 사
회적 갈등의 도덕적 형식론』, 문성훈·이현재 옮김, 사월의책, 2011]; Heikki Ikäheimo, "On the
Genus and Species of Recognition", *Inquiry* 45, 2002, pp. 447~462; Arto Laitinen,
"Interpersonal Recognition: A Response to Value or a Precondition of Personhood?",
Inquiry 45, 2002, pp. 463~478; Simon Thompson, *Political Theory of Recognition: A
Critical Introduction*, Cambridge: Polity Press, 2006; Bert van den Brink and David
Owen eds., *Recognition and Power: Axel Honneth and the Tradition of Critical
Social Theory*, Cambridge: Cambridge University Press, 2007을 보라.

8) Ikäheimo, "On the Genus and Species of Recognition"; Ikäheimo, "Recognising
Persons"; Heikki Ikäheimo and Arto Laitinen, "Analysing Recognition: Identification,
Acknowledgement and Recognitive Attitudes Between Persons", eds. Bert van den
Brink and David Owen, *Recognition and Power: Axel Honneth and the Tradition of
Critical Social Theory*, Cambridge: Cambridge University Press, 2007을 보라.

contributive valuing라고 부를 수 있다.[9] 요컨대, 존중, 사랑, 기여적 가치부여가 (그 대상들에게 인격체이게 하는 유의미성이 존재하는 것으로 여기게 하고, 그럼으로써 그들을 대인관계론적 의미에서 인격체로 만들어 주는) 타인을 인격화하는 태도인 것이다. 이에 대해 좀 더 구체적으로 설명해 보기로 하자.

'존중'이라는 단어는 분명 많은 상이한 현상을 의미할 수 있다. 그러나 여기서 그것은 그녀/그를 존중하는 이들의 시각 내에서 누군가를 하나의 인격체로 만들어 주는 태도에 대한 명칭이다. 이러한 좀 더 구체적인 의미에서 내가 말하는 존중, 즉 어떤 생명체나 누군가를 하나의 인격체로 받아들이는 태도로서의 존중이란, 그 어떤 생명체나 누군가를 자기 자신에 대해 권한authority을 지닌 존재로 간주하는 것이다.[10] 다른 사람을 자기 자신에 대해 권한을 지닌 존재로서 존중한다는 것은 분명히 진정으로 대인관계론적인 관계 ——그 내에서 타인이 한낱 사물로서의 유의미성이 아니라 인격체로서의 유의미성을 갖는——를 수립하는 기본적인 태도 중의 하나이다. 존중을 통한 그와 같

---

9) Honneth, *The Struggle for Recognition*. [호네트의 인정이론에서 '자유로운 자아실현을 가능하게 하는 긍정적 자기관계'로서의 정체성은 크게 자기신뢰(Selbstvertrauen, self-confidence), 자기존중(Selbstachtung, self-respect), 자기가치부여(Selbsteinschätzung, self-esteem)로 이루어지며, 이에 대해 사랑(정서적 배려), 권리(인지적 존중), 연대(사회적 가치부여)라는 인정형태(인정방식)가 상응한다.—옮긴이]

10) Robert Brandom, "Some Pragmatist Themes in Hegel's Idealism: Negotiation and Administration in Hegel's Account of the Structure and Content of Conceptual Norms", *European Journal of Philosophy* 7, 1999, pp. 164~189를 보라. 그는 사회규범의 존재와 내용에 대한 인정적 태도를 통해 이루어지는 상호적 권한부여의 중요성을 강조한다. 로버트 브랜덤이 '인정'이라고 부른 것은 호네트에게서 영감을 받은 나의 모델에 따르자면 인정적 태도 중 단지 하나, 즉 내가 '존중'이라고 부르는 것이라 할 수 있다.

은 권한부여가 상호적일 때, 우리는 관계의 조건 내지는 규범인 **공동의 권한**에 대해 이야기할 수 있다. 이는 인격체들이 함께 형성해 내는 도덕적 공동체 또는 '**우리**'의 필수 요소라고 할 수 있으며, 일차적으로 그들을 인격체로 만들어 주는 것의 중요한 일부분이다.

'**사랑**' 또한 물론 많은 것을 의미할 수 있다. 그러나 어떤 인정적 태도에 대한 하나의 명칭으로서 내가 말하는 사랑이란 매우 특별한 의미를 지닌다. 아리스토텔레스는 필리아^{philia} 또는 사랑이라는 단어의 핵심적인 의미는, 어떤 사람이 누군가에게 좋다고 생각하는 것을 다름 아닌 그/그녀 자신을 위하여 원하는 것이라고 말함으로써, 그 특별한 의미를 오래전에 파악해 냈다.[11] 다시 말해서, 사랑이란 누군가의 행복이나 좋은 삶에 본질적으로 마음을 쓰는 것이다. 존중과 마찬가지로, 이러한 간결한 의미에서의 사랑 또한 인격체들 간의 진정한 나-당신의 관계, '우리' 또는 도덕적 공동체를 수립하는 기본적인 태도 중 하나이며, 사랑이 상호적이라면 아마도 한층 더 그런 관계가 가능할 것이다. 인격체들의 공유된 생활세계^{life-world} 내에서 인격체의 지위를 지니는 것, 그리고 진정으로 대인관계론적인 관계에 참여하는 것에서 요구되는 차원들 중 하나는, 분명히 자신의 행복이나 안녕이 타인들에 의해 본질적으로 중요하게 받아들여지는 누군가로 존재하는 것이다.

태도의 수신 대상에게 어떤 유의미성 ——태도의 발신 주체의 관

---

11) Gregory Vlastos, "The Individual as an Object of Love in Plato", Gregory Vlastos, *Platonic Studies*, Princeton, NJ: Princeton University Press, 1981을 보라. 인격에 있어 (주로 자기 자신에 대한) 사랑의 중요성에 대한 얼마간 유사한 설명으로는 Harry G. Frankfurt, *Reasons of Love*, Princeton, NJ: Princeton University Press, 2004를 참조할 수 있다.

점에서는 그러한 유의미성의 담지자를 하나의 인격체로서 비인격체와 구별해 주는——이 존재하는 것으로 여기게 하는 인정적 태도 일반의 세번째 형태가 존재하는데, 이것을 우리는 **기여적 가치부여**라고 부를 수 있다. 어떤 인격체에 대한 기여적 가치부여는 누군가의 행복이나 안녕에 대한 본질적 관심이라는 의미에서의 **본질적 가치부여**intrinsic valuing와, 즉 사랑과 혼동되어서는 안 된다. 그것은 또한 **수단적 가치부여**instrumental valuing와 혼동되어서도 안 된다. **감사함**gratitude이라는 감정이 기여적 가치부여와 수단적 가치부여를 구별하도록 도와주는 구체적인 리트머스 시험지이다. 당신이 가치 있게 여기는 어떤 것에 그녀/그가 긍정적으로 기여한다고 생각함과 **동시에** 당신이 그녀/그를 기여의 측면에서 (즉 한 사람의 기여자로서) 가치 있게 여긴**다면**, 거의 틀림없이 당신은 그녀/그에게 감사함을 느낄 것이다. 당신이 가치 있게 여기는 어떤 것에 긍정적으로 기여한다고 여기지만 단지 수단의 측면에서만 (즉 하나의 수단으로서) 가치 있게 여기는 누군가에 대해서라면, 당신은 감사함을 느끼지 않을 것이다. 하나의 극단적인 예를 생각해보자. 노예 주인이 자신의 노예를 기여의 측면에서가 아니라 수단의 측면에서 가치 있게 여기는 경우, 그는 노예에게 어떤 진정한 감사함도 느끼지 않거나 그런 감정을 지닐 필요가 없다고 느낄 것이다. 그것은 노예 주인이 기여를 하는 인격체로서의 유의미성이 아니라 수단으로서의 유의미성이라는 측면에서 노예를 바라보기 때문이다. 그 단어의 온전한 의미에서 인격체라는 것의 일부분은 타인들에 의해 기여의 측면에서 가치 있게 여겨지는 것, 그럼으로써 감사를 받을 가치가 있는 인격체들인 '우리'의 기여적 일원으로 간주되는 것이라 할 수 있다.

(그녀/그에 대한 감사함이 적절한 반응이 되려면 기여자로서의 그녀/그에게 무엇이 요구되는가에 관해서는 좀 더 이야기할 부분이 존재한다. 나는 이 장의 후반부에서 이 문제로 다시 돌아갈 것이다.)[12]

정신적 인격의 요구에 대한 적절한 반응으로서의 인정적 태도

세 가지 인정적 태도들(존중, 사랑, 기여적 가치부여)을 결합시켜 내고, 그럼으로써 이에 대응하는 인격체이게 하는 유의미성들(공동의 권한, 그녀/그의 행복이 본질적 가치를 갖는 존재라는 것, 감사를 받을 가치가 있는 기여자라는 것)을 결합시켜 내는 것의 중요한 한 측면은, 내 식으로 말하자면, 그런 태도들이 정신적 개념에 따른 인격체 ──즉 정신적 인격체 ──인 존재로서 서로에게 제시되어야 한다는 **요구에 대한 적절한 또는 합당한 반응**이라는 점이다.[13] 이는 우리에게 그러한 존재의 정신적 본질에 관해서 많은 것을 말해 준다.

 존중과 공동의 권한에 대해 사고할 때, 아이들이 인격체가 된다는

---

12) 사람은 서로를 필요로 하며, 그러므로 타인을 수단화하는 것은 삶의 불가피한 일부라고 흔히 이야기되곤 한다. 그렇지만 여기서 '그러므로'라고 말하는 것은 논리적으로 옳지 않은데, 왜냐하면 일정한 기여에 있어 인격체에 대한 모든 가치부여가 수단적 가치부여는 아니기 때문이다. 인간사(人間事)에 관한 대부분의 그릇된 냉소주의는 일반적으로 기여적 가치부여를 수단적 가치부여와 혼동하기 때문에 나타난다.

13) 이것이 우리가 Ikäheimo and Laitinen, "Analysing Recognition: Identification, Acknowledgement and Recognitive Attitudes Between Persons"에서 제시했던 내용이다. 나는 Ikäheimo, "Recognising Persons"에서 이에 관해 좀 더 설명한 바 있는데, 그 설명은 이러한 맥락에서 활용되는 인격에 관한 다중요소적 사고방식을 보다 체계적으로 제시하고 있다. 다소 상이하기는 하지만, 이와 관련된 인격이라는 난해한 개념의 이해 방식에 대해서는 또한 Arto Laitinen, "Sorting Out Aspects of Personhood", eds. Heikki Ikäheimo and Arto Laitinen, *Dimensions of Personhood*, Exeter: Academic Imprint, 2007을 보라.

것의 얼마나 많은 부분이 타인들에게 **공동의 권한에 대한 요구**를 하는 것과 관련되는지, 그리고 타인들이 그들에게 존중을 가지고 반응하는 것이 얼마나 중요한지를 깨닫기 위해서는, 건강한 아기와 하루를 같이 지내보기만 하면 된다. 아이들은 사전에 프로그램화된 절차를 그대로 따르는 기계가 아니며, 그저 타인들이 원하는 대로 행동하도록 길들여질 수 있는 동물도 아니다. 오히려, 아이들은 아이이고자 하고 그들이 하던 대로 행동함으로써, 사실상 타인들과의 상호작용 및 타인들에 대한 관여의 규범이나 조건의 부단한 생산, 재생산, 개정, 승인에 스스로 능동적으로 참여할 것을 **요구하는** 존재이다. 이는 인격체를 인격체로 만들어 주는 정신적 본질의 일부분이며, 이미 유아의 초기 상호작용은 평등한 권한 내지는 공동의 권한이 수반된 완전한 대인관계론적 관계의 **기대**라고 내가 앞서 부른 것으로 충만해 있다. 성인기에 또한 그런 것처럼 유년기에도 마찬가지로, 존중 및 권한의 요구와 관련된 **합당한 반응의 결여** 또는 **경멸적인 반응**은 여러 면에서 심각한 문제가 된다. 요구자에게, 그러한 요구의 수신자에게, 또는 양자 모두에게 말이다. 도시 빈민가의 슬로건인 '존중이 아니면 죽음을'은 타인들로부터 존중받고 그럼으로써 대인관계론적 인격을 획득하기 위해, 정신적으로 인격체인 사람들이 지니는 본질적 욕구에 대한 하나의 극단적인 상기물이라고 할 수 있다.

사랑과 관련해서도, 그것이 지닌 중요성은 마찬가지로 우리에게 인격체의 정신적 본질에 관해 근본적인 어떤 것을 알려준다. 요컨대 인격체들이 그들의 행복이나 안녕에 관심을 갖는 것은 그들을 인격체이게 하는 정신적 능력 내지 특징의 일부분이라고 할 수 있다. 이와 대조적으로, 인격체가 아닌 동물('감각이 있는 비인격체')은 주로 욕구의 즉각적인 충족에 관심을 갖는다. 이런 의미에서 인격체가 세계에 대해 갖는 현실적 관점은 감각이 있는 비인격체의 그것보다 좀 더 넓고 포괄적이며, 이것이 인격체를 또한 특별한 측면에서 **취약하게** 만든다. 통증 또는 욕망의 좌절에 대한 가능성을 지닌 감각이 있는 비인격체의 **감각 차원의 취약성**과는 대조적으로, 인격체는 우리가 **행복 차원의** eudaimonistic 취약성이라고 부를 수 있는 것을 지닌다.[14] 존 로크John Locke 의 인상적인 구절을 활용하자면, 인격체는 '행복과 불행'을 모두 느낄 수 있기에 행복의 차원에서 취약하다.[15] 인격체는 무언가를 가치 있게 여기며 자신이 가치 있게 여기는 것의 번창이나 쇠퇴 가능성을 사전에 예상하기도 하고 사후에 평가할 수도 있기에, 그렇게 행복할 수도 불행할 수도 있다.[16] 가치 있게 여기는 것의 번창이나 쇠퇴에 따라 행복

---

14) 이런 구별을 통해서 내가 그것이 양자택일의 문제임을 말하고자 하는 것은 아니다. 인격체이게 하는 모든 정신적 능력이나 특징은 정도의 차이를 지니며, 그러므로 감각 차원의 취약성과 행복 차원의 취약성 간의 차이 또한 정도의 차이라고 할 수 있다. '에우다이모니아'(eudaimonia)라는 단어는 그리스어에서 온 것으로 아리스토텔레스에 의해 지고의 선 (overarching good), 행복(happiness) 또는 좋은 삶(good life)에 대한 명칭으로 사용되었으며, 그것은 모든 인격체가 얻으려 노력하는 것이다.

15) John Locke, *An Essay Concerning Human Understanding*, New York: Penguin Books, 1997, Book2, ch. 25, 26을 보라. 인격체들은 그들의 행복에 관심을 지니며, 이것이 그들을 행복할 수 있게 만드는 것이라는 정식화에는 어떤 순환성이 존재한다. 내가 여기서 이 이슈를 다룰 여유는 없지만, 문제가 되는 그러한 순환성이 불합리한 것이라고는 생각하지 않는다.

16) Harry G. Frankfurt, "The Importance of What We Care About", Harry G. Frankfurt, *The Importance of What We Care About: Philosophical Essays*, Cambridge: Cambridge University Press, 1998, p. 83에서의 다음 진술과 비교해 보라. "어떤 인격체가 무언가에 마음을 쓴다는 것은, 말하자면 그 무언가에 시간과 노력을 들이는 것이다. 그는 자신이 마음을 쓰는 것이 약화되는지 강화되는지에 따라 좌우되는 이익에서의 손실에 취약해지고 그러한 이익에 민감해진다는 의미에서, 자신이 마음을 쓰는 것과 자신을 동일시한다."

한 상태에 있거나 행복해질 수도 있고 상심한 상태에 있거나 상심하게 될 수도 있는 것이라면, 특정한 요구를 타인들에게 제시할 수 있는 것은 인생에서 성공하기도 하고 실패하기도 하는 (정신적) 인격체들의 능력이다. 이런 요구에 대한 온전히 적절한 또는 합당한 반응은 타인의 행복을 본질적으로 중요한 것으로 받아들이는 것, 즉 논란의 대상이 되는 그 인격체를 사랑하는 것이다. 말할 필요도 없이, 이런 요구에 대해 그와 관련된 타인의 적절한 또는 합당한 반응이 결여된다면, 이는 그 인격체의 삶을 잘해 봐야 외롭게 만들 뿐이며, 최악의 경우에는 극단적으로 위험하게 만든다.[17]

마지막으로, 인격체가 타인들에게 도움이 될 수 있는 어떤 것을 지니고자 하는 깊이 내재된 바람을, 타인들이 자신을 기여자로서 가치 있게 여겨 주었으면 하는 바람을 이를테면 거의 본능적으로 가지고 있다는 것은, 인격체가 정신적으로 어떤 존재인가와 관련하여 매우 중요한 부분이라고 할 수 있다. 이러한 본능적인 바람은 인격체에게 내재된 어떤 종류의 이기주의나 자기확장self-aggrandizement의 욕구에 대한 징후로 간주될 수도 있지만, 인격체의 삶에 있어 그 불가피성은 충분

---

17) 그들의 행복이 전적으로 아무래도 좋은 일로 취급되는 사람들, 또는 영리 추구에 있어 없어도 그만인 것으로서 단지 수단적 가치만을 지니는 사람들 사이에 존재하는 삶의 불안정성을 고려해 보는 것만으로도 이를 확인할 수 있다. 정치철학의 자유주의적(liberal) 전통이 가르쳐 주는 것처럼, 높은 수준의 안전망은 제도화된 권리와 의무에 의해서만 성취될 수 있다. 그러나 이해당사자들이 순전히 사리만을 도모하고 타인들의 행복에 본질적인 관심을 갖지 않는다면, 이러한 제도화된 권리와 의무에 대한 존중은 거의 보장되지 않을 것이다. 미드나 파슨스 같은 학자들은 이 점에 동의한다(George Herbert Mead, *Mind, Self and Society*, Chicago, IL: University of Chicago Press, 1962; Talcott Parsons, "Prolegomena to a Theory of Social Institution", *American Sociological Review* 55, 1990, pp. 319~333.)

히 다른 방식으로도 이해될 수 있다. 타인들 사이에서 권한을 지닌 존재로, 그리고 자신의 행복이 본질적으로 중요한 누군가로 받아들여지고자 하는 (즉 존중과 사랑에 대한) 욕구나 요구와 마찬가지로, 한 명의 기여자로서 가치 있게 여겨지고자 하는 욕구나 요구 또한 인격체들 상호 간의 본질적 의존에 대해 설명해 준다. 아마도 겉보기와는 반대로, 기여적 가치부여에 대한 요구는 이기주의적인 요구자와는 **양립할 수 없을** 것이다. 우리는 감사의 적절한 대상이 되는 누군가에게 무엇이 요구되는지를 고려함으로써 이를 이해할 수 있는데, 감사함의 감정은 내가 앞서 말했던 것처럼 기여적 가치부여에 대한 리트머스 시험지이다. 즉, 어떤 이의 행동이 누군가가 가치 있게 여기는 것을 촉진하기는 하지만, 거리낌을 갖고 그렇게 행동하는 이에게, **또는**——이것이 결정적으로 중요한데——기꺼이 그렇게 행동하기는 하지만 누군가의 안녕이나 행복에 최소한의 본질적인 관심도 없는 어떤 이에게 진정한 감사를 느낀다는 것은 분명히 부적절할 수밖에 없다.

여기서의 요점은 기여자가 수혜자들의 감사를 받을 만하기 (또는 요구하기) 위해서는, 그들에 대해 최소한 어느 정도의 사랑이 기여자의 동기들 가운데 존재해야만 한다는 것이다. 그리고 감사함이란 감사의 대상이 순전히 이기적으로 행동하지 않음을 전제로 하는 것이라면, 감사함의 전제 조건 내지 구성 요소로서의 기여적 가치부여 또한 기여를 하는 사람이 순전히 이기적으로 행동하지 않음을 전제로 할 것이다.[18] (정신적) 인격체에게 감사함을 가지고 대하는 것이 적절한 반응이라고 말할 수 있는 것만큼이나, 타인들을 사랑하고, 그리하여 타인들을 위해 그 타인들이 가치 있게 여기는 것에 기여하고자 하는 것 또한 인격체가 지닌 정신적 본질의 일부분이라고 할 수 있다. 우리의 일상적 또는 상식적 인격 개념에 따르더라도, 이러한 지점은 분명히 어떤 주체를 정신적 인격체로 만들어 주는 요소의 일부분이다.

전체적으로 보아, 인격체들의 정신적 본질은 (정신적) 인격체들이 상호 간의 시각에서 대인관계론적으로 기대하는 것과 밀접한 연관성을 지닌다. 이를 다소간 엄밀히 말하자면, 인격체이게 하는 정신적 능력 내지 특징은 타인들에게 일정한 요구를 제기하는데, 그 요구에 대한 **적절한 반응**은 인격체이게 하는 유의미성이 상대방에게 각각 존재하는 것으로 여기는, 그럼으로써 상대방이 대인관계론적 의미에서 인격체가 되게 하는 인정적 태도이다. 인격체들이 진정 대인관계론적인 방식으로 ——즉 나-당신으로서 —— 상호 간에 관계를 맺는 도덕적 공동체 또는 '우리'를 형성하는 것은, 정신적 인격에 대한 상호 간의 요구에 적절한 방식으로 반응하는 것에 의해서이다.[19] 이는 문화적 차이와

---

18) 이는 내가 염두에 두고 있는 감정에 대한 특정 모델이 맞는 경우에 그러한데, 나는 그 모델이 맞다고 생각한다. 이러한 모델에 따르면, 내용 P에 대한 감정은 ① P에 대한 어떤 종류의 가치평가 내지는 '지지적 태도'(pro-attitude), 그리고 ② P가 사실이거나 사실이 아니라는 믿음으로 이루어져 있다. 이 모델의 견지에서 표현해 보면, A의 B에 대한 감사함의 감정이란 A가 가치 있게 여기는 어떤 것을 B가 (어느 정도) 사랑하는 마음에서 기꺼이 기여하는 것에 대한 감사로서 유효하게 이해할 수 있다. 요컨대, 여기에서 A가 가치 있게 여기는 어떤 것을 B가 (어느 정도) 사랑하는 마음에서 기꺼이 기여하는 것이 내용 P라고 상정하면, 기여적 가치부여는 P에 대한 지지적 태도이며, 이것이 P에 대한 믿음과 결합하여 논의의 대상이 되고 있는 감사함의 감정을 구성한다. 물론 이 모델은 아직까지 무엇이 기여적 가치부여와 수단적 가치부여를 정확히 구별해 주는지에 대해서는 말하고 있지 않음에 유념하자. 동일한 P가 또한 수단적 가치부여의 대상이 될 수도 있을 것이다. 그러나 P에 대한 수단적 가치부여가 P에 대한 믿음과 결합하여 감사함의 감정을 구성하지는 않는다.

19) '인격의 요구'라는 표현은 물론 여러 가지로 해석될 수 있다. 내가 '**정신적** 인격의 요구'라는 표현을 통해 의미하고자 하는 것은 **대인관계론적** 인격에 대한 요구이다. 그러므로 누군가를 하나의 인격체로 받아들이고 그럼으로써 그녀/그에게 인격체라는 대인관계론적 지위가 존

상관없이, 인격체들에게 있어 거의 보편적으로 진실이라고 할 수 있을 것이다.[20]

인격과 장애

이제 '인격체의 수를 산정하는 것'에 대한 또 하나의 사례를 검토해 보기로 하자.

> **사례 5** B는 심한 강제운동^{forced movement}[21]을 일으키는 신체적 이상으로 고통을 겪고 있다. 이 때문에 B는 구어^{口語}로 의사소통하는 것이 어렵고, 돌아다닐 때 휠체어에 의지해야 하며, 일상생활에서는 활동보조인에게 의지한다. 그러나 B의 정신은 누구 못지않게 영민하다. 상당 정도 건강한 인격체들 사이에 있을 때, 대개의 경우 B는 자신이 하나의 인격체로 온전히 간주되고 있지 않다는 느낌을 강하게 받는다.

재하는 것으로 여긴다는 의미에서의 인정이, 그러한 요구에 대한 적절한 반응이라 할 수 있다. 다른 형태의 '인격의 요구' 또한 존재하는데, 가장 두드러지게는 **제도적** 인격에 대한 요구(즉 인격체라는 제도적 지위를 부여받는 것), 그리고 **제도적** 인격의 요구(즉 타인들에 의해 그녀/그가 지닌 인격체로서의 제도적 지위에 따라 대우받는 것)를 들 수 있다.

20) 다시 말해서, 위에서 논의된 정신적 능력과 적절한 반응의 뒤얽힘은 **일반적 삶의 형식**(general form of life) ── 즉 인격체라는 삶의 형식 ──의 구성 요소라고 할 수 있으며, 그런 형식의 한도 내에서 우리는 상이한 문화들을 이 일반적 형식의 상이한 사양(仕樣)으로 읽어 내게 된다.

21) 중추신경계의 손상, 또는 자극에 의하여 일어나는 일정한 자동적 운동을 말한다.─옮긴이

이런 사례나 이와 유사한 사례는 확실히 많은 사람들이 경험하는 곤란한 상황이라고 할 수 있다. 그러나 그것은 여전히 대부분 침묵된 고통으로, 많은 경우 제기되기 곤란하고 사람들에 의해 거의 이야기되지 않는 어떤 것으로 남아 있다. 침묵된 고통에 목소리를 부여하는 것보다 사회철학에 더 중요한 과업은 거의 존재하지 않으니, 이 사례를 계속해서 좀 더 고찰해 보기로 하자.

사례 5의 경우 B는 구체적인 상호작용의 맥락에서 이루어지는 타인들의 암묵적인 산정 내지 평가 속에서 현재^{現在} 인격체들 가운데에 포함되고 있지 않은 것 같다. 타인들이 (비록 B의 활동보조인에게 이야기를 하긴 하지만) B에게 이야기하기보다는 B에 **관해** 이야기한다는 사실, 그것이 타인들이 B를 바라보는 방식을 보여 준다. B가 그들에게 이야기하려고 노력할 때, B는 이해하겠다는 눈빛 속에서 그들의 표정이 환해지는 것을 좀처럼 보지 못하며, 그보다는 굴욕감을 주는 동정과 당혹감이 뒤섞인 표정을 훨씬 더 자주 보게 된다. 실제로 누군가가 그들에게 B가 있는 방 안에 있는 인격체의 수를 산정해 달라고 요청한다면, 그들은 어떤 식으로 산정하려 할까?

그러나 B는 인격체이다. 그렇지 않은가? B의 핵심적인 정신적 능력은 완벽하게 기능하고 있으며, B는 책임과 권한을 행사할 수 있다. B는 어떤 것들은 대단히 가치 있게 여기고 다른 것들은 가치를 낮게 평가할 수 있으며, 기회를 부여받기만 한다면 타인들의 삶에 긍정적으로 기여하기를 진심으로 원할 것이다. 즉 B는 정신적 의미에서 분명히 한 명의 인격체인 것이다. 또한 B는 분명히 그 사회 내의 다른 인격체들과 동일한 기본적 권리를 지니고 있으며, 따라서 의심의 여지없이 제도적 지위의 의미에서도 한 명의 인격체이다.

그러나 이 모든 것들과는 상관없이, B는 자신이 하나의 인격체로 온전히 간주되고 있지 않다는 느낌을 강하게 받을지 모른다. B가 그렇게 느끼고 생각하는 것이 불합리한 것인가? B가 단지 잘못 판단하고 있는 것인가? 또는 이러한 사고방식은 인격이라는 것이 포함하는 요소에 대해 단지 어떤 은유적인 의미 ──아마도 수사학적으로는 강력하겠지만 철학적으로는 별반 중요하지 않은── 만을 수반하는 것이라고 치부할 수 있는가? 나는 그렇게 생각하지 않는다. 나는 논의의 대상이 되고 있는 온전한 인격으로부터의 배제에 대한 경험과 느낌이 완전히 합리적이고, 지극히 정확하며, 매우 진지하게 받아들여져야 한다고 생각한다. 실제로 여기서 결여되어 있는 것은 온전한 의미에서 하나의 인격체임을 구성하는 요소들 중의 하나, 즉 대인관계론적 인격이다. 다시 말해서, B와 관련된 타인들이 (최소한 어느 정도는 합당하게) B를 인격체이게 하는 유의미성의 견지에서 바라보고, 그럼으로써 B가 그들과의 구체적인 상호작용의 맥락에서 (권한을 지닌, 진지하게 받아들여져야 할 행복에 대한 요구를 지닌, 그리고/또는 감사를 받을 만큼 기여할 무언가를 지닌) 하나의 인격체로 간주되어야 하는데, 이런 것들이 결여되어 있는 것이다. 즉 B는 하나의 인격체로서 인격체들의 도덕적 공동체 또는 '우리'에 통합되어 있지 않다. 어떤 것에 '사회적 배제'라는 명칭을 부여해야 마땅하다면, 이 상황이 진정 그렇지 않은가?

사회적 배제에 대한 해결책으로서의 사회적 통합
: 우리는 무엇에 대해 이야기하고 있는가?

'사회적 배제'와 '사회적 통합'이라는 용어는 오늘날 장애 담론, 사회 정책, 그 밖의 여러 곳에서 널리 사용되고 있다. 그러나 이러한 용어가 사용될 때 의미하는 바가 무엇인지는 대개 그다지 분명치 않다. 예를 들어 아마르티아 센Amartya Sen이 언급했던 것처럼, 상당히 막연한 의미에서는 어떤 것이 근본적으로 결여되어 있는 상태가 '무엇으로부터 배제되어 있다'고 불릴 수도 있다. 그리하여 가령 충분한 영양이 결여되어 있는 상태를 누군가는 '충분한 영양으로부터 배제되어 있다'고 바꾸어 말할 수도 있을 것이다. 그러나 여기서 '배제'라는 용어는 우리가 이미 알고 있는 사실 ——어떤 이에게 먹을 것이 충분치 않다는 것 ——에 아마도 아무런 새로운 정보를 추가하지 않을 것이다.[22] '사회적 배제'가 단지 그렇게 결여되지 않을 합당한 이유를 지닌 어떤 것이 결여되어 있음을 의미한다면, 그 용어는 새롭거나 유용한 어떤 개념에 대한 명칭이 전혀 될 수 없다.

물론 그 용어만의 좀 더 독특한 의미들이 또한 존재한다. 내게는 그 용어가 다른 많은 용어들을 통해 분명히 파악되지 못하는 중요한 어떤 것을 파악해 내는 듯 보인다. 그것은 사회 내에서, 즉 사회생활 내지는 다른 인격체들과의 상호작용 내에서 어떤 식으로든 한 명의 관여

---

22) Amartya Sen, *Social Exclusion: Concept, Application and Scrutiny* (Social Development Papers No. 1.), Asian Development Bank, 2000, part. 4.

자^{partaker}로 존재한다는 것과 관련된 의미이다. 그러니까 이런 일반적 의미에서의 '사회적 배제'란 **사회생활**로부터 어떤 식으로든 배제됨을 의미하며, '사회적 통합'이란 그러한 사회생활 내에 어떤 식으로든 통합됨을 의미한다. 그러나 이런 설명도 물론 여전히 매우 모호하다. 나는 이제 누군가가 사회생활에의 통합이나 그로부터의 배제에 대해 이야기할 때 결정적으로 중요한 지점이 무엇인지를 좀 더 명확히 할 수 있는 한 가지 방식을 제안해 보려 한다. 나의 목표는 가능한 해석들 모두를 논의하는 것이 아니다. 단지 그런 해석들 중 일부만을 다루면서, 내가 지금까지 내내 초점을 맞추어 왔던 것에 주로 집중하고자 한다. 즉, 대인관계론적 인격에 대해, 그리고 이런 의미에서의 인격체가 타인들과의 사회생활에 어떤 식으로 통합되는지에 대해서 말이다.

나는 우리가 하나의 도식을 가지고 사회적 통합을 유효하게 분석할 수 있음을 제안하고자 하는데, 그 도식에 따르면 사회적 통합이란 언제나 어떤 A가 B를 C라는 영역에 D라는 방식으로 E라는 지위를 부여해서 **통합시키는** 것을 말한다. 나는 이러한 변수들이 지닐 수 있는 값들을 철저히 논의하고자 노력하지는 않을 것이며, 변수들의 가능한 모든 조합을 빼놓지 않고 다루고자 노력하지도 않을 것이다. 단지 이러한 변수들의 의미를 파악하고 그것들을 서로 구별하는 데 있어, 내가 생각하기에 중요한 조합들 중 일부를 자세히 설명할 것이다. 그리고 편의상, A와 B는 언제나 개인들 또는 개인들의 집단이라고 상정할 것이다.[23]

무엇보다도 우선 '사회적 통합'에서의 '사회적'이란 수식어가 양가성을 갖는 듯 보인다는 점에 주목해 보자. 그것이 적어도 B가 통합되는 영역(C)과 통합되는 방식(D)뿐만 아니라 통합될 때 부여받는 지위(E)와도 관련되는 것으로 이해될 수 있다는 점에서 말이다. 첫째, 앞서 진술한 대로, 나는 사회적 통합이 이루어지는 영역(C)은 언제나 사회생활이라고 상정한다. 다시 말해서 다른 변수들이 어떤 값을 갖는지와 무관하게 사회적 통합은 언제나 **사회생활에의 통합**인 것이다.[24]

둘째, 사회생활에의 통합에 대한 세 가지 상이한 방식(D)을 분석적으로 구별하는 것이 유용하다고 할 수 있는데, 그 세 가지 방식이란 기술적 통합(D1), 제도적 통합(D2), 대인관계론적 통합 또는 사회적 통합(D3)이다.[25] 사회생활에의 기술적 통합(D1)이란, 인격체들이 사회생활에 참여할 수 있게 해주는 가능한 모든 형태의 물질적, 기술적 또는 '체계화된' 편의시설(혹은 그것이 지닌 부수효과)의 제공을 의미한다. 장애인의 경우에는 휠체어 경사로가 간단하고도 분명한 하나의 예라고 할 수 있다. 그것이 휠체어를 이용하는 사람들로 하여금 다른 사람들이 있는 곳에 가거나 데려가질 수 있도록 해주고, 그럼으로

---

23) 좀 더 막연한 의미에서는, 사회적 통합의 논리적 주체(A)가 실제 개인들이나 그러한 개인들의 집단이 아닌 어떤 것으로도 이해될 수 있다. 이런 의미에서라면, 누군가는 어떤 사람들을 통합하거나 배제하는 주체로서, 가령 기구나 사회 제도에 대해서 이야기할 수도 있다. 나는 여기에서 이에 대해 더 논하지는 않겠지만, 사회적 통합과 배제는 잘 숙고해 보면 언제나 '사람들 간의' 어떤 것으로서 분석될 수 있다고 상정한다.

24) 예를 들면, 낸시 프레이저와 악셀 호네트가 Axel Honneth and Nancy Fraser, *Redistribution or Recognition? A Political-Philosophical Exchange*, London: Verso, 2003에서 '사회적 통합'에 관해 이야기하는 것도 바로 이러한 일반적 의미 내에서라고 할 수 있다. 또한 UPIAS의 장애에 대한 정의와도 비교해 보라. "장애는 신체적 손상을 지닌 사람들에 대해 거의 또는 아무런 고려도 하지 않음으로써, 그들을 **주류 사회활동**의 참여에서 **배제하는** 당대의 사회 조직에 의해 야기된 불리함이나 활동의 제한이다."(UPIAS, *Fundamental Principles of Disability*, Oliver, *Understanding Disability*, p. 22에서 재인용, 강조는 인용자.)

25) 이것이 '분석적' 구별이라 함은 대략적으로 말해서, 이러한 세 가지 방식이 실제 생활에서는 보통 밀접히 연관되어 있음을 의미한다.

써 타인들과 더불어 사회생활에 참여할 수 있도록, 즉 '통합될' 수 있도록 해준다. 사회생활에의 제도적 통합(D2)이란, 사회질서 내에서 제도적으로 보장된 위치를 부여해 주는 규범적 지위 ──전형적으로는 권리들──가 그녀/그에게 제도적으로 존재하는 것으로 여겨짐을 의미한다. 마지막으로 사회생활에의 대인관계론적 통합 또는 사회적 통합(D3)이란, 상호작용의 구체적인 사건과 맥락 내에 구체적인 타인들──그들 또한 그러한 사건 및 맥락에의 관여자이다──의 태도나 관심을 통해서 통합됨을 의미한다.

셋째, (E)라는 변수, 즉 누군가가 통합될 때 부여받는 지위는 대단히 중요한 요인이다. 여기서 가장 결정적인 것은 누군가가 **한 명의 인격체로서** 통합되는지 아닌지이다. 예를 들어 노예들은 노예제 사회에서 사회생활의 중요한 일부분이다. 그러나 그들은 아무런 권리도 지니고 있지 않기 때문에, 그들이 사회생활에 **제도적으로** 통합되면서(D2) 부여받는 제도적 지위 또는 규범적 지위는 인격체라는 제도적 지위가 아니라 오히려 소유물property이라는 제도적 지위이다. 마찬가지로, 구체적인 타인들에 의해 사회생활에 **대인관계론적으로** 또는 사회적으로 통합되지만(D3), 인격체라는 대인관계론적 지위를 부여받지 않은 채 그렇게 통합되는 것도 가능하다. 자신을 향해 인격체임을 인정하는 태도를 견지하지 않는 사람들 사이에서 살아가거나 돌봄을 받을 때가 바로 그러하다.[26]

이제 사례 5로 되돌아가 보자. 이 상황에서 B는 적어도 사회생활에 물질적으로 참여하는 것은 가능하다는 점에서 기술적으로 통합되어 있고, 적어도 다른 이들과 동일한 기본적 권리를 가진다는 점에서

한 명의 인격체로서 제도적으로 통합되어 있으며, 주변 사람들에 의해서 돌봄을 받고 있다는 점에서 대인관계론적으로도 통합되어 있다. 그러나 B는 주변 사람들에게 인정적 태도의 대상이 **아니기에**, 그리하여 **인격체라는 대인관계론적 지위를 부여받은 채** 대인관계론적으로 통합되어 있는 것은 아니기에, 매우 중요한 점에서 여전히 사회적으로 배제되어 있다. 아마도 인격체라는 유의미성 이외의 다른 유의미성의 견지에서 타인들에 의해 돌봄을 받는 것보다, 다시 말해서 한 명의 비인격체로서 타인들에 의해 사회생활에 통합되는 것보다 어떤 개인에게 더 굴욕적인 일은 없을 것이다.[27]

그렇다면 그와 같은 곤란한 상황은 어떤 식으로 발생하게 되며, 그에 대하여 어떤 조치가 취해질 수 있는가? 주변 사람들은 왜 B를 향해 인정적 태도를 견지함으로써 B의 정신적 인격에 대한 요구에 합당한 또는 적절한 방식으로 반응하지 않는가? 이에 대해서는 두 가지 설명이 가능할 것 같다. 주변의 타인들이 B의 인격에 대한 요구를 느끼지만, 어떤 이유 때문에 그 요구에 적절히 반응하지 않을 수 있다. 혹은 타인들이 B의 요구를 아예 정당한 것으로 느끼지 않을 수도 있다. 적어도 충분히 분명한 정도로는 말이다.

---

26) 나는 '제도적'과의 차이를 분명히 나타내기 위해서 의도적으로 '사회적'과 '대인관계론적'을 동일시한다. 상황을 이런 방식으로 바라보는 것의 배후에 놓여 있는 핵심적인 생각 중 하나는 대인관계론적인 인정적 태도가 사회성 또는 '사회생활'의 토대라는 것이다.

27) '대상화'(objectification)와 '물화'(reification) 또한 이런 현상을 지칭하기 위해 흔히 사용되는 단어이다. 후자의 물화에 관해서는 Hanna Fenichel Pitkin, "Rethinking Reification", *Theory and Society* 16, 1987, pp. 263~293과 Axel Honneth, *Recognition: A New Look at an Old Ideal*, Oxford: Oxford University Press, 2008을 보라.

논의의 대상이 되는 타인들이 정신적으로 상당 정도 '정상적인' 사람들이기에, 그들이 B를 정신적 인격체로 인정할 마음이 전혀 동하지 않음에도 불구하고 B라는 정신적 인격체가 제기하는 요구를 느낄 수 있다고 생각하는 것은 별로 타당해 보이지 않는다.[28] 그들이 B의 요구를 느끼는 데 어떤 진정한 문제를 지니고 있을 가능성이 높은 것 같다. 논의의 대상이 되는 타인들은 B를 한 명의 정신적 인격체로 전혀 느끼지 못하거나, 또는 충분히 그렇게 느끼지 못할 수 있는 것이다. B의 일반적이지 않은 겉모습, 의사소통의 상대적인 어려움, 그리고 그들의 경험 부족으로 인해서 말이다.

그렇다면 많은 장애인들에게 너무나도 익숙한 이런 근본적인 형태의 사회적 배제와 맞서 싸우기 위해서는 어떤 조치가 취해져야만 하는가? 가장 먼저 해야 할 것은 문제를 확인하고 그에 관해 이야기할 수 있는 명쾌한 방식을 찾아내는 것이다. 이와 관련하여, 우리가 (권리의 결여라는 의미에서의) 사회생활에의 제도적 통합의 결여를 주되게 다루고 있는 것이 아니며, 따라서 그 문제와 맞서 싸우는 주된 수단이 보다 진전된 권리를 요구하는 것은 아니라는 점을 이해하는 것이 중요하다. 기술적(즉 실용적이면서도 기술적인) 수단도 한편으로는 매우 유용한 것일 수 있다.[29] 인격체로 인정받지 못한 사람들이 그들과 관련된 타인들과 의사소통할 수 있도록 도와주는 어떤 수단이 '그들의 요구를

---

28) '사이코패스'(psychopath)를 기술하는 한 가지 방식은 그가 타인들을 정신적 인격체로 느낄 수는 있지만, 정신적 인격체인 타인들이 그에게 제시하는 요구에 의해 마음이 움직여질 수는 없으며, 그리하여 타인들을 대인관계론적인 의미에서의 인격체로 받아들일 수 없다고 말하는 것이다. 다시 말해서, 사이코패시(psychopathy)란 인정에 대한 무능력인 것이다.

전달하는 데', 그리고 타인들로 하여금 그들이 인격체 ──생활공간 내에서 그들의 존재가 보다 적절한 반응을 요구하는 ──임을 깨닫도록 하는 데 결정적일 수 있는 것이다.

취해질 수 있는 또 다른 조치는 사회 일반의 도덕적 상상력moral imagination에, 또는 적어도 논의의 대상이 되는 구체적인 타인들의 도덕적 상상력에 영향을 미치는 것이다. 여기서의 과제는 아이리스 머독Iris Murdoch의 표현을 그대로 빌려오자면, "있는 그대로 바라볼 수 있는",[30] 그리하여 위에 기술된 종류의 장애를 지닌 사람들을 자신과 유사한 종류의 내면생활inner life을 지닌 존재 ──즉 정신적 인격체 ──로 진정으로 간주할 수 있는, 그런 마음가짐과 감수성을 향상시키는 것이다. 누군가가 타인도 자신과 유사하게 존중, 사랑, 가치 있게 여겨지는 것에 대한 바람과 요구를 지니고 있음을 진정으로 이해하고 받아들이는 경우에만, 그 누군가는 이러한 바람과 요구에 대해 인정적 태도를 가지고 반응할 마음이 생기고, 그에 따라 또한 그녀/그와 진정으로 대인관계론적인 관계를 시작할 마음이 생길 수 있다.

이런 얘기가 많은 독자들에게는 나이브한 휴머니즘으로, 물에 물

---

29) 사회적 통합을 전적으로 권리의 측면에서만 이해하려는 시도에 대한 통찰력 있는 비판에 대해서는 Michael Bach, *Social Inclusion as Solidarity: Rethinking the Child Rights Agenda*, The Laidlaw Foundation, 2002를 보라. 바흐 또한 사회적 배제의 한 형태로서 인정의 결여를 강조하는데, 그러한 사회적 배제란 단순히 좀 더 진전된 권리라는 의미에서의 좀 더 진전된 통합에 의해 개선될 수 있는 것은 아니다. 통합을 위한 기술적 수단에 대해 이야기하는 것과 권리에 대해 이야기하는 것은 완전히 별개의 문제인데, 왜냐하면 적절한 기술적 수단(가령 경사로나 의사소통을 돕기 위한 수단 등)의 가용성은 [객관적 권리와는 구별되고 대립되는] 주관적 권리로서 제도화될 수도 있기 때문이다.

30) Iris Murdoch, *The Sovereignty of Good*, London: Routledge & Kegan Paul, 1970, p. 91.

탄 듯 술에 술 탄 듯한 것으로 들릴지 모른다. 주변의 타인들이 단지 자신들과 외관상 다소 다를 뿐인 인격체를 대하고 있음을 이해하지도 못할 정도로 안목이 없다면, 도대체 왜 그런 얼간이들에게 마음을 써야 하는가? 일단 이에 대한 일반적인 답변은, 인격체로서의 번영된 삶은 말할 것도 없고, 어느 정도의 제대로 된 삶조차도 무수히 많은 점에서 그녀/그의 주변에서 함께 살아가고 있는 타인들에 의한 인정에 의존한다는 것이다. 타인들에 의한 인정, 요컨대 대인관계론적 인격(혹은 그것의 결여)은 우리를 정신적 인격체로 만들어 주는 특징과 능력의 발달, 행사, 완성에 직접적으로 영향을 미친다. 타인들이 누군가를 자신들과 권한을 공유하는 존재로서, 즉 공동의 권한을 지닌 존재로서 존중하지 않는다면, 누군가가 자신이 살아가는 사회세계 내에서 권한을 갖는 것은 절대로 가능하지 않다. 또한 주변의 타인들이 누군가를 행복과 불행을 느낄 수 있는 한 명의 인격체라고 파악조차 하지 않는다면, 어떤 이가 누군가의 행복이나 안녕을 유의미하게 향상시키는 방식으로 행동하는 것은 [불가능하지는 않더라도] 최소한 매우 어렵다. 그리고 마지막으로, 타인들이 누군가가 기여할 만한 가치 있는 어떤 것을, 그리고 그렇게 하고자 하는 소망을 지닐 수 있다고 생각하지 않는다면, 타인의 삶에 기여한다는 것을 기준으로 어떤 이가 누군가의 삶에서 의미와 교감을 발견하는 것은 매우 어렵거나 불가능하다.

이러한 사실은 무엇보다도, 의도적으로 자신을 타인들로부터 고립시키고 자기 자신의 마음이라는 사적 영역으로 물러남으로써 타인들에 의한 인정의 결여에 대응하는 것이, 기껏해야 매우 제한된 위안을 줄 수 있을 뿐이라는 것을 의미한다. 왜냐하면, 자신의 마음을 인격체의 마음으로 만들어 주는, 그리하여 자신을 정신적 인격체로 만들어 주는 바로 그 특징 자체가 누군가를 타인들의 인정에 의존하게 만들기 때문이다. 싫든 좋든 간에, 자기 자신을 인격체로서 실감하고, 그럼으로써 삶에서 성취감을 발견하는 것은 대부분 타인들이 우리를 인격체로 지각하고 받아들이는가에 의존한다. 이 때문에 체념보다는 적극적인 행동으로써 인정과 통합의 결여에 대응하는 것이 언제나 더 낫다고 할 수 있다. 온전한 인격이란, 조심스럽게 표현하더라도, 분투해서 쟁취해 낼 만한 가치가 있는 어떤 것이다.[31]

맺음말

장애인의 인격에 대해 이야기하는 것이 우려와 거북함을 야기하는 어떤 것으로 존재하는 데에는 여러 이유가 있다. 특히 장애인 당사자들 사이에서 말이다. 그러한 우려들 중 하나는, 일단 인격체라는 것에 대한 관념이 인간이라는 것에 대한 관념으로부터 분리가 되고 나면, 그에 이어지는 결론은 장애인이 인격체가 아니거나 적어도 평범한 인간들과 같은 정도의 인격체는 아니라는 것이 될 수 있다는 점이다. 그렇다면 이러한 분리는 장애인에게 재난적일 수 있는, 또는 적어도 커다란 불행의 원천이 될 가능성이 높은 어떤 실제적인 결론들을 허용하는

---

31) 분명히, 이를 위해서는 집단적인 정치적 조직화가 가장 중요하다. 그렇지만 정치적 조직화가 피해야만 할 위험은, 그것이 참여자들에게 자기 위안을 주는 동료집단 인정(peer-group-recognition) ──일정한 유의미성을 갖는 '타인들'의 인정에 대해, 집단 내에서만 공유된 자기기만적 부인을 수반하는──의 원천으로 남게 될 수도 있다는 점이다.

것일 수 있다.

이와 같은 우려는 매우 진지하게 받아들여져야 하겠지만, 그런 우려와 관련하여 반드시 피해 갈 필요가 있는 일정한 잠재적 오류가 또한 존재한다. 첫째, 정신적 인격 개념과 관련하여, 누군가의 정신적 능력이 그에 대해 이야기하지 않는다고 해서 더 나아지는 것은 아니다. 둘째, 정신적 인격으로부터 제도적 인격이 필연적으로 또는 자동적으로 추론되는 것은 아니다. 어떤 존재에게 제도적 인격(전형적으로는, 생명권과 몇몇 다른 기본적 권리들을 지닌다는 의미에서)이 부여되는가의 여부는 정치적 판단과 결정의 문제이며, 개인이 지닌 정신적 능력의 정도가 결정적이거나 그런 판단이 이루어지는 데 기반이 되는 단일 기준일 수 있는지는 전혀 명확한 것이 아니다.

내가 대인관계론적 인격이라고 부른 것, 혹은 온전한 의미에서 인격체라는 것을 구성하는 대인관계론적 요소와 관련하여, 많은 장애인들이 그것의 결여로 고통 받고 있다는 것은 [과장할 필요도 없고 부정할 필요도 없는] 단지 하나의 사실일 뿐이다. 이는 우리가 침묵해야 할 어떤 것이 아니며, 오히려 변화시키기 위해 노력해야만 할 어떤 것이다. 오늘날 '사회적 배제와 통합'에 대해서 매우 많은 이야기들이 이루어지고 있으므로, 사회 환경 내에서 단지 주변의 타인들에 의한 합당한 인정적 반응이 결여되기 때문에 사람들이 사회적으로 배제된 채 남아 있게 되는 근본적인 방식을 큰 소리로 분명하게 지적하는 것이 정치적으로 현명하다 할 것이다. 유효한 개선책이 기대될 수 있는 것은 오직 이러한 형태의 배제가 대중들의 도덕적 상상력 속에 명확히 자리를 잡게 될 때뿐이다.

결론을 대신하여 하나의 어려운 질문을 제기하자면, 그렇다면 우리는 인격체이게 하는 정신적 능력이 평범한 사람들만큼 발달되지는 않았지만, 완전히 결여된 것은 아닌 이들의 대인관계론적 인격을 어떻게 이해해야만 하는가? 일단, 그들이 지닌 능력의 한도 내에서, 그들은 분명히 그들을 존중하고 사랑하고 가치 있게 여기는 타인들——그런 태도를 견지함으로써, 그들이 다른 사람들 사이에서 가능한 한 온전하게 인격체로서의 삶을 영위하는 것을 가능하게 하고 지원하는 타인들—— 사이에서 삶을 즐기는 것이 가능**해야만 한다**. 지적장애인들이 그들과 삶을 함께하는 가운데 함양되는 "있는 그대로 바라볼 수 있는" 감수성을 지닌 타인들 사이에서 살아가고 그런 타인들에 의해 지원을 받는 것은 또한, 그들이 제도적 수준에서 최대한 진지하게 고려되는 것을 가능한 최선의 수준으로 보장할 것이다. 그리고 나는 이러한 이해가 정신적 능력이 선천적으로 제한된 사람들에게 진실인 것만큼이나 질환, 사고, 노령 때문에 그처럼 능력이 제한되는 사람들에게도 마찬가지로 진실이라고 주장하고 싶다.

6장 _ 장애와 자유

리처드 헐

이 장은 장애를 인간의 자유에 대한 이슈로 제시한다. 그리고 장애와
자유 간의 관계를 논한다. 자유에 대한 많은 전통적 접근법은 장애가
인간의 자유에 대한 이슈로 간주될 수 있다는 생각을 배제하는 경향이
있다. 그렇지만 실생활에서 자유의 중요성은 우리가 자유를 실제적 의
미가 있는 것으로 여긴다는 사실로부터 기인하는 것이기에, 전통적 접
근법은 많은 맥락들에서 자유를 완전히 무의미하게 만든다는 점이 여
기서 지적될 것이다. 이 글에서는 자유가 실제적 의미를 지닌다는 생
각을 담아내는, 자유를 능력과 밀접히 연관짓는 자유의 모델이 도입된
다. 그 모델을 활용하면 장애가 자유에 대한 이슈로 간주될 수 있다. 그
리고 장애를 지닌 사람들에게 부정되고 있는 종류의 자유들이, 삶의
다른 많은 측면들을 향유하는 데 조건이 되는 중요한 기본적 자유임이
밝혀질 것이다. 이런 접근법이 지닌 하나의 이점은, 그것이 보다 나은

* 나는 이 장의 초고를 읽고 논평해 준 데 대해 제임스 드와이어, 존 로저스(John Rogers), 브라
이언 스마트(Brian Smart), 힐렐 슈타이너(Hillel Steiner), 조너선 울프(Jonathan Wolff)에게
대단히 감사드린다.

사회적 급여 및 서비스의 제공에 대한 장애인들의 요구에 더 강력한 도덕적 힘을 부여한다는 것이다. 즉 그러한 요구는 공명정대한 사회에 대한 어떠한 관념에 의해서든 반드시 진지하게 다루어져야 할 중요한 기본적 자유의 제공에 대한 요구인 것이다. 게다가 이런 접근법은 이론가들로 하여금 충분히 개선 가능하지만 우리 사회의 많은 구성원들 사이에서 지속되고 있는 곤란을 보다 적절히 표현할 수 있게 해주면서, 우리의 자유 개념을 보다 통합적이며, 의미 있고, 현실적 맥락에 적용 가능한 것으로 만들어 준다.

능력과 자유 간의 관계가 아래에서 논의된다. 나는 능력 부재, 요컨대 [무언가를 할 수 없는 상태인] 장애가 부자유의 근원임을 주장할 것이다. 그렇지만 롤스가 견지하는 자유의 가치에 대한 구별은 그러한 주장을 가로막는다. 나는 롤스의 자유 개념이 거의 전적으로 무가치한 자유를 자유로 고려하고 있기에, 많은 사람들에게 있어 매우 최소주의적이고 완전히 무의미한 것임을 논할 것이다. 그와 같은 자유 개념 대신, 우리는 사회적·자연적 우연성이 단순히 자유의 가치를 한정하는 제약요인이라기보다는 자유 자체를 **한정하는** 제약요인 가운데 하나임을 인정해야 한다. 이로부터 권리에 대한 장애인들의 요구가 충분한 근거를 갖게 된다. 즉 그들의 요구는 중요한 기본적 자유의 제공에 대한 요구인 것이다.

논의를 시작하기 위해서는, 우선 이 장의 이후 부분에서 상정하고 있는 장애 개념이 무엇인지가 이야기되어야 한다. 그것은 흔히 의료적 장애 모델과 사회적 장애 모델 간의 상이점이라고 인식되는 것을 연결하고자 하는 장애 개념이다. 나는 다른 곳에서 장애란 일반적으로 의료적 모델과 사회적 모델 양자의 요소를 포함하고 있음을 논한 바 있다.[1] 즉, 손상은 실제로 장애를 야기할 수 있지만, 그러나 대개는 특정한 사회 구조 및 제도와 많은 관계가 있다. 그리고 손상으로부터 주로 기인하는 장애와, 사회적으로 부적절하거나 차별적인 손상에 대한 반응으로부터 주로 기인하는 장애를 구별하는 것이 (특히 사회정의를 사고하는 맥락 내에서) 유용하기는 하지만, 장애는 대개 손상과 사회적 요인들 간의 고도로 복잡한 상호작용을 수반한다. 조너선 글로버Jonathan Glover가 아주 적절하게 지적했던 것처럼, "장애는 기능적 제약을 수반하는데, 그러한 기능적 제약은 (그 자체로 혹은——좀 더 통상적으로는—— 사회적 불리함과 결합되어) 인간의 번영된 삶human flourishing[2]에 대한 능력을 손상시킨다".[3]

위의 내용을 염두에 두고, 여기서 살펴보게 될 기본적인 논변은 아래와 같다. 우리는 어떠한 실질적인 의미에서도 우리가 할 수 없는 것을 하는 데 자유롭다고 말할 수는 없다. 신체적 손상을 지닌 사람들은 주로 사회 구조 및 제도 때문에 다른 사람들은 참여할 수 있는 다양한 활동에 참여할 수 없다. 따라서 그들은 그러한 활동의 참여에 있어 자유롭다고 할 수 없다. 게다가 자유의 제한들이 대개 사회적으로 결정

1) Richard Hull, "Defining Disability: A Philosophical Approach", *Res Publica* 4(2), 1998, pp. 199~210; Richard Hull, *Deprivation and Freedom*, London and New York: Routledge, 2007, pp. 19~28.
2) 'human flourishing'은 그리스어 '에우다이모니아'(eudaimonia)에 대한 일종의 현대적 역어라고 할 수 있다. '에우다이모니아'에 대해서는 5장의 각주 14를 참조해 볼 수 있는데, 기본적으로는 행복과 복지라는 의미를 내포하며 조금 더 직설적으로 말하자면 '잘 사는 것'으로 이해될 수 있을 것이다.—옮긴이
3) Jonathan Glover, *Choosing Children*, Oxford: Oxford University Press, 2006, p. 9.

되고 사회적으로 개선 가능한 것이라면, 우리는 그런 상태가 지속되고 있는 사회의 정의에 대해 심각하게 문제를 제기해야만 한다.[4]

이와 같은 논변은 현대 정치이론에 기여했으며 또한 현재의 논의 지형을 지배하는 경향이 있는 (적어도) 두 가지의 중요한 내용들과 충돌한다. 소극적 자유negative liberty라는 개념과 롤스의 정의론이 바로 그것인데, 이 양자의 내용이 장애와 관련된 윤리적 이슈의 견지에서 비판될 것이다.

데이비드 밀러David Miller는 소극적 자유론이 "실제 정치와 많은 자유주의자들의 저술에서 자유에 대한 지배적 관점이 되었다"고 언급한다.[5] 소극적 자유론의 관점에서는 자유란 자연적이고 이미 주어져 있는 것으로 간주되며, 외부적 행위주체에 의한 간섭의 부재가 자유의 실현을 위한 충분조건이 된다. 또한 소극적 자유론자들은 외부적 방해물로 간주될 수 있는 것만을 자유에 대한 조건으로 규정하는 경향이 있다. 예컨대 자연적 방해물은 자유를 침해하지 않는다고 말한다. "나는 어떤 방해물이 자연적인 우연의 결과가 아니라 다른 사람에 의해 부과될 경우에 한해서만, 어떤 방해물에 의해 부자유해진다."[6] 즉 위에서 언급된 것처럼, 어떤 방해물이 자유를 침해할 수 있으려면 외부적인 것이어야만 한다는 입장이 견지된다. 이런 종류의 입장에서는 신체적 손상을 지닌 사람들은 자연적이고 내부적인 방해물에 직면해 있

---

4) 이러한 논변을 (확대 적용함과 동시에) 훨씬 더 길고 자세하게 다루고 있는 글로는 Hull, *Deprivation and Freedom*, ch. 3을 보라.

5) David Miller ed., *Liberty*, Oxford: Oxford University Press, 1991, p. 8.

6) Tim Gray, *Freedom*, Basingstoke: Macmillan, 1991, p. 22.

6장 _ 장애와 자유 205

는 것이고, 그러한 방해물은 정의상 그들의 자유를 침해하지 않는다고 논해질 수 있다. 신체적 손상은 "해당 행위주체의 자유가 아니라 그의 능력을" 감축시키는 것이라고 말해진다.[7] 그러나 나는 이런 접근법이 우리에게 도움이 되지 않음을 지적하고 싶다.

우리가 자유와 능력 간의 관계를 바라보는 방식은 자유에 대한 어떤 접근법이 가장 사리에 맞는다고 판단할 것인지를 결정하는 데 있어 중요하다. 예를 들어 소극적 자유론의 입장은 누군가가 자신이 할 수 없는 것에 대해서도 자유로울 수 있다는 사실을 받아들인다. 우리가 이미 보았듯, 이런 입장은 자유에 대한 제약요인으로 간주될 수 있는 것을 제한한다. 이렇게 함으로써 자유에 대한 요구에 덧붙여진 도덕적 엄격함에 의해 많은 무능력들이 부정된다. 결과적으로 소극적 의미에서는 우리 모두가 완전히 자유롭다는 주장에 의해 사회적 부정의가 가려질 수 있다. 그런 주장은 상황을 얼버무리는 것일 뿐만 아니라 자유를 상당히 모호하고 불가사의한 어떤 것으로 만들어 버린다.

이를 설명하기 위해 내가 2층 발코니에서 점프해서 공중제비를 넘고 아무런 통증이나 부상 없이 착지하길 원한다고 가정해 보자. 즉, 나는 아직까지 실현해 본 적이 없는, 상상만 해왔던 체조 동작을 실행하길 원하는 것이다. 그리고 그러한 점프를 금하는 법률은 존재하지 않는다고 가정하자. 또한 나는 그 2층 발코니에 대한 소유권이 없다고

---

7) Tim Gray, *Freedom*, Basingstoke: Macmillan, 1991, p. 22. 그렇지만 장애인들이 직면해 있는 많은 문제들은 사실 외부적인 것이다. 즉 그런 문제들은 사회적이고 환경적인 것이지, 기능적 제약이 있다고 반드시 발생하는 것이 아니다. 따라서 전통적인 소극적 자유의 모델을 활용한다 하더라도 장애를 자유에 대한 이슈로 확립하는 것이 가능할 수 있어야 한다.

가정하자. 그래서 나는 발코니에 접근하기 위해서는 자본가인 나의 친구에게 부담금을 지불해야만 한다. 내가 부담금을 지불할 수 있다면, 내가 그 점프를, 공중제비를, 통증 없는 착지를 실행할 수 있는지 아닌지는 내가 지닌 곡예사로서의 능력에 대부분 달려 있을 것이다. 한편, 내가 부담금을 지불할 여유가 없다면, 내가 그 점프를 고통 없이 실행할 수 있는 능력이 있든 없든 그것을 실행할 수 없을 것이다. 자, 그럼 ①내가 부담금을 지불할 수 있다 할지라도 신체적으로 그 점프를 실행할 수 없거나 ②내가 신체적으로 그 점프를 실행할 수 있지만 부담금을 지불할 여유가 없거나 ③내가 신체적으로 그 점프를 실행할 수 없고, 그리고 부담금을 지불할 여유도 없다면, 어떤 의미에서 내가 그 점프를, 공중제비를, 통증 없는 착지를 하는 데 자유롭다고 할 수 있는가? 더욱이 도대체 어떤 의미에서 내가 지닌 자유와 부유한 곡예사가 지닌 자유가 같다고 할 수 있는가? 내가 개념적으로나 법적으로는 그 발코니에서 점프해서 통증이나 부상을 겪지 않고 착지하는 데 자유롭다고 말할 수 있겠지만, 내가 그러한 점프를——신체적으로 그리고 재정적으로—— 할 수 있는 것이 아니라면, 실제로 이러한 자유는 나에게 거의 아무런 의미도 없다. 그렇다면 자유라는 단어의 정치적·도덕적 함의를 고려해 볼 때 나에게는 거의 아무런 의미도 없는 자유가[8] 왜 자

---

8) 이것이 실효적인 법적 자유가 어떤 의미를 지닐 수 있음을 부정하는 것은 아니다. 내가 미국 남부에 거주하는 늙고 교육받지 못한 흑인이라고 가정해 보자. 가령 내가 너무 늙어서 비록 학업을 수행할 수 없다고 하더라도, 대학교육에서의 법적 분리가 가져오는 결과는 나에게 큰 의미를 지닐 수도 있다. 그렇지만 여기서 그러한 법적 분리의 결과가 나에게 큰 의미를 지닐 수도 있다는 것은 다른 사람들이 실제로 학업을 수행할 수 있을 것이라는 가능성을 조건으로 한다. 요컨대, 의미 자체는 실효적인 법적 자유로부터 도출될 수 있지만, 자유란 그것이 실현

유라고 불려야 하는지 우리는 물을 수 있어야만 한다.[9]

오히려 우리는, 예컨대 특정한 필요를 지닌 이들이 그 필요에 대한 비용 때문에 다른 곳에는 그들의 재산을 거의 사용할 수 없는 상황인데도, 그들의 자유가 아무런 영향을 받지 않은 채 유지된다고 말하는 것은 몹시 무감각한 일임을 논할 수 있을 것이다. 그렇지만 존 롤스는 이런 종류의 주장에 이의를 제기한다. 그는 "빈곤과 무지, 그리고 일반적으로는 수단의 결여로 인해 자신의 권리와 기회를 이용할 수 없는 것은 때때로 자유 자체를 한정하는 제약요인들 가운데 하나로 간주된다. 그렇지만 나는 이렇게 말하지 않을 것이며, 그보다는 이런 것들이 자유의 가치에만 영향을 주는 것으로 여길 것이다"라고 역설한다.[10]

이 진술을 위의 예에 적용한다면, 나는 착지에서 심각한 부상을 일으키지 않고 공중제비를 실행할 수 있는 물리적 수단 그리고/또는 재정적 수단이 결여되어 있을지는 모르지만, 나는 통증 없이 점프를 완수하는 데 진정 자유로우며 단지 그러한 자유가 나에게 거의 가치를 지니지 않을 뿐이다. 즉 여기서는 무의미하거나 무가치한 자유임에도 불구하고 이 역시 자유인 것이다. 이것이 롤스로 하여금 우리 모두가 자유롭다고 주장할 수 있게 해주지만, 우리가 인간의 자유에 대한 그

가능성을 지닐 경우에 나에게 좀 더 큰 의미를 지니게 된다. 설령 특정 시점에 나 자신에게는 실현되지 않는다고 하더라도 말이다. 나는 이러한 예를 제시해 준 데 대해 제임스 드와이어 (James Dwyer)에게 감사드린다.

9) 이 단락에서 다루고 있는 자유가 근본적인 어떤 것이라고 말하기는 어렵지만, 그 예는 자연적·사회적 불평등을 당하는 입장에 있는 이들이 직면하게 되는 제약요인이 어떤 종류의 것인지를 분명하게 보여 준다.

10) John Rawls, *A Theory of Justice*, Oxford: Oxford University Press, 1972[존 롤스, 『정의론』, 황경식 옮김, 이학사, 2003], p. 204.

와 같은 최소주의적 개념을 받아들여야 하는가의 문제는 전혀 명백한 것이 아니다. 우리가 그러한 자유 개념을 거부한다면, 우리는 우리 모두가 자유롭다는 생각 또한 거부하게 될 것이다.

롤스의 생각은 자신이 정립한 정의의 제1원칙이 만인에 대한 평등한 자유를 보장하며, 제2원칙이 최소 수혜자$^{the\ least\ advantaged}$에 대한 자유의 가치를 최대화한다는 것이다.[11]

> 평등한 자유$^{equal\ liberty}$로서의 자유^{freedom}는 만인에게 동일하다.[12] 즉 평등한 자유에 미달하는 것의 보상이라는 문제는 애초에 발생하지 않는다. 물론 자유의 가치가 모두에게 동일한 것은 아니다. 어떤 이들은 더 큰 권한과 부를 지니며, 따라서 그들의 목적을 달성할 수 있는 더 큰 수단을 갖는다. 그렇지만 차등의 원칙$^{difference\ principle}$이 충족될 때에는, 현존하는 불평등을 받아들이지 않을 경우 좀 더 불운한 사회 구성원들도 그들의 목적을 달성할 수 있는 능력이 더욱 축소될 것이

---

11) 롤스의 정의론에서 정의의 제1원칙은 사회 구성원 각자가 다른 사람들의 유사한 자유의 체계와 양립할 수 있는 가장 광범위한 기본적 자유에 대하여 평등한 권리를 가져야 한다는 것으로, 흔히 '평등한 자유의 원칙'이라고 불린다. 정의의 제2원칙은 사회경제적 불평등이 정당하게 인정될 수 있는 조건에 대한 원칙으로 ⓐ 그러한 불평등이 사회 구성원 모두에게 이익이 되어야, 즉 그 사회의 최소 수혜자에게도 최대의 이익이 되어야 하며('차등의 원칙' 또는 '최소 극대화의 규칙'$^{maximin\ rule}$), ⓑ 더 큰 몫을 분배받는 지위나 직책은 모든 사람이 접근할 수 있는 기회가 균등하게 보장되어야 한다는 것('기회 균등의 원칙')이다. 여기서 제1원칙은 제2원칙에 우선하며, 이를 자유 우선성의 원칙이라고 한다.―옮긴이

12) 이 장에서 'liberty'와 'freedom'이 한 문장 안에서 동시에 쓰일 때에는, 전자가 구체적인 권리로서의 자유를 의미한다면 후자는 그러한 권리를 통해 누리게 되는 자유로운 상태를 의미한다고 할 수 있다. 하지만 두 단어가 개별적으로 쓰일 때 이러한 구분이 글 전체에서 일관되게 적용되는 것은 아니며, 별도의 역어를 사용하는 것이 지나치게 작위적인 느낌을 주기에 양쪽 모두 그냥 '자유'로 옮겼다. 그리고 꼭 필요한 경우에는 영어를 병기해 주었다.―옮긴이

기 때문에, 더 작은 자유의 가치는 보상되는 것이라 할 수 있다. ……
이러한 두 가지 원칙을 함께 생각할 때, 만인에 의해 공유되는 평등한
자유의 완전한 체계상에서 최소 수혜자에 대해 자유의 가치를 극대
화하도록 기본 구조가 편성되어야 한다.[13]

롤스는 신체적 능력과 같은 자연적 우연성이 자유에 미치는 영향
은 언급하지 않는다고 할 수 있다. (비록 누군가는 그러한 우연성이 "일
반적으로 …… 수단의 [소유나] 결여"라는 문구에 부분적으로 녹아들어
가 있는 것으로 간주되어야 한다고 생각할 수도 있겠지만 말이다.) 이는
사회 내에서 누가 가장 빈곤한 처지에 있게 되는가를 고려했을 때 자
연적 우연성이 미칠 수 있는 영향조차 그가 충분히 감안하고 있지 않
음을 생각한다면 전혀 놀라운 일은 아니다. 그렇기는 하지만, 위의 인
용절은 부가 자유에 직접적으로 영향을 미친다는 사실을 (그리고 자연
적 우연성이 우리가 우리의 재산을 가지고 할 수 있는 것에 분명히 영향을
미친다는 사실을) 명시적으로 부정한다. 즉 부는 단지 자유의 가치에만
영향을 미친다는 것이다.

토마스 포기Thomas W. Pogge는 자유의 가치에 대한 롤스의 개념을
세 가지 요소의 함수로 해석한다.

일정한 기본적 자유에 대한 공적인 인정 …… 그러한 자유의 보호
…… 원하는 대로 사용할 수 있는 수단 …… 예컨대 첫번째 요소는

13) Rawls, *A Theory of Justice*, pp. 204~205.

(형식적인) 법적 자유를 결정한다. 앞의 두 요소가 함께 실효적 자유를 결정한다. 그리고 세 요소가 함께 자유의 가치 또는 …… 가치 있는 자유를 결정한다.[14]

　　포기는 정의의 제2원칙이 세번째 요소를 다루는 반면, "단지 기본적 권리와 자유 자체가 잘 보호되는――즉 유지되고 시행되는―― 한에서만, 그러한 권리와 자유[liberty]가 우리의 자유[freedom]를 보호한다는 깨달음을 반영하는" 정의의 제1원칙이 앞의 두 요소를 좌우한다고 논한다.[15]

　　롤스에게서 사전적으로 우선되는 정의의 제1원칙이 실효적인 법적 자유의 보장을 꾀하고 있다고 주장하는 것은, 우리가 그 원칙하에서 문서상의 자유 이상의 것을 부여받고 있다고 이해함을 의미한다. 내가 x를 할 수 있는 권리를 지니고 있고, 어떤 사람이 내가 x를 하는 것을 강제로 막을 수 있는 경우가 문서상의 자유에 대한 하나의 예가 될 것이다. 설령 문서상으로는 권리가 보장된다 하더라도, 이런 경우 x를 할 수 있는 나의 권리는 실효적인 것이 아니다. 실효적인 법적 자유를 보장하려는 롤스의 제1원칙이 갖는 의의는, 그 원칙하에서는 어떤 사람이 나를 강제로 막을 수 없게 된다는 것이다. 이를 통해 x를 할 수 있는 나의 권리가 보호된다. 그러나 세번째 요소(원하는 대로 사용할 수 있는 수단)를 정의의 제1원칙에서 배제하기 때문에, 실효적인 법

14) Thomas W. Pogge, *Realizing Rawls*, Ithaca, NY: Cornell University Press, 1989, p. 128.
15) *Ibid.*, p. 128.

적 자유가 어떤 의미에서는 문서상의 자유 이상의 것이 되지만, 필연적으로 또 다른 의미에서는 **단지 문서상의 자유에 지나지 않는** 것이 되고 만다. 다시 말해서, 내가 x를 할 수 있는 권리를 지니고 있지만 x를 할 만한 [금전적·시간적] 여유가 없는 경우에도, 나의 권리는 여전히 법적으로 실효적인 것이라 여겨진다. 설령 내가 x를 할 수 없다고 하더라도 말이다. 따라서 롤스의 제1원칙은 어떤 사람이 나를 가로막을 수 없도록 보장하기는 하지만, 내가 처한 상황이 나를 가로막을 **수 있도록** 허용한다. 포기가 적절히 언급했듯이, 이와 같은 이론적 입장으로부터 나타날 가능성이 높은 결과는 폭력으로부터 인신의 보전이 이루어지는 것이지만, 그러나 ─ 동시에 ─ 이러한 인신의 보전은 식량과 주거의 박탈에 의해 쉽사리 붕괴될 수 있다.[16] 만일 우리가 그런 입장에 불편함을 느낀다면, 우리는 롤스가 가치 있는 자유보다는 실효적인 법적 자유에 그렇게 큰 중요성을 부여하는 게 올바른 것인지를 물어야만 한다.

포기는 실효적인 법적 자유에 최우선적인 중요성이 부여되는 것에 대한 이론적 근거를 다음과 같이 설명한다. 설령 누군가가 얼마만큼이나 자신의 자유를 향유할 수 있는 처지에 있는지는 그 누군가의 소득 및 부와 상관관계에 있는 것이 사실이라 하더라도, 공적으로 인정되고 실효적으로 시행되는 기본적 권리가 없다면 그러한 상관적 자유를 향유하는 것은 전적으로 불가능하다는 것이다.[17] 그렇지만 우리

---

16) Pogge, *Realizing Rawls*, p. 145.
17) *Ibid.*, p. 130.

는 사회에서 가장 빈곤한 처지에 있는 이들이 자유를 향유할 수 있도록 해주는 수단의 일정한 증대 대신 실효적인 법적 자유의 확장을 원할 만한 합당한 이유가 언제나 있는 것인지를 질문해 볼 수 있다. 포기가 언급하고 있는 것처럼, 롤스는 각각의 기본적 자유liberty L에 대해서, L을 지니는 것이 L이 보호하고자 하는 자유freedom의 향유에 대한 수단을 지니는 것보다 더 중요하다는 것, 그리고 L을 지니는 것이 제1원칙상의 **다른 어떠한** 자유의 향유에 대한 수단보다 더 중요하다는 것 양자를 증명해야만 한다.[18] 그리고 이는 필연적으로 롤스가 다음과 같은 가능성을 부정해야만 함을 의미한다.

> 빈민들에게는 가치 있는 자유의 더 큰 증대가 추가적인 법적 권리(그러한 법적 권리가 빈민들의 가치 있는 자유에 미치는 효과는 그들이 빈곤하고 교육 받지 못한 상태로 남아 있는 한 다소 미약할지 모른다)보다는 소득 및 교육에서의 개선(그들이 현존하는 그들의 기본적 권리와 자유를 더 잘 이용할 수 있게 해주는)으로부터 이루어질 수 있다.[19]

그러나 롤스가 "제1원칙에 의해 요구되는 평등한 자유와 관련된 제도로부터의 일탈이 더 큰 사회적·경제적 이익에 의해 정당화되거나 보상될 수는 없다"라고 진술할 때,[20] 그는 그런 가능성을 진정으로 부정하고 있는 것처럼 보인다. 롤스는 시민의 기본적 자유가 "대략적으

---

18) *Ibid.*, p. 131.
19) *Ibid.*, p. 132.
20) Rawls, *A Theory of Justice*, p. 61.

로 말해서" 다음과 같은 것들이라고 여긴다.

언론 및 집회의 자유를 포함하는 정치적 자유(투표권과 공직에 나갈 수 있는 권리), 양심의 자유와 사상의 자유, (개인적) 재산을 소유할 권리와 인신의 자유, 법의 지배라는 개념에 의해 규정되는 임의적 체포 및 구금으로부터의 자유[21]

롤스의 견해를 반박하자면, 사회적·경제적 기회가 결여되어 있는 이들이 가령 난방비, 피복비, 교통비에 대한 일정한 지원보다 그들의 집회에 대한 권리의 확장을 더 선호할 것이라고, 혹은 더 선호해야 한다고 말하는 것은 최소한 상당히 무감각한 것이다. 기본적인 시민적·정치적 권리와 자유가 다른 무엇보다 중요하다는 롤스의 주장은 **기본적인 사회적·경제적 필요**가 인간의 삶에서 실제로 수행하는 근본적 역할에 대한 부정이 되고 만다.

롤스의 이론이 이런 난관에 봉착하는 것은 어떤 의미에서는(즉 실효적인 법적 자유라는 의미에서는) 문서상의 권리 이상의 것을 보장하지만, 또 다른 의미에서는(즉 최소한의 자유의 가치도 존재하지 않는다는 의미에서는) 단지 문서상의 권리에 지나지 않는 것을 보장하고 있는 제1원칙에 사전적lexical 우선순위가 부여되기 때문이다. 그러한 이론적 입장은 사회적 (그리고 자연적) 우연성이 우리의 자유에 미칠 수 있는 영향을 충분히 인정하지 않는다. 얼마간을 상상력을 동원하여 2층

---

21) Rawls, *A Theory of Justice*, p. 61.

발코니에서 점프하는 것이 갑자기 기본적 자유가 되었다고 생각해 보자. 이를테면, 높은 곳에서 점프하는 것이 자기개발에 극히 중요한 역할을 하는 것으로, 그리고 더 높은 곳에서 점프할수록 자기개발이 더 잘 이루어지는 것으로 여겨진다고 말이다. 나는 우리가 (그러한 점프를 실행할 수 있는 물리적 수단 그리고/또는 재정적 수단이 결여되어 있다고 했을 때) 2층 발코니에 접근할 수 있는 돈을 지원 받고 필요하다면 **실제로 점프할 수 있도록** 훈련을 받는 것보다, 3층 발코니에서 점프할 수 있는 새로운 제1원칙상의 권리를 부여받는 것을 선호할 가능성은 희박하다고 생각한다. 그렇지만 롤스는 원하는 대로 사용할 수 있는 수단의 최소한의 보장을 정의의 제1원칙에 포함시켜야 한다는 생각은 불필요한 것이라고 주장한다. "이런 제안에 어떠한 장점이 존재하든, 차등의 원칙이 있기 때문에 그것은 불필요하다. 왜냐하면 최소 수혜자가 향유해야 할 일차재의 목록 중 어떤 부분이라도 이러한 원칙 속에서 이미 고려될 수 있기 때문이다."[22] 이것이 어떤 이상적인 상황, 즉 차등의 원칙이 충족되는 상황에서는 분명히 사실이겠지만, 어떤 비이상적인 상황,[23] 예컨대 정의의 제1원칙도 아직 충족되지 않은 상황

---

22) John Rawls, "The Basic Liberties and Their Priority", ed. Sterling M. McMurrin, *The Tanner Lectures on Human Value* Vol. III, Salt Lake City, UT: University of Utah Press, 1982, p. 73; Pogge, *Realizing Rawls*, p. 136.

23) 롤스의 정의 개념이 만일 자연적 일차재도 충분히 고려하고자 했던 것이라면, 이상적 이론과 관련해서도 그의 주장은 사실일 수가 없다. 왜냐하면 롤스의 차등의 원칙은 어떤 사람들의 경우 그들이 다른 사람들과 동일하게 자연적[원문에는 'social'이라고 표기되어 있으나, 전후 맥락상 'natural'의 오기로 보인다—옮긴이] 일차재를 이용하기 위해서 보다 많은 자원이 필요하다는 사실에 주의를 기울이고 있지 않기 때문이다. 이는 그의 정의론에 대한 중요한 비판이기는 하지만 내재적 비판이라고는 할 수 없는데, 왜냐하면 그는 자연적 일차재 자체를 충분히 고려하고 있지 않기 때문이다. 만일 그가 자연적 일차재를 충분히 고려했던 것이라면, 그

에서는 사실일 수 없다. 따라서 롤스에게 있어 가능한 전략은 (비이상적인 상황에서는) 정의의 제1원칙이 지닌 실행상의 우선순위를 부인하면서 (이상적인 상황에서는) 그 원칙이 지닌 설계상의 우선순위를 강조하는 것이다.[24]

롤스가 자신의 정의의 원칙들이 지닌 사전적 우선순위를 이상적 이론으로 한정하는 것도 하나의 가능한 전략이 되겠지만, 그가 이런 전략을 채택하고 있는 것처럼 보이지도 않는다.

정의론을 전체적으로 볼 때, 이상적인 부분이란 가능한 한 우리가 달성해야 할 정의로운 사회에 대한 구상을 제시하는 것이다. 현존하는 제도들은 이런 구상에 비추어 판단되어야만 한다. ······ 정의의 원칙들의 사전적 순위는 그러한 이상적 부분의 어떠한 요소들이 상대적으로 좀 더 긴급한 것인지를 분명하게 보여 주며, 이러한 순서가 제시하고 있는 우선순위의 규칙은 **비이상적**인 경우들에도 또한 적용되어야만 한다. ······ 요컨대 정의의 원칙들은 이상적 상황에 대한 이론에 속하는 것이기는 하지만, 그 원칙들은 일반적으로도 유의미하다.[25]

그렇다면 우리는 "비이상적인 맥락에서도 기본적인 사회적·경제

의 차등의 원칙은 상당한 논쟁의 여지를 갖게 된다. 그리고 원하는 대로 사용할 수 있는 수단에 대한 최소한의 보장을 정의의 제1원칙에 포함시켜야 한다는 (여기서 논의되고 있는) 생각도, 사회적 평등뿐만 아니라 자연적 평등에도 좀 더 민감할 수 있도록 조정될 수 있을 것이라는 점 또한 언급해 둘 만한 가치가 있을 것이다.

24) Pogge, *Realizing Rawls*, p. 136.
25) Rawls, *A Theory of Justice*, p. 246; Pogge, *Realizing Rawls*, p. 136.

적 필요를 충족시키는 것이 (기본적 필요가 충족되지 못한 상태에 있는 이들에 의해서는 거의 향유될 수 없는) 기본적 자유의 확립보다 후순위에 놓이게 되는" 난감한 상황에 처할 가능성을 여전히 피할 수 없게 된다.[26] 우리가 그런 가능성을 피할 수 없다는 사실은 롤스가 가치 있는 자유보다 실효적인 법적 자유에 훨씬 더 큰 중요성을 부여하는 것이 잘못된 것임을 말해 준다. 사실, 이런 대안적인 시각에서 보자면, 롤스가 기본적 자유는 언제나 평등하다고 말하는 것 자체가 잘못된 것이다.

우리는 롤스가 자신의 정의의 제1원칙을 통해 표현하고 있는 것과 같은, 인간의 자유에 대한 제한된 생각을 받아들일 필요가 없다. 롤스를 위에서 약술된 난관에 봉착케 하는 것은 바로 무가치한 자유도 하나의 자유라는 주장이다. 그런 주장은 사회적·자연적 우연성이 인간의 삶에 미치는 영향을 충분히 인정하지 않는다. 그 주장은 '자유'에 대한 상당히 오도된 묘사라 할 수 있는데, 왜냐하면 어떤 사람들은 최소한의 가치 있는 인간의 삶에 대한 필수 전제 조건인 기본적인 사회적·경제적 필요를 충족시킬 수 있는 처지에 있지 않음에도 불구하고, 누군가로 하여금 사회 구성원 모두가 평등하게 자유롭다는 생각을 견지하도록 허용하기 때문이다.[27] 자유라는 용어를 이런 식으로 사용하는 것은 그 용어에 통상적으로 부여되고 있는 도덕적 엄중함과도 들어

---

26) *Ibid.*, p. 139. 롤스에게 열려 있는 또 다른 전략들은 포기에 의해 심도 있게 논의되고 있다. 그러나 여기서는 그런 전략들이 실제로 작동하고 있지도 않고, 롤스 이론의 나머지 부분과 잘 들어맞지도 않는다는 점을 포기가 증명하고 있음을 언급하는 것으로 충분할 것이다.
27) *Ibid.*, p. 146.

맞지 않는 것 같다. 그러나 이것이 실제로 롤스가 자유라는 용어를 사용하는 방식이다. **무가치한** 자유도 자유에서 제외되지 않는다는 사실로 인해, 실효적인 법적 자유는 매우 최소주의적이고 잠재적으로 무의미한 자유 개념——우리가 평등한 기본적 자유의 가장 광범위한 종합 체계에 대한 권리를 지녀야 한다는 주장을 결국 상당히 공허한 표현으로 만드는——이 되고 만다.[28]

지금까지의 논변들은 롤스처럼 자유의 가치를 구별하는 것은 잘못된 것임을 시사한다. 대신 우리는 무언가를 유의미하게 자유라고 칭하기 위해서는 어느 정도의 가치가 존재해야만 함을 인정해야 한다. 다시 말해서, 사회적·자연적 우연성이 자유 자체를 **한정하는** 제약요인 가운데 하나로 간주되어야 한다.[29] 그렇게 간주된다면, 자유가 자유라고 분명히 말해지기 위해서는 반드시 어느 정도는 가치가 있거나 실현 가능한 것이어야만 할 것이다. 이렇게 해서 적어도 어느 정도의 가치가 자유에 대한 조건으로 규정된다면, 자유의 가치에 대한 구별은 일정한 상황 속에서 어떤 자유가 지닌 가치의 **정도**를 측정하는 데 이용될 수 있을지 모른다. 또한 이런 내용이 인정된다면, 기본적인 사회적·경제적 필요가 충족되지 못한 상태에 있는 이들은 당연히 자유롭다고

---

28) 대니얼스가 "기본적 자유에 자유를 행사할 수 있는 능력에서의 평등이 수반되지 않는다면, 기본적 자유의 평등이란 단지 형식적인 어떤 것, 실제적인 적용 가능성이 결여된 공허한 추상이라고 할 수 있다"고 주장할 때, 그는 유사한 점을 지적하고 있다(Norman Daniels, "Equal Liberty and Unequal Worth of Liberty", ed. Norman Daniels, *Reading Rawls*, Oxford: Blackwell, 1975, p. 279). 더욱이, 롤스의 제1원칙에 그처럼 많은 관심이 집중되고 있는 것은, 우리가 일반적으로 [기본적] 자유를 실체적인 어떤 것을 의미하거나 수반하는 것으로 여기는 현실을 강화하는 데 봉사한다.

29) 경제적 요인에 관해서는 Daniels, *Reading Rawls*를 보라.

할 수 없을 것이다. 그리고 결국, 기본적 자유는 언제나 평등하다는 주장도 당연히 틀린 것이 될 것이다.

지금까지 나는 자연적 우연성과 사회적 우연성 양자가 자유에 미치는 영향에 자유라는 개념이 보다 민감할 수 있어야만 함을 주장하였다. 이는 롤스가 분명하게 표현하고 있는, 자유의 가치에 대한 서술과 결부된 소극적 자유에 대한 전반적 가정을 버림으로써 가장 잘 이루어질 수 있다. 좀 더 정확히 말하자면, 자연적·사회적 우연성이 자유에 미치는 영향에 정의라는 개념이 보다 민감할 수 있어야만 한다. 이는 자유에 대한 제약요인이 (예를 들면, 강박적 욕망이나 무지와 같이) 내부적일 수 있으며, 또한 (빈곤이나 힘의 결여와 같이) 소극적일 수 있다는 파인버그Joel Feinberg의 주장과 부합한다. 그는 우리가 일단 이러한 사실을 깨닫게 되면, 우리에게는 적극적 자유와 소극적 자유의 구별이 불필요할 수 있음을 논한다.

> 제약요인이란 누군가가 무언가를 하는 것을 가로막는 어떤 것이다. 따라서 아무것도 내가 x를 하는 것을 가로막지 않는다면, 나는 x를 하는 데 자유롭다. 역으로, 내가 x를 하는 데 자유롭다면, 아무것도 내가 x를 하는 것을 가로막고 있지 않은 것이다. '~을 향한 자유'와 '~로부터의 자유'는 이렇게 논리적으로 연결되어 있기에, '~로부터의 자유'가 아닌 어떤 특별한 '적극적 자유'란 존재할 수 없다.[30]

---

30) Joel Feinberg, *Social Philosophy*, Englewood Cliffs, NJ: Prentice Hall, 1973, p. 13.

그렇다면 오히려 단순한 법적 자유와 포괄적 자유inclusive freedom[31])
내지는 실현 가능한 자유를 구별하고, 실현 가능한 자유는 (신체적 능
력이든, 재정적 능력이든, 혹은 양자 모두든 간에) 능력을 조건으로 한다
고 인정하는 것이 적절할 것이다.[32] 이는 롤스주의적인 의미에서의 무
가치한 자유가 실현 가능한 자유와 분명히 분리되는 것을 보장한다.
그리고 우리는 어떠한 실질적인 의미에서도 우리가 할 수 없는 것을
하는 데 자유롭다고 할 수 없다는, 직관적 호소력을 갖는 생각에 논리
적 신빙성을 더해 준다.

계단 맨 밑의 층계참에 휠체어를 탄 채 앉아 있는 사람의 예는 자
유가 능력과 어떻게 불가분하게 연계될 수밖에 없는지를 설명해 준
다. 자유라는 개념의 적용을 받는 행위주체에게 그 개념이 어떤 실질
적인 의미를 지니고자 한다면 말이다. 언급된 예에서 휠체어를 탄 사
람이 그 계단을 올라갈 수가 없다고 가정해 보자. 그렇지만 소극적 자
유의 개념에서라면 그는 계단을 올라가는 데 자유롭다. 여기에서의 자
유는 그가 그 자유를 실현시킬 능력이 부재하기 때문에 해당 행위주체
에게 거의 아무런 의미가 없다. 이런 상황을 경사로의 끝 부분에 휠체

---

31) 여기서 '포괄적'이 지닌 함의는, '포괄적 경비'라는 표현을 생각하면 이해하기 용이할 듯하다.
우리는 흔히 여행과 관련하여 '차비 달랑 들고'라는 표현을 사용하지만, 예를 들어 제주도까
지 갈 수 있는 비행기 티켓 값만 있다고 해서 실제로 제주도를 여행하기는 어렵다. 식비, 숙박
비, 차량 렌트비, 관광비 등이 포함된 포괄적 경비가 있어야 자유롭게 제주도를 여행할 수 있
는 것이다.—옮긴이

32) 필리프 판 파레이스도 마찬가지로 "어떤 사람의 구매력과 유전적 기질 양자는, 예컨대 어떤
사람의 실질적 자유와 직접적으로 관련을 갖는다. …… 실질적 자유는 누군가가 하기 원하는
것을 할 수 있는 권리를 갖는 것의 문제일 뿐만 아니라, 또한 그것을 할 수 있는 수단을 갖는
문제이기도 하다"고 논한다(Philippe Van Parijs, *Real Freedom for All*, Oxford: Clarendon
Press, 1995[필리프 판 파레이스 『모두에게 실질적 자유를』, 조현진 옮김, 후마니타스, 2016], p. 4).

어를 탄 채 앉아 있는 사람의 경우와 대조해 보자. 그는 소극적 자유 개념에서 그 경사로를 오르는 데 자유롭고, 이러한 자유는 그가 경사로를 오를 수 있는 한에 있어서는 실현가능하다. 이 경우들에서 두 자유 [즉 단순한 법적 자유와 포괄적 자유(실현 가능한 자유)] 사이에 존재하는 차이는 막대하지만, 소극적 자유 모델에서 이와 같은 차이는 설명되지 않은 채 남아 있게 된다. 전자의 자유는 단지 거의 가치가 없기만 한 것이 아니다. 즉 후자와 같은 자유의 의미에서 보자면 그것은 자유가 아니다. 그렇다면 법적 자유 내지는 가설적 자유hypothetical freedom와 실현 가능한 자유를 구별하는 것이 보다 적절할 것이다. 누군가가 x를 하는 데 법적으로 자유롭지만 x를 할 수 없다면, 그는 단지 법적으로만 자유롭다. 누군가가 x를 하는 데 법적으로 자유롭고 x를 할 수 있다면, 자유는 실현 가능하다. 마찬가지로, 누군가가 x를 하는 것이 실효적으로 금지된 상태에서 x를 할 수 있어 봐야, 그에게는 자유가 없고 단지 가설적 능력만이 있는 것이다. 그리고 누군가가 x를 하는 것이 실효적으로 금지되고 x를 할 수도 없다면, 그에게는 자유도 능력도 없는 것이 된다. 따라서 법적 자유 내지 가설적 자유는 능력 없이 실현될 수 없으며, 능력은 자유 없이 실현될 수 없다.

법적 자유 내지는 가설적 자유가 자유의 실현에 대한 하나의 조건임을 고려한다면 그러한 자유의 중요성도 인정은 되어야 하겠지만, 가치의 본체는 바로 실현 가능한 자유이다. 무가치한 자유는 사람들이 요구하는 것이 아니다. 반대로, 자유가 사람들에게 왜 그처럼 큰 의미를 갖는지 ——왜 그것이 소중히 여겨지고, 그것을 위해 싸우고, 탄압을 받으며 사라지게 되는지 ——를 설명해 주는 것은, 자유란 실제로 발현될 수 있다는 생각이다. 그렇다면, 우리가 자유에 부여하고 있는 그러한 가치에 부합하는 자유 개념을 확립하기 위해서는, 자유란 능력을 조건으로 한다는 것이 인정되어야 한다.[33] x가 y를 할 수 없는데 x가 y를 함에 있어 자유롭다고 주장하는 것은 실체가 없는 술책에 불과하다. 그것은 많은 맥락에서 많은 사람들에게 자유를 거의 무의미한 것으로 만들어 버린다. 이에 반해서 자유를 능력과 동등하게 다루는 것은 자유의 가치에 대한 우리의 직관과 훨씬 더 잘 공명하며, 자유라는 용어가 더 이상 잠재적으로 무감각한 개념적 허위로 사용되지 않도록 해준다.

자유가 능력 없이 실현될 수 없다는 생각은 한층 더 나아간 결과를 가져온다. 그런 생각이 단지 '활동의 외부적 방해물'을 넘어 행위주체의 자유에 대한 훨씬 더 많은 제약요인이 존재함을 인정하게 한다는 점에서 말이다. 우리의 능력을 방해하는 것은 그것이 무엇이든지 간에 그 정의상 우리의 자유를 방해하는 것이 된다. 방해물로 간주될 수 있는 것들이 막상 정의가 이루어지는 시점에는 [외부적인 것이 아니라는 이유로] 제외되는 일은 더 이상 정당화될 수 없다.[34] 이런 견지에서는, 소극적 자유론이란 진정으로 자유로움을 의미하는 상태의 단지 일부만을 표현하고 있는 것으로 이해될 수 있다. 대안적이고 좀 더 종합적인 자유에 대한 정의는 제럴드 맥캘럼Gerald MacCallum에 의해 제시

---

33) 유사한 의미에서 아마르티아 센은 '역량'에 대해 다음과 같이 쓰고 있다. "역량 …… 이란 적극적인 의미에서는 자유를 표현하는 관념이다. 즉 사람들이 영위하게 될 삶과 관련하여, 그들이 지니고 있는 실질적 기회인 것이다."(Amartya Sen et al., *The Standard of Living*, Cambridge: Cambridge University Press, 1987, p. 36.)

되고 있는데, 그는 자유에 대한 적극적 개념과 소극적 개념 양자의 기저에 놓여 있는 것은 동일한 자유 개념임을 논한다. 그는 이러한 자신의 논변을 3개의 항으로 이루어진 다음과 같은 공식으로 표현한다. "x는 z를 하는 데 (z를 하지 않는 데, z가 되는 데, z가 되지 않는 데) y로부터 자유롭다(자유롭지 않다).[35] 그의 공식은 어떤 자유가 중요한지 또는 무엇이 부자유로 간주되어야 하는지에 대한 사전 판단 없이 가능한 한 간결하게 자유란 무엇인가에 대한 해답을 도출해 내고자 한다. 이 공식을 따를 경우, "자유에 대한 의견의 차이는 (자유의 목적에 비추어) 누구를 행위주체로, 무엇을 제약요인이나 목표로 간주하는지에 대한 해석의 차이에 달려 있다".[36] 그리고 이러한 논변은 능력 부재가 자유에 대한 제약요인으로 간주되어야 함을 시사한다. 우리가 자유라는 단어가 지닌 실질적인 의미에서 자유롭다고 한다면, 우리는 논리적으로 당연히 어떤 것을 하는 데 자유로워야 한다. 그것을 하든 하지 않든 간에 말이다. 어떤 것을 한다는 것은 그것을 할 수 있음을 전제로서 요구

---

34) 이는 판 파레이스의 입장과는 상반되는 것으로 볼 수 있다. 그는 "비록 자유에 대한 '적극적' 개념들 중 하나가 채택되어 왔다고는 하더라도, 그로 인하여 여기서 제안되고 있는 실질적 자유의 관점에서 자유를 제한하는 것으로 간주되는 욕망이, 자유를 제한하는 것으로 간주될 수 있는 모든 종류의 욕망을 다 포함하는 것은 아니다"라고 쓰고 있다(Parijs, *Real Freedom for All*, p. 24). 그렇게 제외되고 있는 것의 한 예는, 인격체가 마땅히 욕망해야 하는 것에 대한 어떤 규범적 관점으로부터 벗어난 욕망이다. 그렇지만 나는 그러한 욕망이 정의가 이루어지는 시점에 자유를 제한하는 것에서 제외되어야만 한다고 생각하지 않는다. 오히려 어떤 욕망들이 자유를 제한할 수 있다는 생각 자체가 좀 더 토론될 수 있어야 한다고 생각한다. 실제로, 누군가는 예컨대 소아성애나 종교적 극단주의에 대한 성향 같은 것들도 사람들을 자유롭게 하는 데 있어 시도될 가치가 있음을 주장할 수도 있다. (비록 그러한 논변의 위험성이 동시에 인정되어야 하겠지만 말이다.)

35) Gerald MacCallum, "Negative and Positive Freedom", ed. David Miller, *Liberty*, Oxford: Oxford University Press, 1991, p. 102.

36) Gray, *Freedom*, p. 12.

한다. 따라서 능력 부재는 부자유의 근원이다.

능력 부재가 부자유의 근원이라면, 장애는 부자유의 근원으로 간주될 수 있다. 손상에서 기인하는 장애는 기능적 제약을 부과하기 때문에 능력의 제한요인으로, 요컨대 자유의 제한요인으로 간주될 수 있다. 마찬가지로, 이를테면 경사로가 대부분 제공되지 않는 것과 같은 사회 제도에서 기인하는 장애도 자유에 대한 제한요인으로 간주될 수 있다.[37] 맥캘럼의 공식을 적용할 경우에도, 손상을 지닌 사람이 한 명의 행위주체로 간주되어야 한다는 것, 경제적·정치적·사회적·법적·환경적·대인관계론적 장벽이나 실패가 제약요인으로 간주되어야 한다는 것, 21세기 초의 평범한 삶에 대략적으로 근접한 생활이 목표로 간주되어야 한다는 것은 전혀 논란의 여지가 없어 보인다. 자유에 대한 후자의 제한요인, 즉 사회 제도에서 기인하는 장애가 사회적으로 결정되는 것임을 생각한다면, 정치이론에서 특별히 중요한 것은 바로 이러한 사회 제도에서 기인하는 장애라고 할 수 있다. 그런 상황은 비록 근절될 수는 없다고 하더라도 변경될 수는 있다. 그렇다면 당연히 우리의 이론적 입장은 손상을 지닌 사람들이 다양한 방식으로 그들의 자유를 제약받는다는 사실을, 그리고 이러한 부자유가 상당 정도 사회적으로 결정된다는 사실을 설명해 내야만 한다. 더 나아가, 손상을 지닌 사람들의 자유를 증대시킬 수 있도록 그런 상황이 왜 변경되지 않는가에 대한 합당한 이유를 제시할 수 있어야 한다.

---

37) 손상에서 기인하는 장애와 사회 제도에서 기인하는 장애에 대한 보다 포괄적인 논의로는 Hull, "Defining Disability: A Philosophical Approach", pp. 199~210 또는 Hull, *Deprivation and Freedom*, ch. 2를 보라.

자유를 제약하는 상황——사회적으로 결정되는——을 변경하기 위해 우리는 왜 애쓰지 않는가에 대한 질문을 시작할 수 있으려면, 먼저 그에 상응하는 신경을 쓸 만한 가치를 지닌 자유들이 무엇인지가 정해져야만 한다. 어떤 것을 하는 데 자유로운 상태가 그것을 할 수 있는 능력에 의존함을 인정할 때 나타나는 결과 중 하나는 부자유로 인정되는 영역 또한 넓어진다는 것이다. 예컨대, 이제는 계단 맨 밑의 층계참에 휠체어를 탄 채 앉아 있는 사람은 그 계단을 올라가는 데 어떠한 실질적인 의미에서도 자유롭지 않다고 확실히 주장할 수 있겠지만, 그렇다면 또한 내가 에펠탑을 휴대하거나, 공중으로 반 마일을 점프하거나, 오늘 밤에 목성에서 고급 와인을 마시는 데 자유롭지 않다고 말할 수도 있다. 결과적으로 그러한 논변은 부자유라는 개념의 격을 떨어뜨리는 것이 되어 버릴지도 모른다. 롤스주의적인 소극적 자유 개념 하에서 그랬던 것처럼, 그러한 논변도 더 이상 동일한 준거에 의지하기가 곤란해지는 것이다. 소극적 자유론에서는 자유를 정의할 때에 부자유에 대한 덜 중요한 주장은 자연스레 배제된다. 즉 아무도 나를 막고 있지 않기 때문에 나는 오늘 밤 목성에서 고급 와인을 마시는 데 부자유한 것이 아니다. 그렇지만 이미 보았듯이, 소극적 자유론은 또한 많은 중대한 무능력들을 인간의 자유에 대한 사안이 아닌 것으로 배제해 버린다. 이렇게 하지 않기 위해서는 부자유로 인정되는 영역이 넓어져야 한다. 그렇지만 이것이 반드시 모든 부자유가 서로에게 똑같이 중대함을 의미할 필요는 없으며, 모든 행위주체의 목표가 동등한 가치를 지님을 의미할 필요도 없다. 오히려 그것은 우리가 향유할 수 있어야 할 자유가 어떤 것이고, 우리가 행사하는 데 자유로워야 할 능력이

어떤 것인지를 결정하는 문제라 할 수 있다.[38]

어떤 활동은 다른 활동에 비해서 더 가치 있게 여겨지며, 그런 활동의 실행을 가능하게 하는 자유가 그에 대응하는 중요성을 지닌다. 예컨대, 노동, 이동, 교육, 사회적 상호작용, 스포츠, 쇼핑은 에펠탑을 휴대하거나, 공중으로 반 마일을 점프하거나, 목성에서 고급 와인을 마시는 것보다 훨씬 더 가치 있게 여겨진다고 할 수 있다. 이런 사실은 경량의 에펠탑, 로켓 추진 장치를 단 웰링턴 부츠Wellington boots[무릎까지 오는 장화], 목성까지의 비행편보다 왜 사무실, 도로, 학교, 술집, 축구장, 쇼핑센터가 자유에 있어 훨씬 더 중요한 증거인지를 설명하는 데 얼마간 도움이 된다. 우리는 옳건 그르건 간에 노동, 이동, 교육, 사회적 상호작용, 스포츠, 쇼핑과 같은 활동들이 가치가 있다고, 그리고 그에 대응하는 자유들이 촉진되고 보호되어야 할 가치가 있다고 간주했다. 따라서 이러한 것들을 하는 데 부자유한 것은 여타의 좀 더 하찮거나 터무니없는 것들을 하는 데 부자유한 것보다 더 중대한 것이다. 더욱이 장애를 지닌 사람들에게 부정되고 있는 종류의 자유들은 사실

---

38) 버나드 윌리엄스가 다음과 같이 쓸 때 그가 마음속에 염두에 두었던 것도 바로 이런 입장이었던 것 같다. "역량이라는 한 측면과 행복 또는 생활기준이라는 다른 한 측면 사이의 관계에 대한 사고에 개입될 수밖에 없는 그런 종류의 역량에는 얼마간의 제한을 두어야만 한다. …… 나는 기본적 역량 같은 개념을 고려하는 것이 불가피하다고 생각한다. …… 그리고 어떤 경우에는 무엇이 능력과 기회로 인정되는가의 문제가 이데올로기적이기 때문에, 우리는 또한 일정한 교정 없이는 지역적으로 인정되는 능력 및 무능력, 기회 및 기회의 결여라는 문제를 전혀 다룰 수 없음을 염두에 두어야만 한다. …… 우리는 보편적 사회이론과 이러한 사회들에 대한 보편적 윤리 비평에 비추어 유의미한 기회 및 기회의 결여로 간주되는 것에 대한 지역적 기대들을 교정해야만 한다."(Bernard Williams, "The Standard of Living: Interest and Capabilities", Amartya Sen et al., *The Standard of Living*, Cambridge: Cambridge University Press, 1987, pp. 100~102.)

일반적으로 당연히 부여되고 보호되어야 할 가치가 있는 것으로 우리 사회가 간주하고 있는 것들임이 명확하다. 이를 고려한다면, 손상을 지닌 사람들이 교육, 고용, 이동, 여가, 사회적 상호작용과 관련하여 계속해서 자유를 제약받아야 한다고 논하는 것은 위선적이거나 사소한 차별을 넘어서는 문제일 수밖에 없다.

더욱이 장애를 지닌 사람들에게 부정되고 있는 종류의 자유들은 다른 가치 있는 자유들, 혹은 좀 덜 중요한 자유들을 향유하는 데 조건이 되는 중요한 기본적 자유들이다. 예컨대 주거, 교육, 건강, 고용, 이동과 관련된 자유들은 그 자체로 대단히 가치 있게 여겨지는 자유일 뿐만 아니라 다른 자유들을 향유하는 데 토대가 되는 것이다. 이러한 자유들이 없다면, 우리는 가령 로켓 추진 장치를 단 웰링턴 부츠에 대한 생각 같은 것은 품을 수조차 없을 것이며, 우리가 현재 인정하고 향유하는 것과 같은 사회생활이나 직업생활도 제대로 존속될 수 없을 것이다. 요컨대 이러한 자유들이 그처럼 다른 많은 것들의 추구를 좌우하는 자유라는 사실은 필연적으로 그 자유들을 부정당하는 것이 사람들의 삶에 상당한 영향을 미친다는 것을 의미한다. 그리고 당연히 그러한 사태의 지속은 매우 중대한 사회적·정치적 이슈로 간주되어야만 한다.

그렇다면, 장애인들이 추구하는 데 있어 부자유한 목표들이 우리 사회가 자유롭게 추구되어야 할 가치가 있는 것으로 간주하고 있는 종류의 목표들임을 고려했을 때, 우리는 왜 그러한 자유들이 장애인들의 경우에는 촉진되거나 보호되지 않는가라는 질문을 긴급히 던져야만 한다. 그러한 자유들이 다른 많은 자유들을 향유하는 데 조건이 된다는 사실은 그 질문을 더욱 중요한 것으로 만든다. 정치이론가들은 장애인들의 정당하고 회피할 수 없는 요구의 중요성을 점점 더 인정하고 있다. 자유에 대한 요구에 덧붙여진 도덕적 엄격함[39]에 의해 장애인들의 요구를 부정하는 것은 그런 과정에 있어 단지 해악적일 뿐이다.

---

39) 원문에는 이 부분이 'moral force'로 표기되어 있다. 그러나 직접적으로는 206쪽(원서 p. 100)의 "자유에 대한 요구에 덧붙여진 도덕적 엄격함(moral severity)에 의해 많은 무능력들이 부정된다"라는 문장, 그리고 간접적으로는 203쪽(p. 98)의 " …… 장애인들의 요구에 더 강력한 도덕적 힘(moral force)을 부여한다"라는 문장을 고려했을 때, 이는 'moral severity'의 오기로 보인다.—옮긴이

7장 _ 장애, 재능 부재, 분배적 정의

제롬 비켄바흐

> 불평등을 비판하고 평등을 열망한다는 것은, 때때로 이야기되는 것처럼 [사람들이] 품
> 성과 지성에 있어 평등하다는 낭만적 환상을 품는 것이 아니다. 그것은 비록 사람들의
> 선천적 자질이 심대하게 다르긴 하지만, 개인적 차이가 아니라 [사회적·정치적] 조직
> 에 그 근원을 지니고 있는 불평등의 제거를 목표로 하는 것이 문명화된 사회의 증거라
> 는 생각을 견지하는 것이다.[1]

서론

정의론은 사회적·정치적 공동체의 어떤 구성원들이 권리를 부여받는
가에 관한 것이라고 할 수 있다. 정의론들은 부분적으로 권리 부여에
대한 기반이나 근거에 의해 구별된다. **교정적 정의**corrective justice를 위한
적절하고 균형 잡힌 상벌의 필요성, **분배적 정의**를 위한 자원, 복지, 기
회의 공정한 혹은 평등한 할당의 필요성, **절차적 (또는 관계적) 정의**를
위한 공명정대한 행동, 존엄, 존중의 필요성 등에 의해서 말이다. 권리
들을 개별적으로 놓고 보면, 각 권리들은 이런 근거들 중 어느 하나 또
는 몇몇의 결합이라는 견지에서 할당될 수 있다. 또는 한 가지 형태의
정의가 요구하는 권리의 할당을, 상황에 따라서는 다른 형태의 정의가
금지하거나 제약할지도 모른다. 리처드 토니Richard H. Tawney[2]의 중대

---

1) Richard H. Tawney, *Equality*, London: Allen and Unwin, 1931, p. 62.
2) 영국의 경제사가이자 사회사상가로 1906년 노동당에 가입하여 노동자 교육과 노동 문제의
   현실적 해결을 위해 열성적인 활동을 펼쳤다. 1919년에 석탄산업위원회 위원, 1928년부터

한 통찰은 소득, 지위, 존중에서의 불평등(진정으로 우리에게 문제가 되는 불평등)이 사람들 사이의 선천적 차이로부터 불가피하게 발생하는 것이 아니라, 우리가 사회를 조직하는 방식의 산물이라는 것이었다. 그러므로 그에게 도덕적으로 개탄스러운 불평등은 "개인적 재능에서의 불평등이 아니라, 사회적·경제적 환경에서의 불평등"이었다.[3] 이러한 통찰은 세 가지 종류의 모든 정의를 병합하는, 정의에 대한 새로운 설명을 만들어 낸다. 더 정확히 말하면, 그의 설명 내에서는 교정적 정의와 절차적 정의가 평등주의적인 분배적 정의라는 단 하나의 목적에 대한 수단이 된다.

토니의 통찰은 장애학자들에게 친숙하다. (그의 통찰이 1900년대 초중반에 이루어졌음을 생각하면, 요즘 어디에서나 흔히 접할 수 있는 '새로운 패러다임'이니 '새로운 사회적 모델'이니 하는 꼬리표의 그릇됨이 드러나기는 하지만 말이다.) 이러한 통찰은 장애의 불리함이 단지 그 기저에 놓여 있는 손상에 의해서만이 아니라, 사회적·정치적 제도에 의해서도 야기되는 것이라는 근본적인 인식을 포함한다. 토니의 시야를 얼마간 더 확장하여 문화, 태도, 인공 환경built environment[자연 환경과 대비되는, 인간에 의해 구축된 환경], 정상성에 대한 기대 등을 포함시킨다면, 우리는 다양하게 기술되고 있는 소위 사회적 장

1944년까지 노동자교육협회 회장, 1936년부터 1939년까지 면업조정위원회 위원 등을 역임하였으며, 1931년에 런던정치경제대학교 경제사 교수, 1949년에 명예교수가 되었다. 그가 쓴 여러 권의 저서 중 특히 『종교와 자본주의의 발흥』(Religion and the Rise of Capitalism)(1926)은 베버(Max Weber)의 『프로테스탄티즘의 윤리와 자본주의 정신』(1904/5)과 더불어 자본주의 기원에 관한 중요한 저작으로 꼽히고 있다.—옮긴이

3) Tawney, Equality, p. 50.

애 모델의 정수와 만나게 된다.[4] 그의 통찰에는 또한 「미국장애인법」 American with Disabilities Act, ADA, 그 이전의 선구적 법률들, ADA 제정 이후에 전세계적으로 이를 계승하여 만들어진 법률들에서 구현되고 있는, 차별금지 법률과 정책에 대한 명시적 근거가 존재한다. 마지막으로, 인구에 대한 장애의 영향을 기술하고 측정하기 위한 목적으로 장애를 (연령, 성, 민족성과 같은) 하나의 인구학적 변수로 분석하는 관점에서부터 시작된, 세계보건기구의 ICF[5]에서 발견되는 가장 최근의 성과를 포함하는[6] 현행의 역학적 장애 모델들 내에도 그러한 통찰이 함축되어 있다.[7]

그렇다면 왜 토니의 통찰을 재론하는가? 한 가지 이유는 '선천적

---

4) 이에 대한 예로는 Ron Amundson, "Disability, Handicap, and the Environment", *Journal of Social Philosophy* 23, 1992, pp. 105~118; Jerome E. Bickenbach, *Physical Disability and Social Policy*, Toronto: University of Toronto Press, 1993; Harlan Hahn, "The Politics of Physical Differences: Disability and Discrimination", *Journal of Social Issues* 44, 1988, pp. 43~68; Michael Oliver, "Social Policy and Disability: Some Theoretical Issues", *Disability, Handicap and Society* 1, 1986, pp. 5~17; Constantina Safilios-Rothschild, *The Sociology and Social Psychology of Disability and Rehabilitation*, New York: Random House, 1970; UPIAS, *Fundamental Principles of Disability*; Beatrice Ann Posner Wright, *Physical Disability: A Psychosocial Approach* 2nd edn., New York: Harper and Row, 1983을 보라.

5) WHO, *International Classification of Functioning, Disability and Health*.

6) Bickenbach, *Physical Disability and Social Policy*.

7) Barbara M. Altman, "Disability Definitions, Models, Classification Schemes, and Applications", eds. Gary L. Albrecht, Katherine D. Seelman and Michael Bury, *Handbook of Disability Studies*, Thousand Oaks, CA: Sage, 2001; Patrick Fougeyrollas, "Documenting Environmental Factors for Preventing the Handicap Creation Process", *Disability and Rehabilitation* 17, 1995, pp. 83~102; Saad Z. Nagi, "Some Conceptual Issues in Disability and Rehabilitation", ed. Marvin B. Sussman, *Sociology and Rehabilitation*, Washington, DC: American Sociological Association, 1965; WHO, *International Classification of Impairments, Disabilities and Handicaps*.

자질'과 '개인적 재능' ──우리는 아래에서 이 주제를 다시 다룰 것이
다──에 대한 그의 이야기가, 장애의 불리함이란 전적으로 또는 주로
사회적·정치적 제도의 산물이며 그 기저에 놓여 있는 손상과 거의 또
는 전혀 관련이 없다고 (사회적 장애 모델이라는 전거하에서) 논하는 이
들을 지지하고 있는 듯 보이기 때문이다. 몇몇 장애권 옹호자들은 분
배적 정의론이 손상의 영향을 교정하거나 개선하는 데 쓰일 자원에 대
한 권리를 포함해야만 한다는 주장에 의심의 눈길을 보내 왔다. 이는
이러한 자원들이 필요하지 않기 때문이 아니라, 그 주장이 장애를 주
로 손상이나 기능적 무능력으로 간주하는 의학적 모델에 기반을 둔다
고 생각되었기 때문이다.

특히 애니타 실버스Anita Silvers는 손상에 대한 집중이 (건강상의 문
제를 지닌 사람들은 열등하며 정정될 필요가 있음을 함의하기 때문에) 장
애 비하적인 것일 뿐만 아니라, 손상을 지닌 사람들이 직면하고 있는
도덕적으로 개탄스러운 불리함은 그 기저에 놓여 있는 '선천적 자질'
에서의 차이가 아니라 낙인화와 차별의 결과라는 핵심적인 사회적 사
실 ──토니의 통찰이 강력하게 뒷받침하는──을 무시하는 것이라고
논한다.[8] 반면 톰 셰익스피어Tom Shakespeare와 같은 장애학자들은 손상
이 그 자체로 사람들을 불리하게 만든다는 사실을 사회적 모델이 받아
들이길 거부하는 것에 반대하는데,[9] 겉으로 보기에 이는 장애학과 장
애정치의 무게 중심을 토니의 통찰로부터 이탈시키고 있는 것 같다.

---

8) Anita Silvers, "'Defective' Agents: Equality, Difference and the Tyranny of the Normal",
   Journal of Social Philosophy (25th Anniversary Special Issue), 1994, pp. 154~175.
9) Shakespeare, *Disability Rights and Wrongs*.

그러므로 이러한 논쟁에서 토니의 통찰은 여전히 현재성을 갖는다.

토니의 통찰을 재론하는 두번째 이유는 불평등의 '내적인' 근원과 '외적인' 근원에 대한 그의 직설적 주장이 정의론 일반에 있어, 특히 장애이론에 있어 모두가 껄끄러워하는 이슈를 제기하고 있기 때문이다. 이런 이슈를 그것이 지니고 있는 미묘한 지점들과 잠재적 위험성 양자를 충분히 고려하면서 명확히 제시하는 것은 극히 중요하다. 그러므로 나는 토니의 통찰을 분배적 정의론에 대한 장애적 비평disability critique 내에 보다 잘 위치시키기 위하여, 그의 입장에 대한 몇 가지 해석의 문제들에서 논의를 시작하고자 한다.

토니의 통찰에 놓여 있는 배경

그다지 적절한지는 잘 모르겠지만, '내적인' 것/'외적인' 것의 구별이 지나치게 단순하다는 것이 토니의 주장에 대한 얼마간 사소한 반대의 이유로 존재하고 있다. 어떤 중요한 의미에서 우리는 생태학적 실체이다. 우리가 세계를 형성해 내는 만큼이나 세계는 우리를 형성해 낸다. 인간이라는 생물학적 존재의 토대 ── 인간의 유전자 구성genetic make-up ── 에서부터 우리는 진화의 영향력과 환경의 영향력에 의해 좌우되고 주조된다. 그리고 다시 인간의 개별적·집단적 행동은 환경에 훨씬 더 큰 결과를 초래한다. '내적인' 것/'외적인' 것의 구별이 마음과 몸, 정신적인 것과 물질적인 것의 이원론을 말하는 것이라면, 한 사람의 유물론자로서 내가 앞장서서 하나의 난센스일 뿐인 그런 구별을 거부할 것이다. 그럼에도 불구하고 그런 구별은 하나의 유용한 자기 체험적 방식으로 유지되고 있다. 우리는 '내적인' 것과 '외적인' 것 간의 근본적인 상호작용 관계를 부정하지 않으면서, 존재론적 수준에서든 경험의 수준에서든 아니면 다른 그 어떤 수준에서든, 생물학적이면서 정신적인 실체인 우리들에게 내재적인 것이라고 간주되는 어떤 것과, 우리가 살아가는 공간——즉 우리의 물질적·대인관계론적·사회적·문화적·정치적 환경——을 형성해 내는 것이라고 간주되는 어떤 것들을 구별할 수 있고 또 구별해야만 한다.

그렇지만 그런 구별에 토니의 표현은 별로 도움이 되지 않는다. 어떤 면에서 보자면, 그는 그런 구별에 대응하지 않는 표현을 사용한다. 즉 '품성과 지성', '선천적 자질', '개인적 재능', '개인적 차이' 같은 표현들을 말이다. 피상적으로 파악한다면, 그는 누군가가 책임을 질 수 있는 차이(품성과 지성)와 누군가의 통제를 벗어나 있는 차이를 구별하고 있는 것처럼 보일지도 모른다. 하지만 그것은 (비록 우리가 다시 다루게 될 문제들을 암시해 줄 수는 있을지라도) 말이 되지 않는데, 왜냐하면 그렇게 볼 경우 토니가 어떤 사람이 가지고 태어난 속성과 후천적으로 획득한 속성 간의 구별을 의미하는 것으로서 '선천적 자질'과 '개인적 재능'에 대해 이야기하고 있는 것이 되기 때문이다. 그러나 확실히 그는 예컨대 영양 결핍, 질병, 사고, 폭력으로 인한 낮은 지능과 같이 삶의 경험들에 의해 야기되는 차이들을 무시하고자 하지 않았다. 다른 면에서 보자면, 토니는 단지 '사회적·정치적 조직'에 대해서만 이야기하고 있는데, 이는 인간의 차이에 대한 외부적 또는 외재적 근원들 중 광범위한 부분을 제외하게 된다. 우리는 기후나 인구 밀도나 여타의 지정학적인 요인들을 우리의 논의에 포함시켜야 하는가, 아니면 제외해야 하는가?

그렇지만 기본적으로 토니의 통찰은 어렵지 않게 이해될 수 있다. 즉, 평등에 대한 사회적 약속은 모든 개인적 차이들이 평등해져야 함을 요구하는 것이 아니라, 단지 사회적·경제적 환경에 의해 야기되는 불리한 차이들만이 평등해져야 함을 요구한다는 것이다. 따라서 우리가 인간의 차이에 대한 양쪽 근원들[즉 내재적 근원과 외재적 근원]을 적절한 방식으로 정교화하려 한다면 그의 통찰에 충실하지 않을 수 없을 텐데, 지금의 이론적 현실은 그렇지 못하다. 우리는 일단 우리의 논의에서 작동하고 있는 개념이 '개인적 차이'이며, 그것이 일반적으로는 모든 생리적이고 정신적인 기능상의 능력과 특성을 포함한다고 상정해 볼 수 있다. 그러므로 '품성'이라는 표현에서는, 토니가 근면성, 자제력, 낙관적 태도, 정서적 안정감, 창조성, 활기와 같은 내적인 인적 자원들을 염두에 두었던 것으로 생각할 수 있다. 그리고 '지성'이라는 표현에서는, 그는 틀림없이 선천적인 것이든 후천적인 것이든 모든 정신적이고 신체적인 재능, 기량, 능력을 기꺼이 포함시키고자 했을 것이다.

토니의 이분법이 지닌 또 다른 측면을 확장하고 정교화하는 것도 그의 통찰에 있어 마찬가지로 공정한 일이 될 것이다. 비록 그가 '사회적·정치적 조직'에만 관심을 갖기는 했지만, 모든 종류의 '외부적' 또는 '환경적' 요인들은 누군가의 삶이 영위되는 방식, 또는 누군가가 지닌 일단의 내재적인 특성들이 세계 내에서 작동하는 방식에 영향을 미칠 수 있다. 물질적 환경의 몇몇 특징들 ——시간, 중력, 기본적인 물질적 속성들——은 사회적·정치적 제도의 통제를 벗어나 있다. 그리고 다른 특징들——인구 분포, 기후 조절, 자원의 가용성 및 분배——은 통제 가능하지만 많은 비용이 들기도 하며, 또 다른 특징들——도시 계획, 공중위생public health의 증진 및 질병 예방, 차별, 자원에 대한 접근성——은 그럼에도 불구하고 점점 더 사회적·정치적인 제도적 통제가 용이해지고 있다. 차이의 외부적 또는 외재적 근원에 대한 사회적·정치적 통제의 수준, 종류, 실행 가능성이 거대한 이슈이기는 하지만, 처음부터 이러한 근원의 영역을 줄인다고 해서 개념적으로 얻을 수 있는 것은 아무것도 없다.

우리가 일단 인간의 차이에 대한 내재적·외재적 근원의 영역들을 적절히 정교화하기만 한다면, 토니의 통찰은 유지되고 강화될 수 있다. 그리고 그것은 사회정의에 대한 행동계획의 틀이 될 수 있다. 즉 우리는 사회적·정치적 제도의 통제 내에 있는 인간의 불평등에 대한 모든 외재적 근원들을 제거하거나, 완화하거나, 그렇지 않으면 바꿔 내야만 한다. 현실적으로 우리의 통제를 벗어나 있지만 개인적 차이들을 생산해 내는 외재적 요인들에 대해서는 보상적인 국가의 대응이 필요할 수도 있다. 기본적인 인간의 활동과 사회활동에 참여할 수 있는 해당 개인의 능력에 대한 제약을 그/그녀에게 보상해 줄 수 있는 추가적인 사회적 자원의 형태로 말이다. (환경을 바꿔 내는) 직접 행동에 의해 성취되든 아니면 보상에 의해 성취되든, 평등은 사람들 자체가 '동일하게 되거나' 또는 '평등화되는' 것을 (그것이 무엇을 의미하든지 간에) 요구하지 않는다. 사람들은 서로 다르며, 그렇게 다르다는 것은 일반적으로 말해서 좋은 것이다.

물론 이것은 하나의 통찰이지 이론은 아니다. 진정 평등해져야 하는 것(일차보건의료, 사회재, 자원, 복지, 한계효용, 기회, 역량 등)이 무엇인지에 대해 훨씬 더 많은 것들이 이야기되어야 하며, 사회적 자원의 희소함과 그처럼 희소한 자원에 대한 경쟁적 수요를 고려했을 때, 유리함에서의 얼마나 큰 격차가 불공정한 것인지에 대해서도 무언가가 이야기되어야 한다.

다행히도 이 글에서 나의 관심은 토니의 정의에 대한 설명을 발전시켜 이론화하는 것이 아니며, 다양한 분배적 정의론과 평등주의에 대한 요구를 가지고 논쟁을 벌이는 이론 및 이론가들 사이에서 그의 적절한 위치를 찾아 주는 것도 아니다. 나의 관심은 정의론에 대한 장애적 비평의 견지에서 토니의 통찰을 새롭게 바라보고, 그렇게 함으로써 그의 통찰을 정교화하는 것이다. 그리고 정의를 다루는 문헌들 내에서 잘 알려지지 않은, 내 생각에는 장애이론가들이 제대로 인정하고 있지 않은 관심사를 제기하는 것이다. 내가 염두에 두고 있는 관심사는 유리함에서의 불평등이 사회적·정치적 조직에 의해 시정될 수 있는 한, 토니의 통찰은 그러한 불평등의 **어떠한** 형태에 적용되더라도 동등한 효력을 지닌다는 견해로부터 연유한다. 그러나 먼저 우리는 그의 통찰을 한 번 더 세밀하게 살펴볼 필요가 있다.

사회정의는 무엇보다 평등에 관한 것이다

표면적으로 토니의 통찰은 선천적 자질이나 개인적 능력에서의 모든 차이들에 있어 그것을 '교정'하거나 개선해야 할 사회적 의무를 주장하는 것은 고사하고, 그런 가망조차 품지 않는다. 인간의 능력은 모

든 영역 ──지성, 창조성, 집중력, 정서적 안정감, 체력, 협응력 ──에
서 일련의 연속체를 이루고 있다. 즉 사람들은 서로 다르다. 토니는 선
천적 자질이나 개인적 능력에서의 차이들을 개선하는 것이 단지 '한쪽
측면만을 다루는 것'이라고 ──'선천적 자질'이라는 표현이 시사하는
것처럼 ── 상정했을 수도 있다. (만일 그렇다면, 그의 통찰은 그다지 특
별한 것이 아닌 게 되어 버리고 말기는 하지만 말이다.) 분명히 그는 인간
의 차이에 대한 지각에 기반을 둔 낙인이나 사회적 배제가 제거되어야
만 한다는 견해에 동조했을 것이다. 왜냐하면 이는 사회 환경에 의해
생성되는 차이들의 예이기 때문이다. 그렇다면 내재적인 차이들 그 자
체에 대해서는 어떤 생각을 지니고 있었을까?

　우리가 토니의 통찰을 위에서 말한 방식으로 정교화한다면, 그리
고 손상을 그 초점으로 삼는다면, 앞 단락의 마지막 질문은 다음과 같
이 구체화될 수 있다. 즉, 토니는 평등에 대한 사회적 약속이나 정의는
내재적 불평등이 교정되어야 함을 요구한다고, 또는 일상적 가정생활
및 사회생활에의 참여에 대한 그런 불평등의 영향이 개선되거나 보상
되어야 함을 ──가능한 경우에는, 그리고 가능한 정도까지는── 요구
한다고 논했던 것일까?

　다시 말해서, 우리는 손상을 교정하거나 개선하기 위해, 그리고
어떤 사람의 전반적인 일상생활 활동 수행과 삶의 질에 미치는 손상
의 영향을 줄이기 위해 자원을 제공하는 데 있어 사회적·정치적 제도
의 **실패**를 어떻게 특징지어야 하는가? 이러한 실패는 토니가 보기에,
개인적 차이 그 자체가 아니라 사회적·정치적 조직 내에 그 근원을 갖
는 불평등이었을까? 물론 그랬을 것이다. 개인적 차이들이 평등해질

필요는 없지만, 그런 차이들이 고통스러울 때, 기능적으로 제약을 가하거나 방해가 될 때는 진정으로 일정한 필요를 생성해 낸다. 충족되지 않은 필요는 사회적으로 생성된 불평등이지 개인적 차이가 아니다. (다만 우리는 다음의 조건을 신속히 덧붙여만 하는데) 자원의 재분배에 의해 이러한 필요를 충족시킬 수 있는 가능성이 있고, 실제로 그렇게 충족시키는 것이 실현 가능한 한에 있어서는 말이다. 물론 이 글에서의 이슈는 단순히 충족되지 않은 필요가 아니라 불평등하게 충족되지 않은 필요이다. 충족되지 않은 모든 필요가 평등하게 무시될 수 있다면, 마찬가지로 사회적 불평등이 생성되지 않을지도 모른다(특히, 충족되지 않은 필요로 인한 충격을 약화시키기 위한 어떤 보상 제도가 마련되어 있다면 말이다). 도덕적으로 개탄스러운 불평등 상황은 필요가 생성되지만 충족되지는 않고, 그럼으로써 그 필요가 불평등하게 악화되는 상황이다. 사회적·경제적 제도로 인해서 말이다. 토니의 저서『평등』 *Equality*의 전반적인 논변을 고려해 볼 때, 그가 이런 입장을 전폭적으로 채택하고 있었을 것이라 생각할 만한 충분한 이유가 존재한다.

그렇지만 토니의 통찰을 장애에 적용하기 위해서는 차별, 낙인, 다른 적극적 형태의 불평등의 생성뿐만 아니라, 또한 그러한 상호작용의 다른 측면(즉 손상)에 대한 개선이나 보상을 꾀할 수 있는 구조의 부재나 조직의 실패를 나타내는 "[사회적·정치적] 조직에 그 근원을 지니고 있는 불평등"이라는 그의 표현을 이해하는 것이 결정적으로 중요하다. 더불어 토니가 말하는 부당한 불평등이 사회적·정치적 제도의 적극적인 부정적 대응active adverse response과 소극적인 무대응passive non-response 양자에 그 근원을 두고 있음을 승인할 필요가 있다. 전자는 낙인, 편견, 사회적 배제라는 형태를 띤다. 그리고 후자는 어떤 사람의 사회적 참여에 대한 손상의 영향을 제거하거나 개선할 수 있는 적절한 자원을 제공함으로써 손상에 의해 생성되는 필요에 대응하는 것의 실패, 또는 그렇게 생성된 필요가 도저히 혹은 실행 가능한 형식으로는 개선될 수 없다면 유용한 보상을 제공하는 것의 실패라는 형태를 띤다.

공교롭게도 선진국에 속하는 대다수 사회들은 이러한 양쪽 형태의 불평등을 인정하고 이에 대응한다. 기능적 능력에서의 제약을 개선하기 위해 주거, 교통, 의사소통 서비스 등의 영역에서 의료기술, 재활공학, 교육공학, 보조공학과 여타 형태의 편의가 제공된다. 그리고 사회부조, 산재보상, 단기 및 장기 장애연금, 그리고 다른 많은 소득대체제도가 노동 능력에 영향을 미치는 손상을 지닌 개인들에 대한 보상을 꾀하고 있다. 이런 대책들은 적절한 수준에서 또는 합리적으로 관리되기는 하지만, 분배적 정의에 의해 추동된 대책의 예라고 할 수 있다.

이에 반해서 차별금지 법률은 장애와 관련된 낙인이나 고정관념으로 인한 결과들을 다룬다. 차별금지 법률 및 정책은 기존의 불평등한 관행에 대한 대응이기 때문에, 그것은 기본적으로 교정적 정의의 적용에 대한 예라고 할 수 있다. 그렇지만 ADA를 연구해 온 몇몇 학자들이 설득력 있게 논했던 것처럼,[10] '정당한 편의'reasonable

---

10) 특히 Samuel R. Bagenstos, "Subordination, Stigma, and 'Disability'", *Virginia Law Review* 86, 2000, pp. 397~534; Samuel R. Bagenstos, "The Americans with Disabilities Act as Welfare Reform", *Williams and Mary Law Journal* 44, 2003, pp. 1~89; Michael A. Stein, "The Law and Economics of Disability Accommodations", *Duke Law Journal* 53, 2003, pp. 79~192를 보라.

accommodation의 원칙은 공공장소, 사업장, 교육 기관에 이전의 차별적 관행에 대한 대응으로 정당한 편의를 요구하기 때문에, 이런 법률에 재분배의 차원을 추가한다고 볼 수 있다.

　요컨대 데이비드 와서먼David Wasserman이 언급했던 것처럼 손상은 서로 다른 두 가지 방식으로 사회정의와 관련된다.[11] 즉 기능적 결손과 불평등에 대한 사회적 표지라는 측면에서 말이다. 어떤 사회적 대응은 손상을 사람들의 사회 참여에 방해가 되는 기능적 결손으로 바라본다. 또 다른 사회적 대응은 장애인을 불리하게 만드는 사회적 낙인과 완전한 사회 참여에 대한 여타의 방해물들을 강조한다. 기능적 결손이라는 측면에서, 손상은 서비스, 자원, 편의제공에 대한 필요를 생성하면서 분배적 정의를 소환해 낸다. 손상을 지닌 사람들에게 해를 끼치는 사회적 낙인, 경시, 오해라는 형태의 측면에서, 그러한 대응——지금까지 가해져 왔던 피해를 원상태로 돌리고자 노력하는——은 교정적 정의 또는 보상적 정의를 요구한다. 와서먼은 손상이 "사회적 의미들로 가득 차 있기" 때문에, 세 가지 형태의 정의——즉, 분배적 정의, 교정적 정의, 절차적 정의——를 어느 정도씩은 다 요구한다고 여기는데, 나의 견해로는 그의 생각이 옳아 보인다. 어쨌든 누군가가 취하는 이론적 경로가 무엇이든 간에, 토니의 통찰이 지닌 핵심은 사라지지 않는

---

11) David Wasserman, "Some Moral Issues in the Correction of Impairments", *Journal of Social Philosophy* 27, 1996, pp. 128~145; David Wasserman, "Distributive Justice", eds. Anita Silvers, David Wasserman and Mary B. Mahowald, *Disability, Difference, Discrimination: Perspective on Justice in Bioethics and Public Policy*, Lanham, MD: Rowman and Littlefield, 1998.

다. 즉 사회정의는 사회적·정치적 조직에 의해 생성되는 불평등을 다룬다. 사회정의는 평등에 관한 것이다.

장애적 비평

그렇지만 많은 장애학자들은 손상의 양쪽 측면에 대한 통합을 꾀하는, 평등에 기반을 둔 사회정의론을 불편해한다. 나름의 이유가 있는 그들의 태도는 우리에게 가장 영향력 있는 이론적 가정 중 하나를 상기시킨다. 그것이 비록 통상적으로는 언급되지 않는 사회 정책에 대한 가정이기는 하지만 말이다. 즉 사람들이 살아가고 있는 물질적·사회적 환경을 바꾸는 것보다는 개인의 기능적 결손에 대응할 수 있는 자원을 제공하는 것이 언제나 더 비용이 적게 들고, 더 효율적이며, 대중적으로 수용 가능하다는 것이다. 그런 가정은 장애 정책을 주변으로——현실 세계에서 성공할 수 없는 사람들을 위한 '특별한 필요'에 불과하다고—— 밀어내 버릴 뿐만 아니라, 물질적·사회적 환경에서의 미래지향적인 변화가 경제적으로 효율적이고 모두에게 이득이 된다는 유니버설 디자인universal design 운동의 교훈 또한 무시하고 있다. 하지만 그런 가정은 세계를 변화시키는 것보다는 사람을 변화시키는 것이 낫다는 편견을 생성해 내면서, 관련 정책 영역을 계속해서 고수하고 있다. 장애적 비평은 이러한 정책의 고수가 사회적 불평등의 진정한 근원을, 즉 장애란 불공정한 사회 제도에서 기인하는 불리함이라기보다는 '특별한' 서비스를 필요로 하는 개인적 결손이라는 믿음을 한층 더 공고히 한다고 결론짓는다.

주류 평등론에 대한 장애적 비평은 의심할 여지없이 타당하다. 정의론자들이 장애를 다루고자 한다면, 개인적 결함으로 이해되어 왔던 손상에 대한 즉각적인 인식의 변화가 있어야 한다. 우리는 정의가 사회적 기회를 평등하게 하기 위한 보건의료 자원을,[12] 공정한 보상을 산정하기 위한 가설적 보험 제도hypothetical insurance scheme를,[13] 역량의 수준을 끌어올림으로써 적극적 자유를 평등하게 하기 위한 자원을,[14] "복리를 축소시킬 것으로 예상되는 건강과 관련된 이상"에 의해 야기된 한계효용의 불평등에 대한 정정을[15] 필요로 한다고 이해한다. 장애인의 개인적 결손과 상대적 행복에 대한 집착이 실버스가 논한 것처럼 장애 비하적인 것까지는 아닐지 모르지만,[16] 그것은 확실히 사회적·정치적 조직, 장애가 갖는 불리함의 생성에 있어 그런 조직의 역할, 바로

---

12) Norman Daniels, "Justice and Health Care", eds. Donald Van DeVeer and Tom Regan, *Health Care Ethics: An Introduction*, Philadelphia, PA: Temple University Press, 1986.

13) Ronald Dworkin, "What Is Equality? Part 2: Equality of Resources", *Philosophy and Public Affairs* 10, 1981, pp. 283~345. [로널드 드워킨은 현실에서 보험에 들 수 없었던 사람들에게 보상을 해줄 때 그 보상 수준은 그들이 보험에 들었다고 가정했을 경우 받을 수 있는 정도는 되어야 한다고 생각한다. 물론 이는 정부의 재분배 정책에 의해서 이루어져야 하겠지만, 재분배를 위한 세금이나 보상의 수준은 가설적인 평등한 보험시장을 통해서 정할 수 있다고 본다. 이에 따라 드워킨은 모두가 평등한 처지에서 장애에 대비한 보험을 들 수 있는 가설적인 보험시장에서 모두가 보험에 들었다고 가정할 경우, 이를 통해 산정되는 보장 수준과 보험료를 기준으로 장애에 대한 보장 수준과 그 기금을 마련하기 위한 세금도 책정할 수 있다고 생각한다. 이러한 가설적 보험시장에 근거하여 재분배 제도를 설계하려는 방법을 '가설적 보험 접근법'(hypothetical insurance approach)이라고 부른다.—옮긴이]

14) Amartya Sen, "Capability and Well-Being", eds. Martha Nussbaum and Amartya Sen, *The Quality of Life*, Oxford: Clarendon Press, 1993.

15) Mark S. Stein, *Distributive Justice and Disability: Utilitarianism against Egalitarianism*, New Heaven, CT: Yale University Press, 2006, p. 16.

16) Silvers, "'Defective' Agents: Equality, Difference and the Tyranny of the Normal".

앞서 이야기한 정의가 필요로 하는 조치의 실행 가능성과 사회적·경제적 이점에서 논의를 벗어나게 한다.

한 가지 문제

그렇다면 토니의 통찰은 올바른 것인가? 평등에 대한 사회적 약속은 개인적 차이에서의 불평등은 (가능하다면 그러한 차이의 개선보다는 보상을 함으로써) 제거할 것을 요구하지 않으며, 단지 사회적·정치적 조직의 작용으로부터 연유하는 불평등만을 제거할 것을 요구하는가? 우리가 앞서 수행했던 토니의 통찰에 대한 조심스러운 해석상의 정교화를 상기해 본다면, 우리는 개인적 차이에 의해 생성된 필요에 **대응하는 것의 실패** 또한 사회적으로 생성된 불평등이라는 미묘한 지점을 부언해 둘 필요가 있다. 그리고 장애학자들은 손상이란 사회적 불평등의 적절한 초점이 전혀 아니라고 말하고 싶은 유혹을 느낄 것이라는 점을 그들 스스로 유념해야만 한다는 사실 역시 추가적으로 언급될 필요가 있다.[17]

개념적으로, 이런 문제제기와 지적된 내용 모두는 (위에서 언급된 역학적 장애 모델들 내에 함축되어 있는) 상호작용적 장애 모델interactive model of disability과 완전히 부합한다. 이러한 장애 모델에서 장애란 개인의 속성(손상과 기능적 능력)과 그 개인이 행동하며 살아가고 있는 물질적·사회적·태도적·정치적·문화적 세계 전체의 상호작용에 의한 결

---

17) 다시 한 번 Shakespeare, *Disability Rights and Wrongs*를 보라.

과이다. 손상과 다른 건강상의 문제는 일상생활 활동에 참여할 수 있는 어떤 사람의 능력에 영향을 미친다. 그리고 개인이 처한 환경과 손상에 대한 대응이나 대응의 결여 또한 그런 활동의 참여에 영향을 미친다. 구체적인 경우들에 있어, 손상이 활동에 참여하지 못하는 것의 주요 근원인지 아니면 환경이 일차적 근원인지는 언제나 명확한 것은 아니다. 그것은 실제 상황에 달려 있다.

토니의 통찰, 평등에 대한 최근의 이론화 작업, 장애적 비평 모두는 우리를 장애에 대한 상호작용적 이해로 되돌아오게 하는데, 그러한 상호작용적 이해는 사회정의를 위해 현실적으로 실행 가능한 장애 의제에 있어 거의 틀림없이 최선의 방식이라고 할 수 있다. 그러나 토니는 이런 의제의 유효성을 제약할 수도 있는 하나의 이슈를 제기한다. 왜 장애에 관한 의제만이 이렇게 이해되고 다루어져야 하는가? 손상은 프랑스어를 할 수 있는 능력의 부재, 차를 수리할 수 있는 훈련의 결여, 핵물리학에 대한 무지, 음악적 재능의 부재, 연설에 대한 기량의 결여 같은 다른 불리한 개인적 차이들, 한마디로 말해서 **재능 부재**와 어떻게 다른가? 정의와 평등에 대한 사회적 약속이 장애에 대한 신중하고도 다차원적인 대응을 필요로 한다면, 재능 부재와 연관된 불리함에 대해서도 그래야 하지 않는가?

진정 그래야 하지 않는가? 손상과 재능 부재 양자가 흔히 낙인화되고 제대로 이해받지 못하는 내재적인 차이이고, 양쪽 다 "외부 자원을 행복으로 전환시켜 낼 수 있는, 또는 외부 자원을 자신이 선택한 목적에 동원할 수 있는 개인적 능력에서의 결함"이며,[18] 양쪽 다 해당 개인이 처한 불리함을 생성해 내는 광범위한 물질적·사회적 환경과 상호작용하는 것인데 말이다. 그리고 사람들은 재능의 결여와 손상 양자에 비추어 그들의 포부와 목적을 발전시키는데, 즉 사람들은 양자 모두에 대처해야 하고 적응해야 하는데 말이다.

표면적으로, 손상과 재능 부재 간의 개념적 유사성은 실제적 문제라기보다는 이론적 호기심 같아 보이기도 한다. 그렇지만 지금까지 어떠한 이론가들도 도덕적으로 유의미한 점에서 손상과 재능 부재가 비슷하다는 것에 동의하려고조차 하지 않았다. 그리고 여기에는 그럴 만한 이유가 존재한다. 모든 불리한 개인적 차이들(기량, 재능, 능력, 포부, 인생 설계)에서의 불평등을 제거하려는 목적을 지닌 사회 정책은 진정 상상도 할 수 없을 만큼 엄청난, 대단히 치명적인 결과를 가져올지 모른다. 이런 불평등들을 제거하는 데 필요한 자원은 그렇게 하기 위해 현실적인 이용 가능한 자원을 훨씬 능가할 것이다. 그리고 점점 더 적은 자원이 산출됨에 따라 머지않아 그러한 의제는 서서히 중단되어 버릴 것이다. 이와 같은 정책적 블랙홀을 피하기 위해서는, 누구라도 손상과 재능 부재를 명확히 구별해야만 한다. 하지만 그런 구별을 하는 방법은 어떤 면에서는 일종의 편법일 수밖에 없다.

손상과 재능 부재를 구별하기

접근법 A: 손상은 건강상의 문제이다

노먼 대니얼스Norman Daniels는 손상과 재능 및 기량에서의 결손이 어떤

---

18) Wasserman, "Distributive Justice", p. 173.

사람에게 열려 있는 다양한 기회를 축소한다고 인정한다.[19] 그렇지만 대니얼스는 손상이 "해당 개인에게 열려 있는 다양한 기회 중에서도 그가 '인생 설계'를 하거나 좋은 삶을 구상할 수 있는 조건이 되는 기회를 축소하기" 때문에, 손상을 지닌 사람은 사회에 대한 특별한 요구를 지닌다고 논한다.[20] 그러나 이것은 재능 및 기량에서의 결손에 있어서도 또한 사실이 아닌가? 대니얼스는 손상은 건강의 영역 내에 존재하고, 건강과 보건의료 자원의 분배는 다른 모든 좋은 것에 어떤 사람이 접근하는 데 결정적으로 영향을 미치기에, 손상에 그처럼 사회정의의 우선순위가 부여되어야 한다고 응답한다. 그리고 정의란 상이한 기량과 재능을 지닌 사람들에 대해서가 아니라, 유사한 기량과 재능을 지닌 사람들에 대해서만 기회의 평등화를 요구한다고 말한다.

건강 회복이 사회적 우선순위를 지닌다는 대니얼스의 논변은 정의가 모든 '선천적 불평등'에 대한 해명을 사회에 요구하지는 않으며 그러한 불평등에 대한 보상마저도 요구하지 않는다는, 어떤 면에서 토니와 유사한 존 롤스의 주장에 대한 응답으로 제시되었다. 롤스는 사회란 단지 사회 제도가 선천적 불평등을 악화시키거나 심화시키지 않도록 보장함으로써 선천적 불평등을 완화시킬 의무를 지닐 뿐이라고 말한다.[21] 건강과 관련된 불평등이 진정으로 정의의 영역에 포함된다는 대니얼스나 포기와 같은 포스트 롤스주의자들의 논변은[22] 롤스주

---

19) Daniels, "Justice and Health Care".
20) Ibid., p. 292.
21) Rawls, *A Theory of Justice*.
22) Pogge, *Realizing Rawls*.

의적 정의의 결함이라고 여겨지는 것을 정정하기 위한 것이었다. 이러한 정정에서 활용된 기법은 내가 앞서 제안했던 토니의 통찰에 대한 해석상의 정교화와 유사해 보인다. 즉, 선천적 불평등은 평등의 적절한 초점이 아닐지 모르지만, 그에 대해 일정한 방식으로 대응하는 것에 있어서의 사회적 실패는 평등의 초점이라는 것이다. 그렇지만 대니얼스가 채택한 전략에서는 건강이라는 추가 사항이 구체적으로 덧붙여진다. 즉, 평등이 사람들의 기회와 행복에 영향을 미칠 수 있는 모든 선천적 차이의 제거를 사회에 요구하지는 않지만, 건강상의 문제로 인한 정상적인 인간 기능의 감소와 관련된 차이만은 제거할 것을 요구한다는 것이다.

충분히 예상되는 것처럼 대부분의 장애학자들은 이런 접근법을 단호히 거부한다. 왜냐하면 그것이 '정상적 기능'에 대한 과장되고 편견 어린 집착과 더불어 의료적 장애 모델의 기운을 강하게 풍기고 있기 때문이다. 몇몇 신중한 장애학자들은 손상이 보건의료적 중재를 필요로 할 수 있는 건강상의 문제라는 것을 부정하지는 않지만, 그들은 대니얼스가 했던 방식대로 '건강이라는 카드'를 사용하는 것은 거부한다. 그리고 그들이 그렇게 하는 것은 옳다고 할 수 있다. 비록 이유는 서로 다를 수 있겠지만 말이다. 어쨌든 건강이라는 기준은 손상과 재능 부재를 구별하는 데 기껏해야 모호하고 종잡을 수 없는 도구인 것이다.

어떤 기량과 재능(달리기, 노래하기, 문제해결)은 그 자체가 기능적 능력이다. 다른 기량과 재능(웨이트리스로서 주문을 기억하기, 택시 운전하기, 프랑스어로 말하기)은 인과적으로 다른 기능적 능력에 의존한다. 좀 더 일반적으로 말해서 모든 기량과 재능은 기능적 능력에 의존한다고 볼 수 있다. 물론 그 말은 예컨대 재미있는 철학 강의를 할 수 있는 재능이 그 자체로 '건강상의 능력'임을 의미하지는 않으며, 단지 그런 재능이 누군가의 건강 상태에 의존함을 의미할 뿐이다. 기량과 재능이 기능적 능력을 필요로 한다는 사실은 손상과 재능 부재를 구별하는 데 있어 건강이라는 기준이 인과관계의 연속체상에 어떻게 구분선을 긋느냐라는, 불가피하게 임의적일 수밖에 없는 판단에 의존한다는 것을 의미한다.

좀 더 일반적으로 말해서, 건강이라는 영역에 근거를 둘 수 있는, 손상과 재능 부재 간의 구조적 차이는 존재하지 않는다. 예컨대 우리는 기능적 능력은 단순하며 원자적인 반면 재능은 복잡하며 분자적이라고 말할 수 없다(읽는 것을 배울 수 있는 능력에서의 손상[즉 난독증]은 대단히 복잡한 것이다. 반면에 중앙 '다' 음보다 두 옥타브 높게 휘파람을 부는 재능은 단순하지만 흔치 않은 것이다). 또한 우리는 기능적 능력은 타고나는 것인 반면 기량과 재능은 후천적으로 획득되거나 개발되는 것이라고 논함으로써, 손상과 재능 부재의 인과론을 구분지어 정교하게 설명할 수도 없다. 많은 손상들은 후천적이며, 또 어떤 기량들은 선천적이다. 결국 건강이라는 기준은 실패작인 것이다.

그렇지만 선천적인 것 대 후천적인 것이라는 구별이 비록 건강이라는 영역을 조작화하는 데에는 실패한다 할지라도, 그것은 손상과 재능의 결여를 구별하는 통상적인 방식이 무엇인지를 우리에게 환기시켜 준다. 기능적 능력과 그런 능력의 결손은 그 사람의 기본적 목록 또는 자질의 일부이지만, 기량과 재능은 후천적으로 획득하거나 개발하기 위해 어떤 노력을 요하며, 그런 만큼 의지에 따른 것이다. 이는 매우 통상적인 견해이다. 장애인 공동체에서조차 말이다. 이런 견해는 예컨대, "사회에 참여할 수 있는 재능, 기량, 능력, 욕구"를 지니고 있는 장애인이 차별로 인해 그렇게 하지 못하고 있다는 취지를 담고 있는, 2007년 「미국장애인법 회복법」Americans with Disabilities Act Restoration Act of 2007의 명시적 근거 내에도 함축되어 있다. 비록 '선천적인 것'과 '후천적인 것' 사이의 연속체에서 재능이 좀 더 분명히 **선천적인** 쪽을 향해 있는 반면 기량은 좀 더 **후천적인** 방향에 놓여 있는 듯 보인다 하더라도, 여전히 사회에서 제시되고 있는 판단의 척도는 우리가 일반적으로 손상에 대해서는 비난받지 않지만, 후천적으로 획득하거나 개발하기 위해 의지와 노력을 요하는 비손상적인 것non-impairment[즉 재능과 기량]에 대해서는 비난받을 수 있다는 것이다.

접근법 B: 손상은 비난될 수 있는 것이 아니다

책임성 기준responsibility criterion이라 불릴 수 있는 것도 우리가 필요로 하는 구분선을 만들어 내는 데 애초부터 실패한다. 사람들은 손상을 야기하는 부상으로 이어지게 될 위험한 행동에 대해 비난받을 수 있다. 그리고 어떤 기량—절대 음감이나 가젤과 같은 동작의 우아함—은 그것이 의지에 따라 갖게 된 것이든 아니든, 노력이 수반되는 개발을 필요로 하지 않을 수도 있다.

그러나 우리는 이런 기준의 도덕주의적 토대를 언급하지 않은 채 넘어가서는 안 된다. 그것은 다음과 같은 문장으로 표현될 수 있다. "당신이 읽는 것을 배우지 않았다면, 그건 순전히 당신 탓이다. 그러나 당신이 기능적으로 읽는 것을 배울 수가 없다면, 당신이 비난받을 수는 없다." 확실히, 이 주장의 요지는 의료적 문제가 아닌 경우라면 재능 부재를 보상하지 않겠다는 것일 터이다. 아마 그렇게 대응할 수도 있겠지만, 사람들이 그런 식으로 생각하는 이유는 어떠한 내재적 차이와는 전혀 관계가 없으며, 순전히 도덕주의적인 책임 전가일 뿐이다. 와서먼은 책임성 기준이 추가된 건강/비건강[non-health]의 구별은 흔히 자원의 할당을 위한 정치적 장치로 활용됨을 예리하게 언급한다. "수학에 재능이 거의 없는 학생은 그냥 더 낮은 성적을 받는다. 반면에 '난산증'[dyscalculia]을 지닌 학생은 개인 교습, 추가 시험 시간, 또는 수학 성적 요건의 예외적 면제를 제공받는다."[23] 다른 글에서 그는 이런 지점에 대한 논의를 발전시키면서, 알코올이나 약물 중독이라는 건강/비건강의 구별이 곤란한 예들에 있어 그것이 어떤 정치적·법적 결과를 가져오는지를 탐구한 바 있다.[24]

그러나 이 논의에서의 요점이 무엇인지를 놓쳐서는 안 된다. 즉, 그 요점은 사회정의와 평등에 대한 약속이라는 관점에서 볼 때, 건강/비건강의 구별과 책임성 기준은 양쪽 다 도덕적으로 임의적이라는 것이다. 만일 우리가 난산증을 지닌 학생이 자원과 편의를 제공받는 것이 공정한 일이라고 생각한다면, 재능의 결여나 노력의 부족 때문에 나쁜 수학 성적을 받은 학생에게는 왜 동일한 지원이 이루어지면 안 되는가? 결과적으로 나타나는 개인적·사회적 불리함은 양쪽 학생들에

---

23) Wasserman, "Distributive Justice", p. 158.
24) David Wasserman, "Addiction and Disability: Moral and Policy Issues", *Substance Use and Misuse* 39, 2004, pp. 461~488.

게 분명히 동일할 터인데 말이다. 게으름이나 동기 부여의 결여에 굳이 '의료적' 문제라는 꼬리표——그 사람에게 명백하고도 치명적인 영향을 미칠지도 모를——가 부여될 필요는 없다. 그리고 수학을 배울 수 있는 능력이나 재능을 지녔지만 복합적인 심리적·사회적 이유 때문에 배우지 못한 학생이 의료적 손상이라고 받아들여지는 것을 지닌 사람보다 오히려 자원이나 편의에 대한 더 많은 필요를 지닐 수도 있다.

접근법 C: 재능은 위치재이다

교육이라는 예는 손상과 재능 부재의 구별을 위해 우리가 시도해 볼 수 있는 또 다른 방향을 시사한다. 하나의 자원으로서 교육은 경쟁 우위를 지닌 사람들에게 다른 자원을 축적하고 부를 늘리는 데 이용할 수 있는 어떤 것, 사회적 위치, 전반적으로 높은 행복을 제공한다. 교육 자원의 가용성은 교육 자원의 질이 그런 것처럼 국가적 조치의 영역 내에 존재하는 문제이다. 그리고 그러한 가용성과 질은 대단히 중요하다. [사교육과 같은] 교육 자원의 민간 시장은 부유한 집 아이들을 상대적으로 유리한 위치에 놓이게 한다. 이는 교육이 전문 용어로 하나의 위치재positional goods임을 의미한다.[25]

위치재란 소유자에게 있어 어떤 재화의 가치가 해당 재화의 분배 상태 내에서 그/그녀가 점하고 있는 상대적 위치에 달려 있는 재화나 서비스를 말한다. 교육의 가치는, 즉 적어도 그 수단적 가치는, 다른 사

---

25) Fred Hirsch, *Social Limits to Growth*, Cambridge, MA: Harvard University Press, 1976; Martin Hollis, "Education as a Positional Good", *Journal of Philosophy of Education* 22, 1984, pp. 235~244.

람들이 얼마나 많은 교육을 받았는지, 그리고 자신과 동일한 직업이나 사회적 위치를 차지하기 위해 경쟁하고 있는 사람이 누구인지에 달려 있다. 공정한 경쟁 ——사회정의의 분명한 목표——은 불공정한 경쟁 우위가 완전히 제거될 수 없다면 완화라도 시키고자 하는 사회적 관심을 필요로 한다. 교육의 경우 이런 관심은 사교육의 경쟁 우위가 어느 정도는 완화되거나 제거될 수 있는 공공 부문에서 교육 수준을 향상시키기 위한 사회적 자원을 필연적으로 수반한다.

어떤 사람이 지닌 재능과 기량 ——특히나 시장성이 있는 것 —— 의 목록 또한 위치재라고 할 수 있다. 훈련이나 교육 같은 관련 위치자원 positional resource의 유리한 분배가 이루어진다면 재능과 기량이 변경될 수 있다는 다소간 확장된 의미에서는 말이다. 노동시장에서 모두를 공정한 경쟁의 수준에 놓이도록 하기 위해서는 재능과 기량의 공정한 분포가 필요하고, 이는 다시 그런 위치자원의 사회적 재분배를 요구하게 될 것이다.

반면에 건강은 몇몇 사람들이 논했던 바에 따르자면 비위치재의 한 예인데, 왜냐하면 나에게 건강의 가치란 다른 사람의 상대적인 건강 수준과 무관하기 때문이다. 즉, 건강이 설령 어떤 면에서는 수단적 가치라 하더라도, 그것이 또한 기본적으로는 절대적 가치라고 우리가 말할 수 있기 때문이다. 그러므로 건강의 분포에서 나타나는 불평등 ——사적인 보건의료 시스템 내에서 생성되는 것으로서의 ——은 정의의 관점에서 문제가 되지 않는다. (비록 공중위생 문제나 여타의 사회 문제를 피하기 위하여 효과적이고 접근 가능한 공적 제도를 보장하려는 노력은 정당하다고 하더라도 말이다.) 이런 이유로 건강과 기능적 능력의 만성적 감소, 즉 손상은 비위치재이다.

그렇다면 이런 접근법은 토니의 통찰에 대한 또 다른 판본일지도 모른다. 불리함 중에서도 사회적으로 생성된 (또는 사회적으로 인정된) 상대적 차이만이 사회정의의 적절한 관심사인데, 왜냐하면 위치재는 공정한 (즉 평등한) 경쟁을 만들어 내기 위해서 할당될 수 있고 또 할당되어야 하기 때문이다. 건강상의 차이와 같은 개인적 차이는 비위치재이고, 그러므로 사회정의의 적절한 관심사가 아니다. 그에 반해서 장애는 사회정의의 적절한 대상이긴 하지만, 장애의 불리함이 (건강상의 차이 그 자체보다는) 사회적·정치적 조직의 작용을 따라 추적되어 규명될 수 있는 정도까지만 그러하다.

비록 장애학자들이 (불리함의 사회적·정치적 원인에 초점을 맞추고 손상의 사회적 중요성을 무효화해 준다는 이유로) 이런 접근법에 유혹을 느끼는 것이 이해 못할 일은 아니지만, 그것은 자세히 점검해 보면 힘없이 무너지고 만다. 해리 브릭하우스Harry Brighouse와 애덤 스위프트 Adam Swift가 논했던 것처럼, 어떤 사람의 건강이 상대적이고 경쟁적인 가치를 지닌다는 사실을 부정하는 것은 불합리한 태도다.[26] 위치재라는 건강의 지위는 분명히 드러나는 것이라기보다는 잠재적인 것일지 모른다.[27] 그러나 건강의 사회적 결정요인에 대한 문헌은 소득 및 사회적 지위와 건강 간에 어떤 분명한 인과관계를 확립하지는 못한다고 하

---

26) Harry Brighouse and Adam Swift, "Equality, Priority, and Positional Goods", *Ethics* 116, 2006, pp. 471~495.

27) Robert King Merton, *Social Theory and Social Structure*, Glencoe, IL: Free Press, 1968.

더라도, 소득 및 사회적 지위의 불평등이 건강상의 불평등과 연관되어 있고 이러한 건강상의 불평등에 의해 영속화되는 것이라고 생각할 만한 수많은 이유를 우리에게 제시해 준다.[28] 이런 압도적인 증거는 보건의료 자원을 위치재로서 다루는 정책을 뒷받침하고 있다.

접근법 D: 차이를 무시하는 것은 위험하다

손상과 재능 부재를 개념적으로 구별하는 것은 생산적인 시도가 아닐지 모른다. 그리고 확언컨대, 그런 구별에 의지하고 있는 대부분의 이론가들은 이를 주의 깊게 살피는 데 거의 노력을 기울이지 않았다. 어쩌면 그들은 그런 구별이 너무나 분명한 것이어서 별다른 개념적 명료성을 필요로 하지 않는다고 느낄 수도 있다. 하지만 그보다는 내가 이에 대한 논의를 시작하면서 언급했듯이, 그들은 둘 사이에 어떤 구별이 이루어지지 않을 경우 다양한 자원의 재분배에 대한 부담이 '봇물처럼' 불어나 사회적 대혼란이 뒤따를 거라고 믿고 있을 가능성이 더 높다. 즉, 우리가 재능 부재와 손상을, 또는 기량이나 재능의 결여로 인한 불리함과 장애를 구별하지 않을 경우, 그들이 논하는 바에 따르자면, 평등에 대한 사회적 약속은 공동체에 압박을 가하며 정치적으로 받아들일 수 없는 막대한 자원의 재분배로 이어질 것이다. 그리고 그 최종 결과는 모든 평등주의자들에게 있어 골칫거리bête noire인 하향평준화가 될 것이다.

---

28) 이에 대한 예로는 Richard G. Wilkinson, *Unhealthy Societies: The Afflictions of Inequality*, London: Routledge, 1996을 보라.

각양각색의 복지 및 자원 평등주의자들에 대한 강력한 반대 이유 중 하나는 (상대적 한계효용이나 가장 가난한 자에 대한 우선권과 같은) 재분배의 허용 한도가 존재하지 않는다면 평등주의적 충동은 그러한 평등을 달성하기 위해서 부유한 사람들의 복지나 자원을 가난한 사람들과 대등한 수준으로 축소하게 된다는 것이다.[29] 몇몇 비평가들은 하향평준화가 사회적 평등에 대한 **어떠한** 형태의 설명도 피해갈 수 없는 필연적인 결과라고 주장하기까지 한다.[30] 여기서 제기되고 있는 우려는 평등주의자들을 그들의 생각대로 그냥 내버려 둔다면, 복지나 자원이 불평등하게 분배되는 경우의 가장 작은 몫이 평등한 분배가 가져다주는 몫보다 더 크다고 하더라도, 그들이 이런 불평등한 분배보다는 평등하게 분배되는 쪽을 고집스럽게 선택하려 할 것이라는 점이다. 평등주의자들은 가난한 사람들의 상대적 위치에만 집착하고 절대적 위치는 무시한다고 주장된다.

만일 이것이 평등주의에 대한 진정한 이의제기라면, 우리는 다음과 같은 질문을 던져 볼 수 있다. 재능 부재가 아닌 손상에만 평등주의가 적용될 경우에는 어떤 근본적인 차이가 발생하는가? 이에 대한 답변은 전혀 그렇지 않다는 것이다. 특히나 우리가 앞서 보았듯이 건강을 하나의 위치재로 간주하는 것이 타당하다면 말이다. 그러나 공리주

---

29) Derek Parfit, "Equality and Priority", eds. Matthew Clayton and Andrew Williams, *The Ideal of Equality*, Basingstoke: Palgrave Macmillan, 2000; Stein, *Distributive Justice and Disability*; Larry Temkin, "Equality, Priority and the Levelling Down Objection", eds. Matthew Clayton and Andrew Williams, *The Ideal of Equality*, Basingstoke: Palgrave Macmillan, 2000.
30) Harry G. Frankfurt, "Equality as a Moral Ideal", *Ethics* 98, 1987, pp. 21~43.

의자들은 손상에 대해서만은 비공리주의적인 평등주의적 재분배 정책이 필요하며, 이는 손상이 전혀 없거나 또는——좀 더 현실적으로는——단지 경미한 손상만을 지닌 사람들로부터 가장 심각한 손상을 지닌 사람들에게로 복지나 자원이 재분배되는 것을 요구한다고 거듭 주장해 왔다. 또 다른 이들은 훨씬 더 나아가 로버트 노직Robert Nozick의 (나중에는 그 자신도 단절했던) 편집증적 망상을, 즉 진정한 평등을 달성하기 위하여 국가는 신체의 일부를 재분배하거나 앞이 보이는 사람들의 눈을 멀게 할 필요가 있다는 입장을 반복하기도 한다.[31]

그렇다면 현 시점에서 우리는 평등주의 자체에 대한 신념은 버려야 할지도 모른다. 그리고 최근의 많은 철학자들처럼, 사회 내의 '가장 가난한' 자에게 재분배의 우선권을 부여하는 '약자우선주의' prioritarianism적 설명을 지향한 데릭 파핏Derek Parfit을 따르면서[32] 불평등의 전반적인 축소에 대한 전망은 포기해야 할지도 모른다. 그렇지 않으면, 우리는 공리주의적 접근법에, 가령 최근 마크 스타인Mark S. Stein이 기술한 바 있는 공리주의의 강력한 판본에[33] 마음이 끌리게 되고, 그래서 한계효용이라는 기준의 확고한 통제력하에 있는 분배 정책을 선택하게 될지도 모른다.

우리가 그런 쪽으로 유혹을 느끼게 된다면, 우리가 다루고 있는 문제에 대해 많은 진전을 이루어 낼 수 없을 것이다. 약자우선주의자들

---

31) Robert Nozick, *Anarchy, State and Utopia*, New York: Basic Books, 1974; Temkin, "Equality, Priority and the Levelling Down Objection".

32) Parfit, "Equality and Priority".

33) Stein, *Distributive Justice and Disability*.

도 공리주의자들도 손상과 재능 부재를 개념적으로 엄격하며 임기응변적이지 않은 방식으로 구별해 내지 못한다. 약자우선주의자들은 사회 내에서 누가 '가장 가난한'지에 대해 논점을 회피하지 않는 방식의 규정을 고안해 내는 곤란한 문제를 다루는 데 보다 관심을 갖는다. 반면에 공리주의자들로서는, 복지나 효용에 대한 어떤 실행 가능한 정의를 기반으로 손상과 재능 부재를 구별해 내는 데 몹시 애를 먹게 될 것이다. 우리가 손상과 재능 부재를 구별하는 데 어떤 도움을 구하고자 한다면, 그것을 여기서 찾을 수는 없다.

접근법 E: 어쨌든 차이를 무시하라

어떤 평등주의자들은 누군가를 불리하게 하는 불평등의 근원과 관련하여 손상과 재능 부재 양쪽에 적용될 수 있을 만큼 충분히 모호한 설명을 제시함으로써 우리가 다루고 있는 문제를 처리하려는 것처럼 보인다. 예들 들어 로널드 드워킨Ronald Dworkin의 가설적 보험 제도는 손상이라는 '그냥 주어진 불운', 제한된 혹은 존재하지 않는 재능, 그리고 불충분한 내부 자원에 대한 여타의 사례들을 차이 없이 다루기 위해 고안된 것이다. 가설적 보험 제도는 다음과 같이 이루어진다. 자신의 인생 설계에 대해 잘 알지 못하는 사람들에게 만일 향후 이와 같은 불리함들을 지니게 된다고 가정했을 때 보험으로 기꺼이 납부하고자 하는 금액이 얼마인지를 묻고, 이 액수에 대한 합의에 도달했을 때, 그러한 보험이 지불하게 될 보험금은 당연히 그 부족함에 대한 공정한 보상을 구성하게 될 것이다.[34]

아마르티아 센은 매우 상이한 제안은 내놓는다.[35] 그는 '역량'을 사람들이 현실적으로 선택할 수 있는 것들과 활동들로 간주하며, 그러한 것들과 활동들의 총합이 그 사람의 적극적 자유의 범위를 구성하는 것으로 여긴다. 그렇게 규정된 역량이란 곧 내부 자원과 외부 자원 양자를 아우르는 것이 되며, 그러므로 평등주의적 프로그램은 내부적·외부적 장벽들을 제거하는 데 사회적 자원을 사용하고자 할 것이다. 센에게 있어서는 손상뿐만 아니라 재능 부재 또한 내부적인 기능의 감소로 간주된다고 할 수 있다.

이러한 이론들 양자와 관련해서 많은 것들이 이야기될 수 있겠지만, 우리의 논의를 위해서는 그 어느 쪽도 봇물처럼 불어날 재분배의 부담에 대한 우려에 성공적으로 맞서고 있지 못하다는 점을 언급하는 게 적절할 것이다. 센은 자신의 논의를 추상적인 수준으로 유지함으로써 이런 이의제기를 회피하고 있는 것처럼 보인다. 그래서 어떤 이들은 센의 제안이 일단 현실에 실제로 적용된다면, 분배에 제한을 두기 위해서 복지 공리주의의 한 판본으로 변환될 경우에만 작동될 수 있을 것이라고 논하기까지 한다.[36] 드워킨을 반박하고자 한다면, 그가 정의란 단지 부족한 내부 자원의 보상만이 아니라 사회적·정치적 조직에 의해 야기되는 불평등의 제거를 요구한다는 토니의 통찰을 무시하고 있음을 지적하는 것만으로 충분할 것이다. 그러한 불평등의 제거가 구조적으로 불가능하거나 혹은 충당이 불가능할 정도로 많은 비용이 든다면, 그때에는 보상이 바람직한 차선의 해결책이 될 것이다. 그러나

---

34) Dworkin, "What Is Equality? Part 2: Equality of Resources".
35) Sen, "Capability and Well-Being".
36) Stein, *Distributive Justice and Disability*.

장애인들이 외부적 장벽, 낙인, 차별을 제거하라는 도덕적 요구를 강력히 제기하고 있음에도 불구하고, 이런 주장은 가설적 보험 접근법에서 완전히 무시되고 있다.

접근법 F: 양자 모두를 분배의 임계점이라는 견지에서 다루라

재분배의 목표가 불평등 자체의 제거가 아니라면, 즉 평등이라는 문제의 도덕적 핵심에 자리 잡고 있으며 따라서 실제로 우리에게 중요한 것이라고 독자적으로 논해질 수 있는 어떤 차원의 불평등을 제거하는 것이라면, 아마도 손상과 재능 부재 양자가 평등론 내에서 다루어질 수 있을 것이다. 여기서의 발상은 토니의 접근법을 뒤집어서 그런 차원의 불평등을 절차적 정의하에 포함시킴으로써 분배적 정의를 일정하게 관리하는 것이다. 예를 들어 에이미 거트먼Amy Gutmann은 정의란 절차적 목표로서의 '민주적 평등'이 확보되는 것을 요구할 뿐이라고 논한다. 민주적 평등은 민주적 조직에 있어 필수적인 사회적·정치적 참여를 약화시킬 우려가 있는 격차를 (그러나 단지 그러한 격차만을) 경제적·사회적 재분배를 통해 제거할 때 확보된다.[37] 교육의 예를 활용하여, 그녀는 정의란 민주적 절차에 참여하는 데 필요한 능력을 모든 아동들에게 제공하기에 충분한 교육적 자원의 분배를 요구한다고 논한다. 그렇다면 재분배의 초점은 재능 부재와 손상 양쪽에 똑같이 맞추어지겠지만 (그러므로 양자의 구별은 더 이상 중요하지 않겠지

---

37) Amy Gutmann, *Democratic Education*, Princeton, NJ: Princeton University Press, 1987.

만), 그러나 단지 재능 부재와 손상의 시정이 민주적 평등을 촉진하는 한에서만 그렇게 될 것이다.

엘리자베스 앤더슨Elizabeth Anderson은 민주적 평등에 좀 더 세부적인 설명을 덧붙인다.[38] 아이리스 영을 따라서,[39] 그녀는 전통적으로 평등주의가 (현재 진행되고 있는 논의가 다루고 있는 것처럼) '행운, 그러니까 그냥 주어진 운'에서의 차이들을 반대하는 것이 아니라, 불평등한 사회적 관계 ——주변화, 지위의 위계, 지배, 착취, 문화적 제국주의의 형태로 나타나는——에 대항하는 것을 목표로 삼아 왔다고 논한다. 최대한으로 잡는다고 해도, 그녀가 주장하는 바에 따르자면 정의는 민주 사회에서 평등한 시민으로서 살아가는 데 필요한 세니안적 역량[40]을 모두가 소유해야 함을 요구할 뿐이다. 그리고 그 정도면 우리의 도덕적 직관을 만족시키기에도 충분하다.

민주적 평등에 대한 이와 같은 해석은 그녀의 주장이 지닌 타당성에 달려 있기 때문에, 앤더슨에게 이러한 최소한의 필수적 역량, 즉 임계역량threshold capabilities을 어떻게 특징짓고자 하는지를 묻는 것이 공정할 것이다. 앤더슨은 평등한 민주적 시민권에 요구되는 세 가지 차원의 역량을, 그리고 각 차원의 역량에 요구되는 자원들을 다음과 같

---

38) Elizabeth Anderson, "What is the Point of Equality?", *Ethics* 109, 1999, pp. 287~337.

39) Iris Marion Young, *Justice and the Politics of Difference*, Princeton, NJ: Princeton University Press, 1990.

40) 카이사르가 갈리아 지방을 정복한 후 갈리아인들이 처음 반란을 일으켰을 때, 세니안족 (Senian)은 노예에게 자유를 주고 추방자와 강도에게는 은신처를 제공하면서 각지에서 핍박받던 이들을 모아 공동체를 구성했다. 그리고 그 힘을 바탕으로 로마에 대항하였다. 즉 세니안적 역량이란 (맥락적으로 드러나듯이) 민주 사회의 구성원으로 살아가면서 시민권을 행사할 수 있는 기반이 되는 기본적인 자유와 능력을 말한다.—옮긴이

이 우리에게 제시한다.

1. **인간으로서 활동할 수 있음**: "생물학적 실존의 유지에 필요한 수단——의식주와 의료——에 대한 유효한 접근과 인간의 행위주체성을 발휘하는 데 필요한 기본적 조건——자신의 환경과 선택지에 대한 지식, 수단과 목적에 대해 숙려할 수 있는 능력, 스스로 사고하고 판단할 수 있는 자신감을 포함하는 자율성이라는 심리상태, 사상의 자유와 이동의 자유——에 대한 접근"

2. **협동생산 체제의 한 참여자로서 활동할 수 있음**: "생산수단에 대한 유효한 접근, 자신의 재능을 개발하는 데 필요한 교육에 대한 접근, 직업선택의 자유, 계약을 하고 타인들과 협정을 맺을 수 있는 권리, 자신의 노동에 대해 공정한 가치를 보상받을 수 있는 권리, 자신의 생산적 기여에 대한 타인들의 인정"

3. **민주 국가의 한 시민으로서 활동할 수 있음**: "언론의 자유나 선거권과 같은 정치참여권에 대한 유효한 접근, 또한 시민사회의 재화와 관계(예: 결사의 자유, 공공장소 및 공공 서비스에 대한 접근, 관계형성의 자유, 프라이버시)에 대한 유효한 접근"[41]

앤더슨은 일정하게 관리되어야만 하는 것은 '선천적 다양성'이 아니라 사회적으로 생성된 억압적 위계라는 토니의 통찰에 민주적 평등이 주의를 기울임으로써 하향평준화라는 반대를 실질적으로 방지한

---

41) Anderson, "What is the Point of Equality?", pp. 318~319.

다는 사실을 중시한다. 즉 "민주적 평등은 재능에서 나타나는 인간의 다양성을 한탄하고 재능에서의 선천적 결함이라고 이야기되는 것을 보완하기 위해 노력하는 대신, 인간의 다양성을 모두에게 유익한 것으로 이해하고 활용할 수 있는 방식을 제공한다".[42] 그녀는 또한 민주적 평등은 공공재의 규범이나 구조를 변화시킬 만큼 많은 자원의 재분배를 요구할 필요가 없다고 주장한다. 결국 그녀는 개인적 결함으로서의 손상을 보상하기 위해 자원을 투여하는 것은 장애 비하적인 관점이라고 논하는 장애운동가들에게 동조하고 있는 것이다.

유감스럽게도 와서먼이 언급했던 것처럼, 앤더슨은 역설적이기는 하지만 평등에 대한 임계점을 너무 낮으면서도 동시에 너무 높게 설정하고 있다.[43] 분배적 정의보다는 절차적 정의를 고려하면서, 그녀는 민주적 멤버십에 부합하는 평등한 권리와 자유, 평등한 접근, 공정한 절차를 보장하기 위해 분투한다. 하지만 그러다 보니 복지와 자원 양자의 평등이 무시됨으로써, 이러한 민주적 절차의 가치는 그런 절차를 자신들에게 유리한 형태로 만들기 위해 재능과 부에 의존할 수 있는 사람들에 의해 항상적으로 위협받게 된다. 분배되어 있는 **자원의 불평등**이라는 맥락 내에서 절차적 권리란 사실상 경쟁에 노출되어 있는 위치재——구입되고 팔릴 수 있는 자유와 권리——가 되고 만다. 요컨대 그녀가 견지하는 평등의 기준은 너무나 허약한 것이다. 반면에 상당한 건강상의 필요를, 즉 심각한 인지적·정서적 손상을 지닌 개인들에게

---

42) Ibid., p. 336.
43) Wasserman, "Distributive Justice".

있어, 그녀가 말하는 "인간으로서 활동할 수 있는 능력"과 특히나 "인간의 행위주체성을 발휘하는 데 필요한 기본적 조건"을 확보하는 것은 도달할 수 없는 임계점이거나 그렇지 않으면 자원의 제공에 막대한 비용이 드는 일일 수밖에 없을 것이다.

인구학적 요소로서의 장애: 차이의 공고화

그러나 민주적 평등이라는 프로젝트와 관련해서는 훨씬 더 곤란한 문제점이 존재한다. 민주적 평등은 손상과 재능 부재 간의 차이를 결코 무시하지 않으며, 오히려 재능 부재의 사회적 불리함을 크게 증대시키는 어떤 방식 속에서 양자 간의 구별을 공고화한다. 민주적 평등의 기저에 놓여 있는 목적은 시장의 자유와 재능적 메리토크라시를 보존하는 것이다. 손상에 기반을 둔 억압적이고 차별적인 위계는 권리와 자유에 접근할 수 있도록 함으로써 제거될 수 있다. 그러나 재능에 기반을 둔 위계는 유지될 것이다. 왜냐하면 '운을 평등하게 하려는' 어떠한 시도도 억압적인 국가적 조치를 필요로 하기 때문이다. 모든 사람이 그들의 재능과 기량을 개발하고 그에 대한 이득을 얻을 수 있는 자유를 갖는 것은 민주적 평등에 필수적이다. 재능의 분포에 선천적 다양성이 존재하는 것이라면, 메리토크라시와 경제적 불평등은 그러한 자유의 사회적 결과인 것이다.

손상이 발생시키는 필요에 대비하고 장애가 가져오는 차별적 불리함을 제거하는 것만으로 충분한지를 묻는 것이 공정할 것 같다. 물론 장애인이 차별에 의해 가로막혀 왔던 어떤 재능을 (또는 어떤 재능을 개발할 수 있는 능력을) 지니고 있을 수 있다. 그리고 또한 손상의 영향을 개선하는 것이 새로운 기량의 개발을 용이하게 할 수도 있다. 하지만 손상을 지닌 사람들에 대한 사회정의가 각 개인에게 존재하지도 않았던 **새로운 재능이나 기량**을 생성해 줄 것이라 생각하는 것은 매우 순진하고 안이한 일이 될 것이다. 설령 우리가 특별한 재능이나 기량——자유 시장에서 매우 경쟁적인 가치를 지니는——이 손상을 지닌 사람들과 그렇지 않은 사람들 사이에 무작위적으로 분포되어 있다고 합리적으로 상정을 한다고 해도, 기껏해야 앤더슨의 민주적 평등은 공정하고 평등한 기반 위에서 손상을 지닌 개인들을 경쟁적 메리토크라시에 통합시키는 결과를 가져오게 될 것이다.

분명히 이것도 사소한 사회적 성취는 아닐 것이다. 그러나 그것은 또한 대단히 제한된 성취이기도 하다. 우리는 절차적으로 공정하고 평등한 사회의 이상을 순수하게 인구학적인 구별 요소가 무작위적인 재능과 기량의 분포를 왜곡하지 않는 사회로 간주할 수 있을 것 같다. 즉 어떤 영역의 재능과 기량의 출현율이 인종, 젠더, 성적 지향, 민족적 배경 등의 요인을 가로질러 거의 동일해야만 하는 것이다. 그리고 이것이 손상이라는 차이에도 해당되어야 한다. 재능과 기량은 자유 시장 내에서 그 영향력을 발휘하기 때문에, 재능과 기량의 다양성은 부, 자원, 사회적 위치의 분포 내에 반영될 것이다. 그리고 승자와 패자, 부자와 가난한 자가 존재하게 될 것이다. 앤더슨의 민주적 평등은, 만일 그것이 달성 가능한 것이라면, 전체 인구 내에서 어떤 집단이 차지하는 정도에 직접적으로 비례하여, 남성 부자만큼 평등한 수의 여성 부자가, 백인 부자만큼 평등한 수의 흑인 부자가, 손상을 지니지 않은 부자만큼 평등한 수의 손상을 지닌 부자가 존재하는 것을 보장하게 될 것이다. 이는 가난한 자에 대해서도 마찬가지이다. 절차적으로 공정한 민주 국가에서, 손상은 메리토크라시 내로 완전히 통합될 것이다. 혹은 약간 다르게 표현하자면, 많은 장애운동가들이 명시적 목표로 삼았던 것처럼[44] 장애는 **보편화되고 주류화될** 것이다.

손상을 지닌 사람들을 재능적 메리토크라시에 의해 뒷받침되는 복지 및 사회적 위치의 위계 내로 완전히 통합시키는 것이 장애와 관련된 사회정의의 적절하고도 궁극적인 목표일지도 모른다. 손상을 지닌 사람들이 사회 제도에 참여하는 것에서 완전히 열외가 되거나, 어떠한 의미에서도 완전한 사회 참여를 향유할 수 없을 만큼 편의의 결여와 차별에 의해 커다란 불리함을 겪고 있는 현재적 상황을 생각한다면, 그것은 확실히 엄청난 개선일 것이다. 거의 틀림없이, 이런 형태의 사회적 평등을 목표로 하는 것이 얼마나 만족할 만한 수준에 다다를 수 있는지는, 결과적으로 메리토크라시의 격차가, 특히 복지라는 측면에서 부자와 가난한 자의 격차가 얼마나 심한지에 달려 있을 것이다. 그러나 손상을 지니지 않은 사람들과 비례적으로 평등한 수의 손상을 지닌 사람들이 거리에서 굶주리게 되는 것이 진정 우리가 분투할 만한 가치가 있는 목표인 것일까? 그건 그렇다 치더라도 지금까지 명확히 드러난 것처럼, 민주적 평등 접근법은 전적으로 손상과 재능 부재의 명확한 조작적 구별에 의존한다. 결국 우리는 다시 원점으로 돌아온 것이다.

---

44) 이에 대해서는 Irving K. Zola, "Toward the Necessary Universalizing of a Disability Policy", *The Milbank Quarterly* 67, 1989, pp. 401~428에서 이루어지고 있는 졸라의 초기 진술을 보라.

결론: 이것은 우리에게 무엇을 말해 주는가?

장애를 개념화하는 데에는 두 가지 기본적인 접근법이 존재한다. 단정적인(이분법적인) 형태의 접근법과 연속적인 형태의 접근법이 그것이다. 사회 정책은 단정적인 접근법을 요구하는데, 왜냐하면 장애 프로그램과 관련된 모든 정책은 그 표적 인구를 규정할 수 있어야 하기 때문이다. 어떤 개인은 장애인으로서의 자격을 갖거나 갖지 않거나 둘 중하나이다. 즉 장애의 적격성은 정도의 문제가 될 수 없다. (연속적인 형태의 적격성은 이론적으로는 가능하지만, 복잡하고 비용이 많이 들기에어쨌든 실제로 시도되지 않아 왔다.) 하지만 개념적으로나 과학적으로손상은 연속적인 형태의 현상이며, 더하거나 덜한 정도의 문제이다.

우리가 세계보건기구의 ICF에서 확인되는 기능과 장애의 역학적모델에 의지한다면, 몸의 기능과 구조는 다양한 영역 ——정신 기능, 감각 기능, 음성 기능, 심혈관 기능, 호흡기계, 소화기계, 비뇨기계, 생식기계, 신경근골격, 피부——으로 분류될 수 있으며, 이 각각은 다시 한층 더 상세한 하위 영역으로 나뉠 수 있다. 손상은 이런 영역들 중 어떠한 곳에서도, 심각한 것에서부터 가벼운 것에 이르기까지 어떠한 정도로도 발생할 수 있다. 어떤 개인은 한 영역에서 또는 몇몇 영역에서 동시에 이러저러한 정도로 손상을 지니고 있을지 모른다. (사실 모든 인간은 이런저런 영역에서 어느 정도의 손상을 지니고 있다.) 그러므로 손상은 헤아릴 수 없을 만큼 다양한 형태로 존재한다. 그에 더하여, 손상을 지닌다는 것에 수반되는 총체적인 체험 또한 개인적·사회적·문화적인 환경상의 이유들로 인해 대단히 가변적이다.

그렇다면 우리는 어떤 나라 또는 지역 내에서 누가 장애인인지 또는 장애인의 출현율은 얼마인지라는 질문에 대해 어떻게 답할 것인가? 손상은 (ICF에서 그 특성이 기술되고 있는 것처럼) 다양한 영역에서 다차원적으로 나타나는 상호작용적이고 연속적인 형태의 현상이기 때문에, 우리는 어떤 영역의 손상이어야, 그리고 어느 정도나 심해야 장애라는 자격을 부여하는지 구체적으로 명시해야만 한다. 상이한 결정으로부터 상이한 출현율에 대한 답변이 나올 수 있다. 우리가 모든 영역의 손상에, 그리고 모든 정도의 손상에 관심을 갖고 있는 것이라면, 출현율은 어느 정도 보편적으로──그러나 어떠한 정책 입안자에게도 그다지 쓸모가 없는 결론이── 나올 수 있다. 우리가 장애의 범위를 특정한 손상의 영역과 수준으로 제한한다면, 출현율의 결과도 그러한 제한의 영역과 수준에 따라 달라질 것이다. 그러나 이런 결정은 개념적으로 혹은 과학적으로 이루어질 수 없다. 그것은 정치적 결정인 것이다. 한마디로 말해서, 과학적 접근법은 정책분석가가 해결해야만 하는 문제를 해결하지 못한다.

전통적으로 장애 출현율의 수치는 단정적이고 이분법적인 손상의 데이터에 기반을 두어 왔다. 그 수치에 포함되는 것은 보지 못하는, 듣지 못하는, 팔다리가 없는, 몸의 일부가 마비된, 인지적 손상을 지닌 사람들의 수이다. 종종 특정한 질병이나 선천적 기형을 지닌 사람들이 추가되어 그 수치를 늘려 왔다. 그렇게 선택된 범주들은 정치적으로 협상 가능한 것들이었다. 비록 장애인들은 좀처럼 그런 협상에 참여할 것을 요청받지 않았지만 말이다. 이것이 바로 장애가 하나의 인구학적 요소로서 취급된다는 것의 의미이다. 합의된 출현율 데이터가 있기에,

이에 근거하여 정책과 프로그램들이 추동되고, 고안되고, 그 비용이 산출되고, 모니터링될 수 있다.

요컨대 실제로 손상과 재능 부재의 구분은 전적으로 또는 은밀히 정치적이고 경제적인 근거 위에서 이루어진다. 그런 구별에 대한 과학적이거나 개념적인 근거는 존재하지 않는 것이다.

문제를 더욱 곤란하게 만드는 것은 종종 손상의 연속체가 재능의 연속체와 겹쳐진다(또는 일치한다)는 점이다. 즉, 어떤 손상은 재능 부재이지만(또는 재능 부재와 다름없지만), 반면에 어떤 손상은[45] 재능이다(또는 재능과 다름없다). 한 가지 예를 들어 보자. 만일 누군가가 외향적이고, 자신감에 차 있으며, 사회적으로 적극적이라면, 그는 경쟁적인 측면에서 유용한 재능을(혹은 아마도 재능의 요소를) 지니고 있는 것이다. 반대로, 누군가가 그러한 연속체의 다른 쪽 편에 위치한 특성을 지니고 있어서 내성적이고 소심하다면, 그는 잠재적으로 보았을 때 사회적으로 불리한 재능 부재의 상태에 있는 것이다. 일반적으로, 사람들은 대단히 적극적이고 무모한 것에서부터 지나치게 내성적인 것('사회불안'social anxiety[46])에 이르기까지, 이러한 영역에서 연속체의 어

---

45) 원서에는 이 부분이 '손상의 부재'(absence of a impairment)로 표기되어 있지만, "문제를 더욱 곤란하게 만드는 것은 종종 손상의 연속체가 재능의 연속체와 부분적으로 겹쳐진다(또는 일치한다)는 점이다"라는 문장과 그 다음에 오는 "그 연속체의 양 극단은 사람들에게 부정적인 결과를 가져오기 때문에 …… 손상이라고 여겨진다. 오직 중립점만이 분명한 손상의 부재인 것이다. 그러나 그 중립점으로부터 정확히 어느 정도나 떨어진 지점에서, 손상이 …… 재능으로 차차 변화하게 되는지를 말하는 것은 불가능하다"라는 진술을 함께 고려할 때, 이는 '손상'(a impairment)의 오기로 판단된다.—옮긴이

46) '사회불안(장애)'은 흔히 대인기피증이나 대인공포증으로 알려져 있는 심리적 장애를 말한다.—옮긴이

느 한 부분에 위치한다고 할 수 있다. 그 연속체의 양 극단은 사람들에게 부정적인 결과를 가져오기 때문에 (또는 증상적으로 정신적이거나 정서적인 장애와 연결되기 때문에) 그런 양 극단은 손상이라고 여겨진다. 오직 중립점만이 분명한 손상의 부재인 것이다. 그러나 그 중립점으로부터 정확히 어느 정도나 떨어진 지점에서, 손상이 재능의 결여나 혹은 재능으로 차차 변화하게 되는지를 말하는 것은 불가능하다. 왜냐하면 우리는 일반적으로 그와 같은 미세한 구분을 할 수 없을 뿐만 아니라, 문화적이고 사회적인 고려들에 따라 매우 상이한 지점에서 구분선이 그어지도록 결정이 이루어질 것이기 때문이다. 결국, 그런 구분이 이루어질 필요가 있을 경우에 우리는 그러한 구분을 하게 된다. 바꿔 말하면, 그런 필요가 없는 곳에서 우리는 그러한 구분을 하지 않는다.

이것은 우리에게 무엇을 말해 주는가? 토니의 통찰은 사람들 간의 차이 자체 ──어떤 이들은 내성적이고 다른 이들은 자신감에 차 있다는 현실 ──는 평등에 대한 사회적 약속이 관심을 두어야 하는 차이가 아니라는 것이다. 그러나 만일 이런 차이나 또는 다른 어떤 차이가 사회적·정치적 조직에 의해 형성된 경우라면 (또는 그러한 차이가 사회제도의 산물이라면), 평등을 위해 관심이 기울여져야 한다는 것이다. 어떤 손상들이 어느 수준에서 의료적으로나 사회적으로 문제가 되는 개인적 차이로 취급된 데에는 역사적이고 사회적인 이유들이 존재한다. 다른 역사적이고 사회적인 이유들 때문에, 어떤 재능 부재는 설령 손상과 동일한 영역 내에 동일한 기능의 연속체를 따라 존재하는 경우라 하더라도 의료적으로나 사회적으로 문제시되지 않는다. 만일 당신이 너무나 내성적이어서 직업을 가질 수 없거나 의미 있는 관계를 형성할 수 없다면, 그것은 당신의 문제이다. 반면에 당신이 '사회불안'을 지니고 있을 정도로 내성적이라면, 그것은 당신의 문제가 아니며 사회적 문제가 된다. 그렇지만 이런 구분선이 어디서 그어지는가는, [선험적인 기준이 존재할 수 없기에] 명백히 누가 어떻게 결정하는가에 달려 있다.

8장 _ 젠더, 장애, 개인적 정체성
공동체적 사고에서의 도덕적·정치적 문제들

투이야 타칼라

'공동체'^{community}라는 관념은 장애학에서 중심적인 역할을 한다.[1] 연대, 이타주의, 일체감 같은 긍정적 가치들이 대개 공동체 개념과 연결되어 있지만, 동시에 배제, 분할, 분리 같은 다른 이슈들 또한 이 개념과 연관되어 제기된다.[2] 이 장에서 나는 장애와 관련된 몇몇 윤리적 이슈를 논의할 때 그 주요 초점으로서 **공동체** 개념을 활용하는 것이 지닌 함의를 검토한다. 이런 개념이 지닌 유용성의 한계를 살펴보고, 공

---

* 이 장의 초고는 2007년 5월 30일 아이슬란드 레이캬비크대학교(University of Reykjavik)에서, 그리고 같은 해 6월 18일 케임브리지에서 있었던 '데이비드 토머스머 생명윤리학 연례국제학술토론회'(Annual International David Thomasma Bioethics Retreat)에 제출된 바 있다. 나는 양자의 발표에서 영감을 주는 논평과 질문을 해준 데 대해 청중들에게 감사드리고 싶다. [데이비드 토머스머는 현대 생명윤리 및 의철학 분야의 세계적 석학으로, 주요 저서 및 편저서로 『의료행위의 철학적 기반』(*A Philosophical Basis of Medical Practice*, 1981), 『탄생에서 죽음까지: 과학과 생명윤리』(*Birth to Death: Science and Bioethics*, 1996)[데이비드 토머스머·토머신 쿠시너 엮음, 이상헌 외 옮김, 문예출판사, 2001], 『죽음을 청하다: 안락사에 대한 네덜란드에서의 논쟁』(*Asking to Die: Inside the Dutch Debate about Euthanasia*, 1998), 『인격과 보건의료』(*Personhood and Health Care*, 2001)등이 있다.—옮긴이]

1) Paul K. Longmore, *Why I Burned My Book and Other Essays on Disability*, Philadelphia, PA: Temple University Press, 2003, pp. 222~223.
2) Tuija Takala and Matti Häyry, "Is Communitarian Thinking Altruistic?", *TRAMES* 8, 2004, p. 276.

동체적 고려에만 의지하는 것이 어떻게 해로운 결과로 이어질 수도 있는지를 보여 줄 것이다. 나는 공동체적 사고가 전적으로 무시되어야 한다고도, 공동체적 가치가 완전히 묵살되어야 한다고도 주장하지 않는다. 그렇지만 나는 공동체라는 관념이 우리를 위해 해줄 수 있는 것에는 한계가 존재함을 논할 것이다. 그리고 그 한계를 넘어서기 위해서는 아마도 여타의 지점들이 고려되어야만 할 것이다. 이 장에서 나는 장애인을 우리 사회의 '중심적 기준'gold standard에[3] 비추어 판단되는 집단으로 바라볼 것이다. 장애 분류의 신체적 측면에 있어, 억압받는 집단의 단결이 갖는 장단점에 있어, 그리고 희생자적 위치victim position라는 관념에 있어서 말이다. 그리고 사람들을 분류하는 것은 의도하지 않은 결과를 가져오기 때문에, 우리는 가능하다면 인간에게 꼬리표를 붙이고 분류하는 것을 피해야만 한다고 제안하면서 결론을 맺을 것이다.

나 자신은 장애인이 아니며, 그렇기 때문에 장애와 관련하여 개인적 시각에서 이야기할 수는 없다. 그렇지만 나는 장애인과 유사하게 억압받아 왔고 또 계속해서 억압받고 있는 또 다른 집단, 그 멤버십이 신체적 특징에 기반을 두고 부여되는 집단, 단결에 의해 많은 정치권력을 획득한 집단, 자신의 구성원 다수에게 계속해서 지지를 제공하고 있는 집단의 일원이다. 즉 나는 여성인 것이다. 이 장에서 제시되고 있

---

3) 'gold standard'는 주지하다시피 금본위제를 말하는데, 이 글에서는 국제통화에서 금이 차지했던 위상과 같은 하나의 강력한 '중심적 기준'을 가리키기 위한 비유적 표현으로 사용되고 있다. 그리고 본문에서 설명되듯, 그런 중심적 기준은 우리 사회의 주류적 기준을 충족시키는 집단이다.─옮긴이

는 다소간 대담한 나의 가설은, 여러 중요한 의미에서 여성의 경험과 장애인의 경험은 유사한 면이 있다는 것이다. 나는 이런 가설이 공동체라는 관념에 대한 나의 분석에 생명력을 불어넣는 요소를 추가할 수 있기를 희망한다. 여성과 장애인이라는 두 집단 간에는 경험적 측면을 넘어서는 유사성이 존재한다. 다시 말해서 양쪽 집단에게는 서로 중복되는 경향이 있는 정치적·이론적 차원이 존재한다. 이 장에서 나는 어떤 일상적 관행들을 의미하기 위해 '억압'이라는 단어를 사용하는데, 그런 관행은 반드시 나쁜 의도에 의해 추동되는 것은 아니지만 어떤 집단의 사람들을 불리함과 부당함을 겪는 위치에 놓이게 한다.[4]

다른 사람들은 우리를 분류하고, 우리도 다른 사람들을 분류한다. 우리는 아시아인, 유럽인, 남성, 여성, 동성애자, 이성애자, 노동자계급, 중산계급, 장애인, 운동선수, 학자, 술고래, 환경운동가, 보헤미안, 예술가, 활동가, 부모, 교사, 경찰, 군인, 실업자, 정치인, 공무원, 의사, 휴머니스트, 천주교도, 불교도, 무신론자, 히피hippie [5] 여피yuppie [6] 너드nerd [7] 기술관료technocrat 등등인 것이다. 이러한 목록은 끝없이 이어질 수 있다. 사람들에게 꼬리표를 붙임으로써, 우리는 우리 일상생활

---

4) Iris Marion Young, "Five Faces of Oppression", eds. Elizabeth Hackett and Sally Anne Haslanger, *Theorising Feminism: A Reader*, Oxford: Oxford University Press, 2006, p. 4.

5) 기성의 가치관과 제도 및 관습을 부정하고, 인간성의 회복, 자연과의 직접적인 교감 등을 주장하며 자유로운 생활양식을 추구하는 젊은이들을 말한다.—옮긴이

6) 도시 주변을 생활 기반으로 삼고 전문직에 종사하면서 자유를 지향하는 젊은이들을 말하며, 'young urban professionals'의 머리글자 'yup'와 '히피'(hippie)의 뒷부분을 합성해 만든 말이다.—옮긴이

7) 지적·기술적으로 어느 한 가지에 좁게 깊게 빠져 다른 세상일에는 무관심한 사람, 좀 더 구체적으로 패션, 이성교제, 대중문화 등에 문외한인 사람을 지칭한다.—옮긴이

의 많은 부분이 틀에 박힌 범주들에 기반을 두도록 허용한다. 이는 우리가 접촉하는 사람들 모두를 상세하게 알지 않고서도 그럭저럭 살아가는 데 어느 정도 도움이 된다. 즉, 어떤 사람이 '이러저러한 범주에' 속해 있다면, 나는 그/그녀를 특정한 방식으로 대할 수 있고 또 대해야 한다. 우리는 사람들이 그들 각자의 역할에 대략적으로 부합되게 살아간다고 예상한다. 그렇지만 나는 우리들 대다수가 자신과 가까운 사람들을 어떤 집단의 성원이라기보다는 한 명의 개인으로 여겨 주기를 희망한다.

중심적 기준에 맞서

우리 사회의 다른 많은 억압받는 집단과 마찬가지로 여성과 장애인은 그들이 이루는 성취에 관한 한 끊임없이 '타자'의 위치에 놓여 왔다. 우리는 백인(대개 기독교도) 이성애자 남성 비장애인이 우리 사회의 중심적 기준인 시대에 살고 있다. 예컨대 '손꼽히는 과학자', '최고의 화가', '위대한 작곡가'에 관해 이야기해 본다면, 여기서 그 과학자와 화가와 작곡가는 전술한 집단에 속해 있을 것이라는 게 일반적인 예상일 듯하다. 만일 그 사람이 가령 여성, 장애인, 흑인, 이슬람교도라면, 이런 특징은 그/그녀의 성취가 논의될 때 지체 없이 언급될 것이다. 그렇지만 그 사람이 중심적 기준에 들어맞는 경우라면, 그의 성, 신체 조건, 종교, 출신 민족은 대개 언급되지 않을 것이다. 왜냐하면 우리 사회에서 이루어지는 성취에 관한 한 '그'가 표준이므로, 그건 어차피 뻔히 예상되었던 일일 뿐이기 때문이다. 그리고 그것은 기껏해야 '여성에게 있어 참 더럽게 좋은^{damn good}[8] 세상에 불과하다.

중심적 기준에 입각한 사고는 또한 관행화된 억압의 한 표현으로 간주될 수 있다. 여성도 마찬가지이지만, 흔히 장애인은 중요한 어떤 것을 성취했을 때 그들의 다름을 강조하고 싶어 한다. 그것은 중심적 기준이 지배하는 영역에서 여성이나 장애인 또한 어떤 것을 성취할 수 있음을 보여 줌으로써 전형적인 분류와 단절하고 싶은 바람 때문일 것이다. 그러나 문제는 이것이 중심적 기준에 도전하는 데 별 효과가 없다는 것이다. 그러한 다름의 강조는 어떤 예외가 있다는 것을 증명할 수 있을지는 모른다. 그러나 그 기준 자체는 훼손되지 않은 채 지속된다. 타자들에게 꼬리표를 부여하는 것은 기존의 권력 구조를 유지시키는 매우 강력한 방법이다.[9] 꼬리표가 부여될 필요가 없는 사람들은, 타자들에게 꼬리표를 붙이고 현 상태를 유지하는 것이 그들의 이해관계와 부합하는 이들이다. 즉 그들은 권력을 지닌 이들인 것이다.

신체적 특징이 신체적으로 불리한 위치를 야기하다

차별을 당하고 억압을 겪는 것은 단지 여성이나 장애인만의 문제는 아니다. 출신 민족, 국적, 성적 지향, 사회계급, 종교 등도 차별에 대한 여타의 공통적 기반들 가운데 하나로 존재한다. 인종과 젠더가 글자 그

---

8) '여성'을 여러분이 관련되어 있는 범주로 대체해 보길 바란다.

9) David Sparti, "Making up People: On Some Looping Effects of the Human Kind: Institutional Reflexivity or Social Control", *European Journal of Social Theory* 4, 2001, pp. 336~339.

대로 장애를 만들어 내는disabling 요인으로 학계에 의해 사고되기 시작한 것은 사실 불과 한 세기 전이었다.[10] 그렇지만 나는 예컨대 출신 민족——그 또한 사람들을 불리한 위치에 놓이게 할 수 있으며 때로는 가시적인 신체적 특징이다——과는 달리, 어떤 집단을 분류하고 그들을 **신체적으로** 불리한 위치에 놓이게 하는 것 양쪽에 활용되는 신체적 특징을 공유하고 있는 것은 오직 장애인과 여성뿐임을 논하고자 한다. 장애의 배후에 놓여 있는 다양한 손상들 간의 차이는 명백히 상당히 크지만, 논의의 편의를 위해 여기서는 다소간 제약된 기회로 이어지게 되는 신체적 이상들만을 생각하기로 하자. 이런 신체적 이상을 지닌 장애인의 경험 중 일부는 여성이 맞닥뜨리는 경험과 유사하다고 간주될 수 있다.

한 명의 여성으로서 나는 내 삶의 많은 부분에서 월경 주기 때문에 (나의 남성 동료들과는 대조적으로) 활동을 제한받고 있다. 만일 내가 도보 여행을 가는 것, 야외 임시숙소에서 시간을 보내는 것, 수영을 하거나 스포츠 활동에 참여하는 것에 대해 생각하고 있다면, 이런 이벤트들이 벌어지는 때가 한 달 중 언제인가는 내가 편하게 참여할 수 있는지 아니면 참여하기가 곤란한지에 상당한 영향을 미칠 것이다. 많은 여성들에게 월경은 또한 결코 가벼이 여길 수 없는 요통과 복통을 야기하며, 어떤 여성들의 경우에는 심리적 상태 역시 크게 영향을 받는다. 성관계라는 측면에서 보면, 나는 가임 남성과 친밀한 만남을 갖

---

10) Amundson, "Disability, Ideology, and Quality of Life: A Bias in Biomedical Ethics", p. 122.

게 될 때 나의 신체보전^{bodily integrity}[11]이 심각하게 침해될 수 있는 위험에 처하게 된다. 임신이 아니면 낙태를 선택해야 하는 상황에 놓일 수 있다는 점에서 말이다. 이것은 남성이라면 질 필요가 없는 부담이다. 그리고 가임기가 끝나 갱년기에 접어들게 되면, 나는 심한 감정의 기복에서부터 불면증에 이르기까지 다양한 문제를 겪게 될 것이다. 그뿐만 아니라, 이런 증상들을 지닌 채 살아가기 위해서 나는 건강에 해로운 약물을 필요로 하게 될지도 모른다.

장애학자들은 비장애인들이 장애를 죽음보다도 나쁜 선택지로 논할 때 장애인들이 느끼는 불쾌함에 관해 종종 써 왔다.[12] 나 자신이 장애인은 아니기 때문에, 이와 같은 견해들이 그처럼 공개적으로 그리고 대개는 아주 태연하게 표명될 때, 그것이 어떻게 느껴질지를 내가 완전히 이해할 수 있다고 확신하지는 않는다.

장애인과 여성의 경험은 일정한 유사성을 갖는다는 이 장에서의 가설에 기반을 두고, 나는 나의 남성 지인들 중 몇몇에게 젠더와 장애에 대한 그들의 견해를 매우 비공식으로 물어보았다. '다음 날 아침에 ⓐ 하반신이 마비된 채 깨어나는 것 ⓑ 여성의 몸을 지닌 채(이전의 몸과 대부분 비슷하겠지만, 체모가 거의 없고 유방이 있고 페니스 대신 여성

---

11) '신체보전'은 물질적 신체의 불가침성(inviolability)을 나타내는 개념으로, 주권국가의 '영토보전'(territorial integrity)이라는 개념을 떠올리면 쉽게 이해될 수 있다. 신체보전에는 자유롭게 이동할 수 있는 것에서부터 시작하여, 성폭행을 비롯한 물리적 폭력에 대해 안전할 수 있는 것, 성적 만족에 대한 기회와 재생산의 문제에서 선택권을 지니는 것 등이 포함된다. 이런 신체보전은 세계적인 법철학자이자 윤리학자인 마사 누스바움(Martha Nussbaum)이 이야기하는 10가지 핵심 역량 가운데 하나이기도 하다.—옮긴이

12) Erik Parens and Adrienne Asch, "The Disability Rights Critique of Prenatal Genetic Testing: Reflections and Recommendation", *Hastings Center Report* 29, 1999, p. 236.

의 성기를 지닌 채로) 깨어나는 것 혹은 ⓒ 아예 깨어나지 않는 것 중에서 하나를 선택할 수 있다면'이라는 질문이 제시되었을 때, 그에 대한 답변은 전혀 과장됨 없이 말하건대 상당히 흥미로운 것이었다.

그들 대부분에게 자신의 몸이 여성으로 변했음을 발견한다는 것은 적어도 하반신이 마비된 것만큼이나 나쁜 것이었다. 그리고 그들 모두에게 아예 깨어나지 않는 것은 분명히 고려할 만한 가치를 지닌 하나의 선택지였다. 내가 선택지 ⓑ를 선택지 ⓑ^{2}로, 즉 '여성의 몸을 지닌 채 깨어났는데, 당신은 사실 생물학적으로 여성이었지만 태어날 때 유별나게 큰 음순과 몇 가지 다른 생식기상의 모호함이 발견되었기 때문에 소년처럼 보이도록 하기 위한 수술이 행해졌다는 (그리고 사춘기 이래로 당신이 복용해 왔던 알약은 사실 비타민이 아니라 호르몬이었다는) 말을 듣게 되는 것'[13]으로 대체함으로써 그런 선택지를 좀 더 현실적으로 표현했을 때, 그들은 어떤 것을 선택해야 할지에 대해 다소간 덜 확신적인 모습을 보였다. 그들이 가장 관심을 갖고 있는 듯 보였던 것은 외부적으로 남성'임'을 유지할 수 있는지, 아니면 그들의 여성성femininity이 드러나게 되는지의 문제였다. 그들의 생물학적인 성 자체는 다른 사람들이 그것을 지각하게 되는가의 여부만큼 그들을 걱정스럽게 만들지는 않는 듯했다. 이러한 심경의 변화는 그와 같은 일이 그들에게 발생한다 하더라도 생물학적으로 여성이라는 것이 스스로

---

13) 모든 신생아들 중 무려 2% 정도가 성이라는 측면에서 보자면 모호한 외부 성기를 지닌 채 태어날 수 있다(Melanie Blackless, Anthony Charuvastra, Amanda Derryck, Anne Fausto-Sterling, Karl Lauzanne and Ellen Lee, "How Sexually Dimorphic Are We? Review and Synthesis", *American Journal of Human Biology* 12, 2000, p. 151).

를 바라보는 그들의 관점을 유의미하게 변경시키지는 않겠지만, 다른 사람들도 같은 방식으로 느낄 거라고 그들이 믿을 수는 없음을 나타내 주고 있는 듯 보인다. 그리고 나에게 있어 이는 젠더 및 장애와 관련된 권력 구조에 관해 많은 것을 웅변해 주고 있다.

차별이 단결을 야기하다

여성에게 있어서도 장애인에게 있어서도, 이러한 집단들을 단결시키고 그리하여 '장애인 공동체'나 '여성 공동체'를 생성해 낸 것은 외부로부터의 억압이었다. 어떤 두 명의 장애인은 양쪽 다 그들에게 부여된 꼬리표 때문에 억압받고 있다는, 즉 장애 상태에 있다는 사실을 제외하면 별 다른 공통점이 없을 수도 있다. 마찬가지로, 매우 상이한 신념, 가치, 의제를 지닌 여성들이 존재하지만, 그들을 단결시키는 것은 그들이 여성이라는 이유 때문에 차별적인 대우에 직면해 있다는 사실이다.

장애권운동과 여권운동 양자는 현대 사회에서 해당 집단의 성원들이 다루어지는 방식에 있어 상당한 개선을 성취했다. 각 집단에 속한 구성원으로서 개인들에게 주어지는 혜택은 그 이전의 상황과 비교하면 적지 않다고 할 수 있다. 또한 여성과 장애인은 적어도 문서상으로는 평등한 시민으로 간주되며, 젠더나 장애에 기반을 둔 차별은 (예컨대 취업시장에서) 불법이다. 양쪽 집단은 그들을 불리한 위치에 놓이게 하는 사회 구조에 대한 보상을 받는다. 장애인들이 지닌 필요는 점점 더 충족되어 가고 있다. 예를 들면, 장애인들이 모든 단계에서 학업에 참여할 수 있도록 그들에게 다양한 지원을 제공하는 교육 제도에 의해서 말이다. 아동에 대한 주요 돌봄자로서의 여성의 역할은 출산 휴가에 의해 일정한 보상을 받으며, 이런 출산 휴가는 또한 이를테면 직업 경력에서의 근속 연수가 산정될 때 하나의 매개요인으로 그에 포함된다.

외부적 억압으로부터 내부적이고 외부적인 억압으로

단결된 목소리가 이러한 집단의 구성원들에게 더 큰 정치권력을 부여하고 변화에도 기여하기는 했지만, 이는 어떤 대가를 수반했다. 단결된 목소리가 존재하기 위해서는 그 이전에 이미 어떠한 종류의 단결과 공유된 목표가 존재해야만 한다. 그러나 공동의 적으로 인해 단결된 집단에게 있어, 모든 구성원들이 공유하는 그 이상의 목표가 설정되기란 쉽지 않을 수 있다. 사실 사람들은 여성과 장애인이 통상적으로 사용되는 분류이기 때문에 '여성'이나 '장애인'이 된다. 분명히 많은 여성들의 삶은 남성들의 삶과는 대조적으로 임신, 출산, 수유, 양육에 의해 형성되지만 그 정도는 매우 다양하다. 더욱이, 여성은 남성보다 관계론적 측면에서 윤리에 대해 사고하는 경향이 있다고 주장되지만,[14] 정의에 대한 고려를 더 중시하는 많은 여성들이 또한 존재한다.[15]

---

14) Carol Gilligan, *In a Different Voice: Psychological Theory and Women's Development*, Cambridge, MA: Harvard University Press, 1982.
15) Janet Radcliffe Richards, *The Sceptical Feminist: A Philosophical Enquiry*, Harmondsworth: Penguin, 1982.

그리고 여성은 통계적으로 남성보다 언어에 재능이 있고 체력은 약할 가능성이 높지만, 대다수의 여성들보다 체력이 약한 남성이 존재할 뿐만 아니라 평균적인 여성들보다 언어에 재능이 있는 남성 또한 존재한다. 우리가 생물학에 의해 안내되는 사회적 역할, 사고양식, 다양한 능력들을 자세히 살펴보면, 여성에게만 특정된 역할에 모든 여성이 적합함을 시사하는 증거는 거의 존재하지 않는다. 장애인에 관해 이야기할 경우에도, 누군가는 장애인 내부의 차이가 외부보다 오히려 더 크다는 점을 논할 수 있다. 선천적 농인, 중등도 및 중도의 학습장애인, 교통사고로 몸이 마비된 십대의 경우, 이런 개인들 각각은 그들 스스로를 주로 어떻게 규정하는가? 그리고 그들은 어떤 의미에서 하나의 집단이라고 할 수 있는가?

누군가는 '여성'과 '장애인'이라는 범주가 대부분 사회적 구성물임을 논할 수 있다. 이 범주들은 거기에 부여되어 있는 의미들 때문에 중요성을 획득한다. 이는 남성, 여성, 모호한 생물학적 성을 지니고 있는 사람들 사이에 아무런 생물학적 차이가 없다거나, 대부분의 장애에 있어 그 원인이 되는 신체적 손상 자체가 존재하지 않음을 말하는 것이 아니다. 내가 여기서 말하고 있는 것은 '여성'이나 '장애'라는 범주의 도덕적·정치적 중요성은 일차적으로 그런 범주들이 지니고 있는 사회적으로 구성된 의미들과 연관되어 있다는 것이다. 그리고 여기에 장애권운동과 여권운동의 어떤 이례성 내지 역설 중 하나가 존재한다. '장애인'이나 '여성'이라는 꼬리표가 붙은 이들이 느끼는 억압의 대부분은, 이런 개인들이 그와 같은 집단의 구성원으로 범주화되어 왔다는 사실로부터 나온다. 그럼에도 그렇게 분류된 개인들은 그들에 대한 억압에 맞서 싸울 수 있는 정치권력을 획득하기 위해 유사한 운명을 지닌 다른 사람들과 단결해야만 한다. 그렇지만, 그런 단결에 의해 최초의 분류가 지닌 정당성을 재확인해 줌으로써, 그들은 또한 억압자들이 의도했던 목적에 기여하게 된다.[16] 이는 종종 '게토 효과'ghetto effect라고도 알려져 있다. 반복해서 말하자면, 장애권운동과 여권운동은 여러 가지 면에서 많은 것들을 성취하기는 했지만, 문제를 다른 시각에서 바라볼 경우, 외부적 억압에 맞서 싸우기 위해 분투하는 가운데 그들은 사실상 그 억압을 더 군건히 했다고 주장될 수 있을 것이다.

그러나 그런 분류에는 중요한 무언가가 존재할 수 있고 또 존재하지 않을까? 하나의 집단으로서 장애인이나 여성은 찬양되어야 할 어떤 것을 공유하고 있지 않을까? 그들의 단결에는 공동의 적 이상의 어떤 것이 존재하지 않을까? 공동의 목표와 공유된 정체성의 명백한 결여는 정치적으로 추동된 여권운동과 장애권운동에 (그리고 그러한 운동의 이론적 영역에) 심각한 문제를 제기했다. 그리고 이 문제에 대한 하나의 해답은 공동체적 감성을 기르는 것이었다고 할 수 있다. 많은 장애운동가들은 독립적인 장애문화가 존재한다는 생각을 생성하고 강화하는 것이 중요함을 발견했다.[17] 이런 계열의 사고에 존재하는 숨은 문제점은 장애가 사회적 구성개념이자 사회적 억압('나쁜

---

16) Elliott Femynye bat Tzedek, "The Rights and Wrongs of Identity Politics and Sexual Identities", eds. Maxine Baca Zinn, Pierrette Hondagneu-Sotelo and Michael A. Messner, *Gender through the Prism of Difference* 3rd edn, Oxford: Oxford University Press, 2005, p. 252.

17) John Swain and Sally French, "Towards an Affirmation Model of Disability", *Disability and Society* 15, 2000, pp. 569~582.

것')으로 간주되면서도, 동시에 어떤 사람이 스스로를 장애인으로 규정하는 것('좋은' 정체성의 구축)이 예상될 수밖에 없다는 것이다. '여성 공동체' 내에서도 이와 유사한 사고가 나타난다. 여성은 남성 지배 때문에 주변화되지만('사회적으로 구성된 여성'), 동시에 그들의 여성성womanhood[18] 위에 정체성을 구축할 것이 요청된다는 견해에서 말이다.[19] 누군가가 찬동하고 있는 것이 어떤 종류의 페미니즘인가에 따라, 이런 관점들 사이에서의 긴장은 다양한 방식으로 드러난다.[20]

　　나는 (비록 하나 내지 두 개 정도의 여성 관련 모임에 참석해 오기는 했지만) 결코 어떠한 여성들의 네트워크나 단체에도 소속된 적이 없는데, 왜냐하면 나는 그런 단체의 참여자들 모두가 여성이라는 사실이 어째서 단체에서의 경험에 유의미한 무언가를 추가해 주는지, 또는 다른 사람들이 여성이 아니라는 이유로 왜 배제되어야 하는지 전혀 이해할 수가 없기 때문이다. 이에 대하여 좀 더 구체적으로 논의해 보도록 하자. 만일 아이리스 머독Iris Murdoch[21] 독서 클럽이 만들어진다면, 나는 그녀의 저술에 관심을 지닌 모든 이들이 참여해야 한다고 생각한다. 예를 들어, 누군가가 어떤 이유로 아이리스 머독에 대해 생물학적 모성biological motherhood을 경험한 사람들의 관점에서 논의하기를 바란

18) 'femininity'와 여기서의 'womanhood'는 우리말로 둘 다 '여성성'으로 옮길 수 있다. 이 중 전자가 주로 신체적·생물학적 특징을 반영하는 성격 및 행동과 관련된 여성성을 지칭한다면, 후자는 젠더적인 의미에서 여성이 지닌 차이가 반영된 여성성을 나타낸다고 할 수 있다.—옮긴이

19) bat Tzedek, "The Rights and Wrongs of Identity Politics and Sexual Identities", p. 256.

20) Elizabeth Hackett and Sally Anne Haslanger eds., *Theorising Feminism: A Reader*, Oxford: Oxford University Press, 2006.

다면, 나는 그런 경험이 어떤 사람을 논의에 포함시키는 기준 중 하나로 활용될 수는 있겠지만 온통 여성들만을 포함해서는 안 되지 않을까 생각한다. 누군가가 비적대적이고 우호적인 환경에서 머독에 대해 논의하기를 원할 경우, 한쪽 성을 배제하는 것이 예상했던 결과를 낳을 것인지 아닌지에 대해 나는 확신하지 못한다. 따뜻하고 배려적인 남성도 있고 여성도 있는 것과 마찬가지로, 적대적인 남성도 있고 여성도 있다. 누군가가 특정한 젠더에 해당한다고 해서 그 사람이 해당 젠더의 일반적인 특성을 나타낼 것이라고 장담할 수는 없다. 내가 자원 활동에 참여한다면, 나는 그 활동에 관심을 갖고 있는 다른 젠더를 지닌 사람들도 참여했으면 좋겠다. 특정한 시점에 특정한 집단에서 그런 활동이 이루어진다면, 단지 한쪽 젠더의 구성원들만이 참여하게 될 것이고 그것도 물론 좋다. 그러나 나는 이것이 다른 젠더를 지닌 사람들도 나중에 그 활동에 참여하는 것을 배제하는 하나의 논변으로 활용될 수 있다고는 생각하지 않는다. 기껏해야 통계적 유의미성만을 지닌 분류에 기초하여 사람들을 배제하는 것은 차별일 뿐만 아니라 중요한 의견을 듣지 못하는 것으로 귀결될 수 있다. 나로서는 그런 관행을 유지하

---

21) 20세기 영국의 대표적인 철학자이자 소설가이다. 1919년 아일랜드 더블린에서 태어났으며, 옥스퍼드대학교에서 비트겐슈타인 연구로 박사학위를 받은 뒤 1948년부터 모교에서 15년간 철학을 강의했다. 1953년에 영어로 된 최초의 사르트르 연구서 『사르트르―낭만적 합리주의자』를 발표하면서 두각을 나타낸 그녀는 1954년에 『그물을 헤치고』(Under the Net)로 등단하면서 작가로서의 재능을 발휘하기 시작했다. 이후 『종』, 『모래의 성』, 『잘린 목』, 『천사들의 시대』, 『우발적인 인간』 등 25편의 소설을 발표했고, 특히 셰익스피어의 『템페스트』를 재해석한 『바다여 바다여』로 부커 문학상을 수상했다. 말년에 얻게 된 알츠하이머병의 증세가 악화되어 1999년에 세상을 떠났으며, 문학평론가이자 소설가인 남편 존 베일리(John Bayley)가 쓴 회고록 『아이리스』가 2001년에 동명의 영화로 제작된 바 있다.―옮긴이

는 것에서 어떠한 가치도 발견할 수 없다.

여성문화와 장애문화의 생성은 '장애인'이나 '여성'이라는 꼬리표가 붙은 이들에게 새로운 종류의 억압을 만들어 냈다. 하나로 단결된 집단이 더 큰 목소리를 낼 수 있게 된 반면, 단결의 필요성은 개별화된 견해를 허용하지 않았다. 왜냐하면 그것이 공동체를 위태롭게 하거나 분열시키고, 그리하여 그 집단을 정치적으로 약화시킬 수 있기 때문이다.[22] 특정한 집단의 구성원이라는 꼬리표가 붙어 왔기 때문에 억압을 받는 사람들의 행복이라는 측면에서 보자면, 그들이 공동체의 틀 내에서 완전한 행복을 성취할 수는 없을 것 같다. 공동체가 부재하다면 그들은 힘이 없고 취약하다. 그러나 공동체의 존재로 인해 그들은 그러한 집단의 견해를 채택하도록 강요당할 위험이 있다. 더욱이, 이론의 여지는 있겠지만, 해당 집단 특유의 본성이 강조되다 보면 그 집단의 구성원들은 더 큰 주변화를 경험하고 심지어 자초할 수도 있다.

희생자적 위치

유사한 경험과 견해를 지닌 다른 사람들과의 동일시는 물론 그 나름의 이득이 존재한다. 심리학적 관점에서 보자면, 고난은 공유될 경우에 이해하고 받아들이기가 더 용이해진다. 나를 여성으로서 (또는 장애인으로서) 존중해 주는 공동체에 속하는 것은 내가 여성이기 때문에 (또

---

22) Shakespeare, *Disability Rights and Wrongs*을 보라.

는 장애인이기 때문에) 다른 사람들로부터 받아 왔던 시선과 대우에 의해 손상된 자긍심을 구축하는 데 도움을 줄 수 있다. 모든 이들은 사랑받고 존중받는다는 느낌을 필요로 한다. 동류의식, 연대, 일체감은 공동체에의 강렬한 몰입이 개인의 삶에 가져다 줄 수 있는 명백히 긍정적인 효과의 예이다.

좀 더 시니컬한 관점에서는, 억압받는 집단과의 동일시가 사람들로 하여금 '희생자적 위치'를 채택하도록 허용한다는 점이 간혹 논해지기도 한다. 그러한 희생자적 위치를 채택하게 되면, 삶에서 맞닥뜨리는 모든 곤경은 '여성'이나 '장애인' 등의 소수자라는 사실, 그리고 그로 인해 억압받는다는 사실에 의해 설명될 수 있다. 예를 들어 내가 원했던 특정한 직업을 갖고 있지 못하다면, 그것은 나의 형편없는 면접 수행이나 관련 경험의 결여 때문이라기보다는 내가 여성이었기 때문인 것이다. 이런 인생관이 깊숙이 내면화되면, 그것은 내가 어떤 노력을 기울이는 것을 완전히 멈추도록 허용한다. 내가 아무리 애를 쓴다 하더라도 나는 성공하지 못할 것이며, 따라서 그냥 포기하는 편이 나은 것이다.

그렇지만 희생자적 위치에 대해 이런 식으로 이야기하는 것은 위험할 수 있다. 희생자적 위치의 채택이 삶을 좀 더 편안하게 만들어 주기 때문에 (다소간 의식적으로) 그렇게 하는 사람들이 존재한다는 것은 분명해 보이지만, 그렇다고 해서 이것이 차별이 발생하지 않음을 의미하는 것은 아니다. 때때로, 아니 아마도 많은 경우에, 사람들은 단지 그들이 분류되어 온 방식 때문에 마땅히 누려야 할 것을 누리지 못하고 있다. 희생자적 위치의 채택이라는 현상을 비판적으로 인식하는 것과 그것이 지닌 심리적 호소력을 이해한다는 것이, 실제로 희생자가 존재하지 않음을 의미하는 것은 아님이 인정되어야만 한다.

　장애권이나 여권 활동가들의 관점에서 보자면 희생자적 위치는 양날의 칼이다. 장애인들을 (그리고 여성들을) 결속시킨 것은 애당초 억압이었기 때문에, 그리고 그들을 결속 상태로 유지시키는 것은 적어도 부분적으로는 계속되고 있는 억압이기 때문에, 이러한 집단 내에 있는 모든 사람들은 그들이 희생자적 위치에 있다는 것에 틀림없이 어느 정도는 동의할 것이다. 그렇지만 이러한 집단 내의 누군가가 여성이나 장애인에게 일반적으로 예상되는 것을 넘어선 성공을 거두었을 때 문제가 발생하는데, 왜냐하면 이것이 희생자적 위치에 기초한 분석을 약화시키는 듯 보이기 때문이다. 많은 경우 그런 성공은 다양한 형태의 반감에 직면하며, 해당 구성원의 개가를 함께 축하하기보다는 성공을 거둔 사람과 절연하려는 무리와 맞닥뜨리게 된다.[23] 누군가가 자신의 진정한 정체성을 버렸을 경우에만 그런 성취가 가능하다고 생각되는 것이다. 우리들 모두는 사람들이 마거릿 대처$^{Margaret Thatcher}$를 '치마를 두른 남성'이라고 부르는 것을 들어 봤을 것이다. 이런 표현에 내재된 반감은, 남성과 여성 양쪽 다 대기업의 고위직에 있는 여성들은 냉정하고 계산적이라고 유사한 지적을 하는 것에도 반영되어 있다. 여기서의 논리는 아주 간단하다. 우리는 남성이 운영하고 비장애인이 지배하는 사회의 구조에 의해 억압받고 있는데, 그러한 세계에서 엄청난 어떤 것을 성취했다는 사실은 누군가가 억압적인 힘이 강제하는 규

---

23) Shakespeare, *Disability Rights and Wrongs*, p. 80.

칙을 채택했음을, 그러므로 자기 자신의 본질을 상실했음을 의미한다는 것이다. 나에게는 이것이 하나의 악순환 내지는 '순환론적 딜레마' Catch-22[24]처럼 보인다. 한편으로는, 억압에 맞서 싸운다는 것은 분명한 공동의 목표를 설정하는 것이다. 그러나 다른 한편으로는, 어떤 개인 혼자서 그런 목표에 이르는 성공을 거둔다면, 이는 논의의 대상이 되는 개인이 자신의 정체성을 버렸음을 의미한다.

유사한 문제들은 때때로 '내면화된 억압'이라는 개념을 통해 다루어지기도 한다.[25] 이 개념에서 초점은 희생자가 아니라, 기꺼이 혹은 자신도 모르는 사이에 억압적인 사회의 불공정한 규칙을 받아들이는 사람들에게 놓여 있다. 그러나 여기서도 또한, 기존 사회구조의 잘못된 점은 무엇인지 그리고 왜 잘못되었는지에 대한 어떤 사람의 견해에 따라, 이러한 혐의 제기가 얼마나 심각하게 그리고 언제 이루어질 수 있는지는 상당히 달라질 것이다.

---

24) 'Catch-22'는 본래 미국 작가 조지프 헬러(Joseph Heller)가 1961년에 발표했던 제2차 세계대전을 배경으로 한 소설의 제목이다. 주인공 존 요사리안(John Yossarian)은 미 육군 256비행대 소속 대위이지만 무의미한 전쟁에 넌더리를 내며 군에서 제대하기 위해 애쓴다. 그러나 언제나 'catch-22'에 발목이 잡히고 만다(여기서 'catch'는 '숨어 있는 함정이나 책략'이라는 뜻이다). 'catch-22'란 '정신이상자는 비행 임무를 면제 받을 수 있다. 그러나 정신이상을 이유로 면제를 신청할 경우, 그러한 면제 신청의 행위 자체가 정신이 멀쩡하다는 것을 입증하기 때문에 계속 임무에 종사해야 한다'는 것(즉 자신이 미쳤다는 것을 아는 사람은 미친 사람이 아니다!)으로, 이는 명문화되어 존재하는 규정은 아니지만 그렇기 때문에 오히려 절대적인 위력을 발휘한다. 이 소설로부터 'catch-22'는 일종의 순환론적 딜레마에 빠져 옴짝달싹할 수 없는 상황을 가리키는 일상적인 어휘로 쓰이게 되었으며, 우리말로는 흔히 '진퇴양난'이나 '사면초가' 등으로 번역되어 왔다.—옮긴이

25) Diana T. Meyers, *Gender in the Mirror: Cultural Imagery and Women's Agency*, Oxford: Oxford University Press, 2000, pp. 3~29.

결론적 단상

이 장에서 다소간 사람들의 의욕을 꺾는 결론이 도출되고 있긴 하지만, 내가 사람들이 정치적 목적이나 여타의 목적을 위해 단결해서는 안 된다고 생각하는 것은 아님을 분명히 강조해야만 할 것 같다. 우리는 사회적 동물이며, 우리가 속한 공동체와 우리가 함께하는 사람들을 통해 우리 자신을 규정한다. 그뿐만 아니라, 나는 우리가 속한 공동체가 정치권력의 제공자일 뿐만 아니라 행복과 지지의 중요한 원천임을 조금도 의심하지 않는다. 공유된 경험과 공동의 목표는 더 나은 삶을 위한 분투에 반드시 필요하며, 우리 모두는 소속감을 느끼기를 원한다. 정치판 내에서 소수자들과 억압받는 자들이 목소리를 내려면 협력이 중요하다는 것은, 아니 아마도 거의 필수적이라는 것은 명백하다. 여성과 장애인은 정치운동가들의 집단적 노력으로부터 많은 것을 얻어 온 사람들에 대한 좋은 예라고 할 수 있다.

정체성 정치가 지닌 가장 큰 문제 중 하나는, 우리가 오직 하나의 공동체에만 속하며 오직 하나의 공동체를 통해서만 우리가 우리 자신을, 우리의 가치를, 인생 프로젝트를 규정한다고 흔히 가정하는 것이라 할 수 있다. 이는 권력을 쥐고 있는 사람들의 이해관계와 부합하는 것일 수는 있을지언정(사람들을 특정한 집단들로 분할해 그 안에 가둬 두는 것은 그들에 대한 통제를 더 용이하게 만든다) 명백히 사실이 아니다. 우리는 무수히 많은 공동체의 구성원이며, 이러한 점은 때에 따라 변화하는 존재인 우리들에게 중요성을 갖는다.[26] 맨체스터 지역 팀들 간의 축구 경기에서 맨체스터 시티가 맨체스터 유나이티드를 상대로 득점을 올렸을 때나 그 직후라면, 나는 아마도 모든 맨체스터 시티 팬들과 강한 일체감을 느낄 것이다. 그렇지만 다른 대부분의 시기에는, 대다수의 다른 맨체스터 시티 서포터즈들과 나는 거의 아무런 공통점도 갖지 않는다고 할 수 있다. 그리고 가령 나와 같은 국적이나 젠더를 지니고 있는 사람들이 괴롭힘을 당하거나 농담거리가 될 때라면, 나 역시 얼마간 개인적으로 공격당하고 있다는 느낌을 받게 될 것 같다. 그렇지만 다른 때에는 국적이나 젠더에 관한 이슈에 나는 아마도 그다지 많은 관심을 기울이지 않을 것이다.

젠더학gender studies과 장애학 양쪽 모두 사람들에 대한 일차원적 분류가 부적절하다는 것을 오래전부터 인식해 왔다.[27] 대개 사람들은 다수의 공동체에 속해 있으며 이는 객관적 현실이다. 만일 누군가가 일차원적 분류에 기초한 틀에 박힌 견해만을 받아들인다면, 이런 현실이 그들에게 모순된 역할을 부여하게 될 것이다. 또한 때때로 어떤 집단의 정치적 의제는 자신의 하위 집단 모두를 포괄하지 못한 채 그 일부만의 필요를 인정하는 것처럼 보인다. 이를테면 흑인 여성들은 빈번히 여성 공동체도 흑인 공동체도 그들의 이슈를 다루지 않는다고 느끼곤 한다.[28]

내가 스스로를 특정한 집단과 결부시키는 것과 다른 사람들이 나

---

26) Jonathan Glover, *I: The Philosophy and Psychology of Personal Identity*, London: Penguin, 1988, pp. 200~202.

27) Maxine Baca Zinn and Bonnie Thornton Dill, "Theorising Difference from Multiracial Feminism", eds. Maxine Baca Zinn, Pierrette Hondagneu-Sotelo and Michael A. Messner, *Gender through the Prism of Difference* 3rd edn, Oxford: Oxford University Press, 2005, pp. 19~25.

에게 꼬리표를 붙이는 것에는 중요한 차이가 존재한다.[29] 나는 당연히 특정한 시점에 특정한 집단과 더불어 해당 집단의 목표를 주로 지지할 수 있고, 그 집단의 일원임을 나타내는 배지를 자랑스럽게 달 수 있다. 그러나 그렇게 선택하고 행동한다고 해서 이것이 나에게 존재하는 모든 것이라거나, 나의 개인적 목표가 모두 그 집단의 목표와 양립할 수 있음을 의미하지는 않는다. 여성이나 장애인이라는 꼬리표를 붙이는 것은 그 사람이 누구인가에 있어 언제나 단지 부분적인 그림을 그리는 것일 뿐이다. 설령 논의의 대상이 되는 사람이 해당 집단과 관련된 틀에 박힌 견해의 일부와 잘 맞아떨어진다고 하더라도 말이다.

공동체적 사고가 이르게 되는 이 모든 문제들을 고려한다면, 나는 톰 셰익스피어가 다음과 같이 썼을 때 그에게 강력히 동의할 수밖에 없다. "장애정치의 목표는 가급적 손상과 장애를 무관하게 만드는 것이어야 하지, 장애 정체성이라는 민족적 개념에 기반을 둔 장애 자부심disability pride이라는 분리주의적 관념을 추구하고 찬양하는 것이어서는 안 된다."[30] 이 장에서 제시된 나의 분석이 받아들여질 수 있다면, 셰익스피어의 지적은 정치적으로 추동된 대다수의 집단에게 적용된다고 할 수 있다. 공동체는 우리에게 개인적으로나 정치적인 수준에서나 '좋은' 것일 수 있지만 그 유용성에는 심각한 한계가 존재한다. 다른

---

28) Trina Grillo, "Anti-Essentialism and Intersectionality", eds. Elizabeth Hackett and Sally Anne Haslanger, *Theorising Feminism: A Reader*, Oxford: Oxford University Press, 2006, p. 31.

29) Shakespeare, *Disability Rights and Wrongs*, pp. 71~74.

30) *Ibid.*, p. 82.

사람들에 대한 대응에 있어, 우리는 가능한 한 그들을 있는 그대로 바라볼 수 있어야 한다. 그들이 속해 있다고 생각되는 집단의 캐리커처로서가 아니라 개별적 인격체로서 말이다. 그리고 억압받는 집단의 정치적 의제를 위해 싸울 때, '그들'을 '우리'와 이분법적으로 대당시키는 것은 결국 자멸적인 것이 되는 때가 올 수 있음을 유념해야만 한다.

9장 _ 인공와우, 언어권, '열려 있는 미래'론

패트릭 셰르밋

서론

인공와우 기술의 등장은 생명윤리 분야에서 상당한 논란으로 이어졌다. 그 신기술을 지지하는 이들과 반대하는 이들 사이에는 너무나도 뚜렷한 의견 차이가 존재하고 있는 듯 보인다. 지지자들은 인공와우가 미래에는 농을 사라지게 해줄 거라고 낙관적인 노선을 취한다. 반면에 비판자들——그들 중 일부는 농인 당사자이다——의 경우에는 **농인** Deaf[1] people은 일차적으로 언어적 소수자 집단의 구성원이지 '교정'을 필요로 하는 장애인 집단의 구성원이 아니라고 주장하면서 인공와우를 거부한다. 어떤 이들은 인공와우 이식을 행하는 의사들이 민족문화말살ethnocide을 시도하고 있으며, **농문화**를 완전히 뿌리 뽑고자 한다

---

1) 나는 의료적 이상으로서의 듣지 못함(이 경우에는 소문자 'd'를 사용해서 deaf로 표기한다)과 수어 공동체의 구성원이라는 것(이 경우에는 대문자 'D'를 사용해서 Deaf로 표기한다)을 구별하는 관례를 따른다(Carol Padden and Tom Humphries, *Deaf in America: Voices from a Culture*, Cambridge, MA: Harvard University Press, 1998). [이를 구별해 주기 위해 9장에서 대문자로 시작하는 Deaf(ness)가 사용된 경우에는 해당 어휘를 굵은 글씨로 표기하였다.—옮긴이]

고 비난하기까지 한다.

이 논의에 참여하고 있는 다양한 사람들은 뚜렷이 구별되고 서로 대립되는 논변을 발전시켜 왔다. 이 장에서 나는 인공와우에 대한 몇 몇 저명한 지지자들의 중심적 논변 —— '열려 있는 미래에 대한 아동의 권리'라는 견해를 취하는 —— 을 검토하고 논의할 것이다.[2] 이런 논변은 아동의 자율성, 즉 "돌이킬 수 없이 닫혀 버린 미래의 선택지를 갖지 **않을** 아동의 권리"를 보호하는 데 중점을 둔다.[3] 나는 최근의 논쟁과 계속 진행 중에 있는 논의에 있어 두 명의 손꼽히는 참여자라 할 수 있는 후이 누니스Rui Nunes와 데나 데이비스Dena S. Davis가 제시한 이와 같은 입장을 좀 더 면밀히 검토할 것이다.[4] 그들은 둘 다 농아동에게 인공와우를 이식하지 않음으로써 초래되는 결과 중 하나는 미래의 선택지에 대한 축소임을 논하면서, '열려 있는 미래에 대한 아동의 권리'를 그들의 주요한 입장으로 설정한다. 각주 2에서 인용된 문헌들의 저자인 토머스 밸커니Thomas Balkany 등이나 닐 레비Neil Levy도 여러 논변

---

2) Thomas Balkany, Annelle V. Hodges and Kenneth W. Goodman, "Ethics of Cochlear Implantation in Young Children", *Otolaryngology, Head and Neck Surgery* 114, 1996, pp. 748~755; Dena S. Davis, "Genetic Dilemmas and the Child's Rights to an Open Future", *Hastings Center Reports* 27, 1997, pp. 7~15; Levy, "Deafness, Culture and Choice", pp. 284~285; Neil Levy, "Reconsidering Cochlear Implants: The Lessons of Martha's Vineyard", *Bioethics* 16, 2002, 134~153; Rui Nunes, "Ethical Dimension of Paediatric Cochlear Implantation", *Theoretical Medicine and Bioethics* 22, 2001, 337~349.

3) Tuija Takala, "The Child's Right to an Open Future and Modern Genetics", eds. Brenda Almond and Michael Parker, *Ethical Issues in the New Genetics: Are Genes Us?*, Aldershot: Ashgate, 2003, p. 39.

4) Nunes, "Ethical Dimension of Paediatric Cochlear Implantation", pp. 337~349; Dena S. Davis, "Cochlear Implants and the Claims of Culture? A Response to Lane and Grodin", *Kennedy Institute of Ethics Journal* 7, 1997, pp. 253~258.

들 중 하나로 이런 입장을 활용한다.

조엘 파인버그는 '열려 있는 미래에 대한 아동의 권리'라는 개념의 창시자이다. 이 표현은 그가 해당 개념을 처음 제안한 1980년 발표된 논문의 제목이었다. 파인버그의 논증은 처음에는 일관성을 지닌다. 그러나 아동들이 성인기를 향해 나아가기 위해 애를 쓰면서 지속적인 변화의 단계에 놓이게 된다는 사실을 설명하려는 지점에 와서는, 아동의 발달이 그 자신의 도식 체계 범위 밖에 있는 일정한 권리들의 실현을 필요로 함을 인식하는 데 실패한다. 그가 고려하지 못한 권리는 무엇보다도 '언어권'인데, 언어권은 아동의 잠재력에 부합하는 '사회성 및 인지 발달에 대한 권리'에 근본적인 영향을 미치는 어떤 것이라고 할 수 있다.

그 결과 '열려 있는 미래'에 대한 파인버그의 개념화에는 어떤 약점이 존재하며, 이런 약점은 누니스와 데이비스가 열려 있는 미래라는 개념을 소아 인공와우 이식과 관련된 논란에 적용할 때 보다 분명하고 심각하게 드러난다. 즉 무언가를 선택할 수 있게 되는 것과 선택하는 행위 그 자체에는 중요한 차이가 존재한다. 파인버그의 관심은 일차적으로 아동이 지닌 미래의 자율성을 보호하는 것이다.[5] 누니스와 데이비스는 인공와우 이식을 받고 성인기에 도달한 아동은 자율적인 상태에 있으며 그/그녀 자신의 삶의 방식을 선택할 수 있다고 상정한다.

그러나 나는 인공와우 이식과 인공와우를 통해 구어를 촉진시키는 것은 **그 자체로** 아동의 자율적이게 될 권리right to become autonomous

---

5) Takala, "The Child's Right to an Open Future and Modern Genetics".

를 위협한다고 주장한다. 왜냐하면 그런 득활^{得活}의 과정이 아동의 언어권을 침해하는 것으로 간주될 수 있기 때문이다. 덧붙여, 나는 언어권이 기본적 인권임을 논할 것이며, 그러나 이러한 권리의 존재가 어떤 아동이 하나 이상의 언어를 지닐 수 없음을 반드시 의미하지는 않음을 또한 주장할 것이다.

소아 인공와우 이식에 대한 윤리적 논쟁

농에 대한 상이한 관점은 소아 인공와우 이식에 대한 윤리적 논쟁에서도 마찬가지로 상이한 의견과 관점을 낳는다. 생리학의 관점에서 일반적으로 농은 불리함을 야기하는 의료적 이상으로 간주된다. 인공와우가 이식된 사람은 계속해서 난청인 상태에 있겠지만, 그들은 훈련과 득활/재활을 통해서 말^{speech}을 이해하는 능력을 발달시킬 수도 있다. 언어 습득 이전에 농이 된 아동이라 하더라도 인공와우 이식을 받으면 말을 지각할 수 있을 뿐만 아니라 구어를 발달시킬 수 있을 것이라고 기대된다. 요컨대, 인공와우가 비록 어떤 농인의 청력을 완전히 회복시키지는 않는다고 하더라도 그러한 외과적 중재 이후에 소리를 지각할 수 있는 해당 개인의 능력이 향상된다면, 의료적 관점에서는 인공와우 이식이 중대한 이점을 갖는 것으로 간주된다.

만일 어떤 사람이 수어가 완벽히 발전된 자연언어이며⁶⁾ 어떠한

---

6) William C. Stokoe Jr., "Sign Language Structure: An Outline of the Visual Communication Systems of the American Deaf", *Journal of Deaf Studies and Deaf Education* 10, 2005, pp. 3~37. [자연언어(natural language)는 한국어, 일어, 영어, 프랑스어 등

구어에도 뒤떨어지지 않는 정확히 동등한 질과 범위의 의사소통을 가능하게 해준다는 과학적 사실을 받아들인다면, 그는 또한 아마도 **농인**이 그들 자신의 역사와 문화를 지닌 언어적 소수자 집단의 구성원이라는 입장을 받아들일 수 있고 받아들여야만 할 것이다. 이런 관점에서는 농아동이 어떤 형태로든 외과적 개입이나 득활을 필요로 한다고 여기는 게 잘못된 것이다. 이와는 반대로, 그들에게 가장 긴급히 필요한 것은 수어를 습득하는 일이다. 수어는 애당초 시각적인 것이기 때문에, 농아동은 청아동이 구어를 발달시키고 사용하는 것만큼이나 수월하게 수어를 습득하고 배울 수 있다.

지금까지 왜 인공와우가 커다란 윤리적 논쟁 및 논란거리가 되어 왔는지를 다시 한 번 분명히 해둘 필요가 있다. 의료적 관점에서 농은 무엇보다도 하나의 개인적 결손으로, 즉 듣지 못하는 병리 상태로 규정된다. 이러한 존재태는 병인론etiology을 참조하여 설명될 수 있다. 즉 최중도나 중도의 청력 손실은 통상적으로 질환, 유전적 결함, 또는 산모의 태내 감염과 같은 여타의 건강 관련 요인에 의해 발생되는 것이다. 개인의 그런 이상을 최신 기술을 써서 치료하거나 경감시키고자 시도하는 것은 보통 윤리적으로 논란의 여지가 없고 일상적인 일로 여겨지며, 아마도 적극적으로 추구되고 찬양될 만할 것으로 여겨지기까지 할 것이다.

반면에 **농**이라는 것이 자신의 고유한 언어와 문화를 지닌 언어적

과 같이 인간이 일상적으로 사용하는 언어를 말한다. 컴퓨터에서 사용되는 2진수로 이루어진 기계어나 프로그래밍 언어를 가리키는 인공언어(artificial language)와 대비되는 개념이다.— 옮긴이]

소수자 집단의 구성원이 됨을 의미한다면 매우 상이한 결론이 도출될 수 있다. 어떤 아동의 문화적 소속감과 정체성을 기술을 사용해서 변경한다는 것은 윤리적으로 불온하며 문제적이다. **농인**이 장애인이 아니라 언어적 소수자 집단 중 하나로 여겨진다면, 인공와우로 **농**을 근절하고자 노력하는 것은 비윤리적이다. 어떤 이들은 인공와우 이식이란 아프리카계 미국인이 그들의 피부색을 검은색에서 밝은 색으로 바꿀 수 있는 기회를 제공받는 (실제의 또는 가상적인) 시술에 가설적으로 비견될 수 있을 것이라고 말하기까지 한다. 이런 논변은 또한 **농**과 장애가 결부되는 것은 실제의 경험이라기보다는 사회적 인식/오인일 뿐임을 시사한다. 이렇게 볼 경우 장애라는 꼬리표는 차별의 산물일 뿐이며 **농인**의 삶의 일상적 현실과 부합하지 않는다. **농인**이 소수민족 집단에 비견될 수 있다는 생각은 특히 존 해리스에 의해 강하게 반박되고 거부되어 왔다.[7]

'열려 있는 미래'론과 농아동의 미래라는 문제

후이 누니스와 데나 데이비스가 인공와우 이식이 언어 습득 이전에 농이 된 아동에게 위험이 된다는 **농인 공동체**의 주장을 논박할 때, 그들은 둘 다 '열려 있는 미래에 대한 권리'라는 파인버그의 논변에 의지한다. 나는 이제 간략한 설명을 통해서 지금까지 그 개요가 서술된 다양

---

7) John Harris, "Is There a Coherent Social Conception of Disability?" *Journal of Medical Ethics* 26, 2000, pp. 95~100.

한 주장들을 본격적으로 검토하고자 한다. 우선 '열려 있는 미래'에 대한 최초의 이해가 어떤 것이었는지를 설명한 후, 그 다음 누니스와 데이비스의 논변을 좀 더 면밀히 살펴볼 것이다.

'열려 있는 미래에 대한 아동의 권리'라는 파인버그의 개념

계몽주의 철학자 존 로크John Locke(1632~1704)의 저작에 의지하여 파인버그는 '권리'란 타고난 것이라고 말한다.[8] 다른 많은 계몽주의 철학자들과 마찬가지로 로크는 인간을 자유롭고 자율적인 존재로 본다. 요컨대, 자유로운 선택을 할 수 있는 인간의 능력은 또한 인간으로 하여금 자신의 행위에 대해 도덕적으로 책임을 지도록 하며, 누군가가 어떤 종류의 사람이 되는가에 대해서도 대부분 책임을 지도록 만든다. 따라서 [자유로운 선택을 할 수 없는] 어떤 아동이 자기 자신의 삶과 의향에 대해서 책임을 져야 한다고 생각하는 것은 명백히 불합리한 것이 된다. 반대로, 아이를 키운다는 것은 그/그녀에게 점차적으로 자신의 정체성을 형성할 수 있는 수단을, 그리고 점점 더 성인으로서 책임을 질 수 있는 수단을 제공한다는 것이다. 그러므로 비록 모든 인간이 동일한 인간성을 공유하기 때문에 또한 동일한 권리를 공유한다 하더라도, 예컨대 임마누엘 칸트Immanuel Kant가 확실히 했던 것처럼[9] 권리

---

8) Joel Feinberg, "The Child's Right to an Open Future", eds. William Aiken and Hugh LaFollette, *Whose Child? Children's Rights, Parental Authority, and State Power*, Totowa, NJ: Littlefield, Adams and Co., 1980.

9) Immanuel Kant, "Grunnlegging av moralens metafysikk(Grundlegung zur Metaphysik der Sitten)"[Fundamental Principles of the Metaphysics of Morals], ed. Eivind Storheim, *Moral, politikk og historie*, Oslo: Universitetsforlaget, 1983.

가 모두에게 동등하게 귀속될 수 있는 것은 아니다. 어떤 권리들, 가령 생명권이나 안전에 대한 권리 같은 권리들은 연령과 상관없이 모든 인간에 의해 공유된다. 파인버그는 이런 권리들을 'A-C-권리'(여기서 A와 C는 각각 '성인'Adult과 '아동'Child을 나타낸다)라고 부른다. 언론의 자유, 종교의 자유, 정치의 자유 같은 다른 권리들은 비록 모든 인간에 의해 공유되기는 하지만, 그 권리들은 해당 권리를 행사하는 사람이 책임을 질 수 있고 합리적 선택을 할 수 있음을 전제로 한다. 파인버그는 이런 권리들을 'A-권리'라고 부른다. 비록 어떠한 인간도 A-권리를 공유하지 않는다고 말할 수는 없겠지만, 모든 인간이 이를 행사할 수 있는 것은 아니다. 몇몇 개인들은 인지적 손상 때문에 영구적으로 A-권리를 행사할 수 없다고 간주될지도 모른다. 아동들 또한 이런 권리를 완전히 행사할 수 없다고 여겨지지만, 이는 일시적이고 부분적인 무능력이다. 아동이 성숙해 감에 따라 그/그녀는 점차적으로 자기 자신의 삶과 선택에 대해 점점 더 많은 책임을 지게 되는 것이다. 이러한 사고의 노선에 따라, 파인버그는 주로 아동들에게 귀속될 수 있는 일정한 권리들을 식별하여 인정하자고 말하는데, 그는 이런 권리를 'C-권리'라고 부른다. 그는 C-권리를 다시 두 부류로 나눈다. 첫째, '의존권'dependency-rights이 있는데, 그는 이것을 "생명유지에 있어 기본적인 수단적 재화——식량, 주거, 보호——를 위해 아동이 타인에게 의존하는 것"과 관련된 권리들로 규정한다.[10] 둘째, '신탁된 권리'rights-in-trust 내지는 '장래의 자율권'anticipatory autonomy rights이 있는데, 파인버그는 이

---

10) Feinberg, "The Child's Right to an Open Future".

를 성인이 되고 난 후 미래의 자아실현 및 자기결정에 대한 아동의 권리와 관련짓는다. 간단히 말해서, 그는 이러저러한 '신탁된 권리'들이 '열려 있는 미래에 대한 권리'로 단일하게 요약될 수 있음을 논한다.[11]

아마도 이러한 파인버그의 논변은 아동이 성숙해져서 성인으로서 책임을 지고 성인의 정체성을 갖게 되는 그 순간까지는 아동기가 비교적 평온하고 안정된 존재태에 있다는 다소간 역설적인 느낌을 줄 것이다. 파인버그는 이런 역설을 인식하고 있다.

> 장성한 자식이 자신의 삶을 스스로 결정하고자 한다면, 그리고 적어도 현재 그의 삶의 대부분이 자신의 '자기결정'의 산물이라면, 그는 이미 완전히 형성된 자아를 지닌 것이며 자신의 삶에 대해 결정할 수 있음에 틀림없다. 그러나 그가 **바로 그러한** 자아를 스스로 결정할 수 있는 것은 아니다. 그럴 수 있다면, 그는 그뿐만이 아니라 그 밖의 무수히 많은 것들을 스스로 결정할 수 있는 자아가 이미 형성되어 있었을 것이기 때문이다.[12]

파인버그는 위의 진술에서 우리가 자기결정이 발생하기 시작하는 어떤 단일한 순간을 확인할 수 있다고 생각하는 것은 잘못된 일임을 지적하고 있다. 이는 또한 부모가 자신의 아이를 위해 미래의 모든 선택지를 항상 열려 있는 상태로 유지하고자 노력하는 것은 불가능하다

---

11) Feinberg, "The Child's Right to an Open Future", p. 126.
12) Ibid., p. 147.

는 함의를 지닌다. 더욱 중요한 것은, 아마도 그렇게 하고자 노력한다는 것은 곧 부모가 아동의 가장 중요한 필요들 중 일부를 살피지 않아야 함을 의미한다는 점이다. 이는 예컨대, 어떤 아동을 일정한 가치 체계를 가지고 키우는 것이 그 아이가 미래에 성인이 되어 다양한 가치 체계들 사이에서 독립적으로 선택하는 것을 더욱 어렵게 만든다는 이유로, 그렇게 하지 않는다는 것을 의미할 수 있다. 자유롭게 선택할 수 있는 아동의 능력을 한정하거나 제약하지 않기 위해서, 부모는 그 아동을 완전히 그리고 아무런 제한도 없는 자율적인 상태에서 키우기 위해 노력해야만 할 것이다. 그러나 한스 셰르브헤임Hans Skjervheim은 '자유의 딜레마'에 대한 자신의 에세이에서, 무제한의 자유라는 바로 그 시나리오가 쉽사리 그 반대물로, 즉 자유의 제약과 결여로 귀결될 수 있음을 논한다.[13] 자유가 규제나 한계의 완전한 부재로 사고된다면, 특정한 행위나 원칙이 또 다른 행위나 원칙보다 더 가치 있거나 나은 것으로 결코 간주될 수 없다. 여기에는 오직 단 하나의 예외가 존재한다. 즉, 무제한의 자유라는 원칙 그 자체가 가치 있는 원칙으로 간주되어야 하지만, 그러한 자유 개념은 단지 형식적인 것에 불과하며 우리의 삶에 아무런 실질적인 지침도 제공해 주지 못한다. 그런 형식적 원칙을 누군가의 삶에 적용하고자 노력한다면, 그 결과는 유의미함과 행복이 아니라 그저 쉽사리 허무주의와 절망에 빠지는 것일 뿐이라고 셰르브헤임은 논한다.

---

13) Hans Skjervheim, *Deltakar og tilskodar og andre essays*[*Participant and Audience and Other Essays*], Oslo: Tanum-Norli, 1976.

이러한 내용은 하나의 딜레마를 구성한다. 즉, 부모가 그들의 자식을 대신해서 어떤 결정을 내리든 간에, 그들의 결정은 해당 아동이 결국 맞이하게 될 어떤 종류의 열려 있는 미래에 영향을 미치게 된다. 미래의 그 아동에게 있어 긍정적 자아실현을 구성하는 것에 대한 어떤 전제를 설정하게 됨으로써 말이다.

간단히 말해서, 부모는 그 실현 여부가 해당 아동 자신의 선善을 구성하게 되는 어떤 이해관계의 생성을 촉진한다. 부모는 어떤 식으로 이를 행할 것인가를 결정함에 있어 아동 자신의 선이라는 어떤 독립적인 개념을 겨냥할 수 없다. 왜냐하면 아동 자신의 선(자아실현) 자체가 부모가 생성해 내고자 결정한 이해관계에 의존하기 때문이다.[14]

파인버그는 신중한 부모의 행동을 권고하면서 자신의 글을 마무리한다. 부모가 제공하는 모든 유인誘因은 미래의 선택지와 관련된 모종의 의사결정을 나타낸다는 사실을 인식한다면, 부모는 그들이 의사결정을 할 때 염두에 두고 있는 것이 누구의 이해관계인지를 신중히 고려해야만 한다. 예컨대 부모가 아동의 적절한 여가활동을 고려할 때 단지 그들 자신의 열망과 이해관계만을 내세운다면('아이스하키 말고 피아노를 하면 안 되겠니?'), 이는 그 아동이 지닌 미래의 선택지 중 일부를 차단해 버림을, 게다가 잘못된 전제 위에서 그런 차단이 이루어짐을 의미할 수 있다.

---

14) Feinberg, "The Child's Right to an Open Future", p. 148.

인공와우 이식에 대한 후이 누니스의 입장
: 청인 세계에 대한 농아동의 접근권을 보장하라

누니스는 소아 인공와우 이식에 대해 비판적인 이들과 호의적인 이들 간의 중도적이고 합리적인 절충처럼 보이는 것을 제안한다. 그는 인공 와우에 대한 균형 잡힌 견해를 도출해 내고자 시도하지만, 농아동이 **농인 공동체**의 구성원으로 여겨져야 하며, 그러므로 수어를 배워야만 한 다는 관념은 거부한다.

> 이런 아동들은 (소문자의) 농으로 불려야만 한다. 설령 **농인 세계**Deaf-World가 실제로 존재하는 것이 사실이라 하더라도, 그러한 세계의 문 화에 동화되는 것이 농이라는 생리학적 핸디캡에 의해 결정된다고 확실히 말할 수는 없다. 농아동이 출생 시 곧바로 **농인 세계**의 구성원 이 되는 것은 아니라고 충분히 논해질 수 있는 것이다. 따라서 **농**이 되는 타고난 권리 같은 것은 존재하지 않는다. 그/그녀의 부모가 이런 선택을 할 경우, 그리고 오직 그런 경우에만 **농문화**의 구성원이 되는 것이다. 그 다음에야 비로소 이 아동은 **농아동**이 될 것이다.[15]

누니스는 인공와우가 **농인 공동체** 및 **농문화**에 위협이 될 것이라 고 우려하는 이들에게 공감과 이해를 표시한다. 그는 또한 농아동에 대한 인공와우 이식을 거부할 부모의 권리 자체는 인정한다. 특히나 부모 자신이 **농인**일 경우에 말이다. 그럼에도 불구하고, 그는 아동에게

---

15) Nunes, "Ethical Dimension of Paediatric Cochlear Implantation", p. 343.

인공와우를 이식하지 않는 것은 미래의 선택지에 대한 중대한 장벽에 해당할 수 있으므로 부모가 인공와우 이식을 거부하는 것이 용인되어서는 안 된다고 주장한다.

> 청능 득활/재활이 의사소통에 꼭 필요한 기술들——특히 구어의 습득——을 장차 제공하려면, 청인 세계의 관습, 가치, 태도는 열려 있는 미래에 대한 농아동의 권리를 실현하는 데 필수적인 것으로 간주되어야 할 것이다. …… 인공와우 이식이 기술적으로 안전하고 효율적인 과정으로 간주될 수 있다면, 당연히 농아동이 그러한 인공와우 시술의 기회를 박탈당해서는 안 된다는 결론에 이르게 된다.[16]

다시 말해서, 누니스는 **농**이라는 것이 성인으로서의 삶의 중요한 측면 및 영역들과 단절됨을 의미한다는 사실을 무엇보다도 우려한다. 이를테면 농인이 평균적인 청인보다 더 낮은 교육과 소득 수준을 지니고 있다는 것은 통계적으로 사실인 것이다(**농인**만을 다루는 데 활용할 수 있는 통계는 거의 존재하지 않는다).[17]

---

16) Nunes, "Ethical Dimension of Paediatric Cochlear Implantation", pp. 337~349.
17) J. P. Harris, J. P. Anderson and R. Novak, "An Outcome Study of Cochlear Implants in Deaf Patients: Audiologic, Economic, and Quality-of-Life Changes", *Archives of Otolaryngology Head and Neck Surgery* 121, 1995, pp. 398~404; Nunes, "Ethical Dimension of Paediatric Cochlear Implantation", pp. 337~349.

인공와우 이식에 대한 데나 데이비스의 입장
: 농은 미래의 선택지에 대한 돌이킬 수 없는 제약이다.

누니스가 비록 **농인 부모**에 대해서는 얼마간 유보적인 태도를 취하긴 하지만, 그의 논변은 인공와우 이식이라는 중재가 어떤 아동에게 말의 세계에 진입할 수 있는 충분한 의사소통 능력을 제공할 수 있다면, 그/그녀에게 그러한 중재를 하지 않는 것은 정당화될 수 없음을 말하는 것이나 다름없다. 데나 데이비스는 이런 논변을 한층 더 발전시킨다.[18] 그녀는 들을 수 없는 사람에게 미래는 거의 열려 있지 않다고 단호하게 말한다. "청인은 미국수어^{American Sign Language, ASL}를 배우고, 사회적·문화적 행사에 참석하고, 그 밖의 활동들을 함으로써, **농문화**에 참여할 것인지에 대해 선택할 수 있다. 그렇지만 들을 수 없는 사람은 청인 세계의 영역 대부분과 돌이킬 수 없는 단절을 겪게 된다."[19]

계속해서 그녀는 **농**이 되기 위해 '들을 수 없는 사람'으로 남겨지는 선택을 하는 것은 그 자체로 제약을 만들어 내는 것임을 논한다.

가장 적극적인 형태로 주류 사회에 대한 문화적 적응을 이뤄 낸 **농인**에게조차 존재할 수밖에 없는 제약된 기회에 대해 누구라도 진지하게 생각할 필요가 있다. 즉 배우자, 대화 상대, 직업 등이 심각하게 제

---

18) Davis, "Cochlear Implants and the Claims of Culture? A Response to Lane and Grodin", pp. 253~258; Davis, "Genetic Dilemmas and the Child's Rights to an Open Future", pp. 7~15.
19) Davis, "Cochlear Implants and the Claims of Culture? A Response to Lane and Grodin", p. 254.

약되는 것이다. 물론 누군가는 동일하게 이야기될 수 있는 문화적 소수자들 ─예컨대 아미시Amish[20]나 극단적인 정통파 유대교도 ─을 떠올릴 수도 있겠지만, 이런 아동들은 성인이 되면서 그들의 생각을 바꿀 수 있고, 상당한 비율의 사람들이 그렇게 한다.[21]

데이비스의 결론은 인공와우 이식을 하지 않는 것은 부모가 내리는 그 밖의 선택들이 미칠 수 있는 것보다 아동이 지닌 미래의 선택지에 대해 훨씬 더 부정적이고 제약적인 영향을 미친다는 것이다. 왜냐하면 그 아동이 **농인 세계**에만 갇혀 버리기 때문이다.

모든 아동은 '열려 있는 미래에 대한 권리'를 지니며 …… 그러한 권리 내에서 그 아동은 자신의 배우자, 자신의 직업, 자신의 종교, 자신의 읽을거리, 자신의 거주지 등을 선택할 수 있다. 농은 해당 아동의 미래를 **돌이킬 수 없는 방식으로** 심각하게 제약하기 때문에, 나는 부모가 아동의 농을 '치료'하는 데 있어 잘못된 행동을 하는 것에 동의할 수 없다.[22]

---

20) 현대 기술문명을 완강히 거부하고 소박한 농경 생활을 추구하는 개신교의 한 교파로, 주로 미국의 펜실베이니아주, 오하이오주, 인디애나주 지역 등에서 집단적으로 거주하고 있다.─옮긴이

21) Davis, "Cochlear Implants and the Claims of Culture? A Response to Lane and Grodin", p. 255.

22) Ibid., p. 255.

'열려 있는 미래'론과 언어권

누니스와 데이비스는 상당히 수긍할 만한 논변을 제시하고 있으며, '열려 있는 미래'라는 입장은 적어도 직관적으로는 매우 설득력을 지닌다고 해야만 할 것이다. 그러나 이 시점에서 나는 파인버그가 (앞서 기술된 바 있는) 'C-권리'의 세번째 부류가 존재함을, 그리고 그 중 가장 중요한 것이 언어권임을 간과하고 있다는 점을 논하면서, 파인버그의 개념에 이의를 제기하고 싶다. 에두르지 않고 매우 직설적으로, 나는 열려 있는 미래에 대한 권리는 완전한 언어권이 부여되지 않은 사람에게는 존재하기를 그친다고 주장할 것이다.

대다수의 사람들은 권리로 부여되어야 할 어떤 것으로서의 언어라는 문제에 대해 전혀 신경 쓸 필요가 없다. 대부분의 다수자 공동체에서, 사람들로 하여금 그들이 하나의 통일체이자 다수자임을 확인할 수 있도록 해주는 것은 무엇보다도 단일한 언어를 공유하고 있다는 사실이며, 이와 같은 단일한 언어의 공유는 다수자 집단에 속한 사람들에게는 당연시되는 경향이 있다. 마찬가지로 대다수의 사람들은 보통 그들의 생각을 아무런 지장 없이 자유롭게 말할 수 있다는 사실에 대해 성찰할 필요가 없다.

이런 자명성이라는 측면이 아마도 언어권이 좀처럼 성문화되지 않는 이유를 설명해 줄 수 있을 테지만, 그러나 이것이 그러한 권리가 전혀 주장되지 않았음을 의미하지는 않는다. 많은 언어적 소수자 집단들은 그들의 언어를 인정받기 위해 지금도 투쟁하고 있거나 또는 투쟁해 왔던 역사를 지니고 있다.[23] 언어학과 철학 분야에서 언어권의 문제는 그 자신의 고유한 이론적 담론을 지니고 있다.[24] 유엔United Nations, UN의 인권 헌장인 「세계인권선언」Universal Declaration of Human Rights은 언어권에 대해 아무런 언급도 하고 있지 않지만[25] 「유엔 선주민권리선언」United Nations Declaration on the Rights of Indigenous Peoples은 제13조에서 다음과 같이 적시하고 있다.

> 선주민은 그들의 역사, 언어, 구전口傳, 철학, 문자 체계, 문헌을 부흥시키고, 사용하고, 개발하고, 후손에게 전수할 권리를 지니며, 지역사회, 장소, 사람에 대해 그들 자신의 고유한 명칭을 지정하고 유지할 권리를 지닌다.[26]

---

23) Thomas Hylland Eriksen, *Language at the Margins of Modernity: Linguistic Minorities and the Nation-State*, Oslo: International Peace Research Institute(PRIO), 1991.

24) Albert H. Y. Chen, "The Philosophy of Language Rights", *Language Science 20*, 1998, pp. 45~54; Alan Patten and Will Kymlicka, "Introduction: Language Rights and Political Theory: Context, Issues, and Approach", eds. Will Kymlicka and Alan Patten, *Language Rights and Political Theory*, Oxford: Oxford University Press, 2003; Alastair Pennycook, "The Right to Language: Towards a Situated Ethics of Language Possibilities", *Language Science 20*, 1998, pp. 73~87; Tove Skutnabb-Kangas, "Marvelous Human Rights Rhetoric and Grim Realities: Language Rights in Education", *Journal of Language, Identity and Education 1*, 2002, pp. 179~205; Tove Skutnabb-Kangas and Robert Phillipson, "Linguistic Human Rights, Past and Present", eds. Tove Skutnabb-Kangas and Robert Phillipson, *Linguistic Human Rights: Overcoming Linguistic Discrimination*, Berlin and New York: Mouton de Gruyter, 1994.

25) United Nations, *Universal Declaration of Human Rights*, New York: United Nations, 1948.

26) United Nations, *United Nations Declaration on the Rights of Indigenous Peoples*, New York: United Nations, 2007.

「유엔 아동권리협약」United Nations Convention on the Rights of the Child
또한 언어적 소수자 집단에 속한 아동을 위해 그와 같은 언어권을 천명하고 있다.[27] **농인**은 토착 민족의 권리를 주장하고자 노력하지는 않았지만, 그럼에도 불구하고 그들의 역사는 전세계에 퍼져 있는 수많은 언어적 소수자 집단의 역사와 유사성을 지닌다. 이런 소수자 집단 중 몇몇의 역사에서 나타나는 패턴을 재검토하면서, 노르웨이의 인류학자 토마스 휠란 에릭센Thomas Hylland Eriksen은 소수자 집단들이 외부 세계로부터의 압력이 강화될 때 그들의 언어를 방어해 내기 위하여 흔히 어떤 식으로 맞서는지를 지적하고 있다.

공기의 가치는 공기가 심각하게 오염되는 순간이 와야만 분명해지는 것처럼, 어떤 '문화' ——즉 언어 공동체 —— 에 속한다는 것의 중요성도 해당 공동체가 임박해 있는 소멸에 의해 위협을 받는 것처럼 보이는 순간이 와야만 성찰과 정치적 행동의 이슈가 된다. 이누이트어 Innuit [28], 사미어Saami [29], 브르타뉴어Breton[30] 같은 소수자 집단의 언어

---

27) United Nations, *United Nations Convention on the Rights of the Child*, New York: United Nations, 1990.
28) 이누이트족은 그린란드, 캐나다, 알래스카, 시베리아 등 북극해 연안에서 수렵과 어로를 통해 살아가는 민족으로 우리가 흔히 에스키모라고 부르는 사람들이다. 이누이트란 그들의 언어로 '인간'을 뜻하며, 에스키모는 캐나다 선주민들이 이름 붙인 것으로 '날고기를 먹는 인간'이라는 뜻이다. 이누이트어는 알류샨열도에서 사용되는 알류트어와 같은 어족(이누이트-알류트제어)에 속한다.—옮긴이
29) 사미족은 스칸디나비아반도 및 핀란드의 북부, 러시아 콜라반도를 포함한 유럽의 최북단 지역인 라플란드(Lapland)에 거주하는 소수민족으로 라프 족(Lapp)이라고도 불린다. 그들이 사용하는 사미어(라프어)는 우랄어족의 핀우고르어파에 속한다.—옮긴이
30) 브르타뉴인은 프랑스 브르타뉴 지역에 거주하는 사람들을 칭한다. 그들이 사용하는 브르타뉴어는 5~6세기에 앵글로색슨족의 침입을 받고 대브리튼섬에서 브르타뉴반도 지방으로

는 1960년대 초까지만 해도 한 세대 내에 사라질 것으로 예측되었지만, 뒤이은 언어의 개발은 해당 언어를 유지하고, 부활시키고, 그러한 언어의 사용을 해당 사회의 현대적 관료 부문 내에 전파하고자 하는 강한 의지를 발휘했다. 그와 같은 개발은 1960년대 이래로 세계의 많은 지역들에서 목격되고 있는 언어의 부활에 대해 부분적인 설명을 제공할 수 있다.[31]

이러한 '언어를 유지하고자 하는 강한 의지'를 이해하기 위해서는, 어떤 사람이 사용하는 언어가 그 사람의 정체성 및 자기이해와 어떤 식으로 밀접하게 뒤얽혀 있는지를 인식하는 것이 반드시 필요하다. 다수자 공동체의 구성원들은 그들에게 존재하는 이런 측면을 소수자 집단의 구성원들이 종종 성찰해야만 하는 것과 같은 방식으로 성찰할 것을 좀처럼 강제당하지 않는다. 하나의 언어가 위협을 받을 때, 누군가가 그런 상황을 언제나 일정한 거리를 두고 반드시 객관적으로 바라볼 수 있는 것은 아니다. 위협에 처해 있는 것이 **나의** 언어일 경우, 나의 정체성과 나의 세계-내-존재 방식 또한 사선射線에 휩쓸려 들어가게 된다. 이런 문제는 에릭센의 결론에도 반영되어 있다. "어떤 사람의 언어를 통해 나타나는 개인적 정체성의 그와 같은 측면들은 개인의 안녕에 극히 중요할 수 있다. 언어권은 기본적 인권으로 간주되어야만 한다."[32]

피신한 켈트족의 언어가 현지의 프랑스어 및 라틴어의 영향을 받아 변형된 형태를 띠고 있다.—옮긴이

31) Eriksen, *Language at the Margins of Modernity: Linguistic Minorities and the Nation-State*, p. 42.

에릭센의 메시지는 분명히 유의미하며 다수의 **농인**이 왜 인공와우에 반대하는지를 우리가 이해하는 데 도움이 되기는 하지만, 내가 여기서 제기하고자 하는 주장은 훨씬 더 근본적인 것이다. 즉 또 다른 언어에 앞서 하나의 특정한 언어를 지닐 권리와 세계-내-존재에 대한 전제 조건으로서의 기본적 언어권 사이에는 차이가 있다.[33] 다시 말해서, 여기서 중심 이슈는 특정 문화의 주장에 관한 것이 아니라[34] 단 한 명뿐인 어떤 아동이 그/그녀의 언어능력을 실현할 권리에 관한 것이다.[35]

앞서 언급된 것처럼 언어는 인간의 활동에 너무나 기본적인 전제 조건이어서 우리는 보통 그것에 대해 많은 것을 성찰하지 않는다. 언어가 지닌 이런 필연성에 대한 이해의 대부분을 우리는 오스트리아 철학자 루트비히 비트겐슈타인에게 빚지고 있는데, 그는 우리 삶의 전체성이 우리의 언어능력에 의해 어떻게 규정되는지를 다음의 문장에서 훌륭하게 표현해 냈다. "내 **언어의 한계**는 곧 내 세계의 한계를 의미한다."[36] 비트겐슈타인의 견해는 세계(와 그 세계의 일부분으로서의 자기 자신)에 대한 나의 이해가 통상적으로[37] 언어를 통해 그러한 세계(와

---

32) Ibid., p. 42.

33) Chen, "The Philosophy of Language Rights", pp. 45~54를 보라.

34) Davis, "Cochlear Implants and the Claims of Culture? A Response to Lane and Grodin", pp. 253~258.

35) Mairian Corker, *Deaf and Disabled, or Deafness Disabled? Towards a Human Rights Perspective*, Buckingham: Open University Press, 1998.

36) Ludwig Wittgenstein, *Tractatus Logico-Philosophicus*, London and New York: Routledge, 1992[루트비히 비트겐슈타인, 『논리철학논고』, 이영철 옮김, 책세상, 2006], p. 148.

37) 비트겐슈타인은 아마도 누군가가 언어의 범위를 넘어 진실을 인식할 수 있는 가능성을 완전히 배제하지는 않은 것 같다. 그러나 이런 문제는 이 텍스트의 범위를 넘어서는 것이다.

자기 자신)에 대한 인식틀을 설정하는 나의 능력을 초월할 수 없다는 것이다. [세계-내-존재인] 우리가 세계를 또는 자기 자신을 벗어날 수 없는 것과 마찬가지로, 우리는 결코 언어를 벗어날 수 없다. 비트겐슈타인은 이런 입장을 표명하면서 언어에 관한 근본적 진실을 파악하고자 노력한다. 그에 따르면 우리가 언어라는 개념 그 자체에 대한 인식틀을 설정하고자 노력할 때, 우리가 인지하지 못하고 놓치는 무언가가 언제나 존재한다.[38] 그러므로 언어가 무엇'인지'를 말하고자 노력하는 것은 헛된 시도인데, 왜냐하면 우리는 단지 그 개념의 일부만을 파악할 수 있기 때문이다. 그렇지만 이러한 사실에도 불구하고, 언어가 지닌 중요한 측면들은 여전히 확인될 수 있다.

직관적으로 말하자면, 언어와 관련하여 한 가지 명백한 사실은 그것이 우리로 하여금 상호 간에 의사소통할 수 있도록 해준다는 것이다.[39] 또한 대부분의 사람들은 언어가 우리로 하여금 학습을 통해 우리 세계의 한계를 확장할 수 있도록 해준다는 것에 동의할 것이다. 그리고 언어가 지닌 세번째의 측면은, 비록 앞의 두 가지 측면보다 덜 명백하기는 하지만, 그것이 우리의 자아 발달과 보존에 필수적이라는 점이다. 언어는 우리를 구성하는 '자아'와의 접촉을 용이하게 하는 매개물이라고 할 수 있다.[40]

---

38) Ludwig Wittgenstein, *Philosophical Investigations*, Oxford: Blackwell, 1967[루트비히 비트겐슈타인, 『철학적 탐구』, 이영철 옮김, 책세상, 2006].

39) 비트겐슈타인이 직관적 통찰을 넘어 증명해 낸 또 다른 사실은 누군가가 다른 사람과 공유하지 않는 사적 언어를 지니는 것은 불가능하다는 점이다(Wittgenstein, *Philosophical Investigations*).

물론 언어를 지닌다는 것이 의미하는 이러한 세 가지 측면들 사이에 어떤 뚜렷한 경계가 존재하는 것은 아니다. 그럼에도 불구하고, 나는 언어란 단지 단어들을 결합시켜서 입 밖으로 내는 능력, 그리고 일정한 문법적 패턴에 따라서 그렇게 하는 능력보다 훨씬 더 많은 것을 의미한다는 사실에 주의를 기울이고 싶다. 언어는 누군가가 자신의 생각을 타인에게 말할 수 있다는 것보다도 훨씬 더 많은 것들과 관련된다. 언어를 통한 의사소통은 물론 언어가 지닌 기능의 대단히 중요한 요소이지만, 그것이 유일한 기능적 요소인 것은 전혀 아니다. 우리는 단지 타인과 의사소통하기 위해서만 언어를 지니고 있는 것이 아니다. 언어는 나로 하여금 나의 **자아를 나** 자신에게 **분명히 표현할 수 있**게 해주는 어떤 것이다. 나 자신에 대한 나의 언어적 표상을 통해서, 타인뿐만이 아니라 무엇보다도 우선 내가 나의 특정한 세계-내-존재 방식에 대한 이해에 접근할 수 있다. 다시 말해서, 언어는 모든 정체성의 형성에 대한, 그리고 자기이해와 자율성에 대한 전제 조건이다. 이는 철학 이외의 다른 학문 분야에서도 또한 인정되고 있다. 언어학, 교육학, 심리학은 언어 발달과 인지 발달 간의 밀접한 연관성을 늘 인식해 왔다.[41] 이러한 두 가지 형태의 발달 사이에는 뚜렷한 구분이 이루어질 수 없는데, 왜냐하면 그 각각의 발달이 다른 한 쪽을 전제로 하기

---

40) Ernst Tugendhat, *Selbstbewußtsein und Selbstbestimmung: Sprachanalytische Interpretationen*[*Self-Consciousness and Self-Determination: A Linguistic Interpretation*], Frankfurt: Suhrkamp Verlag, 1979.
41) Margaret Lahey, *Language Disorders and Language Development*, Basingstoke: Macmillan, 1988.

때문이다.[42] 이런 분야들에서의 연구는 언어 습득과 관련하여 또 다른 흥미로운 사실도 밝혀냈다. 다름 아닌, 아동들의 또래 상호작용이 지닌 중요성에 대해서 말이다.[43] 아동들의 일차적인 언어원言語源, source of language이 언어를 '알고' 있는 그/그녀 주변 성인들과의 상호작용을 통해서가 아니라 또래들과의 상호작용을 통해 획득된다는 많은 암시들이 존재한다. 누군가가 언어란 단어들을 아는 것, 그리고 그 단어들을 문법에 맞게 결합시키는 방법을 아는 것과 관련된다는 지나치게 단순화된 견해를 거부한다면, 이런 얘기는 불합리한 것이 아닐 수 있다. 언어를 안다는 것은 무엇보다도 우선 (인지적인 것과 의사소통적인 것 양쪽) 행위를 위한 하나의 도구로서 언어의 활용법을 아는 것이다.[44] 아동들이 상호작용할 때, '말하는 것의 학습'이 언제 시작되고 '행위의 학습'(또는 해당 문제에 대한 '학습법의 학습')이 언제 멈추게 되는지는 분명치 않다. 이것들은 동일한 발달 과정의 총체적 측면이다.

이런 관점에서는, 아동의 언어권을 저해하는 것은 사람들이 통상적으로 인정하는 일련의 다른 권리들 또한 부정하는 것으로 이어질 수

---

42) George Herbert Mead, "The Mechanism of Social Consciousness", *Journal of Philosophy, Psychology and Scientific Methods* 9, 1912, pp. 401~406; George Herbert Mead, "The Social Self", *Journal of Philosophy, Psychology and Scientific Methods* 10, 1913, pp. 374~380; Lev S. Vygotsky, *Mind in Society: The Development of Higher Psychological Processes*, Cambridge, MA: Harvard University Press, 1978.

43) Ivar Frønes, *De likeverdige: om sosialisering og de jevnaldrendes betydning*[The Equals: Socialisation and the Significance of Peer-relationships], Oslo: Universitets-forlaget, 1998; Synnøve Matre, "Munnlege tekstar hos barn: ein studie av barn 5-8 år i dialogisk samspell"[Oral Texts among Children: A Study of Children Aged 5-8 in Dialogic Interaction], unpublished doctoral dissertation, Trondhem: Norwegian University of Science and Technology, 1997.

44) Wittgenstein, *Philosophical Investigations*.

밖에 없다. 그렇다면, 누군가가 한 명의 아동으로서 자신이 가진 언어적 잠재력을 완전히 발달시킬 때만이 그/그녀의 미래는 온전히 열려 있게 된다는 결론이 나온다.

파인버그가 아동의 권리를 논할 때 언어의 중요성을 간과하는 것은 얼마간 이상한 일이라 할 수 있다. 그가 「열려 있는 미래에 대한 아동의 권리」라는 논문을 썼던 1980년에도 이미 언어철학은 잘 확립되어 있는 철학의 한 분과였다. 다른 한편, 앞서 언급된 것처럼 언어는 우리의 삶에서 너무나 무조건적인 실체여서, 그것은 대개 당연시된다. 그리고 이는 학문에서도 예외가 아니다. 일찍이 18세기 후반에 독일 철학자 요한 고트리프 피히테Johann Gottlieb Fichte가 지적했던 것처럼 말이다. "[피히테는] 모든 체계적 설명의 불가피한 순환성을, 그리고 가장 '무전제'無前提, presuppositionless적인 학문조차 자연언어와 같은 것들이나 통상적인 성찰의 규칙을 전제하면서 시작하기에, 그런 순환성이 불가피함을 환기시키기를 좋아했다."[45]

파인버그는 이런 종류의 비판에 취약하다. 앞서 논의된 바 있는, 성인의 자기결정에 자유로운 자아가 항상 전제됨으로써 발생하는 순환성을 피하려는 그의 시도는 실패할 수밖에 없는 운명에 처해 있다. 일차 언어primary[first] language의 습득이 자기결정을 할 수 있게 되는 것에 대한 전제 조건인 한에서는 말이다. 언어에 대한 아동의 기본적 필요가 좀 더 철저히 평가되지 않음으로 인해 '열린 미래에 대한 권리'라는 개념 전체가 흔들리게 되는 것이다. 언어를 발달시킬 권리, 그리고

---

45) Daniel Breazeale, "Why Fichte now?", *Journal of Philosophy* 88, 1991, p. 528.

인지능력 및 사회성을 발달시킬 권리는 의존권으로서의 'C-권리'로도 '신탁된 권리'로도 간주될 수 없다. 그렇지만 파인버그는 결코 잘못되어서는 안 될 과정으로서의 언어 습득이 지닌 중요성을 과소평가하고 있는 듯 보인다.

> 발달 초기에 있어 표준적인 유형의 애정 어린 양육 및 인간적인 사회 환경은 말라비틀어진 건조식품의 제 모습을 찾아주고 그것이 지닌 저장성을 현실화해 주는, 건조식품에 투입되는 물과 같다고 할 수 있을 것이다. 그러므로 아동이 모방하는 초기 모델들은 해당 아동에게 불가피하게 흔적을 남긴다. 예컨대, 아동은 다른 언어가 아닌 어떤 하나의 언어를 배우며, 그 언어를 특정한 강세와 억양을 수반해서 배운다. 해당 아동 자신의 성인기 언어 스타일은 사실상 그 시작 단계에서 결정된다.[46]

파인버그는 아동이 언어를 습득하는 선천적 능력을 지녔다는 것에 대해 지극히 당연하다는 듯 확신을 표명하고 있다. 대다수의 경우, 나는 그가 옳다고 생각한다. 언어 습득이라는 것이 비록 단순한 프로젝트가 아니기는 하지만, 대다수 아동들은 보통 그 프로젝트를 잘 끝마친다. 그러나 언어 습득이라는 성과는 결코 자동적으로 이루어지는 것이 아니며, 모든 아동이 그런 과정을 성공적으로 해내는 것도 아니다. 언어 발달과 관련하여 당연시될 수 있는 것은 아무것도 없으며,

---

46) Feinberg, "The Child's Right to an Open Future", p. 149.

"표준적인 유형의 애정 어린 양육 및 인간적인 사회 환경"이 반드시 성공을 보장해 주지도 않는다. 기껏해야 그런 것들은 몇 가지 필수적인 전제 조건들을 제공해 줄 뿐이다. 농아동 및 난청아동의 경험에 대하여 우리가 축적하고 있는 지금까지의 지식과 더불어 인공와우를 이식한 아동들에 대한 선행연구는, 이런 아동들 중 일부는 애정 어린 가족과 더할 나위 없이 충분한 사회적 지원이 존재함에도 불구하고 결코 그들의 언어적 잠재력을 완전히 실현하는 데에까지 이르지 못한다는 것을 보여 준다.

농인과 난청인의 삶의 경험

산업화된 나라들에서 인공와우 이식이 자리를 잡고 활용 가능한 의료적 절차가 되기 이전에, 청각 손상을 지닌 아동들에게는 의료적으로 판단된 그들의 청력 상태에 따라 통상적으로 '농' 또는 '난청'이라는 꼬리표가 붙어 왔다. 19세기 말 이래로 대다수의 서구 국가들에서, 청각 손상을 지닌 아동의 교육에서 무엇보다 중요한 목표는 발화와 말의 지각이었다. 다양한 정도의 청력 손실은 이런 목표의 성취를 힘들게 하기 때문에, 농아동과 난청아동은 통상적으로 양쪽 다 어떤 종류의 '특수교육'을 필요로 하는 것으로 간주되었다. (소리를 지각하는 데 명백히 매우 큰 어려움을 지니고 있는) 농아동들은 대부분 농학교에 다녔고, 반면에 난청아동들은 난청인을 위한 특수학교에 다니거나 아니면 일정 정도의 지원(예를 들면, 소리의 인식을 돕는 기술적 지원)이 존재하는 일반학교에 다녔다.

20세기 후반이 되어서야 비로소 수어를 완벽히 발전된 언어로 인정하는 교육 과정이 매우 더디게 나타나기 시작했다. 그렇기는 하지만 농학교에서 **농아동**들은 상호 간에, 그리고 수어를 하는 성인들과 수어로 의사소통했다. 교육적인 목적을 위한 적절한 도구로 수어가 인정되지 않았던 곳에서조차, 농학교는 새로운 세대의 농아동에게 수어를 전수하는 중요한 장소로 기능했으며, 따라서 **농문화**에 대한 중심적 기반을 제공했다. 농학교에 다녔던 이들이 성취한 교육적 성과는 여전히 보잘것없었는데, 이는 특히 다수의 학생들이 교사가 말하는 것을 판독하기 위해 독순讀脣, lip-reading에 의존해야 했기 때문이다.

'특수교육의 관점'에서는, 통상적으로 난청학생이 농학생보다 좀 더 성공적인 성취가 가능할 것이라 생각되고 기대되었다. 지속적인 지원과 훈련이 있다면, 난청아동은 그들이 지닌 청력에 따라 매우 크게 좌우되는 다양한 도전에 직면하면서도, 그 정도는 상이하지만 성공적으로 말을 습득할 수 있다는 것이다. 수어는 구어보다 열등하다고 가정되었기 때문에, 이런 아동들에게 수어는 불필요하고 무익한 것으로 간주되었다. 발화가 시작되지 않은 이들에게는 농학교로 전학을 가게 될 가능성이 상존했던 반면, 말을 습득하고 원활한 진전을 보여 주었던 농학생들의 경우에는 대개 그와는 다른 방향으로의 전학이 이루어졌다.[47)]

여전히 교육적 관점에서는 말할 수 있는 학생이 좀 더 성공적인

---

47) Patrick Kermit, "Tegnspråk og anerkjennelsen av døve som en språklig minoritet" [Sign Language and the Recognition of Deaf People as a Linguistic Minority], eds. S. R. Jørgensen and R. L. Anjum, *Tegn som språk: en antologi om tegnspråk*[*Signs as Language: An Anthology about Sign Language*], Oslo: Gyldendal Akademisk, 2006.

학생이며, 전도가 유망한 것으로 간주될지 모른다. 그러나 **농인**들이나 난청인들 스스로가 그들의 학교생활에 대한 경험을 말할 때에는 종종 다른 형태의 이야기가 등장한다. **농인**들은 비록 그들의 상실된 교육 기회와 그로 인한 보잘것없는 성과로의 귀결에 대해 말하기는 하지만, 그럼에도 학교에서 이루어질 수 있었던 교우관계와 풍부한 사회생활에 대해서도 이야기하곤 한다. 일반학교에 다녔던 난청인들은 종종 정반대의 이야기를 한다. 즉, 교실에서 가까스로 대처하기는 했지만, 동시에 친구도 사귀지 못하고 또래들과의 사회적 상황 속에서 열등한 역할이 주어지고 외로움을 겪어야 했던 경험에 대해 말이다.[48]

난청아동과 또래 청아동의 상호작용에서 문제를 야기하는 메커니즘이 복잡하기는 하지만, 그런 문제 중 일부는 언어를 습득하고 '안다'는 것이 무엇을 의미하는가라는 질문과 관련이 있다. 설령 어떤 성인이 난청아동의 구어를 이해한다고 하더라도, 그리고 그 아동이 성인과 상호작용할 때 화용론적 기술과 대화 능력을 보여 준다고 하더라도, 그 난청아동이 또래 청아동과 상호작용하는 영역으로 이런 능력들이 반드시 전이될 수 있는 것은 아니다. 앞서 언급된 것처럼, 아동들이 함

---

48) Elinor Brunnberg, *Vi bytte våra hörande skolkamrater mot döva: förändring av hörselskadade barns identitet och självförtroende vid byte av språklig skolmiljö*[*We Exchanged Our Hearing School-Friends with Deaf Ones: Changes in the Identity and Self-Confidence for Hearing-Impaired Children by Changing the Language of School-Environments*], Örebro, Sweden: Örebro University, 2003; Sissel M., Grønlie, *Uten hørsel?: En bok om hørselshemming*[*Without Hearing? A Book about Hearing Impairment*], Bergen: Fagbokforlaget, 2005; Lars Kruth, *En tyst värld –full av liv*[*A Silent World: Full of Life*], Örebro: SIH Läromedel, 1996; Paddy Ladd, *Understanding Deaf Culture: In Search of Deafhood*, London: Cromwell Press, 2003; Padden and Humphries, *Deaf in America: Voices from a Culture*.

께 있을 때 그들은 성인과 아동이 상호작용하는 것과 같은 방식으로 상호작용하지 않는다.[49] 그리고 그 난청아동은 또래들과 이야기하기 위해 노력할 때 그/그녀를 지속적으로 무력하게 만드는 어떤 것 때문에, 또래 상호작용에서 어떤 필수적인 경험을 획득하기 위하여 발버둥 쳐야만 할 수도 있다. 난청아동과 상호작용하는 성인은 지지적이고 협조적이며, 그 아동의 청력에 존재하는 제약에 대해 성찰적일 수 있다. 또래 청아동들은 이러한 협조 기술을 반드시 지닌다고 볼 수 없으며, 난청아동이 그들의 말을 좀 더 쉽게 이해할 수 있도록 의사소통 방식을 조절하지 못할지도 모른다.[50] 그렇다면 설령 많은 난청아동들이 완벽하게 말을 할 수 있고 또한 타인들이 말하는 것의 대부분을 이해할 수 있는 것처럼 보일지라도, 이 아동들 중 일부는 위에서 기술된 좀 더 본질적인 방식, 즉 자아상, 정체성, 인지와 결정적으로 연관된 방식으로 언어를 습득할 수 있는 가능성을 차단당하는 결과가 초래될 수 있다.

이는 또한 인공와우 이식을 받은 많은 아동들에게도 당연히 해당되는 사실일 것이다. 비록 이런 아동들이 일정한 유보 조건을 붙여야만 난청아동에 비견될 수 있다고 하더라도, 인공와우 이식을 받은 아

---

49) Frønes, *De likeverdige*.

50) Patrick Kermit, Astri Holm and Odd Morten Mjøen, *Cochleaimplantat i et tospråklig og etisk perspektiv*[*Cochlear Implantation in a Bilingual and Ethnic Perspective*](Report No. 14), Trondheim, Norway: University-College of Sør-Trøndelag, Department of Teaching and Interpreter Education, 2005; Denise Wray, Carol Flexer and Vanessa Vaccaro, "Classroom Performance of Children who Are Deaf or Hard of Hearing and Who Learned Spoken Communication through the Auditory-Verbal Approach: An Evaluation of Treatment Efficacy", *Volta Review* 99, 1997, p. 107.

동들 중 상당수가 언어를 통해 상호작용하는 데 어려움을 겪는다는 것을 매우 강력하게 시사하는 많은 연구들이 존재한다.[51] 그런 아동의 수가 얼마나 많은지는 다소 불분명한데, 왜냐하면 인공와우 이식에 대한 성과 연구의 대다수가 말의 지각과 발화에만 초점을 맞추고 있기 때문이다.[52] 그리고 이것은 적어도 상호작용이라는 맥락에서는 매우 협소한 언어의 규정이라고 할 수 있다. 그런데도 인공와우 이식을 받은 어떤 아동이 [구어만을 배움으로써] 언어를 제대로 습득하지 못할 위험을 무릅써야 한다면, 이는 상당한 윤리적 중요성을 수반하는 문제라고 할 수 있다.

이중언어 접근법과 한 가지 이상의 언어를 지닐 가능성

인공와우 이식을 받은 아동들 중 높은 비율이 말을 듣는 것을 통해 말을 하고 지각하는 것을 배움으로써 그들의 언어권을 실현하는 것이 확실시될 수 없다면, 그런 아동들의 언어권을 보장하기 위해 윤리적으로 옹호될 수 있는 유일한 방식은 그들에게 수어를 가르치는 것이라고 주장하는 게 합리적일지도 모른다. 인공와우 이식을 받은 아동들도 구어

---

51) Siti Z. Mukari, Lai N. Ling and Hanizam A. Ghani, "Educational Performance of Pediatric Cochlear Implant Recipients in Mainstream Classes", *International Journal of Pediatric Otorhinolaryngology* 71, 2007, pp. 231~240; Nancy Tye-Murray, "Conversational Fluency of Children who Use Cochlear Implants", *Ear and Hearing* 24, 2003, pp. 82S~89S; Ona Bø Wie, *Kan døve bli hørende?: en kartlegging av de hundre første barna med cochleaimplantat i Norge*[Can the Deaf Become Hearing? A Survey of the First Hundred Children with Cochlear Implants in Norway], Oslo: Unipub forlag, 2005.

52) Ernst Thoutenhoofd et al., *Paediatric Cochlear Implantation*, London: Whurr Publishers, 2005.

보다는 오히려 수어에 더 쉽게 접근할 수 있기 때문이다. 적어도 이론상, 수어는 대다수의 다른 청아동이 구어를 배우는 것만큼의 노력만 들이면 충분히 배우고 사용할 수 있는 언어이다. 그 아동들이 지니고 있는 균형 잡힌 또래 상호작용에 대한 필요 또한 수어를 사용하는 다른 아동들 사이에서 좀 더 용이하게 충족될 수 있다. 앞서 언급된 **농인**들의 학교생활에 대한 경험이 보여 주는 것처럼 말이다.

반면에, 누군가가 다수자 공동체의 언어에 접근할 수 없을 경우 선택지들이 제약됨을 지적하는 것에 있어서는 누니스와 데이비스 둘 다 분명히 옳다. 그렇다면 이는 다음과 같은 질문을 던지게 만든다. 수어와 구어 둘 다 하고자 시도하는 것은 합리적이고 윤리적으로 옹호될 수 있는 것인가?

두 개의 구어를 구사하는 이중언어 사용 아동에 대한 연구는 광범위하게 존재하며, 그런 연구는 일반적으로 아동들이 몇 개의 언어를 숙달할 수 있는 충분한 능력을 지니고 있음을 보여 준다. 그리고 그렇게 다중의 언어를 숙달하는 것은 동시에 인지 발달에도 잠재적으로 상당한 보상을 가져다 줄 수 있다. 그렇지만 두 개의 언어에 대한 능숙도는 다양한 요인에 따라 달라질 수 있다. 어떤 이들은 두 개의 언어 중 어떤 것이 일차적인 것인지를 식별하는 것이 어려울 만큼 양쪽 언어에 다 능숙하다. 그 능숙도의 단계에 있어 반대편 끝 쪽에 있는 어떤 아동은 일차 언어에서만 높은 수준의 능숙함을 지니고, 또 다른 언어는 일정한 맥락 내에서만 사용할 수 있는 정도의 능력을 보여 주기도 한다.[53] 그렇지만 두 개의 언어 모두에서 높은 수준의 능숙함을 보여 주는 아동을 여타의 이중언어 사용 아동보다 얼마간 '더 이중언어적'이라거나 '성공적'이라고 간주하는 것이 반드시 옳다고 할 수는 없다. 한 가지 이상의 언어에서 높은 수준의 능숙함을 보인다고 평가되려면 어떤 종류의 요구나 기대를 충족시켜야 하는지는 (사는 곳이 어디인지, 교육 환경은 어떠한지, 양육되는 가정이 단일언어를 사용하는지 이중언어를 사용하는지와 같은) 여러 맥락적 요인들이 영향을 미친다.[54]

또한 어떤 아동은 다른 아동이 한 개의 언어로만 말하는 것에서 얻어내는 결과를 두 개의 상이한 언어를 결합시켜 충족시키는 방식으로 이중언어를 사용하는 능력을 지닐 수도 있다. 노르웨이에서 '기능 중심 이중언어 사용'functional bilingualism이라고 불리는[55] 이런 마지막 범주는 특히 청각 손상을 지닌 아동이 처해 있는 상황과 관련성을 지니며 흥미로운 것이라 할 수 있다. 이론적으로 말하자면, 인공와우 이식을 받은 아동이 그러한 이중언어 사용 능력을 기르면 '양쪽 세계 각각의 장점'을 취할 수 있다. 한편으로는, 수어를 사용하는 또래들과의 상호작용을 통해 (구어를 하는 또래들과 나누기에는 훨씬 더 어려운) 필수적인 언어적 경험을 나눌 수 있다. 그리고 다른 한편으로는, 그 아동이 구어를 하는 교사, 강사, 트레이너의 말을 이해할 수 있다면, 이는

---

53) Thor Ola Engen and Lars Anders Kulbrandstad, *Tospråklighet, minoritetsspråk og mi noritetsundervisning*[*Bilingualism, Minority Language, and Education of Minorities*], Oslo: Gyldendal Akademisk, 2004.

54) 예를 들어, 노르웨이에서는 학교에서 영어를 배우기 때문에 대다수의 아동이 영어에 어느 정도 능숙하며, 따라서 '약한' 의미에서라면 그들은 이중언어 사용자로 간주될 수도 있다. 그 아동들 중 다수는 인터넷상의 국제적인 대화형 게임과 같은 활동에서 이런 능력을 활용할 수 있으며, 더 높은 수준의 언어적 능숙함에 대한 어떠한 필요도 느끼지 않을 것이다. 영어가 모국어인 노르웨이인 어머니와 아버지 밑에서 성장한 아동은 아마도 아주 자연스럽게 두 개의 언어 모두에서 높은 수준의 능숙함을 보여 주며 이중언어를 발달시키게 될 것이다.

55) Engen and Kulbrandstad, *Tospråklighet, minoritetsspråk og minoritetsundervisning*.

다양한 추가적 가능성을 열어 주게 된다. 교육 환경 내에서 말을 할 수 있다는 것은 읽고 쓰는 기술을 발전시키는 데 있어 귀중한 자산이다. 그리고 이러한 이중언어 접근법은 그 이상의 이점을 지닌다. 그것은 모두에게 동일한 해결책을 처방하는 것이 아니라 개별 아동의 상황에 맞게 조절될 수 있으며, 그러므로 그/그녀에게 나아갈 길을 제시해 보일 수 있다. 인공와우 이식을 받은 아동 중 어떤 이들은 수어를 사용하는 쪽으로 그 무게 중심을 이동시키는 것을 선택할 수 있으며, 다른 이들은 말을 사용하는 쪽에 더 많은 비중을 둘 수도 있다. (그리고 이런 선택은 사실 임상적인 청력 상태와는 무관하게 일어날 수 있는데, 왜냐하면 스스로를 난청이라고 여기는 사람보다 더 좋은 청력을 지닌 **농인**이 존재하기 때문이다.) 비록 파인버그가 언어의 결정적인 중요성에 대해 직접적으로 언급하지는 않았지만, 아동들이 스스로 선택할 수 있도록 준비시키는 것은 파인버그가 부모들이 해야만 하는 일로서 제시했던 것과 사실 크게 다르지 않은 것이라 할 수 있다.

맺음말

이 장에서 나의 주요 목표는 후이 누니스와 데나 데이비스의 논변에 존재하는 약점을 드러내고, 그리하여 소아 인공와우 이식에 대한 윤리적 담론에 기여하려는 것이었다. 누니스와 데이비스 둘 다 '열린 미래에 대한 권리'라는 파인버그의 개념에 매우 크게 의지하고 있기 때문에, 이 개념을 분석하는 작업 또한 필수적인 것이었다. 나는 파인버그의 사고가 인공와우 이식에 대한 논쟁에 적용될 때 어디서 문제가 발생하는지를 밝혀내고 지적하기 위하여 그러한 작업을 수행했다.

독자적인 부류의 'C-권리'인 아동의 언어권 및 그와 연관된 인지 발달에 특별한 주의를 기울이지 않음으로써, 파인버그는 자신의 주요 목표——즉, 자율적인 상태에 있는 것과 자율적이게 되는 것, 그리고 자유롭게 선택하는 것과 자유롭게 선택할 수 있게 되는 것 사이에 존재하는 차이를 보여 주는 것——를 모호하게 만들고 있다. 그리고 이는 '열려 있는 미래에 대한 아동의 권리'가 어떻게 해석되어야만 하는가와 관련하여 유감스럽게도 명확함의 결여를 초래한다. 누니스와 데이비스는 둘 다 파인버그의 개념이 지닌 수사적 힘을 이용하고 있는데 (누가 아동의 열린 미래를 부정하려 하겠는가?), 그 개념 자체가 그처럼 상당 정도 모호하다는 것을 핑계 삼아, 그들은 농아동에게 있어 가능한 최선의 발달이 실제로 무엇일 수 있는지에 대한 논의를——내가 여기서 수행했던 것처럼—— 하지 않은 채 그 수사적 힘을 이용할 수 있었다.

데이비스의 논증을 보면, 그녀는 농아동이 인공와우 이식을 받자마자 듣게 되는 것은 결코 아님을 인식하고 있지 않은 것 같다. 데이비스가 (몇몇 다른 이론가들이 그랬던 것처럼)[56) 미래의 인공와우는 득활의 과정조차 필요 없이 농을 즉각적으로 치료해 줄 것이라는 암묵적 가정하에서 논변을 전개하고 있는 것은 아닌지 의심이 들 정도이다. 누니스는 인공와우가 즉각적인 치유책은 아니라는 것을 훨씬 더 잘 인

---

56) 이에 대한 예로는 Levy, "Reconsidering Cochlear Implants: The Lessons of Martha's Vineyard"를 보라.

식하고 있지만, 그 또한 언어라는 문제에 대해 매우 수단적인 접근법을 보여 준다. 그의 유일한 요구 사항은 "인공와우 이식을 받은 아동이 청각적 지각을 갖게 될 뿐만 아니라 의사소통 능력 또한 습득할 수 있다는 것이 과학적으로 증명되어야만 한다"는 것이다.[57]

내가 이미 논했던 것처럼 '의사소통 능력'이 '언어를 지닌다는 것'과 관련된 모든 것에 해당할 수는 없다. 오히려 반대로, 언어가 단지 의사소통의 수단일 뿐이라는 관념은 언어가 자아상, 정체성, 인지와 매우 중요한 면에서 밀접하게 연관되어 있다는 사실을 무시하고 있다. 누니스의 요구 사항은 언어를 지닌다는 것이 의미하는 이러한 후자의 측면을 충족시키지 못한다. 어떤 사람이 의사소통 능력은 갖고 있지만 그럼에도 자기표현과 관련된 모든 자질을 발달시키지 못할 수도 있다.

비록 누니스가 **농인 부모**의 경우를 얼마간 감안한다고는 하지만, 그의 논변은 인공와우가 어떤 아동에게 구어적 '의사소통 능력'을 제공할 수 있다면, 그/그녀에게 인공와우 이식을 하지 않는 것은 정당화될 수 없음을 말하는 것이나 다름없다. 데이비스는 인공와우를 이식하지 않는 것이 윤리적으로 문제가 된다고 훨씬 더 명시적으로 말한다. 왜냐하면 그녀가 보기에, **농인 공동체**의 구성원이 될 것인지 청인 공동체의 구성원이 될 것인지 사이에서 선택할 수 있는 사람에게 선택권을 행사할 수 없는 농인보다 훨씬 더 열려 있는 미래가 존재하기 때문이다.

언어권 및 이중언어 사용의 가능성에 대한 논의와 관련해서 보자

---

57) Nunes, "Ethical Dimension of Paediatric Cochlear Implantation", p. 345.

면, 이 장에서 내가 재검토해서 내놓은 입장은 실제로 그들과는 정반대라고 할 수 있다. 인공와우 이식 이후에 단지 구어 하나만을 통해서 이루어지는 득활이 아동의 언어권과 그에 뒤따르는 인지 및 사회성 발달을 돌이킬 수 없이 침해할 가능성이 조금이라도 존재한다면, 그것이 비윤리적이기 때문에 필시 우리는 그러한 단일언어적 득활을 삼가야만 할 것이다. 인공와우 이식을 받은 농아동이 말을 지각하는 것을 배우기 위해 추가적인 노력을 해야만 하는 것이 사실이라면, 이런 득활의 과정은 그렇게 요구되는 시간과 노력이 그 아동이 수어 또한 습득하는 것을 가로막지 않는 경우에만 윤리적으로 옹호될 수 있다. 이중언어 사용 농아동에게 있어서라면, 인공와우는 말을 지각하는 것을 좀더 용이하게 만들어 주는 유용한 장치가 되어 줄 수도 있을 것이다.

이러한 논법은 열린 미래에 대한 농아동의 권리가 어떻게 더 잘 보장될 수 있는가라는 문제에 대해 일관된 접근법을 제공한다. 하나의 기술적 장치로서 인공와우 그 자체는 농아동이 지닌 미래의 자율성에 아무런 위협을 가하지 않는다. 그러나 인공와우를 통한 득활이 그/그녀의 언어권을 침해한다면, 그런 아동의 미래는 최악의 경우 청인 세계와 **농인** 세계 양쪽 모두에서 돌이킬 수 없이 닫혀 버릴 수도 있다. 그러므로 인공와우는 농아동의 언어 습득을 위협하지 않는 방식으로만 사용되어야 한다. 이중언어 접근법은 농아동이 '양쪽 세계 각각의 장점'을 취할 수 있도록 해주므로 가장 유리한 방식이 될 수 있을 것 같다. 이런 맥락에서 본다면, 비록 인공와우는 말의 지각과 발화를 필요로 하는 구어에 있어 그 일부분만을 도와주는 기술적 보조기구에 지나지 않지만 농아동에게 유용한 자산이 되어 줄 수도 있을 것이다.

인공와우 이식의 윤리적 측면과 열려 있는 미래론의 약점이 명백해지는 것은, 인공와우 이식이 온전한 의미에서의 언어를 습득하는 아동의 능력을 위협할 수도 있다는 경험적 이해와 언어권이라는 개념이 만날 때이다. 누니스와 데이비스가 언어라는 개념과 '열려 있는 미래'라는 개념 양자를 이해하는 방식은 협소하고 지나치게 단순하다. '열려 있는 미래'라는 개념은 성인이 되었을 때 최대한의 선택권을 갖는 것에 관한 문제가 아니다. 그것은 자유롭고, 합리적이며, 자율적인 행위주체가 되는 것에 관한 문제이다. 이런 행위주체가 되는 것은 자신의 잠재력을 최대한으로 개발하고 실현하는 것이 허용된 아동에게만 가능한 일이며, 그와 같은 잠재력의 개발과 실현은 또한 기본 조건으로서 언어를 전제하는 과정이라고 할 수 있다.

10장 _ '농배아' 선택의 도덕적 경합성

마티 헤이리

서론

이 장에서 나의 목표는 '농배아' 선택에 대한 윤리들을 검토하고, 그러한 선택의 가능성과 관련하여 현대의 생명윤리 논쟁에서 뚜렷이 드러나는 도덕적 의견 차가 불화와 반목으로 귀결되는 것이 아니라 충분히 인정되고 받아들여져야만 함을 논하는 것이다. 우선, 처음의 두 절에서 나는 최근 등장한 생식 기술에서 '농배아' 선택의 찬반에 대한 이론적 배경을 기술하고, 그러한 선택의 평가와 규제에서 취해질 수 있는 주요한 도덕적·법적 입장을 간략히 기술할 것이다. 그 다음에 세번째와 네번째 절에서는 '농배아' 선택이라는 이슈에 대한 두 개의 경합하는 관점, 즉 의료적 관점과 사회적 관점에 부여되어 왔던 도덕적 정당화의 근거에 대해 검토할 것이다. 이 중 전자는 비록 법률과 관련된 한

---

* 이 장은 핀란드학술원(Academy of Finland)으로부터 2004년에서 2007년까지 자금 지원을 받은 『생물정보학의 윤리적·사회적 측면』(*Ethical and Social Aspects of Bioinformatics*, ESABI) 프로젝트의 일부로 작성되었다(SA 105139).

에 있어서는 '농배아' 선택이 부모의 재량에 맡겨져야 하겠지만, 그러한 선택은 도덕적으로 매우 의심스러운 것이라고 말한다. 후자는 '농배아' 선택은 도덕적으로 문제될 것이 없으며 심지어 상찬할 만한 것이라고 주장하지만, 법률이 부모의 선택에 간섭해서는 안 된다는 것에는 동의한다. 이러한 윤리적 분석에 이어, 다섯번째 절에서는 양쪽의 관점에 의해 잠재적으로 공유되고 있는 허용적인 법적 입장에 대한 개요가 서술되며, 여섯번째 절에서는 지금까지의 논증에 대한 평가 및 판단이 이루어진다. 그리고 일곱번째 절과 여덟번째 절에서는 의료적 관점 및 사회적 관점에 대한 도덕적 논거에서 확인된 문제들이 고찰될 것이다. 마지막 두 개의 절에서 제시될 나의 결론은, 예비 부모에게 지시적 압력이 가해지는 것을 피하려면, 양쪽 입장 모두가 '농배아'의 선택은 절대적으로 옳거나 그른 것이 아니라 도덕적인 측면에서 진정으로 경합적임을 인정해야만 한다는 것이다.

생식 및 진단 기술과 그 활용

'농배아' 선택에 필요한 생식 및 진단 기술들은 체외수정in vitro fertilization, IVF, 착상전 유전자진단pre-implantation genetic diagnosis, PGD, 배아선택embryo selection, ES, 배아이식embryo transfer, ET이다.

체외수정에서는 각각 별도로 채취된 난자와 정자가 일단 성공적으로 결합된 경우 수정이 일어날 때까지 페트리 접시[1]에서 함께 배양된다. 착상전 유전자진단에서는 통상적으로 수정 후 3일째 되는 날 6개에서 8개의 세포로 이루어진 배아로부터 한 개의 세포를 분리해서,

한 가지 또는 그 이상의 방법을 통해 유전자 분석을 하게 된다. 그러고 나서 우선권을 지닌 배아가 선택되고 착상을 위해 예비 엄마의 자궁 내로 이식된다. 체외수정은 1978년 이래로 활용되어 왔으며, 현재 영국과 미국에서는 전체 임신의 1% 이상이 이런 방식으로 이루어지고 있다. 덴마크에서 그 수치는 4%가 넘는다. 착상전 유전자진단을 거친 최초의 출산은 1990년에 이루어졌으며, 그 정확한 수는 알려져 있지 않지만 그러한 진단의 실행은 대중화되고 있는 듯 보인다.[2]

체외수정과 배아이식은 임상 기관에서 다른 방법을 통해 아이를 가질 수 없는 사람들을 위한 불임치료로서 주로 사용된다. 착상전 유전자진단과 배아선택 또한 이런 맥락에서 이용될 수 있다. 이식되는 배아의 생존 및 착상의 질을 위하여 해당 배아들을 검사함으로써 성공적인 임신의 가능성을 향상시킬 수 있는 것이다. 착상전 유전자진단과 배아선택은 태아의 유전적 이상을 원초적으로 배제하기 위하여 개발되어 왔다고 할 수 있다. 유전적 돌연변이가 늦지 않게 발견될 수만 있다면, 단일유전자성 질환(특정한 단 하나의 유전자에 의해 야기된다고 여겨지는 이상)을 제거하고 다유전자성 질환(유전적 요인과 환경적 요인의 결합에 의해 야기되는 이상)으로 이어질 개연성을 없애기 위하여

---

1) 원형의 얇은 접시와 그에 맞는 뚜껑으로 구성된 유리 또는 투명 플라스틱 재질의 용기로, 미생물을 배양할 때 사용된다. 세균학의 원칙을 확립하였으며 결핵균과 콜레라균을 발견한 독일의 세균학자 코흐(Heinrich Hermann Robert Koch)의 조수였던 페트리(R. J. Petri)가 고안하였으며, 그의 이름을 따 페트리 접시라고 불린다.—옮긴이

2) 1990년대에 상용화된 PGD의 경우 성별과 더불어 약 200종류의 유전적 이상을 검사할 수 있었으나, 2000년대 중반에 이보다 한 단계 업그레이드된 PGH(pre-implantation genetic haplotyping) 기술이 개발되었다. PGH는 6,000종류의 유전적 이상을 사전에 확인할 수 있으며, 이 기술을 이용한 시험관 아기가 2006년 11월 14일 영국에서 처음 탄생하였다.—옮긴이

임신의 중절과 선택이 이루어질 수 있다. 이는 부모의 선택권을 증대시켜 줄 수 있는 기회로 간주되어 왔으며, 더욱이 착상전 유전자진단을 사용하는 것은 낙태 자체도 감소시켜 줄 수 있다고 여겨졌다. 이러한 기술의 궁극적 목표에는 상해와 고통을 예방하고 좀 더 건강한 사회 구성원을 생산하는 것이 포함된다.

그렇지만 이 장의 초점은 이와는 상이한 실천에 맞추어진다. 농아이를 낳기 위해서 관련 기술을 사용하려는 시도도 존재했던 것이다.[3] 2001년에 한 레즈비언 농인 커플은 농이라는 상태는 의료적 고통이 아니라 그들이 자신의 아이들과 공유하기를 바라는 하나의 문화임을 주장하면서 농아기를 갖고자 했다. 이런 바람을 추구하기 위해 그들이 취했던 방식은 다섯 세대에 걸쳐 농인이 있었던 가계를 지닌 사람의 정자를 기증받는 것이었다.[4] 과학기술이 적절히 진보되어 있었다면, 선정된 방법은 생각건대 착상전 유전자진단과 배아선택일 수 있었을 것이다. 비록 성공의 가능성은 현재에도 불확실하기는 하지만, 미국에서 2006년에 간행된 보고서는 137개소의 체외수정 클리닉이 고객들에게 제공한 착상전 유전자진단의 3%에서 '장애에 대한 선택'이 이루어졌음을 보여 준다.[5]

---

3) John A. Robertson, "Extending Preimplantation Genetic Diagnosis: The Ethical Debate", *Human Reproduction* 18, 2003, pp. 465~471과 비교해 보라.

4) Merle Spriggs, "Lesbian Couple Create a Child Who Is Deaf Like Them", *Journal of Medical Ethics* 28, 2002, p. 283.

사례, 선택지, 입장

나의 분석에서 고찰될 가설적 사례는 다음과 같다. 체외수정을 통해 6개의 배아가 생산되었으며, 착상전 유전자진단에 의해 그 중 3개는 '농'배아이고 3개는 '청'배아임이 밝혀졌다. 그 배아들 중 3개가 착상될 수 있고, 의사결정자는 어떤 것들을 착상시킬 것인가라는 문제에 직면해 있다. 하나의 선택지는 모두 '농'배아를 선택하는 것일 수 있다. 다른 하나의 선택지는 모두 '청'배아를 선택하는 것일 수 있다. 그러나 이와는 다른 또 다른 선택지는 확인된 정보를 무시하거나 '농'배아와 '청'배아를 일부러 혼합시켜 착상시킴으로써, 그냥 '자연의 섭리에 맡겨 두는 것'이 될 수도 있다. (여기서 그리고 이 장 전반에 걸쳐, 배아의 속성으로서 '농'과 '청'이라는 단어가 사용될 경우에는 그것이 글자 그대로 받아들여져서는 안 됨을 나타내기 위해 작은따옴표를 붙이고 있다. 왜냐하면 배아는 어떤 경우에도 엄밀한 의미에서의 기관이나 청능^{聽能}을 갖고 있지 않기 때문이다. 그 표현은 해당 배아가 하나의 개체가 되었을 때 농인이나 청인일 확률이 더 높음을 나타낼 뿐이다.)

이와 같은 결정의 옳고 그름은 도덕적 측면과 법적인 측면 양쪽 모두에서 평가될 수 있다. 그리고 특정한 행동 방침을 선택하기로 결정한 것에 대해 각각 아래와 같이 이야기될 수 있을 것이다.

---

5) Susannah Baruch, David Kaufman and Kathy L. Hudson, "Genetic Testing of Embryos: Practices and Perspectives of Us in Vitro Fertilization Clinics", *Fertility and Sterility* 89, 2008, pp. 1053~1058.

- 도덕적으로 옳지 않다: 그렇게 결정한 도덕적 근거보다 그러한 결정에 반대하는 도덕적 근거가 더 큰 중요성을 지닐 경우.
- 도덕적으로 경합된다: 그렇게 결정한 도덕적 근거와 그러한 결정에 반대하는 도덕적 근거가 거의 동등한 중요성을 지닐 경우.
- 도덕적으로 옳다: 그러한 결정에 반대하는 도덕적 근거보다 그렇게 결정한 도덕적 근거가 더 큰 중요성을 지닐 경우.

마찬가지로, 특정한 행동 방침은 아래와 같이 다루어져야 한다고 논해질 수 있을 것이다.

- 법적으로 금지되어야 한다.
- 법적으로 허용되어야 한다.
- 법적으로 요구되어야 한다.

도덕적 판단과 법적 판단 간의 관계는 여러 측면에서 바라볼 수 있다. 그 문제에 대한 주요 접근법들을 간략히 기술해 보기로 하자. 우선, 자연법론자들은 최소한 심각한 도덕적 잘못은 그 결과와는 무관하게 금지될 수 있도록 법률이 도덕을 반영해야만 한다고 여긴다. 반면에 법실증주의자들은 법률이란 도덕적 고려와는 완전히 분리되어야 한다고 여긴다.[6] 그리고 통상적으로 자유주의자들은 부도덕한 행위가

---

6) '자연법론'(theory of natural law)은 자연법이 실정법의 기반이 되어야 한다고 여기는 법이론이며, '법실증주의'(legal positivism)는 자연법을 인정하지 않고 실정법만을 유효한 법으로 간주하는 입장이다.—옮긴이

<표 10.1> 의료적 관점과 사회적 관점

↓/→	'농배아' 선택은		
	법적으로 금지되어야 한다	법적으로 허용되어야 한다	법적으로 요구되어야 한다
도덕적으로 옳지 않다	의료적 관점		
도덕적으로 경합된다			
도덕적으로 옳다		사회적 관점	

무고한 사람들에게 해를 끼칠 것이라고 예상되지 않는 한, 도덕이 법에 의해 강제되어서는 안 된다고 생각한다. 좀 더 구체적으로 말하자면, 여기서 취해지고 있는 관점은 법적 금지 및 법적 요건은 국가적 강제력을 지닌 재정적 제재나 물리적 제재(벌금, 징역 등)에 의해 당연히 뒷받침될 수 있지만, 도덕적 비난과 의무에 대해서는 그런 제제를 가할 수 없다는 것이다.

'농배아' 선택의 도덕성 및 적법성과 관련하여 최근 문헌들에서는 두 가지 주요한 입장이 취해지고 있다. 이를 도식화하여 제시해 보면 <표 10.1>과 같다.

의료적 관점은 농이 장애이며, 장애는 개인이 지니고 있는 이상이자 해를 입은 상태라는 이중적 사고에서 비롯된다. 이와 대조적으로, 사회적 관점은 장애란 문화적 인식에 기반을 두고 개인 및 집단에게 부여된, 인간이 만들어 낸 구성개념이라는 가정에서 출발한다.[7] 이런 관념들이 근거하고 있는 도덕적 기반이 다음의 세 절에서 검토될 것이다.

의료적 관점에 대한 도덕적 논거

전통적 의료윤리의 기본 원칙 중 하나는 '해를 끼치지 말라'는 것이다.[8] 의료적 중재는 질병을 제거하거나 경감시킴으로써, 또는 질병이 발생하거나 악화되는 것을 예방함으로써 개별 환자들에게 이로워야만 한다. 또한 설령 어떤 중재가 환자에게 해를 끼칠 것으로 예상된다 하더라도, 그로 인한 피해보다는 예견되는 이로움이 더 커야만 한다. 예를 들어, 수족의 상실은 일반적으로 하나의 상해로 간주되기는 하지만, 어떤 경우에는 절단 수술이 정당화될 수 있다. 그것이 환자의 생명의 구하게 된다면 말이다.

재생산의 선택권에 이런 원칙을 적용하는 것은 언제나 논란을 야기해 왔다. 낙태는 임신부에 대한 피해를 예방할 수 있다는 것을 근거로 옹호되어 왔지만, 두 상이한 개체[즉 임신부와 태아]에게 가해지는 피해를 비교하는 것은 '해를 끼치지 말라'는 규칙의 본래적 영역을, 즉 개인을 중심으로 하는 그 규칙의 범위를 넘어설 수밖에 없는 것이다. 예비 아동potential child이 고려된다면, 그리고 생명이 하나의 이로움으로 간주된다면, 또 다른 종류의 균형 잡기가 필요한 듯 보인다.

개체들을 가로질러 피해와 이로움을 비교·평가하기 위한 도구는 결과주의 윤리consequentialist ethics에서 발견될 수 있다. 이런 유형의 사

---

7) 이에 대한 예로는 Simo Vehmas and Pekka Mäkelä, "A Realist Account of the Ontology of Impairment", *Journal of Medical Ethics* 34, 2008, pp. 93~95를 보라.

8) Raanan Gillon, *Philosophical and Medical Ethics*, Chichester: John Wiley and Sons, 1985, pp. 80~85.

고에 따르면, 어떤 행위는 그러한 선택이 이루어지는 시점에 의사결정자에게 개방되어 있던 다른 어떤 대안적인 행위보다 결과적인 선善을 목표로 했다면 도덕적으로 옳다.[9] 이와 같은 결과주의 윤리의 모델은 두 가지 조항을 추가함으로써 재생산의 선택권에까지 확장되어 왔다. 첫번째 조항에서는 개체가, 특히 태아가 '대체 가능하다'고 말한다. 두 태아 중 어떤 쪽이 실제로 세상에 태어나는가는 본질적으로 중요하지 않다는 것이다. 어떤 권리를 침해하거나 절대적인 도덕 규칙을 위반하지 않고서도 하나의 잠재적 생명은 또 다른 잠재적 생명에 의해 대체될 수 있다.[10] 두번째 조항에서는 미래의 개체들 사이에서 선택이 이루어질 경우, 우리는 '생식에 수반된 선행의 의무'procreative beneficence[11]를 다해야 하며, 할 수 있는 한 최선의 개체를 만들어 내고자 노력해야만 한다고 주장한다. 여기서의 발상은 다른 다수의 사람들이 동일한 상태를 유지하고 있다면, 더 나은 인간이 더 못한 인간보다 더 나은 세계를 만들어 낸다는 것이다.[12] ('더 나은' 인간과 '더 못한' 인간 간의 구별에

---

9) Matti Häyry, *Liberal Utilitarianism and Applied Ethics*, London and New York: Routledge, 1994; Matti Häyry, "Utilitarianism and Bioethics", eds. Richard E. Ashcroft, Angus Dawson, Heather Draper and John R. McMillan, *Principles of Health Care Ethics* 2nd edn., Chichester: John Wiley and Sons, 2007.

10) Richard M. Hare, "Survival of the Weakest", ed. Samuel Gorovitz, *Moral Problems in Medicine*, Englewood Cliffs, NJ: Prentice-Hall, 1976.

11) 이 용어는 옥스퍼드대학교 세인트크로스칼리지(St. Cross College in Oxford)의 응용윤리학 교수인 줄리언 사불레스쿠(Julian Savulescu)가 만든 것으로, 활용 가능한 모든 자연적·인위적 수단을 통해서 가장 건강한 아이를 가져야 할 부모의 도덕적 의무를 말한다.—옮긴이

12) Julian Savulescu, "Procreative Beneficence: Why We Should Select the Best Children", *Bioethics* 15, 2001, pp. 413~426; Matti Häyry, "If You Must Make Babies, Then at Least Make the Best Babies You Can?", *Human Fertility* 7, 2004, pp. 105~112; Parker, "The Best Possible Child", pp. 279~283과 비교해 보라.

대해서는 적절한 때에 문제제기가 이루어질 것이다.)

'농배아' 선택이라는 맥락에서 의료적 관점에 대한 가장 강경한 형태의 옹호는 존 해리스에게서 비롯되는데, 그것은 전통적인 의료적 에토스의 특징을 좀 더 명확하게 결과주의적인 접근법과 결합시켜 낸다.[13] 그런 혼합에 전혀 문제가 없는 것은 아니다. 왜냐하면 '해를 끼치지 말라'는 규칙은 자율성, 정의, 존엄성의 원칙과 같이 결과 지향적이지 않은 원칙을 포함하여 다양한 다른 원칙들과 양립될 수 있는 것인데, 결과주의는 최종적인 결과만을 옳고 그름의 유일한 기준으로 간주하기 때문이다. 따라서 전통적 의료윤리의 원칙과 결과주의에 대한 정당화의 근거는 각각 별도로 고찰하는 것이 최선이라고 할 수 있다.

해리스는 자신의 '의료윤리'론을 그가 도덕적으로 유사하다고 간주하는 네 가지 시나리오의 형태 속에서 제시한다. 이는 다음과 같다.

- 청아동을 농이 되게 하는 것
- 청아동을 농이 되게 하는 질환을 치료하지 않는 것
- 농신생아를 듣게 만들 수 있는 기회가 존재함에도 불구하고 그렇

---

13) John Harris, "Is There a Coherent Social Conception of Disability?", *Journal of Medical Ethics* 26, 2000, pp. 95~100; John Harris, "One Principle and Three Fallacies of Disability Studies", *Journal of Medical Ethics* 27, 2001, pp. 383~387; John Harris, *Enhancing Evolution: The Ethical Case for Making Better People*, Princeton, NJ: Princeton University Press, 2007, pp. 102~103; Matti Häyry, "What the Fox Would Have Said, Had He Been a Hedgehog: on the Methodology and Normative Approach of John Harris's Wonderwoman and Superman", eds., Veikko Launis, Juhani Pietarinen and Juha Räikkä, *Genes and Morality: New Essays*, Amsterdam and Atlanta, GA: Rodopi, 1999; Tuija Takala, "Utilitarianism Shot Down by Its Own Men", *Cambridge Quarterly of Healthcare Ethics* 12, 2003, pp. 447~454와 비교해 보라.

게 하지 않는 것

- '농배아'를 선택하는 것

이와 같은 시나리오의 목록을 구체적인 논변으로 전환시키기 위해서는 두 가지 주장이 이루어질 필요가 있으며, 해리스는 그런 주장을 해왔다. 첫번째는 청아동을 농이 되게 하는 것은 언제나 분명히 잘못된 것이며 의사가 결코 해서는 안 되는 행위라는 것이다. 두번째는 위의 목록에 있는 항목들은 서로 아주 유사해서, 결과적으로 도덕적 측면에서는 동등하거나 적어도 거의 동등하다는 것이다. 이에 따르면, 청아동을 농이 되게 하는 것은 잘못된 것이고 '농배아'를 선택하는 것은 도덕적으로 그와 동등한 것이므로 '농배아' 선택 또한 잘못된 것이다.[14] 양쪽 선택 모두 '해를 끼치지 말라'는 규칙을 위반하는 것으로 간주된다.

의료적 관점에 대한 결과주의적 논거는 농이 장애이며, 장애는 상해라는 가정에 기반을 두고 있다. 해리스에 따르면 장애란 "누군가가 그렇게 되지 않기를 강력하고도 합리적으로 선호하는 이상이며, 어떤 의미에서는 해를 입은 상태"다.[15] 이에 덧붙여 그는 "어떤 환자가 일정한 상태에서 의식불명인 채로 병원 응급실에 들어갔고 그런 상태가 뒤바뀌거나 제거될 수 있었을 경우, 의료진들이 그 상태를 뒤바꾸거나 제거하는 데 실패했다면 그들은 태만했던 것이라고 할 수 있는데, 해

---

14) Harris, "Is There a Coherent Social Conception of Disability?", p. 97; Harris, *Enhancing Evolution*, pp. 102~103.

15) Harris, "One Principle and Three Fallacies of Disability Studies", p. 384.

를 입은 상태란 바로 이런 것이다"라고 말한다. 그리고 하나의 예로서 농과 "새끼손가락 끝부분의 상실"을 제시한다. 앞서 가설적 사례로 이야기되었던 6개의 배아들 가운데 선택하는 문제와 관련해서는, 예비 엄마는 "그녀가 선택한 배아가 가능한 한 좋은 개체가 되는 것을 보장하기 위하여 그녀가 할 수 있는 것을 해야 할 이유를 지니고" 있으며, "따라서 어떤 특정한 방식으로 아직 해를 입지 않은 배아를 선택할 [이유가 있다][……]"고 논한다.[16] 미래의 장애나 상해를 예방하고 그럼으로써 가능하면 최선의 개체를 만들어 내기 위해서, 예비 엄마는 '농배아'를 선택하지 않을 도덕적 의무가 있다.

의료적 관점을 옹호하는 위의 두 가지 주장에 대해서는 일곱번째 절에서 비판적으로 재고찰될 것이다.

사회적 관점에 대한 도덕적 논거

사회적 관점에 대한 도덕적 정당화는 두 가지 요소를 필요로 한다. 첫번째는 일반적으로 장애와 결부되어 있는 여러 상태들, 그리고 특히 농이 상해로 간주될 수 있다는 생각에 도전하는 것이다. 두번째는 '청' 배아가 아니라 '농'배아를 선택하는 것에 대한 적극적인 근거를 확립

---

16) Harris, "One Principle and Three Fallacies of Disability Studies", p. 385. [……]로 처리된 구절에서 해리스는, 선택된 개체는 "가급적 오랫동안 건강한 삶을 살아갈 수 있을 뿐만 아니라 그가 살아가게 될 세상에 긍정적으로 기여할 수 있는 최대한의 가능성을 지녀야"만 한다고 말한다. 나는 이 수사적인 부가 문장을 생략했는데, 왜냐하면 내가 아는 한 농이나 손가락 끝부분의 상실은 장수, 전반적인 건강 상태, 사회에 대한 기여에 어떠한 직접적인 또는 불가피한 영향도 미치지 않기 때문이다.

하는 것이다. 이러한 양자의 전선에서 승리한다는 것은 '농배아' 선택에 대한 도덕적 근거가 그것에 반대하는 도덕적 근거보다 더 큰 중요성을 지닐 수 있음을 의미하며, 그것이 바로 두번째 절에서 상정되었던 옳음의 기준인 것이다. 흔히 장애학자들에 의해 강조되는 또 다른 측면은, 의료적으로 규정되는 손상보다는 사회적 반응 및 구성개념의 견지에서 '다르다는 것'이 지니는 불리함에 대한 설명이다.

사회적 관점의 옹호자들은 (해리스와 같은 결과주의 사상가들에 따르면) 사람들이 지니고 있음에 틀림없는 '합리적 선호'와는 대조적인 사람들의 실제 경험에 주의를 기울이도록 함으로써 장애가 '해를 입은 상태'라는 논변을 반박한다. 예를 들어 농아이를 갖기를 원했던 레즈비언 커플인 샤론 듀세이노Sharon Duchesneau와 캔디스 맥컬러프Candace McCullough는 언론에서 그들에게 농은 하나의 정체성, 문화, 공동체이지 의료적 문제나 해로운 상태가 아니라고 말했다.[17] 농인 공동체의 다른 이들 역시 동일한 취지에서 "청력의 선천적 결여가 반드시 하나의 상해는 아니"며 "그들의 삶은 청인들과 마찬가지로 완전하다"고 주장해 왔다.[18] 사람들은 자신의 신체적 상태에 따라 자신의 삶을 영위하며 이러한 삶 속에서 그들의 포부와 사회적 상호작용이 형성되므로, 결국 타고난 특정 상태가 해로운지 아니면 이로운지의 문제는 실질적으로 무의미한 것이 되고 만다.[19] 농이나 새끼손가락 끝부분이 없는 것은

17) Liza Mundy, "A World of Their Own", *Washington Post*, 2002. 3. 31., p. W22.
18) Tom Koch, "The Ideology of Normalcy: The Ethics of Difference", *Journal of Disability Policy Studies* 16, 2005, p. 124.

어떤 사람의 통합적 일부이지 의학적 치료를 필요로 하는 응급 상태가
아니다.

상해라는 문제설정을 넘어서면서, 많은 사람들은 타인들이 장애
라고 칭하는 그들의 상태가 실제로는 그들의 삶에 있어 개인적으로나
사회적으로 긍정적인 힘이 되어 왔음을 주장했다. 물리학자인 스티븐
호킹은 점차 전신마비에 가까운 상태로 이어지는 [흔히 루게릭병이라
불리는] 근위축성측삭경화증amyotrophic lateral sclerosis, ALS을 지니고 있
었지만, 그로 인해 군더더기 없고 간결한 문체를 구사하게 됨으로써
그의 학문적 경력에 실제로 도움이 되어 왔다고 주장했다.[20] 다른 많
은 이들도 신체적 의존이 야기하는 불편함은 "대인관계에서의 증가된
풍요로움"에 의해 훨씬 더 많은 보상을 받아 왔다고 이야기한다.[21] 그
리고 신체적 차이를 지닌 개인들의 현실 공동체가 존재하는 곳에서는,
그 공동체의 문화 및 가치가 다른 다수자나 다수자 집단의 문화 및 가
치와 동등한 존중을 받을 수 있다고 말한다. 샤론 듀세이노와 캔디스
맥컬러프가 자신의 아이들과 함께 일하며 살아가고 있는 환경, 즉 교
직원의 대부분이 농인이며 교직원 및 학생의 다수가 근방에서 살아가
고 있는 워싱턴 D. C.의 갈로뎃대학교Gallaudet University는 이에 대한 전

---

19) Tom Koch, "Disability and Difference: Balancing Social and Physical Constructions",
    Journal of Medical Ethics 27, 2001, p. 373.

20) Stephen W. Hawking, *Black Holes and Baby Universe*, New York: Bantam Books,
    1993, p. 167.

21) Koch, "Disability and Difference: Balancing Social and Physical Constructions",
    p. 373; Tom Koch, "Life Quality Vs the 'Quality of Life': Assumption Underlying
    Prospective Quality of Life Instruments in Health Care Planning", *Social Science and
    Medicine* 51, 2000, pp. 419~428과 비교해 보라.

형적인 예가 될 수 있을 듯하다.[22]

사회적 관점이 (이러한 관점의 옹호자들에 의해 정의된) 장애가 해로울 수 있으며 대개의 경우 그렇다는 것을 부정하는 것은 아니다. 그렇지만 피해는 개인이 지닌 채 살아가는 차이나 손상에 의해 직접적으로 또는 필연적으로 야기되는 것이 아니다. 그것은 그런 차이나 손상이 없는 사람들의 태도에 의해, 그리고 특정한 상태를 지닌 이들의 필요가 충분히 인정되지 않는 것에 의해 야기된다. 차이는 불가피하고 도덕적으로 중립적인 것이지만, 장애는 그러한 꼬리표가 부여된 개인과 집단에게 해를 끼치는 사회적 구성개념이다.[23] 그런 상황을 완화하는 방법은 의료적으로 규정된 개인의 변화가 아니라 사회적 반응과 지원 체계에 초점을 맞추는 것이다. 듣지 못한다는 것은 단지 하나의 상태이다. 농은 자연스럽게 받아들여진다면 하나의 문화일 수 있는 반면 억압된다면 장애가 될 수 있다.

사회적 관점에 대한 도덕적 근거의 강점과 약점은 이후 여덟번째 절에서 다시 논의될 것이다.

법적 허용에 대한 논거

도덕적 차원에서의 의견 차에도 불구하고, 상반된 장애 모델의 옹호자들은 '농배아' 선택과 관련하여 법적 중립성이라는 가치에 대해서는

---

22) Mundy, "A World of Their Own", p. W22; Parker, "The Best Possible Child", p. 279.
23) Vehmas, "Ethical Analysis of the Concept of Disability", pp. 209~222.

잠재적으로 동의한다. 그런 동의는 다소 어색하고 불안한 것이지만, 아홉번째 절에서 좀 더 자세히 설명되는 것처럼 개념적으로는 충분히 옹호될 수 있다.

의료적 관점에 대한 결과주의적 옹호자들은 '농배아' 선택의 도덕성과 관련하여 자신들이 이야기한 것이 법적 금지나 규제로 전환되어서는 안 된다고 강력하게 되풀이해서 이야기한다. 해리스는 피할 수 있는 고통을 발생시키는 선택은 잘못된 것이라고 주장하기는 하지만, 그런 선택의 결과로 출산된 아이의 앞에 적어도 최소한의 인간다운 삶이 놓여 있다고 예상될 수만 있다면 부모의 선택권은 존중되어야 한다고 또한 단호하게 말한다.[24] 태어난 개체들의 삶이 너무나 비참해서 어떤 이유로도 살 가치가 없는 것이 아니라면, 그들을 낳는 것이 그 개체들 자체에 해를 끼친 것은 아니다. 해리스는 "어떤 생명이 살아갈 가치가 없다고 판정하려면 높은 수준의 엄격함이 요구되는데, 대부분의 장애는 이에 훨씬 미치지 못한다"고 말하며, 이것이 그가 "새로운 장애아를 낳는 것을 피해야 하는 근거와 법적 집행, 규제, 예방을 일관되게 구별해" 왔고[25] "재생산의 자유 내지는 재생산의 자율성이라는 원칙을 언제나 굳건히 유지했다"고[26] 공언하는 이유이다.

의료적 관점에 대한 또 한 명의 결과주의적 옹호자인 줄리언 사불레스쿠Julian Savulescu는 이런 문제를 얼마간 상세히 탐구하고 있으며, 19세기에 존 스튜어트 밀John Stuart Mill이 확립한 자유주의적 공리주의

---

24) Harris, "Is There a Coherent Social Conception of Disability?", p. 96, p. 100.
25) Ibid., p. 100.
26) Ibid., p. 96.

를 인용하여 재생산의 자유를 지지한다.[27] 밀은 자신의 이론에서 사람들이 다양한 생각들과 실천들을, 심지어 그것들이 상충되는 것일지라도 실험하도록 허용되어야 함을 논했는데, 왜냐하면 이것이 국가의 억압을 방지하고 궁극적으로는 합리적이며 상호 수용 가능한 생활양식을 찾아내는 유일한 방법이기 때문이다.[28] 옳은 것으로 밝혀진 견해가 억압된다면, 사회 전체가 그것을 결코 알지 못하게 될 수도 있다. 그리고 옳지 않은 것으로 밝혀진 견해라도 그것이 억압된다면, 옳은 견해가 잘못된 근거를 바탕으로 수용되고 결과적으로 미래의 상황을 변화시키는 데 부정확하게 적용될 수 있다. 이것이 바로 사상과 행동의 자유가 다른 견해를 지닌 타인들에게 개인적으로나 사회적으로 해를 끼치지 않는 한 널리 인정되어야만 하는 이유이다. 사불레스쿠는 이러한 밀의 입장이 대부분의 장애와 관련하여 부모의 자율성에 대한 충분한 근거가 된다고 본다. 해리스와 마찬가지로 그는 장애를 가지고 태어난 개체들이 대개는 그 아이를 낳은 부모에 의해 해를 입은 것은 아니라고 주장한다. 그리고 특별한 필요를 지닌 이들이 지나치게 많아질 경우 사회가 경제적으로 곤란을 겪을 가능성이 있음을 인정하기는 하지만, 이것이 심각하게 우려할 문제는 아니라고 자신하는데, 왜냐하면 "많은 사람들이 장애를 선택할 가능성은 희박하기" 때문이다.[29] 결론적으로, 그는 "농은 …… 나쁜 것이다"라고 생각하기는 하지만, 또한

---

27) Julian Savulescu, "Deaf Lesbians, 'Designer Disability' and the Future of Medicine", *British Medical Journal* 325, 2002, pp. 772~773.

28) John Stuart Mill, *On Liberty*, 1859, reprinted J. S. Mill, *On Liberty and The Subjection of Women*, Ware: Wordsworth, 1996.

이런 "가치판단이 농아이를 낳아서 기르고자 하는 커플들에게 강요되어서는 안 된다"고 여긴다.[30)]

사회적 관점을 견지하는 이들은 재생산의 자율성이라는 개념을 다룰 때 어려움을 겪을 수도 있는데, 나는 끝에서 두번째 절에서 이에 대해 다시 논의할 것이다. 농부모가 농아이를 갖고자 노력하는 구체적인 사례에서, 타인들이 적당하다고 여기는 것을 하라고 요구되는 것이 그 농부모에게 그다지 매력적인 선택지일 리는 없다. 예를 들어 톰 코크[Tom Koch]는 자신이 지닌 경미한 신체적 제약에 대해 기술한 후, "[자신의] 파트너가 현재 임신 중이고, [자신의] 유전양식을 지닌 태아와 '정상적'인 태아 중 선택할 수 있다고 가정한다면, [자신은] 전자를 선택할 것이다"라고 말한다.[31)] 그리고 확실히 샤론 듀세이노와 캔디스 맥컬러프는 관련 기관의 '안 된다'는 답변도 받아들이지 않을 만큼 진심으로 "[그들이] 농아이를 가질 수 있는 가능성을 증대시키기를 원했다". 그러니까 그들은 그들의 농인 친구에게 도움을 간청하기 전에, 선천적인 농인 기증자를 배제하는 정책을 고수하고 있던 지역의 정자은행으로부터 여러 차례 문전박대를 당해 왔던 것이다.[32)] 현실 속에서 농아기를 갖고자 하는 부모들은 '농배아' 선택에 대한 법적 허용에 의해 그저 얼마간의 편의를 제공받을 수 있을 뿐인 것이다.

---

29) Savulescu, "Deaf Lesbians, 'Designer Disability' and the Future of Medicine", p. 773.

30) Ibid., p. 772.

31) Koch, "Disability and Difference: Balancing Social and Physical Constructions", p. 373.

32) Mundy, "A World of Their Own", p. W22.

상황의 불안정성

앞선 절들에서 기술된 학문적 논쟁은 해당 분야에서 윤리적 견해가 나뉘어 있음을 보여 준다. 어떤 이들은 도덕적으로 볼 때 '농배아' 선택이란 무고한 아이에게 의도적으로 해를 끼치는 것과 마찬가지라고 주장한다. 다른 이들은 그런 선택을 막는 것은 무감각하고 차별적인 사회임을 드러내는 표시일 뿐이라고 반박한다. 이와 같은 갈등을 조정하려는 시도는 지금까지 실패해 왔는데, 유사한 노력이 미래에는 보다 성공적일 것이라고 가정할 수 있는 근거는 존재하지 않는다.[33]

물론 견해의 차이는 실생활의 윤리적 논의에서도 흔히 나타나는 것이다. 그리고 그러한 견해의 차이를 다루는 데에는 적어도 두 가지 방법이 있다. 첫번째는 경합하는 관점들 중 어느 하나가 다른 모든 것들보다 자명하게 우월함을 증명하는 것이다. 나는 다음의 두 절에서 우리의 현재적 맥락에서는 이것이 실현 가능한 방법이 아님을 논증할

---

33) 이에 대한 예로는 Solveig Magnus Reindal, "Disability, Gene Therapy and Eugenics: A Challenge to John Harris", *Journal of Medical Ethics* 26, 2000, pp. 89~94; Harris, "Is There a Coherent Social Conception of Disability?", pp. 95~100; Harris, "One Principle and Three Fallacies of Disability Studies", pp. 383~387; Koch, "Disability and Difference: Balancing Social and Physical Constructions", pp. 370~376; Koch, "The Ideology of Normalcy: The Ethics of Difference", pp. 123~129; Savulescu, "Deaf Lesbians, 'Designer Disability' and the Future of Medicine", pp. 772~773; Levy, "Deafness, Culture and Choice", pp. 284~285; K. W. Antey, "Are Attemps to Have Impaired Children Justifiable?", *Journal of Medical Ethics*, 2002, pp. 286~288; Häyry, "If You Must Make Babies, Then at Least Make the Best Babies You Can?", pp. 105~112; Matti Häyry, "There Is a Difference Between Selecting a Deaf Embryo and Deafening a Hearing Child", *Journal of Medical Ethics* 30, 2004, pp. 510~512; Peter Singer, "Ethics and Disability: A Response to Koch", *Journal of Disability Policy Studies* 16, 2005, pp. 130~133; Parker, "The Best Possible Child", pp. 279~283을 보라.

것인데, 왜냐하면 경합하고 있는 상대 진영이 채택하고 있는 전제들을 사용하지 않고서도 양자의 주요 견해들에 대해 전반적으로 이의가 제기될 수 있기 때문이다. 두번째는 서로의 의견 차를 인정하고 해당 이슈에 대한 현실적인 절충을 모색하고자 노력하는 것이다. 이 장의 결론 절에서 내가 왜 이런 방법을 선호하는지를 설명할 것이다.

의료적 관점에 대한 도덕적 논거의 재고찰

존 해리스에 의해 제시되고 있는 의료적 관점에 대한 옹호의 논거는 논박될 수 없는 성질의 것이 결코 아니다. 좀 더 면밀히 검토해 보면, 그의 '의료윤리'관은 결과주의적 접근법으로 수렴되고 있으며, 이는 논리적으로 결국 해리스가 일관되고 격렬하게 부정해 왔던 판단이 이루어질 수밖에 없음을 의미한다.

'해를 끼치지 말라'는 의료윤리의 노선은 여러 가지 상이한 실천이 도덕적으로는 마찬가지일 수 있다고 가정한다. 여기에는 청아동을 농이 되게 하는 것, 어떤 아동이 청력을 잃도록 내버려 두는 것, 농아동을 치료하지 않는 것, '농배아'를 선택하는 것이 포함된다. 여기서의 문제는 윤리학자들이 중요하다고 여기는 여러 가지 점들에서 이러한 실천들은 서로 다르다는 것이다. 그들 중 일부는 작위作爲와 관련되지만, 다른 것들은 부작위不作爲와 관련된다.[34] 청아동을 의도적으로 농이 되

---

34) Tuija Takala, "Acts and Omissions", eds. Richard E. Ashcroft, Angus Dawson, Heather Draper and John R. McMillan, *Principles of Health Care Ethics* 2nd edn., Chichester: John Wiley and Sons, 2007과 비교해 보라.

게 하는 것은 아마도 그 아동에게 해를 끼치는 것이겠지만, '농배아' 를 선택하는 것은 미래의 개체에게 [생명과 삶의 기회라는] 이로움을 주려는 것이다. 첫번째의 경우에는 그런 선택이 이루어질 때 해당 아 동이 이미 존재하지만, 착상전 유전자진단의 경우에는 그렇지 않다.[35] 이런 구별 중 일부가 도덕적으로는 중요하지 않을지 모르겠지만, 그 러한 구별의 존재 자체만으로도 해리스가 나타내고 있는 전적으로 직 관적인 반응에 충분히 의문을 제기할 수 있다. 해리스의 개인적인 견 해와는 별도로, 앞서 언급된 네 개의 시나리오 간에 존재하는 유일한 유사점은 그들 모두가 결국 농인이 된다는 것일 듯하다. 이러한 점이 아마도 유의미한 고려 사항이기는 하겠지만, 그것은 너무나 두드러지 게 결과에 기반을 두고 있다. 그리고 이는 '해를 끼치지 말라'는 호소 가 좀 더 일반적인 결과주의적 논거의 단지 한 변종이 되고 만다는 것 을 의미한다.

이런 잠정적인 결론은 의료적 관점에 대한 해리스의 정당화에 아 마도 상당히 치명적인 타격을 주게 될 것이다. 우리의 도덕적 의무가, 그것도 우리의 유일한 도덕적 의무가 세상을 가능한 한 좋게 만드는 것이라면, **그리고 또한** 우리에게 농아동을 갖지 않을 도덕적 의무가 있 는 것이라면, 그 논리적 함의상 농인들은 청인들보다 세상을 더 나쁘 게 만드는 존재가 된다. 세상은 농인들이 없을 때 더 좋은 곳이 되는 것 이다. 즉 농인들이 존재하지 않는다면 이 세상은 더 좋아질 것이다. 우

---

35) Häyry, "There Is a Difference Between Selecting a Deaf Embryo and Deafening a Hearing Child", pp. 510~512.

리는 미래에 농인들이 존재하지 않도록 해야 할 의무를 지니고 있다! 이 문장을 어떤 식으로 비틀고 돌려서 내뱉는다 하더라도, 그것은 차별적이고 무감각한 얘기로 들린다. 이것이 아마도 결과주의자들이 그 문장에 의해 표현될 수밖에 없는 견해 및 판단과 단절하고자 애를 쓰는 이유일 것이다. 예를 들어 해리스는 비록 자신의 한쪽 손을 잃고 싶지는 않지만, 자신이 한쪽 손을 잃는 것에 의해 "도덕적으로 덜 중요거나 '실존적 의미'에서 …… 덜 가치 있게 되지"도, 더 불필요하거나 더 마음대로 할 수 있는 존재가 되지도 않음을 논한다. 그에 따르면 "장애인이 되지 않기를 합리적으로 선호한다는 것과 인격체로서 비장애인만을 합리적으로 선호한다는 것은 다른 문제이다".[36]

결과에 기반을 둔 윤리의 다른 옹호자들도 유사한 논지를 전개하며, 그들은 장애를 지닌 개체들을 완전한 권리를 지닌 평등한 인격체로 여긴다고 주장한다.[37] 그러나 나는 그들이 어떻게 [자신들의 관점으로부터 도출될 수밖에 없는] 그러한 무감각한 판단으로부터 벗어나게 되는지 알 수가 없다. 우리는 도덕적으로 '청배아'를 선택할 의무가 있는데, 왜냐하면 '농아배'가 선택될 때보다 그것이 결과적으로 더 좋은 사태를 낳기 때문이다. 그리고 이것은 농이 정상적인 (즉 들을 수 있는) 삶의 가치를 감소시키는 해를 입은 상태라는 사실 때문이다. 그러므로 들을 수 있는 삶이 더 좋은 것이고, 듣지 못하는 삶은 더 나쁜 것이다. 그리고 해리스가 제시하는 결과주의적 분석에서는 이런 판단으로부

---

36) Harris, "One Principle and Three Fallacies of Disability Studies", p. 386; Harris, *Wonderwoman and Superhuman:* pp. 72~73과 비교해 보라.
37) Singer, "Ethics and Disability: A Response to Koch", p. 133.

터 벗어날 길이 없다. 의료적 관점에 대한 그의 옹호는 자기 모순적이
며 따라서 기각되어야만 하는 것이다.

사회적 관점에 대한 도덕적 논거의 재고찰

사회적 관점은 의료적 관점이 겪는 것과 같은 내재적인 논리적 문제는
지니고 있지 않지만, 이에 대해서도 또한 적어도 세 가지의 서로 다른
이유에서 이의가 제기될 수 있다. 이 중 두 가지는 '농배아' 선택의 결
과로 출산된 아동의 사회적·개인적 복지와 관련이 있다. 그리고 세번
째는 선택적인 특별한 필요와 대립되는 것으로서의 보편적이고 불가
피한 필요에 대비하고자 할 때, 여기서 제기되는 공정함과 효율성이라
는 문제에 대한 답변과 관련된다. (의료적 관점에 대한 결과주의적 옹호
자들에 의해 다수의 다른 우려들도 제기되어 왔다. 그러나 그런 우려들의
신빙성은 이미 비판적 고찰이 이루어진 의료적 관점의 도덕적 정당화에
의존하고 있기 때문에 여기서는 그냥 생략하기로 한다.)

첫번째 이의제기는 개인적 정체성에 대한 주된 기반으로서 농문
화라는 관념이 타당한가를 현실적인 차원에서 문제 삼는다. 사회적 관
점의 옹호자들은 농인 부모의 아동들이 최선의 삶을 살아가게 되는 것
은 그들이 주로 농인들로 구성되어 있고 일차적인 의사소통 수단이 수
어인 공동체의 일원일 때라고 말한다. 청력은 그들의 발달에 방해물
이 되며, 그것이 장려되거나 추구되어서는 안 된다. 이런 입장이 원칙
적으로는 맞을 수 있지만, 그리고 농문화라는 관념이 갈로뎃대학교 및
그 인근 지역과 같은 비교적 안정된 농환경에서는 작동할 수 있지만,

많은 다른 맥락들에서는 아마도 실제적인 것이라 보기 어려울 것이다. 농인 공동체는 주변을 균질화하려는 더 광범위한 사회들에 둘러싸여 있으며, 농인 공동체의 지속적인 존재 여부는 다른 모든 소수자 문화와 마찬가지로 언제나 잠재적인 위협 아래 놓여 있다. 공동체들이 시간이 흐름에 따라 안정적인 상태를 유지할 수 없다면, 그 공동체들이 애초에 지녔던 정체성 형성의 종합적 기제들──사회적 관점에 따르자면 농인으로서의 최선의 삶을 살아가는 데 요구되는──이 보장되리라 기대할 수는 없다. 이는 농인 부모의 아동들에게 최선의 삶을 보장하는 방법으로서 '농배아'를 선택하는 것과 관련하여, 적어도 실제적인 차원에서는 의문의 여지를 남긴다.

두번째 이의제기는 개체가 속해 있는 공동체의 태도 및 행위와는 무관하게 해당 개체의 복지라는 문제에 집중한다. 농 그 자체가 혹은 농 단독으로 어떤 사람을 전반적으로 건강하지 않게 만들거나, 농인 공동체를 넘어선 더 광범위한 사회의 활동에 긍정적으로 기여할 수 있는 가능성을 낮추지는 않는다. 농인이 아닌 이들과의 인간관계나 의사소통에서 인정과 지원이 청력의 결여를 충분히 대신할 수 있다. 그렇지만 타인들과의 원활한 접촉이 인간의 번영된 삶에 중요한 것이라면, 바로 여기서 한 가지 숨은 문제점이 드러난다. 우리가 서로 간에 그리고 세상과 상호작용할 때 이용되는 두 가지 다른 주요 통로인 시각과 촉각에 대해서도 각각 이와 유사한 지적이 이루어질 수 있다. 우리는 이러한 것들 중 하나나 심지어 두 가지가 없더라도 필시 좋은 삶을 살아갈 수 있을 것이다. 그러나 어떠한 이유에서든지 우리가 세 가지 모두를 잃는다면, 우리는 텔레파시나 어떤 환상적인 새로운 과학기술이 존재하지 않는 한 완전히 고립된다. 자기 아이들의 행복을 운에 맡기길 바라지 않는 부모들이라면 재생산의 선택권을 행사할 때, 그와 같은 거의 일어나기 어려운 경우까지도 염두에 두고 싶을지 모른다. 의사소통의 세 가지 주요한 수단들 중 하나가 없는 채로 아이들이 자신의 삶을 시작하게 만드는 것은, 그들이 나이가 들었을 때 타인들과 완전히 단절될 수도 있는 (미미하지만 존재하는) 가능성을 불가피하게 증대시킨다.[38]

세번째 이의제기는 희소한 자원의 할당에 있어 공정함과 효율성을 문제 삼는다. 한 저자가 언급한 것처럼 "농인들이 농아이를 가진 다음 그 아이들의 특별한 필요를 충족시킬 수 있는 사회의 지원을 요구하는 쪽을 더 선호할 수도 있다는 사실을 …… 대중들은 아마도 받아들이기 힘들어 할 것이다".[39] 이런 반응이 나타날 수 있는 한 가지 이유는 대중들 자신과 그들이 아끼는 존재들도 '특별한' 것이든 그렇지 않든 일정한 필요를 지니고 있는데, 자신과 같은 아이를 갖고자 노력하는 부모들에 의해 생성되는 순전히 선택적이고 필수적이지 않은 요구

---

38) 아이를 갖기로 결정할 때 이와 같은 매우 작은 위험 요인들까지 고려해야 한다면 재생산 자체가 불가능해진다고 말함으로써 이런 입장은 반박될 수 있다. 그와 같은 위험 요인들이 고려되어야 하는 것이든 그렇지 않은 간에, 그 함의가 무엇일 수 있는지에 대해서는 Matti Häyry, "A Rational Cure for Pre-Reproductive Stress Syndrome", *Journal of Medical Ethics* 30, 2004, pp. 377~378; Matti Häyry, "The Rational Cure for Prereproductive Stress Syndrome Revisited", *Journal of Medical Ethics* 31, 2005, pp. 606~607을 보라.

39) Christian Munthe, *Pure Selection: The Ethics of Preimplantation Genetic Diagnosis and Choosing Children without Abortion*, Gothenburg: Acta Universitatis Gothoburgensis, 1999, p. 239. 이 인용문이 반드시 저자 자신의 견해를 반영한다고 볼 수는 없다. 크리스티안 문테(Christian Munthe)는 단지 선천적 농의 가능성을 배제하기 위해 유전자검사를 활용하길 원치 않는 부모들에 대하여 일반 대중들이 생각할 수 있는 바를 전하고 있을 따름이다.

를 충족시키기 위해 그러한 필요가 경시되지 않을까 우려하기 때문이다. 이런 우려에서 '순전히 선택적이고 필수적이지 않은 요구'라는 지적은 샤론 듀세이노와 캔디스 맥컬러프의 경우에는 정당화될 수 없을 것 같다. 왜냐하면 앞서 이야기된 것처럼 그들에게는 미래의 아동이 누릴 복지가 그들 가족의 삶과 분리될 수 없는 필수적인 일부분으로서 다른 무엇보다 중요하기 때문이다.[40] 그렇다 하더라도 여전히 선택적인 필요와 불가피한 필요 간의 비교라는 문제는 미해결의 상태로 남아 있다. '특별한 필요'를 위한 자원의 양이 한정되어 있는 것이라면, 이를 사용할 가능성이 낮은 아이를 낳는 것이 그러한 자원의 배분에 대한 제약을 풀어 주고 결과적으로 이미 현존하는 필요에 부응할 수 있도록 해준다. 그리고 다른 조건이 동일하다면, 청아동이 사회적 조정을 필요로 할 개연성보다는 농아동이 그런 조정을 필요로 할 가능성이 더 높다. 이러한 주장을 함에 있어 나의 논리는 다음과 같다. 청력의 결여가 사회적 조정을 필요로 하는 한, 농아동이 특별한 필요를 지닐 가능성은 100%이다. 건강 상태나 가정 환경에 별다른 차이가 존재하지 않는다면, 청아동이 이와 같은 특별한 필요를 지닐 가능성은 100%보다 낮다. 비록 청아동도 이후에 농인이 될 수도 있으므로 그 가능성이 0%는 아니겠지만 말이다. 개체들이 지닐 수 있는 다른 필요가 무엇이든 간에, 가설상 이 계산법에서 그 결과는 마찬가지이다. 물론 여기서 나는 또한 농인과 청인의 사회에 대한 잠재적 기여의 정도는 동등하다고 상정한다. 그렇다면 재생산 또는 공동체 형성의 소망을 성취하기 위해

---

40) Mundy, "A World of Their Own", p. W22.

	'농배아' 선택은		
↓/→	법적으로 금지되어야 한다	법적으로 허용되어야 한다	법적으로 요구되어야 한다
도덕적으로 옳지 않다	의료적 관점 ⇐		
도덕적으로 경합된다		비지시적 절충	
도덕적으로 옳다			⇨ 사회적 관점

서, 현재 존재하거나 미래에 존재하게 될 사람들이 지닌 필요의 충족을 위태롭게 하는 것이 정당화될 수 있는 것일까?

비지시적 절충을 향하여

의료적 관점과 사회적 관점에 대한 도덕적 근거가 양쪽 다 그 지지자들에게는 설득력을 지니기 때문에, 그리고 양쪽 다 제삼자에 의해서는 나름 타당하게 이의가 제기될 수 있기 때문에, 어느 한쪽의 근거만이 보편적으로 타당하며 따라서 모두가 받아들여야 한다고 주장하는 것에 의해서는 '농배아' 선택이라는 문제가 만족스럽게 해결될 가능성은 없어 보인다. 이런 이유로 나는 그 문제의 해법이 어떠한 선택을 하는가가 도덕적인 측면에서 진정으로 경합적임을 인정하는 것, 그리고 어느 정도 마음에 드는 합의를 위해 또 다른 근거를 찾는 방향으로 나아가는 것이라고 생각한다. 내가 제안하고 있는 비지시적 절충이 점하고 있는 위치를 도식화하여 제시해 보면 〈표 10.2〉와 같다.

이러한 비지시적 절충에 대한 나의 근거는 다음과 같이 약술될 수 있다. 앞서 다섯번째 절에서 기술했던 것처럼, '농배아' 선택의 도덕성에 대해 의견을 달리하는 학자들도 그런 문제에 허용적인 법적 입장이 취해져야 한다는 것에 대해서는 잠재적으로 동의한다. 부모 상담에서 비지시성이 높이 평가되어야 한다——나는 그래야만 한다고 생각하는데——고 여겨진다면, 이는 환영할 만한 의견의 일치이다. 그렇지만 의료적 관점도 사회적 관점도 그런 허용적인 노선을 명쾌히 지지하지는 않는데, 왜냐하면 양쪽 모델 모두 그 기저에 놓여 있는 도덕적 확신이 좀 더 엄격한 입법적 입장에 대한 강한 장력張力을 형성해 내기 때문이다. '농배아' 선택의 도덕적 경합성이 온전히 인정될 때에만 법적인 측면에서 우리가 바랐던, 그리고 바람직한 관용이 가장 잘 이루어질 수 있다.

유전상담에서 비지시성의 적절한 역할이라는 이슈는 아직 미해결의 문제라고 할 수 있는데, 이는 주로 (비)지시성에 대한 규정들이 다양하기 때문이다. 유전상담에서는 다양한 유형의 많은 유전 정보가 동시에 논의된다. 그리고 몇몇 저자들은 임상의 자신도 어느 한쪽으로 이미 마음이 기울어져 있는 문제를 두고 그들이 중립적인 조언을 제공할 수 있는가에 대해 합리적으로 의문을 제기한다.[41] 이에 대한 나의

---

41) 이에 대한 예로는 Sonia M. Suter, "Value Neutrality and Nondirectiveness: Comments on 'Future Directions in Genetic Counseling'", *Kennedy Institute of Ethics Journal* 8, 1998, pp. 161~163; Glyn Elwyn, Jonathon Gray and Angus Clarke, "Shared Decision Making and Non-Directiveness in Genetic Counselling", *Journal of Medical Genetics* 37, 2000, pp. 135~138; Fuat S. Oduncu, "The Role of Non-Directiveness in Genetic Counselling", *Medicine, Health Care and Philosophy* 5, 2002, pp. 53~63을 보라.

생각은, 의사가 의도적이든 그렇지 않든 예비 부모들에게 자신이 선호하는 선택을 하도록 설득하지 않는 경우, 그리고 오직 그런 경우에만 부모 상담이 비지시적일 수 있다는 것이다. 이러한 종류의 상호작용에서 강조되는 것은 보건의료 종사자들이나 권위자들이 생각하는 '결정의 타당성'이 아니라 '과정의 타당성'이다.[42]

'농배아' 또는 '청배아' 선택에 있어 비지시성의 가치를 분명히 보여 주는 한 가지 방식은, 정치적 불확실성이라는 맥락 내에서 그런 비지시성을 실용적으로 고려하는 것이다. 의료적 관점의 옹호자들과 사회적 관점의 옹호자들은 각각 그들 자신이 내리는 종류의 지시가 유전상담을 좌우하는 상황을 더 원하겠지만, 그런 상황이 현실적으로 초래될 수 있는지에 대해서는 확신할 수 없다. 최악의 결과——반대 측이 원하는 방향으로의 지시——를 피하기 위해서는, 양쪽 편 모두 자신의 의도대로 통제하려는 시도를 포기하고 '차선의' 대안——비지시성——을 받아들이는 것이 분별 있는 처신일 수 있다.[43] 개별 의사들이 가치중립적일 수 있기를, 또는 양쪽 입장에 대한 근거를 제시해 주기를 요구하는 것이 너무 지나치다면, 예비 부모들에게 '농배아' 선택이라는 문제에 대한 상반된 관점을 설명하기 위해서 아마도 상담가 팀이 구성되어야 할 것이다. 그렇지만 실질적인 지점들은 조정이 이루어지고, 법적인 수준에서는 확실한 중립성과 허용이 요구될 것이다. 그러

---

42) Elwyn, Gray and Clarke, "Shared Decision Making and Non-Directiveness in Genetic Counselling", p. 135.

43) Heta Häyry, *The Limits of Medical Paternalism*, London and New York: Routledge, 1991, pp. 106~107과 비교해 보라.

나 이는 서로를 비판하고 있는 양쪽 편 중 어느 쪽도 흔쾌히 충족시켜 줄 것이라고 확실히 믿을 수는 없는 요건이다.

〈표 10.2〉에서 제시되고 있는 것처럼, 의료적 관점은 '농배아' 선택을 제한하는 방향으로 나아가려는 본질적인 경향이 있다. 의료적 모델의 결과주의적 변종 내에서 법적 허용에 대한 주된 옹호의 논리는 사회적 실험이 다른 견해를 지닌 개인이나 공동체에 해를 끼치지 않는 한 허용되어야 한다는 것이다. 그러나 '농배아' 선택에 대한 관용적인 입법 노선이 이런 입장을 존중하고 채택해야 하는지는 전혀 분명치가 않다. 장애가 해를 입은 상태라면, 그리고 농이 장애라면, '농배아' 선택의 허용은 해를 입은 상태에 있게 될 미래의 개체가 생성되는 것을 허용하는 것이며, 그것은 미래의 피해를 허용하는 것이라는 분명한 느낌을 준다. '잘못된' 선택이 허용되어야 하고 허용될 수 있는 건 단지 그런 선택을 하려고 하는 부모들이 극소수일 것이기 때문이라는 사불레스쿠의 주장에 의해서 이러한 느낌은 강화된다.[44] 만일 많은 부모들이 결과주의자들에 의해 장애로 정의되는 상태를 선택한다면 어떻게 될까? 사불레스쿠의 주장이 지닌 논리대로라면, 이는 법적 금지를 필요로 하게 될 것이다.

유사하게 사회적 관점은 또 다른 극단적 입법으로 나아가려는 경향이 있다. 우리의 현재 논의의 맥락에서 이런 경향은 간접적으로 나타난다. 사회적 모델의 옹호자들은 대개 부모의 자유라는 일반 원칙

---

44) Savulescu, "Deaf Lesbians, 'Designer Disability' and the Future of Medicine", p. 773.

을 그들이 새롭고도 끔찍한 형태의 우생학이라 여기는 것의 발흥을 가리는 개인주의적 술책으로 간주한다.[45] 정부들은 더 이상 ('전통적' 우생학상의[46]) '부적합한' 시민이나 자녀의 재생산을 금하지는 않지만, 개인의 자율성과 보건의료 시장의 자유라는 미명하에 바람직하지 않은 유전적 상태를 예방하기 위하여 활용 가능한 모든 유전자검사가 이루어져야 한다고 사람들이 여기도록 유도한다. 논의를 전개시켜 보면, 그런 상황은 본질적으로 강압적일뿐더러 장애인의 이해관계에 해로운 것이기 때문에, 부모들이 유전자검사를 활용하도록 부추겨져서는 안 된다. 그러나 법적 관용이 사람들에게 권하고 있는 게 정확히 이러한 유전자검사의 활용이며, 이것이 바로 법적 관용을 묵과해서는 안되는 이유이다. 부모들이 청력의 결여로 이어질 수 있는 상태와 같은 특정한 이상이 없는 아이들만을 선택하도록 허용되어서는 안 된다. 간접적으로 이는 어떤 상황에서는 사람들이 '농배아'를 선택하도록 법적으로 요구받게 됨을 의미한다. 농일 개연성이 처음부터 매우 높은데 착상전 유전자진단과 배아선택이 금지될 때, 예비 부모가 어쨌든 아이를 갖기를 원할 경우 초래될 가능성이 가장 높은 것은 결과적으로 법에 의해 농아동을 갖도록 강제당하는 것이다.

---

45) Reindal, "Disability, Gene Therapy and Eugenics: A Challenge to John Harris", pp. 89~94; Koch, "The Ideology of Normalcy: The Ethics of Difference", pp. 123~129.

46) 이에 대한 예로는 Buchanan, Brock, Daniels and Wikler, *From Chance to Choice: Genetics and Justice*를 보라.

비지시적 절충

비지시적 절충의 출발점은 '농배아' 선택에 대한 찬성과 반대의 도덕적 근거들이 비록 전혀 다르기는 하지만 거의 동등한 중요성을 지닌다는 것이며, 이는 '농배아' 선택의 여부가 도덕적인 측면에서 진정으로 경합적임을 의미한다. 공정한 유전상담은 이런 상황을 반영해야 하기 때문에, 의료적 관점이나 사회적 관점 중 어느 한 쪽이 선호될 수 없다. 그렇지만 종합적이고 공정한 유전상담은 윤리적 이슈를 회피하기보다는 양쪽 모델의 주된 요지를 예비 부모들에게 전달하는 것이어야 한다. 인위적인 중립성을 위해 애쓰는 대신, 여기서의 조언을 '다중 지시적인' 것으로 만들 수 있다. 즉 '과정의 타당성'을 도모하기 위해서, 두 명의 의사가 서로 대립되는 관점에 대해 똑같이 유력한 논거를 제시하고자 노력할 수 있는 것이다. 그런 과정 자체는 내가 바로 앞 절에서 옹호하고자 했던 의미에서 이상적으로 비지시적인 것이 될 수 있다.

이 글의 두번째 절에서 살펴보았던 법과 도덕의 관계에서 취해지는 접근법과는 무관하게, 비지시적 절충은 법적 허용과 양립할 수 있다. 자연법론자들은 입법자들이 심각하고 명백한 도덕적 잘못은 금지하리라 기대하겠지만, '농배아' 선택은 그러한 잘못에 속하는 것으로 간주될 수 없다. 법실증주의자들은 법이 법 자체의 역사적 논리에 따라 허용적 결론에 도달해 있음을 직시할 필요가 있다. 이미 많은 나라들에서 법은 허용적 입장을 취하고 있는 것이다. 그리고 자유주의자들은 무고한 제삼자에게 심각한 피해를 끼치지 않을 것을 요구하는데,

허용적인 법적 입장이 그러하다는 데 만족하고 있는 듯 보인다.

'농배아' 선택의 도덕적 경합성에 대한 수용은 비지시적 절충을 강력히 제안하며, 비지시적 절충에 수반되는 법적 허용은 대부분의 관점으로부터 지지될 수 있는 것처럼 보인다. 이것이 바로 내가 비지시적 절충이 채택되어야 한다고 여기는 이유이다.

11장 _ 장애 관련 법률의 형성에서 의료 전문가의 역할

린지 브라운

서론

법률은 장애인에게 큰 영향을 미친다. 더욱이 특정한 가치 체계나 개념적 모델이 법률에 내재해 있는 것이라면 법률과 사회적 가치 사이에는 본질적인 연관성이 존재한다고 할 수 있으며, 법률의 강제적 효력은 장애인을 낙인화할 수도 있다. 그러므로 입법 주체들이 장애 이슈에 대한 틀을 설정하는 방식을 탐구하는 것은 중요하다. 이 장의 목표는 영국에서 '장애'가 이해되는 방식과 그러한 이해 방식으로부터 형성되는 법률과의 관계를 탐구하는 것이다. 영국에서 두 개의 핵심적인 입법 주체는 입법부(의회)와 사법부(법원)이다.[1] 의회에서 만들어지는 법률은 법령과 규정의 형태를 띤다.[2] 법원에서는 판례에서 채택된 논거를 통해 법률이 형성된다.[3] 이 장에서는 '말기 환자에 대한

---

1) James Holland and Julian Webb, *Learning Legal Rules* 6th edn., Oxford: Oxford University Press, 2006.

치료 결정' 판례로 알려지게 된 소송 사건의 맥락에서 판례법judge-made law(case law)에 초점을 맞춘다. 특히 잉글랜드와 웨일스의 법원에서 지루하게 공방을 벌여 온, 논란이 많았던 최근의 세 가지 법적 분쟁에 집중할 것이다.[4] 이러한 판례에서 판사들에 의하여 사용된 담론의 분석을 통해, 이 장에서는 잘 감지할 수 없지만 은밀하게 만연해 있는 '의료적 장애 모델'이라고 불리는 것의 영향을 입증하고자 한다. 여기에서 의료적 모델의 심대하고 대개는 해로운 영향력은 부분적으로, '전문가'라는 지위를 점한 의사들에게 판사들이 전적으로 의존하는 것으로부터 나온다.

대중매체, 보건의료 종사자, 법원, 의회는 장애 및 장애인과 관련하여 이루어지는 판결과 가정을 기술하기 위해 많은 용어들을 사용한다. '살 가치가 없는 삶', '최선의 이익', '견딜 수 없는', '복리'와 같은 표현들이 빈번하게 등장한다. 그런 용어들 모두는 개인들의 '삶의 질' 판단과 밀접한 관련이 있다. 따라서 그것들을 분석하는 것은 장애를 논할 때 중요하다. 더욱이 삶의 질 판단은 장애인에 대한 보건의료 분야

---

2) 치료의 제공, 보류, 철회에 대한 의사결정과 관련된 핵심적인 제정법으로는 1989년 「아동법」 (Children Act)(환자가 아동일 경우), 1998년 「인권법」(Human Rights Act), 2005년 「정신능력법」(Mental Capacity Act)이 있다.

3) Holland and Webb, *Learning Legal Rules*. 이러한 논거(ratio decidendi: 판결에 대한 이유 또는 근거를 의미함[우리나라 법원의 판결문에서 사용되는 '판결 이유'라는 용어에 해당—옮긴이])는 선례구속의 원칙을 통해 동급 법원이나 하급 법원에 대해 법적 구속력을 갖게 된다. 나중에 유사한 이슈나 사실과 관련된 소송 사건이 법원에 제기되면 해당 법원은 앞선 판례를 따라야만 한다.

4) 스코틀랜드와 북아일랜드는 별도의 독립된 법원 체계와 법률을 지니고 있다. 그렇지만 편의상 그냥 '영국'(UK)이라는 용어가 사용될 것이다.

에서의 법률에 영향을 미친다. 삶의 질 평가척도는 개별적인 의사결정 뿐만 아니라 또한 전략적 보건의료 계획과 관련해서도 활용된다. 그 결과 보건의료 계획과 의료적 의사결정 일반에서 양적이고 예측적 성격을 지닌 건강관련 삶의 질Health-Related Quality of Life 평가척도에 대한 의존이 증가해 왔다.[5] 가장 악명 높은 삶의 질 평가척도는 보건의료 자원의 할당이라는 문제에서 법의학적 정설을 대표한다고 할 수 있는 질 보정생존연수Quality Adjusted Life Years, QALYS[6]이다.

개인의 삶의 질을 평가하기 위해 다양한 법의 영역에서 다양한 용어가 사용된다. '최선의 이익'에 따른 의사결정은 영국의 판사들이 가장 흔하게 사용하는 삶의 질 판단에 대한 외피 중 하나라고 할 수 있다. 따라서 그 용어는 이 장의 초점이 된다. 삶의 질 그 자체는 학술 문헌에서, 특히 철학과[7] 사회과학에서[8] 많은 논쟁이 벌어지는 용어이기는 하지만, 삶의 질이 객관적으로 평가되어야 하는 것인지(즉 기능과 참여 정도의 객관적 측정) 그러면 안 되는지, 혹은 주관적으로 평가되어야 하는 것인지(즉 환자 자신의 판단과 느낌에 기반을 두고) 그러면 안

---

5) Michael B. Frisch, *QOLI: Quality of Life Inventory*, Minneapolis, MN: National Computer Systems, 1994; Marcia A. Testa and Johanna F. Nackley, "Methods for Quality of Life Studies", *Annual Review of Public Health* 59, 1994, pp. 535~559.

6) 질병의 치료를 통한 생존 기간의 연장을 평가할 때, 단순한 물리적 생존 기간이 아니라 그 기간 동안에 경험하는 질병, 기능장애, 스트레스와 같은 질적 요인을 고려하여 계산한 수명을 말한다.—옮긴이

7) 이에 대한 예로는 James J. Walter and Thomas Anthony Shannon, *Quality of Life: The New Medical Dilemma*, Mahwah, NJ: Paulist Press, 1990을 보라.

8) 이에 대한 예로는 David Wasserman, Robert Wachbroit and Jerome E. Bickenbach eds., *Quality of Life and Human Difference: Genetic Testing, Health Care, and Disability*, Cambridge: Cambridge University Press, 2005를 보라.

되는지에 대해서는 거의 합의가 이루어지지 않고 있다. 법원들은 '지속적 식물인간 상태'persistent vegetative state, PVS에 있는 환자는 죽도록 허용되는 것이 '최선의 이익'이 될 수 있다는 견해를 표명했던 바 있다.[9] 그럼에도 불구하고 보건의료 관련 소송 사건에서의 의사결정에 대한 올바른 접근법으로서 삶의 질 개념이 활용되는 것에 대해, 블랜드Bland 사건[10] 이래로 폭넓은 논쟁이 이루어지지 않았다는 것은 상당히 놀라운 일이라 할 수 있다. 요컨대, 판결의 초점은 그런 환자에게 '의미 있는' 삶이란 어떤 것인가에, 즉 삶의 질 접근법에 계속해서 맞춰져 왔던 것이다. 의사능력意思能力이 없는 환자에 대한 '최선의 이익'에 기반을 둔 판결은 이제 아주 흔한 일이 되었고 또 폭넓게 받아들여지게 되었지만, 하나의 용어로서 '최선의 이익'이 지닌 유용성은 좀처럼 면밀히 검토되지 않고 있다.

이 장에서 논의의 대부분은 샬럿 와이엇Charlotte Wyatt 사건,[11] 레슬

---

9) 「H 사건에 관하여」(Re H) [1998] 3 FCR 174; 「D 사건에 관하여」(Re D) [1998] 1 FCR 498; 「R 사건에 관하여」(Re R) [1996] 3 FCR 473. 몇몇 판사들은 지속적 식물인간 상태에 있는 환자는 전혀 아무런 이익을 취할 수 없으며, 그러므로 최선의 이익이라는 공식을 가지고 결코 분석에 착수할 수 없다고 논했다.

10) 「에어데일 NHS 트러스트 대 블랜드 사건」(Airedale NHS Trust v. Bland) [1993] AC 789 (HL).

11) 「포츠머스 NHS 트러스트 대 와이엇 사건」(Portsmouth NHS Trust v. Wyatt) [2004] EWHC 2247 (Fam), [2005] 1 FLR 21 (이후 「와이엇 I」으로 표기); 「포츠머스 병원 NHS 트러스트 대 와이엇 사건」(Portsmouth Hospitals NHS Trust v. Wyatt) [2005] EWHC 117 (Fam) (이후 「와이엇 II」로 표기); 「와이엇 대 포츠머스 NHS 트러스트 사건 (No. 3)」(Wyatt v. Portsmouth NHS Trust (No. 3)) [2005] EWHC 693 (Fam), [2005] 2 FLR 480 (이후 「와이엇 III」로 표기); 「와이엇 사건에 관하여 (아동) (의학적 치료: 명령의 지속)」(Re Wyatt (a child) (medical treatment: continuation of order)) [2005] EWCA Civ 1181, [2005] 1 WLR 3995 (CA) (이후 「와이엇 IV」로 표기); 「와이엇 사건에 관하여」(Re Wyatt) [2006] EWHC 319 (Fam), [2006] 2 FLR 111 (이후 「와이엇 V」로 표기).

리 버크Leslie Burke 사건,[12] MB 사건,[13] 세 개의 판례에 초점을 맞추게 될 것이다. 와이엇 사건, 버크 사건, MB 사건은 모두 논란이 많았던 말기 환자에 대한 치료 결정 판례이며, 대중매체의 상당한 관심을 끌었다. 이 사건들에서 [버크 사건을 제외하면] 환자나 그 가족은 특정한 치료를 강력하게 요구했던 반면, 의료 기관은 치료를 철회하거나 제공하지 않기를 바랐던 것이다.[14] 이러한 판례에서 이루어지고 있는 다양한 판결의 맥락적 분석은 장애인의 삶의 질을 평가할 때 입법 주체들이 견지하는 태도가 어떤 것인지를 명확히 입증한다.

장애이론에서 기술되고 있는 전통적인 장애 모델들의 유용성은 종종 논쟁의 대상이 된다. 최근의 저술들은 전통적인 장애 모델들이 폐기되어야 한다고 제안하기도 하지만,[15] 이 장에서는 해당 판례의 논거에서 사법부가 견지하고 있는 접근법을 설명하기 위해 전통적인 의료적 모델과 사회적 모델을 참조할 것이다. 그 장애 모델들에서 사용되는 용어가 잘 알려져 있고 또 대중적으로 잘 이해되기 때문이다. 이러한 판례에서 나타나는 의료적 관점에 대한 법원들의 지속적인 의존과 수용은 영국의 입법 주체들이 의료적 장애 모델의 영향력을 문제

---

12) 「R(버크의 사법심사 신청서 상에서는) 대 종합의료위원회 사건」(*R (on the application of Burke) v. General Medical Council*) [2004] EWHC 1879 (Admin), [2005] QB 424 (이후 「버크 I」으로 표기); 「R(버크의 사법심사 신청서 상에서는) 대 종합의료위원회 사건」 [2005] EWCA Civ 1003, [2006] QB 273 (CA) (이후 「버크 II」로 표기).

13) 「모(某) NHS 트러스트 대 MB 사건」(*An NHS Trust v. MB*) [2006] EWHC 507 (Fam), [2006] 2 FLR 319 (이후 「MB」로 표기).

14) B씨(Miss B) 사건이나 다이앤 프리티(Diane Pretty) 사건과 같이 조력자살(assisted suicide)과 관련된 판례를 포괄하는 것은 이 연구의 범위를 넘어서는 것이다.

15) 이에 대한 예로는 Shakespeare, *Disability Rights and Wrongs*을 보라.

삼지 않은 채 ──반대하는 것은 고사하고── 받아들이는 경향이 있음을 입증한다.

판례

이론적 틀로 넘어가기 전에, 선정된 세 개의 판례에 대한 개요를 간략히 서술하는 것이 반드시 필요할 듯하다. 샬럿 와이엇은 임신 26주 만에 심각한 심장과 폐의 이상을 지닌 채 2003년 태어났다. 그녀가 태어난 병원의 의사들은 와이엇이 호흡을 멈춘다면, 그들이 그녀를 소생시키지 말아야 한다고 생각했다. 왜냐하면 그녀의 삶의 질이 너무나 보잘것없었으며 극심한 통증에 시달리고 있었기 때문이다. 그러나 그녀의 부모는 와이엇이 기관절개술을 받기를 원했다. 고등법원High Court의 헤들리 판사Mr. Justice Hedley는 NHS 트러스트인[16] 그 병원의 승소 판결을 내렸다.[17] 샬럿의 부모는 그녀가 계속해서 살아 있었고 그들이 보기에는 발달하고 있었기 때문에 여러 차례 다시 소송을 제기했다.[18] 그러나 헤들리 판사는 자신의 견해를 바꾸려 하지 않았다. 이 사건의 일부가 상소법원Court of Appeal에서 또한 심리되었지만, 상소법원도 다시

---

16) NHS는 'National Health Service'(국민보건서비스)의 약자로, 영국에서 1946년부터 시작된 전 국민을 대상으로 한 준(準)무상 보건의료 서비스 제도이다. 우리나라의 국민건강보험과는 달리 서비스를 제공받는 데 있어 보험료의 갹출을 따지지 않으며, 처음에는 무상으로 출발했으나 이후 재정상의 이유로 소액의 일부 자부담제를 채택했다. NHS 트러스트는 이러한 서비스를 제공하는 공적 의료 기관을 말한다.─옮긴이
17) 「와이엇 I」.
18) 「와이엇 II」, 「와이엇 III」, 「와이엇 V」.

그 NHS 트러스트의 승소 판결을 내렸다.[19]

레슬리 버크는 퇴행성 뇌 이상을 지니고 있었는데, 그는 환자가 말기에 이르렀을 때 인공적 영양 및 수액 공급artificial nutrition and hydration, ANH이 이루어지도록 한 종합의료위원회General Medical Council, GMC[20] 지침에 대해[21] 그 위원회를 상대로 소송을 제기했다. 그는 더 이상 말도 할 수 없을 정도로 상태가 악화되었을 때, 의사들이 인공적 영양 및 수액 공급을 철회할 수 있기를 원했다. 고등법원의 먼비 판사Mr. Justice Munby는 종합의료위원회의 지침이 부적절하다고 판결했다.[22] 그렇지만 이런 판결은 상소법원에 의해 파기되었다. 상소법원은 종합의료위원회의 규정과 그 규정이 근거하고 있는 법률은 버크를 적절히 보호하고 있기 때문에, 그 규정에 대한 사법심사의 신청은 불필요하다고 판결했던 것이다.[23] 버크는 상원에 대한 상고 허가 신청마저 기각되자[24] 유럽인권재판소European Court of Human Rights, ECtHR에 소송을 제기했다.[25]

---

19) 「와이엇 IV」.
20) 종합의료위원회는 영국에서 개업의로서 의료 활동을 할 수 있는 면허의 발급과 갱신, 의료 행위 및 의료 기관에 대한 평가, 지도, 감독을 담당하는 공인 기관이다.─옮긴이
21) General Medical Council(GMC), *Tomorrow's Doctors: Recommendations for Undergraduate Medical Education*, London: GMC, 2003.
22) 「버크 I」.
23) 「버크 II」.
24) 영국에서는 전통적으로 상원이 최고법원으로서의 기능을 담당해 왔으며, 상원의장이 국새(國璽)를 보관하는 최고직 판사인 대법관(Lord Chancellor) 직을 맡아 왔다. 2003년 6월 발표된 사법 제도 개혁안에 따라 2009년 10월에 대법원이 정식으로 발족하였으나 대법원의 대법관 12명은 초대에 한하여 상원의원들로 구성되었다. 상원에서 심리가 이루어지려면 일정한 신청 요건이 갖추어져야 하며, 일상적 사건에 대해서는 상소법원이 최고법원으로서의 역할을 수행한다.─옮긴이
25) 「버크 대 영국 사건」(*Burke v. United Kingdom*), 유럽인권재판소(European Court of Human Rights), 신청번호: 19807/06.

이는 버크가 자신의 최선의 이익을 결정할 수 있는 능력을 완전히 상실했을 경우에 한해서만 의사들이 인공적 영양 및 수액 공급을 철회하는 것이 합법적일 수 있다는 상소법원의 판결을 실질적으로 뒤집고자 했던 것이었지만, 유럽인권재판소도 그의 소송 신청을 받아들이지 않았다.

MB 사건에서 소송의 당사자들은 심각한 척수성근위축증^{spinal} muscular atrophy을 지닌 한 아기의 부모와 그 아기를 치료하던 의료 기관이었다.[26] NHS 트러스트인 그 의료 기관은 산소호흡기 제거를 허가받고자 했으나, MB의 부모는 의사들이 기관절개술을 시행해 주기를 원했다. 그 의사들은 MB의 삶의 질이 너무 낮고 그가 살아가는 데 드는 비용 부담은 너무 커서, 그의 생명을 인위적으로 계속 유지시키는 것은 비윤리적이고 불법적인 것이라고 생각했다. 반대로 MB의 부모는 그가 일정한 삶의 질을 지니고 있다고 생각했다. 그는 특히 그의 가족, 음악, DVD, TV로부터 즐거움을 얻고 있었던 것이다. 홀만 판사 Mr. Justice Holman는 그 NHS 트러스트가 산소호흡기를 제거하도록 허가하지 않았다는 점에서는 부모의 승소 판결을 내렸다고 할 수 있다. 그러나 그는 의사들에게 기관절개술의 시행을 명령하려 하지는 않았다. MB 사건은 "감각적 인식이 있고 정상적인 인지를 지녔다고 추정되며, 뇌 손상에 대한 아무런 신뢰할 만한 증거가 없는" 아이로부터 생명 유지 장치를 (그것도 부모의지에 반하여) 제거하도록 승인해 달라고 법원

---

26) 이 소송 사건과 관련된 아기, 아기의 부모, 의료 기관, 의사들의 이름은 모두 익명으로 처리되고 있다.

이 요청받은 최초의 사건이었다.[27]

판례 탐구를 위한 이론적 틀

장애는 다수의 상이한 틀 내에 자리매김될 수 있으며, 그런 틀은 우리로 하여금 장애를 다른 방식이 아닌 일정한 하나의 방식으로 바라보도록 하는 힘을 지니고 있다. 입법 주체들에 의해 장애에 대한 틀이 어떻게 설정되는가는 그들이 생산하는 법률에 직접적으로 영향을 미친다. 논평가들은 지배적 문화란, 상황을 정의할 수 있는 힘과 그들 자신의 정의가 사실로 받아들여지는 것을 보장할 수 있는 필수적 자원을 지닌 특정 사회집단(에 속한 이들)의 이해관계를 반영하는 경향이 있다고 말한다.[28] 지면의 제약상 여기서 이런 견해의 상세한 내용을 다룰 수는 없지만, 그것은 영국의 법률과 의학 내에서 왜 의료적 장애 모델이 지배적인가에 대해 충분히 유력한 설명이 될 수 있다. 여기서 그 요지는 의학이 지닌 전통적인 헤게모니로 인해 '장애'가 개인주의적인 의료적 모델 내에서 정의되어 왔다는 것이다. 의학은 신문 지상에서의 혹평에도 불구하고 영국 사회에서 여전히 추앙받고 있다.[29] 임상

---

27) Charles Foster, "Re MB: At the Edge of Life and at the Edge of the Law", *Family Law Journal* 67, 2006, pp. 8~9.

28) 이에 대한 예로는 Esther Saraga, *Embodying the Social: Construction of Difference*, London and New York: Routledge, 1998을 보라.

29) Colin Goble, "Controlling Life?", eds. John Swain, Sally French and Colin Cameron, *Controversial Issues in a Disabling Society*, Buckingham: Open University Press, 2003, p. 46.

적 정의들은 의학 전문가들이 수행하는 의료에 부여된 권위를 그 기반으로 한다.[30] 이 장이 다루고 있는 내용의 범위 내에서, 이런 이론적 배경은 왜 그리고 어떤 식으로 영국 법원들이 장애인과 관련된 삶의 질 판단을 공식화하는 가장 적절한 방법으로서 의사들의 의료적 증거를 무조건적으로 채택하는가를 조명하고 설명하는 데 도움이 된다. 그러나 이러한 현실은 상당히 문제가 있다. 왜냐하면, 특히 소송에서 제시되는 의료적 증거는 의사들이 그들 자신의 삶을 판단하는 방식과는 다르게 장애인의 삶의 질을 판단함을 강력히 시사하고 있기 때문이다.

장애인의 삶의 질에 대한 의사들의 견해

많은 연구들은 의사들의 삶의 질 판단이 환자의 삶에 대한 어떤 온전한 탐색이나 이해보다는 의료적 진단과 예후라는 제한된 시각에만 특징적으로 기반을 두고 있음을 보여 준다. 따라서 그런 삶의 질 판단은 제한된 가치만을 지닌다. 의사들은 대개 장애를 지닌 삶에 대해서는 전문가가 아니며, 장애인이 겪는 일상생활의 경험에 대해 반드시 잘 아는 것도 아니다.[31] 예를 들어 에이드리엔 애쉬Adrienne Asch는 의사들이 장애에 대한 의료적 판단을 어떻게 부실한 사회적 판단으로 바꿔

---

30) Altman, "Disability Definitions, Models, Classification Schemes, and Applications", p. 99.
31) 의사들이 장애를 지니고 있는 경우라 하더라도, 이런 사실만으로 그들이 장애를 지닌 삶에 대한 전문가가 되는 것은 아니다.

놓는지를 기술하고 있다.[32] 의사들은 장애를 지닌 실제의 삶에 관해 거의 또는 아무런 교육도 받지 않으며,[33] 의사의 양성 과정이 그들에게 장애인의 삶이 지닌 사회적 요소들을 판단할 수 있는 자격을 부여해 주지도 않는다. 그러므로 올바른 방식으로 착수된 삶의 질 평가라면, 치료가 제공되어야 하는지 철회되어야 하는지에 대한 의사의 **의료적 견해**만이 아니라 환자의 **사회적 복리**에도 또한 의지해야만 한다. 의사들은 자신들이 의료적 전문 지식을 지녔다고 주장할 수는 있다. 그러나 환자의 최선의 이익이 무엇인지에 대한 결정을 뒷받침하는 근거가 되어야 할 많은 비의료적인 문제들의 평가에 있어, 그들이 어떤 특별한 지식을 지녔다고 주장할 수는 없다. 그러므로 의사들의 견해가 '견딜 수 없는' 고통과 타인에 대한 지나친 의존에 관한 이미지 및 가정, 즉 특정한 장애들이 삶을 '살아갈 가치가 없게' 만든다는 부정적 이미지 및 보잘것없는 정보에 근거한 가정으로부터 연유하는 것도 무리는 아니다.[34] 이러한 점에서 의사들에 대한 장애권적 비평의 대부분은 그들의 "상상력의 실패",[35] 즉 장애인들도 그들 자신과 동등하게 가치 있

---

32) Adrienne Asch, "Distracted by Disability", *Cambridge Quarterly of Healthcare Ethics* 7, 1988, pp. 77~87.

33) 모든 의과대학이 커리큘럼에 장애평등 교육을 포함시킬 것을 권고하는 지침을 발표했던 종합의료위원회도 이런 사실은 인정해 왔다(General Medical Council, *Tomorrow's Doctors: Recommendations for Undergraduate Medical Education*, London: GMC, 2003). 의과대학들이 이러한 점에서 얼마나 개선을 이루어 냈는가는 각기 다르다. 게다가 그러한 교육은 현재 활동하고 있는 의사들이 아닌 예비 의사들에게만 도움을 줄 뿐이다. 즉 한층 더 지속적인 형태의 직무연수가 요구되고 있는 것이다.

34) 이러한 현실은 「버크 I」, para. 35에서 (재판 신청인의 사무변호사인) 울프 씨(Mr. Wolfe)에 의해 인식되고 있다. [사무변호사는 영국에서 법정변호사(barrister)와 소송 의뢰인 사이에서 재판 사무를 취급하며 법정에 나서지 않는 하급 변호사를 말한다.—옮긴이]

35) Parens and Asch eds., *Prenatal Testing and Disability Rights*, p. 8.

고, 풍부하며, 복합적인 삶을 영위한다고 생각할 수 있는 능력의 부재를 중심으로 진행된다. 의사들은 장애인을 진찰실에서 만나는, 대개는 건강의 위기 상태에 있는 '환자'로만 여길지 모른다. 정기적으로 장애인을 대하는 의사라 할지라도 그들이 단지 병원에서만 장애인과 상호작용한다면, 그 장애인의 삶에 대해 부정확한 인상을 지닐 수 있다.[36] 자신의 환자들에 대해 개인적으로 알게 되는 의사는, 그리고 그들이 진찰실 밖에서 어떻게 그들의 삶을 영위하는지 알게 되는 의사는 거의 존재하지 않는다. 대부분의 의사는 자신과 대등한 존재나 동료들과 관계를 맺는 것처럼 장애성인들과 접촉하지 않는다.[37] 작업치료사나 방문간호사 같은 다른 보건의료 종사자들은 손상이 장애인의 삶의 질에 실제로 어떤 영향을 미치는가에 대해 의사보다 좀 더 전문적인 지식을 지닐 수 있다. 그러나 그들은 의사처럼 광범위한 의료적 수련 과정을 거치지 않기 때문에 '전문가'로 간주되지 않으며, 환자들의 치료를 관리하는 의사의 견해를 따르게 된다.[38]

대부분의 의사가 장애인의 삶에 대한 상황을 종합적으로 검토하지 않을 뿐만 아니라 진단과 예후 양쪽에서 객관적으로 입증할 수 있는 오류를 범한다는 것, 그리고 그런 오류에 대한 증거가 존재한다는 것은 언급해 둘 만한 가치가 있다. 키스 앤드루스Keith Andrews는 '지속

---

36) Lori B. Andrews, *Future Perfect: Confronting Decisions About Genetics*, New York: Columbia University Press, 2002, p. 104.

37) Linda Ward, "Whose Right to Choose? The 'New' Genetics, Prenatal Testing and People with Learning Difficulties", *Critical Public Health* 12, 2002, p. 194.

38) 판사들 또한 간호사들의 견해를 의사들의 견해만큼 존중하지는 않는다. 아래에서 MB 사건과 관련해 이루어지는 논의를 보라.

적 식물인간 상태'에 관한 자신의 논문에서, 식물인간 상태에 있는 것으로 언급된 40명의 환자 중 17명(43%)이 오진인 것으로 판명되었음을 보여 준다. 사실 이런 식으로 오진된 환자들 중 다수가 실제로는 맹이거나 심각한 시각 손상 환자였다.[39] 의사에 의해 이루어지는 진단이나 예후에 관한 진술의 대부분은 해석이지만, 이것이 법원에서는 사실로 취급된다.[40]

다수의 증거들이 삶의 질에 대한 장애인의 견해와 의사의 견해 사이에 상당한 불일치가 존재함을 분명히 보여 준다.[41] 의사들은 장애인의 삶의 질을 과소평가하는 경향이 있다. 예를 들어, 한 연구에서는 설문조사에 응한 의사들 중 82%가 만일 그들이 사지마비가 된다면 삶의 질이 상대적으로 낮아지게 될 것이라는 의견을 표명했다. 그에 반해서 실제 사지마비 장애인들의 80%는 그들의 삶의 질이 '상당히 좋다'고 평가했다.[42] 또 다른 연구에서는 설문조사에 응한 응급실 의사들의 단지 18%만이 외상성 척수손상 환자가 무난한 삶의 질을 성취할 것이라 여기고 있었다. 반면에 (장기적인 장애로 귀결되는) 척수손상을 입고 살아남은 이들의 경우에는 92%가 삶에 대한 긍정적인 평가를 나타

39) Keith Andrews, "Misdiagnosis of the Vegetative State: Retrospective Study in a Rehabilitation Unit", British Medical Journal 313, 1996, pp. 13~16.

40) 근거기반실천(evidence-based practice)으로 나아가려는 움직임이 있기는 하지만, 모든 진단들에는 여전히 얼마간의 의구심이 존재한다.

41) 이에 대한 예로는 P. M. Rothwell, Z. McDowell, C. K. Wong and P. J. Dorman, "Doctors and Patients Don't Agree: Cross-sectional Study of Patients' and Doctors' Assessments of Disability in Multiple Sclerosis", British Medical Journal 314, 1997, pp. 1580~1583을 보라.

42) Hugh Gregory Gallagher, "Can We Afford Disabled People?", Fourteenth Annual James C. Hemphill Lecture, Rehabilitation Institute of Chicago, 1995. 9. 7.

냈다.[43] 간단히 말해서, 대리된 판단은 대개 환자 자신의 인식이나 선호를 정확히 반영하지 않는다.[44] 데이비드 셀라David F. Cella가 말했던 것처럼, "감축된 삶 또는 용납될 수 없는 삶이라는 외부적 결정은 대개 그런 판정을 받은 사람에 의해서는 공감되지 않는다".[45] '정상적인' 그리고 '건강한' 사람들에 의해 이루어지는 삶의 질 평가는 어떤 삶을 영위하게 될 것인가에 대해 판단을 받는 사람이 아닌 평가자 자신의 편견, 두려움, 우려를 반영할 수 있다. 그러므로 "평가자가 보잘것없는 질이라고 간주하는 삶이 실제로 그 삶을 영위하는 사람에 의해서는 상당히 만족스럽게 여겨지는 경우가 흔히 발생한다".[46] 그뿐만 아니라, 사전의료지시서advanced directive[47]를 작성한 사람들이 그 지시서가 상정했던 상황에 실제로 처하게 되면 그들의 선택과 견해를 바꾼다는 것을 보여 주는 증거들도 존재한다.[48]

---

43) Kenneth A. Gerhart, Jane Koziol-McLain, Steven R. Lowenstein and Gale G. Whiteneck, "Quality of Life Following Spinal Cord Injury: Knowledge and Attitude of Emergency Care Providers", *Annals of Emergency Medicine* 23, 1994, pp. 807~812.

44) Julia Addington-Hall and Lalit Kalra, "Who Should Measure Quality of Life?", *British Medical Journal* 322, 2001, pp. 1417~1420.

45) David F. Cella, "Quality of Life: The Concept", *Journal of Palliative Care* 8, 1992, p. 9.

46) Hans S. Reinders, *The Future of the Disabled in Liberal Society: An Ethical Analysis*, Notre Dame, IN: University of Notre Dame Press, 2000, p. 161.

47) 환자가 자신의 의사를 정확히 표명하기 어려운 상황에 대비해 특정 치료의 지속이나 중지에 관한 의사를 의료인이 알 수 있도록 미리 밝혀 놓은 문서를 말한다. 'Living Will'(생명에 관한 유언장)이라고도 하며, 일반적으로는 죽음이나 심각한 의료적 상태에 임박한 환자들이 무의미한 연명치료의 거부 의사를 사전에 명시적으로 밝히기 위해 사용된다.—옮긴이

48) Ashwini Sehgal, Alison Galbraith, Margaret Chesney, Patricia Schoenfeld, Gerald Charles and Bernard Lo, "How Strictly Do Dialysis Patients Want Their Advance Directives Followed?", *Journal of the American Medical Association* 267, 1992, pp. 59~63.

판례법 분석: 네 가지 핵심 테마

이제 다시 세 개의 말기 환자에 대한 치료 결정 판례로 되돌아갈 텐데, 면밀한 텍스트 분석은 이런 판례에 함축되어 있는 적어도 네 가지의 핵심 테마를 드러내 주며 이는 다음의 순서에 따라 다루어질 것이다. ① '전문가'로서의 의사의 역할 ② 재판 과정에 대한 의료계의 지배 ③ 의료적 증거가 이의제기를 받지 않고 받아들여지게 되는 방식 ④ 삶의 질 평가가 '객관성'을 지닌다는 가정.

'전문가'로서의 의사

앞서 논했던 것처럼, 의사들은 장애인의 삶의 질을 판단하는 데 최상의 '전문가'가 아닐 수 있다. 실제로 이언 케네디Ian Kennedy는 널리 행해지는 '최선의 이익' 평가라고 하는 것이 환자의 복리보다는 의료 권력을 보호해 왔음을 논한 바 있다.[49] 이런 견해는 조너선 몽고메리Jonathan Montgomery에 의해 지지되는데, 그는 "의사능력이 없는 환자에게 최선의 이익이 되는 치료를 제공해야 할 의무는 통상적으로 어떤 행위가 그런 이익이 되는가라는 사법적 평가에 의지해서가 아니라 환자를 돌보고 있는 의사들의 평가에 의지해서 판단된다"는 점을 논한다.[50] 몽고메리는 또한 많은 경우에 이런 문제가 소송으로까지 가지 않

---

49)Ian Kennedy, "Patients, Doctors and Human Rights", ed. Ian Kennedy, *Treat Me Right: Essays in Medical Law and Ethics*, Oxford: Clarendon Press, 1988, pp. 395~396.
50)Jonathan Montgomery, "Health Care Law for a Multi-Faith Society", ed. John Murphy, *Ethnic Minorities, Their Families and the Law*, Oxford: Hart Publishing, 2000, p. 164.

380 제3부 _ 윤리학

기 때문에, "최선의 이익이라는 원칙의 적용은 법률가들이 아니라 보건의료 종사자들의 손에 달려 있다"고 말한다.[51] 그 문제가 소송으로 이어지는 경우에도, 판사들은 단지 책임성 있는 전문가의 결정이라는 한도 내에서 임상적 판단이 이루어지는 것을 보장하는 데에만 초점을 맞추는 경향을 보인다. 예컨대 「J 사건에 관하여」에서는 어떤 의사에게 그/그녀의 임상적 판단에 반하여 치료하도록 지시하는 것은 법원이 권력을 남용하는 것이라 이야기되고 있다.[52] 와이엇 사건과 버크 사건, 그리고 어느 정도는 MB 사건에서도 이런 논거를 따르고 있었다는 것이 앞으로의 분석을 통해 분명히 드러날 것이다. 몽고메리는 한발 더 나아가 "최선의 이익에 따른 의사결정이란 편견을 부과하는 메커니즘에 불과한 것이 될 수 있는 커다란 위험성이 존재한다"고 주장한다.[53] 이것은 장애인들에게 실질적으로 중요한 문제인데, 왜냐하면 편견에 근거한 삶의 질 판단은 치료, 서비스, 구명 장치의 철회를 의미할 수 있기 때문이다.

'최선의 이익' 평가가 해석되는 방식은 중요하다. 흔히 사법부는 최선의 이익 평가가 오로지 의료적이기만 한 것이 아니라고 말하기는 하지만, 그들이 계속해서 단지 의료적 증거만을 고려해 왔다는 것은, 그럼으로써 그와 같은 수사를 스스로 훼손해 왔다는 것은 어렵지 않게 증명된다. 따라서 의사들이 삶의 질 판단을 내리는 적합한 '전문가'로 간주되리라는 것도 충분히 예상 가능한 일이다. 그렇지만 이미 논했던

---

51) Montgomery, "Health Care Law for a Multi-Faith Society", p. 164.
52) 「J 사건에 관하여」(Re J) [1993] Fam 15 (CA).
53) Montgomery, "Health Care Law for a Multi-Faith Society", p. 166.

것처럼 삶의 질 판단은 당연히 사회적 요소를 포함해야 하며, 의사들이 반드시 장애 이슈의 전문가인 것은 아니다. 그뿐만 아니라 그들은 일반적으로 의료적 모델에 근거를 둔 장애만을 관찰한다.

버크 사건에서 최선의 이익을 평가함에 있어, 전문 지식이라는 이슈에 대한 먼비 판사의 접근법에는 그럴 만한 충분한 이유가 있다. 그가 말했던 것처럼,

> 의사의 의무는 단지 책임성 있고 자격 있는 관련 전문가 집단의 의견에 따라 행동하는 것만은 아니다. 그의 의무는 환자의 **최선의 이익**에 따라 행동하는 것이다. …… 사실 무엇이 환자에게 최선의 이익이 되는가를 결정하는 것은 의사의 몫이 아니다. 즉, 의사능력이 있다면 그런 결정은 환자의 몫이며, 환자가 의사능력이 없어서 그 문제가 법정으로 온다면 그 결정권은 판사에게 있다.[54]

먼비 판사의 의견은 의사와 환자 사이의 권력관계가 균형을 이루도록 하는 것을 목표로 한다. 각 개인은 타인이 활용할 수 없는 그 자신만의 지식과 경험의 폭을 지니고 있다. 그의 접근법은 환자와 의사 양쪽의 지식 기반이 동등한 가치를 지닌다고 간주하고 있으며, 따라서 당연히 그 어느 쪽도 다른 한 쪽보다 우선시될 수 없다. 더욱이, 최종적인 분석에서 제시된 그의 결정은 생명연장 치료를 받는 것이 견딜 수 없는 상황을 연장시키는 것이 아닌 한, 그런 치료를 받고자 하는 환자

---

54) 「버크 I」, para. 30.

의 소망이 당연히 충족되어야 함을 말하고 있다. 먼비 판사는 중증의 질환이나 장애를 지닌 이들에게 있어 무엇이 '최선의 이익'인가에 대해 의사들이 혼자서 판단 내릴 것을 요청받아서도, 또 그렇게 기대되어서도 안 된다는 것을 이해하고 있는 듯하다. 의사들은 임상 전문가이기는 하지만 훨씬 더 전체론적인 개념인 '최선의 이익'을 결정하는 데 있어서는 전문가가 아니다. 그렇지만 유감스럽게도 의료계가 계속해서 재판 과정을 지배해 왔으며, 그들이 내놓은 증거가 여전히 가장 큰 영향력을 유지하고 있음이 아래에서 증명될 것이다.

「MB 사건에 관하여」에서 취해지고 있는 접근법은 전문 지식에 대한 먼비 판사의 접근법 ——법원과 의사가 지닌 각각의 역할을 한정하고 있는——과는 대조적이었다. 홀만 판사는 다음과 같이 강력하게 말했다.

그렇지만 나는 나 자신이 이 소송 사건을 둘러싸고 있을 어떠한 윤리적 이슈에 대해서도 관심을 갖고 있지 않음을 강조하고 싶고 또 명확히 하고 싶다. …… 실제로 [생명 유지 장치를] 철회하거나 제공하지 않을 것인지에 대한 윤리적 결정은 관련 전문가인 의사에 의해 이루어져야만 한다. 판사는 윤리적 판단이나 결정을 내릴 자격도 없고, 권리도 없으며, 또한 그럴 필요도 없다.[55]

그는 MB로부터 치료를 철회하는 것이 도덕적인지 아닌지를 결정

---

55) 「MB 사건에 관하여」, para. 24.

하는 것은 의사 혼자의 몫이라고 말하고 있는 듯하다. 하지만 이런 입장이 옳다면, 그 사건이 법정까지 올 아무런 이유도 없었을 것이다. 윤리적 결정은 단지 의사들에 의해서만 이루어져야 하는 것이 아니다. 그런 접근법에는 심각한 문제가 있다. 특히, 그 접근법대로라면 의사들은 늘 그렇듯이 의료적 모델의 가정과 관점에 기반을 두고 삶의 질 판단을 내릴 것이며 이것이 당연시되어야 하기 때문이다.

재판 과정에 대한 의료계의 지배

와이엇 사건에서, 제출된 모든 의료적 증거는 샬럿 와이엇의 삶의 질이 얼마나 형편없는지를, 그리고 그녀가 어떤 식으로 견딜 수 없는 통증을 참아 내고 있을 뿐인지를 설명했다. 고등법원의 판결문을 읽어 보면 판사가 결정을 내릴 때 이런 의료적 증거에 매우 크게 의존했다는 것은 분명하다. 실제로 의료적 증거는 샬럿이 일정한 삶의 질을 경험할 수 있음을 입증하는 다른 증거들을 '모두 뒤집어 버렸다'. 그 판결문을 살펴보면 의료적 증거의 지배적 영향력이 분명하게 드러난다. 22개의 단락으로 이루어진 판결문에서[56] 열 개의 단락이 의료적 의견과 관련되어 있었던 것이다.

    MB 사건에서도 다수의 의사들이 증거를 제공했다. '담당의'로서 2명이,[57] 해당 NHS 트러스트로부터 추가로 8명이(MB를 돌보는 전체

---

56) 「와이엇 I」.
57) 해당 판결에서는 Dr. S I(소아집중치료 고문의)와 Dr. S N(소아신경과 고문의)으로 언급되고 있다.

임상팀의 일원이며, '트러스트 의사'로 언급되고 있음),[58] 그에 더하여 감정인으로서 또 다른 의사들이[59] 말이다. 2명의 '담당의'는 상세한 진료 기록을 제공했다. 4명의 감정인은 합동 전문가 보고서에 대해 합의했다.[60] 그리고 '트러스트 의사'들은 각각 법정에서 진술했다. 모든 의사들이 제공한 증거는 NHS 트러스트가 제시한 증거와 일치했다. 그렇지만 집중치료실의 선임간호사 또한 진술을 했는데, 그녀는 MB의 향후 치료에 대해 간호사들 사이에 의견 차가 존재했다는 점을 언급했다.[61] 몇몇 간호사들은 MB의 치료를 철회하는 것에 동의하지 않았다는 사실에도 불구하고, 판사는 "이 사건에는 이와 같이 매우 방대할 뿐만 아니라 매우 양질인, 그리고 그 모두가 **예외 없이** 동일한 결과에 이르게 되는 일련의 의료적 증거가 존재한다"고 결론 내렸다.[62]

　NHS 트러스트와 '감정인'에 의해 제공된 의료적 증거에 대한 고려가 MB 사건에서 홀만 판사의 판결 중 커다란 부분을 차지했다. 그리고 이미 설명된 것처럼, (한눈에 보기에도 판사에 의해 도외시된) 선임 간호사의 진술을 제외하고는 모든 의사들이 일치된 의견을 나타냈다. ('담당의'가 아닌) '트러스트 의사' 모두가 동일한 증인 진술을 했고, 마찬가지로 그들 모두가 올바른 행동 방침과 관련하여 '담당의'에게 동의했다는 점은 상당히 흥미롭다. 그뿐만 아니라, '감정인' 모두가 합동

---

58) 「MB」, para. 26: 5명의 소아집중치료 고문의, 2명의 소아신경과 고문의, 1명의 소아마취과 고문의.
59) 「MB」, para. 26: 추가로 4명인데, 2명은 해당 트러스트를 상담했고, 2명은 부모를 상담했다.
60) 「MB」, para. 29.
61) 「MB」, para. 27.
62) 「MB」, para. 30 (강조는 인용자).

전문가 보고서를 제출하기 전에 그들의 결론을 조율하기 위해 만났다. 이런 식으로 법원은 사실상 의사결정 과정으로부터 차단되어 있었다고 말할 수 있다. 의료 전문가들 모두가 '올바른' 행동 방침에 대해 그들끼리 합의했던 것이다. 그리하여 법원은 의료계가 제시한 일련의 의견에 의존해야만 했다.

홀만 판사는 "의사와 부모 **양쪽**의 견해 및 의견이 주의 깊게 고려되어야만 한다"는 점을 인정했다.[63] 이는 MB의 삶의 질을 판정하는 데 통찰을 제공해야 하는 것이 단지 의사들만은 아님을 의미한다. 하지만 그는 MB 부모의 의견을 도외시하는 쪽으로 나아갔는데, 그 이유는 부모가 "너무나 당연하게도, 그들 자신의 감정이나 감상에 영향을 받았을 수" 있기 때문이다.[64] 홀만 판사는 MB의 어머니가 "착각에 빠져" 있음을 또 다른 측면에서도 지적하면서, 어째서 MB의 부모가 객관적일 수 없는지를 반복해서 말했다.[65] 그가 부모의 의견을 차용할 때에는 제한을 가하지만 의사들의 의견을 활용할 때에는 아무런 단서도 달지 않는다는 것, 그럼으로써 의사들의 의견이 보다 '객관적'임을 은연중에 내비치고 있다는 점은 상당히 흥미롭다.

의료적 평가가 아무런 이의제기 없이 받아들여져서는 안 된다

상소법원 판사 토머스 빙엄Thomas Bingham은 「프렌체이 헬스케어 NHS 트러스트 대 S 사건」에서 "내가 생각하기에, 의사가 말한 것이 환자에

---

63) 「MB」, para. 16 (강조는 저자).
64) 「MB」, para. 16.
65) 「MB」, para. 42 그리고 para. 45에서 다시 반복됨.

게 최선의 이익이라는 신념이 존재해서는 안 된다는 입장이 환자에게는 최선의 이익이 **된**다는 사실은 중요하다"고 언급했다.[66] 하지만 전통적으로 영국 법원은 단지 의사들이 내놓는 삶의 질에 대한 의견에만 의존해 왔다.[67] 법원이 의료적 증거를 고려하는 방식은 특히 흥미롭다. 특히나 해당 사건에서 무엇인 사실인지를 결정할 때 말이다. 예를 들어 와이엇 사건에서 판사들은 그들 앞에 제출된 증거를 선택적으로 분석했으며, 그러므로 판결문에서의 기술은 사실에 입각한 것처럼 보이지만 실제로는 단지 해석에 지나지 않는다고 말할 수 있다.[68] 예컨대 해당 상소법원은 샬럿의 상태가 호전되고 있음을 나타내는 증거는 무시하고, 대신 그녀가 '견딜 수 없는' 상태에 있다는 의사들의 견해에만 초점을 맞췄던 것처럼 보인다.

고등법원의 헤들리 판사는 "주의 깊고 진지한 고려 후에, 나는 다수의 의료적 의견에 대해 확신하게 되었다"고 말했다.[69] 사실 그는 다른 모든 증거는 도외시했던 것 같다. 미취학 아동에 대한 가정방문 교육서비스로부터 제시된 증거는 (여러 가지 내용 중에서도 특히) 다음과 같은 사실을 보여 준다. 그녀가 목욕을 즐긴다는 것, 말하는 사람의

---

66) 「프렌체이 헬스케어 NHS 트러스트 대 S 사건」(*Frenchay Healthcare National Health Service Trust v. S*) [1994] 1 WER 601 (CA) p. 609 (강조는 저자).

67) 「에어데일 NHS 트러스트 대 블랜드 사건」 [1993] AC 789 (HL); 「J 사건에 관하여」 [1993] Fam 15 (CA); 「C 사건에 관하여」*Re C* [1996] 2 FLR 43; 「F 사건에 관하여」*Re F* [1989] 2 FLR 376; 「B 사건에 관하여」*Re B* [1987] 2 All ER 206.

68) 「B 사건에 관하여」와 관련해서 몽고메리도 비슷한 점을 지적하고 있다. Jonathan Montgomery, "Rhetoric and 'Welfare'", *Oxford Journal of Legal Studies* 9, 1989, p. 401을 보라.

69) 「와이엇」, para. 16.

얼굴을 응시하면서 그 말을 듣고 반응하는 것처럼 보인다는 것, [일정한 시각적 자극에] 웃거나 고개를 돌려서 얼마간의 시력이 있음을 입증하고 있다는 것, "등을 대고 누울 때 (근거리의) 주변 사정을" 살핀다는 것을 말이다.[70] 그녀의 후견인은 이런 증거를 뒷받침하고 있으며, 다음과 같이 말했다. "샬럿은 현재 상황에서 무엇에 '즐거움'을 느끼는지를 보여 줄 수 있다. 그녀는 입을 약간 벌리거나 눈을 조금 더 크게 뜨면서 얼굴 표정을 짓는데, 그것은 일정한 즐거움을 얻는다는 것을 시사한다. 예를 들면 간지럼을 태워줄 때 말이다."[71] 그렇지만 이러한 상태의 호전에도 불구하고, 법원은 "그녀의 근본적인 임상 상태에는 아무런 변화가 없다"고, 그러므로 그녀의 삶의 질 평가와 최선의 이익도 변한 것이 없다고 거듭해서 언급했다. 이것은 상당히 기이한 접근법처럼 보인다. 왜냐하면 누가 보더라도 샬럿의 삶의 질이 명백히 개선되었음을 나타내 주는 증거들이 있고, 이런 증거는 구명 치료가 현재 그녀에게 최선의 이익이 되는지 아닌지에 대한 재평가로 이어졌어야만 했기 때문이다.

그렇지만 일단 해당 법원이 일정한 접근법을 택하자, 이루어질 수 있는 결정은 사실상 단 하나만이 존재하게 되었다. 법원이 해당 상황에 대한 의사들의 견해를 종합적인 것으로 받아들였을 때, 그리고 의사들이 무책임한 결정을 내리지 않았을 거라 판단했을 때, 이미 법원은 결코 샬럿 부모의 승소 판결을 내리지 않으려 했을 것이기 때문이

---

70) 「와이엇 IV」, para. 33.
71) 「와이엇 IV」, para. 46에서 언급되는 후견인의 의견.

다. '다른 증거들을 모두 뒤집어 버리는' 의료적 증거의 영향, 법원이 치료에 대한 어떠한 적극적 '권리'도 인정하기를 꺼리는 것, 의사들의 권위를 훼손하거나 임상적 판단에 개입하는 것에 대한 두려움, 이 세 가지 요소가 결합되어 재판 결과를 이미 정해진 것으로 만들어 버렸다. 상소법원이 다음과 같이 말했던 것에서 이런 세 가지 요소가 확인될 수 있다. "종합진단센터로 이용되는 것은 법원의 기능이 아니다. …… 우리가 보기에, 중한 질환을 앓는 아동에 대한 치료 계획을 감독하는 것도 법원의 기능은 아니다. 그런 기능은 아동의 부모를 상담해 온 의사들의 몫이다."[72]

가장 최근에 소송이 진행된 MB 사건은 이러한 점에서 일정한 진보가 이루어지고 있음을 보여 주는 것인지도 모른다. 홀만 판사는 자신의 판결에서 의사들이 제출한 의료적 증거에 대해 상당히 비판적인 논평을 했다. 예컨대 그는 '트러스트 의사들'이 행한 모든 진술이 너무나 동일했음을, (그 중에서도 특히) MB는 "이미 견딜 수 없을 만큼 보잘것없는 삶의 질을 지니고 있으며 이런 상태는 단지 더 악화되기만 할 것이다"라고 모두가 말하고 있다는 점을 언급했다.[73] 홀만 판사는 "나는 그러한 공통된 진술 내에, MB가 자신의 삶에서 어떠한 현재적 즐거움을 느낄 수 있거나 어떠한 이익을 얻을 수 있음에 대해서는 아무런 언급이나 인정도 존재하지 않음을 강하게 지적하고자 한다"고 말했다.[74]

---

72) 「와이엇 IV」, para. 117.
73) 「MB」, para. 26.
74) 「MB」, para. 26.

이와 같이 홀만 판사는 의료적 증거가 지닌 한계를 인정했다. 산소호흡기의 계속된 사용이 가져올 이익과 부담을 상세히 열거한 '대차대조표'——이해당사자들[75] 각자가 홀만 판사의 요청을 받고 제출했던——에 대해 그가 논평했을 때, 이러한 점은 다시 한 번 명백해진다. NHS 트러스트가 제시한 정보와 관련하여 그는 다음과 같이 말했다.

> 그렇지만 나는 최종 심리에서도, 해당 트러스트를 대신하여 …… 그 목록의 …… '이익'이라는 제목 밑에는 '생명의 보존'이라는 단 하나의 항목이 들어감을 밝힌다. 그렇게 하는 것이 너무 포괄적이라 말해진다 해도, 그 목록이 '불이익'이라는 제목 밑에는 상당히 구체적인 세부항목을 열거하지만 MB가 자신의 삶으로부터 얻게 될지 모를 어떠한 구체적인 이익은 사전에 인정하거나 확인하지 않기 때문이다.[76]

다시 한 번, 홀만 판사는 의료적 증거의 주관적이고 선택적인 본질을, 그런 증거가 MB에게 남아 있는 삶 동안 그에 대한 어떠한 사회적 이익도 승인하고 있지 않다는 한계를 절대적으로 인정했다. 그는 의료적 증거를 문제 삼음으로써, 자신이 객관적 평가를 수행하고 있다고 여겼다. 이러한 객관적 평가가 어느 정도나 성취되었는지는 다음 절에서 분석될 것이다.

---

75) MB의 부모, 해당 NHS 트러스트, 후견인.
76) 「MB」, para. 59.

삶의 질 평가의 객관성

버크 사건에서 상소법원은 "환자에게 극도의 통증, 불편함, 치욕"을 야기하는 이상을 지닌 채 살아야 하는 삶은 살 가치가 없는 것으로 간주되어야 한다고, 그에 따라 의사들은 환자의 생명을 유지시켜야 할 적극적 의무로부터 면제된다고 말했다.[77] 그렇지만 그 법원이 사용한 모든 용어는 대단히 주관적이고 맥락에 따라 유동적이다. 사람들은 상이한 통증 역치를 지니고 있다. 어떤 이들에게는 일정한 상태가 불편하고 품위가 없다고 간주될 수 있지만, 다른 사람들에게는 그런 상태가 삶을 살아갈 가치가 없도록 만들지 않는다. 애쉬가 논평했던 것처럼, "자동차 정비사, 배관공, 컴퓨터 기사로부터 서비스를 받는 것이 모욕적이 아닌 것과 마찬가지로, 옷을 입거나 씻을 때 활동보조인으로부터 도움을 받는 것 또한 전혀 모욕적인 것이 아니다".[78] 어떤 사람이 의사소통할 수 없거나 자신의 견해를 분명히 표현할 수 없다고 해서, 그것이 곧 그의 삶이 살아갈 가치가 없음을 의미하지는 않는다. 매우 심각한 지적 손상을 지닌 대다수의 사람들도 즐거움과 고통을 경험하고 표현할 수 있으며, 그들을 둘러싼 환경과 관계에 대한 인식을 나타내고, 인간 주체에게 수반되는 모든 감정들을 보여 준다.[79]

몽고메리가 말한 것처럼 "일단 의사능력이 없는 것으로 선언되고

---

77) 「버크II」, para. 33.

78) Adrienne Asch, "Disability, Bioethics, and Human Rights", eds. Gary L. Albrecht, Katherine D. Seelman and Michael Bury, *Handbook of Disability Studies*, Thousand Oaks, CA: Sage, 2001, p. 313.

79) Tom Shakespeare, "Choice and Rights: Eugenics, Genetics and Disability Equality", *Disability and Society* 13, 1998, p. 665.

나면 환자는 의료적·사법적 후견주의에 취약해진다. 환자의 '최선의 이익'과 관련하여 내려진 결정에 대한 사법적 검토의 목적은 가능한 한 객관적인 견해가 취해지는 것을 보장하는 것이다".[80] 이론상 법원의 견해는 객관적이어야 하지만, 실제로 이는 불가능하다. 그런 견해는 필연적으로 문화적 규범과 가치에 영향을 받는다. MB 사건에서 여러 차례, 홀만 판사는 MB의 최선의 이익에 대해 '객관적 평가'를 내리는 법원의 역할을 반복해서 언급했다. 예컨대 그는 자신의 과제가 "그 자체로 충분히 어려운 것이긴 하지만, MB의 최선의 이익에 대한 객관적 균형지점이 어디에 놓여 있는지를 결정하는 것, 단지 그런 결정을 하는 것뿐이다"라고 말했다.[81] 이와 같은 결정을 하기 위해서, 그는 '최선의 이익' 평가를 어떤 식으로 수행할 것인가와 관련하여 와이엇 사건에서 제시된 상소법원의 지침을 따랐다.[82]

그러한 평가 작업도 최선의 이익에 속하는 것 중 하나이며, 법원의 과제는 모든 관련 요인들을 가늠해 보는 것이다. 상소법원은 이런 과제를 신뢰성 있게 수행하는 가장 안전한 최선의 방법이, 논란의 대상이 되고 있는 치료를 지속하거나 중단하는 것과 관련하여 한편에는 이익이나 장점이, 다른 한편에는 부담이나 단점이 구체적으로 확인되어 있는 목록을 작성하는 것이라고 제안했다.[83]

---

80) Montgomery, "Health Care Law for a Multi-Faith Society", p. 178.
81) 「MB」, para. 24.
82) 「와이엇 IV」, para. 87.
83) 「MB」, para. 58.

이미 언급된 것처럼, 홀만 판사가 모든 이해당사자들에게 그들 자신의 대차대조표를 작성하도록 요청했던 것은 바로 이런 이유 때문이며, 그는 NHS 트러스트가 제시한 정보를 별로 대단치 않게 생각했다. 그러나 홀만 판사는 해당 작업을 완료했을 때, "이익과 부담에 대한 목록을 작성하는 것이 매우 도움이 되면서도 비교적 쉬운 작업이기는 하지만, 대차를 결산하는 데에는 여전히 막대한 어려움이 존재한다"고 말하면서 이러한 접근법이 지닌 한계를 인정했다. 그가 확인했던 주요 어려움들 중 하나는, "'수학적으로' 가중치가 부여될 수 없는 무수히 다양한 고려 사항이 지니고 있는 중요성에 대해 종합적인 평가를 [내리고], 그리하여 최종적 균형지점과 결론에 도달하는" 것이다.[84] 그러므로 법원이나 의사가 누군가의 삶의 질을, 또는 무엇이 그에게 최선의 이익이 되는지를 완전히 객관적으로 평가하는 것은 불가능하다.[85] 이는 특히, 권한을 지닌 사람들에 의해 이루어지는 대부분의 평가가 의사들의 증거에 의존하기 때문이다.

그렇지만 MB 사건에서는 좋지 못한 의료적 예후에도 불구하고 여전히 다양한 이익들이 존재할 수 있음에 대한 인정이 존재한다. 예컨대 홀만 판사는 다음과 같이 진술하고 있다.

그런 이익들에 수학적인 혹은 다른 어떤 형태의 가치를 부여하는 것

---

84) 「MB」, para. 62.
85) 그렇지만 이런 비판은 돌봄자, 부모, 그리고 어쩌면 환자 자신에게까지도 마찬가지로 적용될 수 있다는 점이 언급되어야만 할 것이다.

은 불가능하다. 그러나 그것은 실재하며 귀중한 것이다. 그것은 MB 가 자신의 삶으로부터 얻도록 운명지어져 있는 가치, 단지 그러한 가 치인 것이다. 나는 의사들이 말한 매일 매일의 일상적인 모든 불편함, 괴로움, 통증이 그런 이익을 능가한다고 생각하지 않으며, 따라서 그 런 이익과 그의 삶 자체가 즉시 종료되는 것이 그에게 최선의 이익이 된다고 말할 수 없다. 반대로, 나는 그의 삶에 진정 여전히 이익이 존 재하기 때문에, 내가 확인했던 치료의 제공 여부에 달려 있는 그의 삶 이 지속될 수 있어야 한다고 분명히 생각한다.[86]

이와 같이 홀만 판사는 부정적인 일방적 가정들에 반대해야 할 중 요성을 인정했던 것으로 볼 수 있다. 그리고 「C 사건에 관하여」와는 구 별되게,[87] 홀만 판사는 의료적 모델을 거부하고자 노력했던 것으로 이 해될 수 있다. 그가 「C 사건에 관하여」에서 그랬던 것처럼 단지 의료적 사실들만을 고려했더라면, (의료적 증거가 너무나 압도적이었으므로) 그는 NHS 트러스트의 승소 판결을 내렸을 것이기 때문이다. 홀만 판 사가 장애에 대한 '사회적 모델' 접근법을 취하는 것으로까지 나아가 지는 않았지만, 그는 최소한 진정으로 의료적 모델이 지닌 일정한 한 계를 인정했던 것처럼 보인다. 이와 관련하여, 그는 또한 의사들이 의

---

86) 「MB」, para. 102.
87) 「C 사건에 관하여 (미성년자) (의학적 치료)」(*Re C (A Minor) (medical treatment)*) [1998], 『로이즈 법률 보고서: 진료 1』(*Lloyd's Law Reports: Medical 1*). 이 사건에서 독실한 정통 유 대교 신자였던 부모는 C가 호흡을 멈출 경우 아이를 소생시키지 않으려는 의사의 생각에 반 대했다. MB와 마찬가지로 그 아기도 척수성근위축증을 지니고 있었으며, 의사들의 견해에 따르자면 죽어가고 있었다. 법원은 의사들이 지지하는 조치를 허가했다.

료적 평가 외에는 그 어떤 것도 고려하지 않는다는 점을 인정했다. 그의 판결은 일정한 자극을 제공한다. 그에 따라 어쩌면 영국의 입법 주체들은 의료적 모델이 사람들의 최선의 이익을 판단하는 기반으로서 충분치 않다는 것을, 특히나 말기 환자에 대한 치료를 결정하는 상황에서는 더욱 그렇다는 것을 인식하기 시작했을 것이다.

'최선의 이익' 평가는 (현행의 상태 그대로는) 불충분하다. 그것은 너무나 많은 문제들을 유보해 두고 있으며 추가적인 해명을 필요로 한다. '최선의 이익'은 대개의 경우 너무나 많은 철학적·이론적 문제를 회피하고 있기에 확신을 갖고 답변이 이루어질 수 없다. 그리고 위험스럽게도, 장애인의 삶이 계속되는 것에 우호적인 가정에는 바람직한 (그리고 법률적으로 의무적인) 우선권을 부여하지 않는 방식으로 답변이 이루어질 가능성이 높다.[88] 더욱이 현재 그러한 평가는 사회적 요소들에 대한 충분한 고려 없이 의료적 고려 사항에만 초점을 맞춘 접근법을 활용하는 의사들에 의해 이루어지고 있다.

결론

이 장은 삶의 질을 평가할 때 장애와 관련된 사회적 영향을 인정하지 않으려는, 현재도 지속되고 있는 법원의 태도를 조명했다. 이러한 불인정은 부분적으로 장애를 고찰하는 판사들의 접근법에서, 그리고 그

---

88) Charles Foster, "Re MB: Always Look on the Bright Side of Life", *Healthcare Risk Report* 12, 2006, pp. 23~24.

들이 채택하고 있는 '최선의 이익' 평가의 해석 방식에서 기인한다. 사법부는 종종 최선의 이익 평가가 순전히 의료적이기만 한 것이 아니라고 말하기는 하지만, 그들은 계속해서 단지 의료적 증거만을 고려해 왔으며, 그럼으로써 최선의 이익이라고 하는 것을 사실상 의료적인 평가로 해석해 왔다. 따라서 법원이 의사들을 삶의 질에 대한 가장 설득력 있는 증거를 제공해 주는 적합한 '전문가'로 간주할 것이라는 점은 명백해 보인다. 사법부가 삶의 질이 지닌 사회적 요소의 중요성을 고려하는가는 매우 중요하다. 위에서 논했던 것처럼, 대체로 의사들은 이처럼 지극히 중요한 장애의 사회적 요소를 평가할 수 있는 자격을 갖추고 있지 않다. 게다가 일반적으로 말해서, 장애인의 삶의 질에 대한 의사들의 평가는 흔히 장애인 당사자들의 견해와 모순된다. 장애가 인식되는 방식과 그것이 초래하는 법률 사이에 존재하는 밀접한 관련성으로 인해, 이 분야에서 사법적 판단을 장악하고 있는 이러한 결함 투성이 접근법의 계속된 지배는 결국 열악한 장애 관련 법률로 이어진다. 장애인의 삶을 개선시키기 위해서는 삶의 질 평가의 기저에 놓여 있는 부정적인 가정들과 문화적 가치들이 폭로되고, 분석되고, 문제가 제기되어야만 한다. 이 장에서 이루어진 분석은 '최선의 이익'에 대해, 버크 사건에서 먼비 판사에 의해 옹호된 것과 같은 훨씬 더 광범위한 해석이 적용될 필요가 있음을 시사한다. 단지 의료적 요소들만을 반영하는 평가로부터 벗어나야 할 분명한 필요성이, 그리고 환자가 의사능력이 있는 경우라면 환자에게 권한을 부여해야 할 필요성이 존재하는 것이다. 환자가 의사능력이 없는 경우라 할지라도 법원은 의사들의 견해나 평가를 기계적으로 받아들이거나 선호해서는 안 되며, 최선의 이익은 환자들의 관점에서 접근되어야만 한다.

보건의료 종사자, 환자, 환자의 가족들 사이에 효과적인 대화가 존재한다면, 분명히 장애인에게 훨씬 더 우호적인 상황이 마련될 수 있을 것이다. 모든 이해당사자들이 의사결정에 참여하기 위해서는 '돌봄에 대한 파트너십' 접근법[89]이 활용되어야만 한다. NHS 내에서 학제적인 돌봄 접근법의 지속적인 발전이 이루어진다면, 법원은 의사 이외의 보건의료 종사자들에 의해 제시된, 의사결정에 유효한 기여를 할 수 있는 증거를 좀 더 기꺼이 고려하게 될 것이다. 그렇지만 이해당사자들이 합의할 수 없는 경우도 존재할 수 있다. 그런 사건이 재판에 회부될 경우, 판사는 환자나 그 가족이 의사에게 동의하지 않는다고 해서 그들을 비난해서는 안 된다.[90] 임상적 결정[91]이나 윤리적 결정[92]을 내리는 것은 법원의 몫이 아니라는 변명 뒤에 숨어 버림으로써 책임을 방기하는 것이 아니라, 이러한 결정 과정 전반을 감독하는 데 법원이 적절한 역할을 해야 한다는 점을 판사가 인정하고 받아들이는 것 또한 중요하다.

결국 법원은 환자의 삶의 질과 관련된 이해당사자들 사이에 근본적인 의견 차가 존재하는 사건들을 판결하고, 특정한 치료가 환자에게 최선의 이익이 되는지 아닌지를 결정하기 위해서 노력해야 하는 난처

---

89) Royal College of Paediatrics and Child Health(RCPCH), *Withholding or Withdrawing Life Sustaining Treatment in Children: A Framework for Practice* 2nd end., London: RCPCH, 2004.

90) 「와이엇 IV」, paras. 20~21 and 119.

91) 「와이엇 IV」, paras. 86 and 117; 「MB」, para. 54.

92) 「MB」, para. 24.

한 상황에 놓여 있다고 할 수 있다. 역사적으로 영국의 법원들은 그들이 심의 과정에서 '객관성'을 유지해 왔음을 주장하고자 노력해 왔다. 그렇지만 위에서 보았듯이 삶의 질 판단은 대개 임의적이며 주관적인 선호에 기반을 두고 있다. 찰스 포스터Charles Foster는 '최선의 이익' 평가가 법원에 의해 분명하게 설명되어야만 함을 논한다. 그런 평가가 주관적일 수밖에 없다면, 최종적인 결정력을 발휘하는 견해를 제시하는 사람은 검증된 인물이어야만 한다. (판사들이 현재 주장하는 것처럼) 그런 평가가 객관적인 것이라면, 의사결정을 할 때 사용되는 기준은 이를 뒷받침하는 가치들과 더불어 기존의 자료에 의거해 추정될 수 있어야 한다.[93] 현재 법원들은 그들이 객관적인 결정을 내리고 있다고 주장한다. 그렇지만 그들이 객관적 평가를 도대체 어떤 식으로 적용하는지는 분명치 않으며, 그러므로 그들이 내리는 판단은 여전히 일정한 비판을 면할 수 없다. 법원들이 주관적인 결정을 내리면서도 그들의 견해가 최종적인 결정력을 발휘하고 있다는 비판을 말이다. 장애권에 대한 접근법이라는 맥락에서의 핵심적인 우려는, 그러한 판단이 장애에 대한 편파적인 태도와 장애는 당연히 열악한 삶의 질로 이어진다는 가정을 배경으로 이루어진다는 점이다. 소송 사건에 대한 의료계 및 의료적 증거의 지배라는 상황이 유지될 경우 법원이 객관성을 유지하는 것 역시 불가능하다. MB 사건은 이러한 점에서 잠재적인 진보의 징후를 보여 준다. 의사들의 증거를 문제 삼았다는 면에서,

---

93) Charles Foster, "Burke: A Tale of Unhappy Endings", *Journal of Philosophy and International Law* 4, 2005, pp. 293~300.

그리고 MB가 그의 삶에서 의사들은 평가하거나 고려할 수 없는 긍정적인 요소를 지니고 있음을 인정했다는 면에서 말이다. 법원들이 앞으로 이런 접근법을 한층 더 발전시킬 수 있었으면 하는 바람이다.

12장 _ 다운증후군에 대한 산전 선별검사

왜 해서는 안 되는가?

베르게 솔베르그

서론

21세기로 넘어오면서 몇몇 서구 국가들은 다운증후군에 대한 산전 선별검사prenatal screening를 도입했다. 그 기술은 광범위하고 손쉽게 활용할 수 있게 되었으며, 처음에는 초음파검사와, 그다음에는 혈액검사와 결합되어 임신한 인구 전체에 대한 선별검사를 가능하게 만들었다. 역사상 처음으로 대부분의 다운증후군 사례를 탐지하고 결국에는 낙태시킬 수 있는 가능성이, 그것도 비교적 저렴한 비용으로 이를 실행할 수 있는 가능성이 존재하게 되었다.

몇몇 나라들은 가치 기반 논변value-based argument을 사용하면서, 대개는 사회 내의 더 취약한 구성원에 대한 연대를 주장하면서, 임신 중의 조기 선별검사를 제공하지 않는 쪽을 택했다. 하지만 그런 나라들도 일반적으로는 산모의 나이라는 이미 확립된 기준에 기초한 산전 진단과 낙태는 받아들였다.

이 장은 임신한 인구 전체에게 산전 검사를 제공하는 것과, 이와 대조적으로 고위험군high-risk group에게만 산전 검사를 제공하는 것 사이에 유의미한 차이가 존재하는지 아닌지를 철학적 관점에서 검토하고 논의한다. 이것은 윤리적 문제인가, 아니면 새로운 의료기술을 도입하여 활용하는 좀 더 효율적인 방식의 문제일 뿐인가? 선별검사를 할 것인가 하지 않을 것인가, 어쨌든 그것이 문제인 것이다.

자율성: 선별검사에 대한 주된 논변

덴마크 산모보건의 최근 역사는 하나의 구체적인 사례를 제공하는데, 덴마크국민보건서비스Danish National Health Service 당국은 "산전 관리에서의 패러다임 변화"를 제안하는 『산전 진단과 위험 평가』*Prenatal Diagnosis and Risk Assessment*(2003)라는 보고서를 발간했다.[1] 그 보고서는 이전의 패러다임을 장애 예방에 중심을 둔 것으로, 그리고 20세기의 우생학적 관념으로부터 나타난 사고방식으로 기술했다. 더 나아가 이 보고서는 상당히 최근까지도 산전 진단이 이런 사고방식에 계속 오염되어 있었으며, 그것은 이제 폐기된 후 자율성이라는 탁월한 가치에 의해 고쳐진 새로운 패러다임으로 대체되어야 할 관념이라고 제안한다. 이러한 제안은 산전 선별검사의 실행에 대한 성공의 기준이 더 많은 선별적 낙태를 통한 장애 예방이어서도 안 되고, 손상을 지니고 태어난 아동의 감소에 의해 유발되는 경제적 효과에 있어서도 안 됨을

---

1) Sundhedsstyrelsen[Danish Ministry of Health], *Fosterdiagnostik og risikovurdering: rapport fra en arbejdsgruppe*[*Prenatal Diagnosis and Risk Assessment–a Report*], Copenhagen: Sundhedsstyrelsen, 2003.

의미한다. 다운증후군에 대한 산전 검사가 이루어질 경우 성공에 대한 새로운 단 하나의 기준은 임신부(와 그 파트너)가 선택의 자유를 행사할 수 있다는 것뿐이어야 한다.

그렇다면 자율성과 선별검사는 명백히 하나로 연결되어 있는 것인가? 검사를 받는 것에 대한 정당화의 주된 근거가 선택의 자유를 증진시키고 예비 생명의 방향을 결정하는 것이라면, 원칙적으로는 그 검사로부터 이익을 볼 수 있는 누구라도 해당 검사에 대한 동등한 접근권을 지녀야만 한다. 여성이 나이가 듦에 따라 다운증후군을 지닌 아기를 가질 위험도 명백히 증가한다고는 하지만, 모든 임신에는 일정 정도의 위험이 수반된다. 그러므로 다운증후군에 대한 선별검사는 개인이 자율적인 결정을 내릴 수 있도록 하기 위한 의료적 기술과 정보 양자의 공정한 분배라는 문제를 표상하고 있는 것처럼 보인다. 그렇지만 다운증후군에 대한 선별검사를 도입하고 있는 대다수의 나라들뿐만 아니라 덴마크에서도, 결국 다운증후군 아동을 가졌을 경우의 추정 '부담'과 자율성 간의 관계라는 훨씬 더 큰 문제는 주요 고려 사항이 되어 오지 못했다. 1980년대 초 이래로 이미 35세 이상의 덴마크 여성들에게는 산전 진단이 제공되어 왔기 때문에, 이와 관련된 논쟁은 어느 정도 고정된 상태가 유지되어 왔던 것처럼 보였다. 누군가는 A에 동의하는데 누군가는 B에 동의할 수밖에 없다면 논쟁은 공전된다. 그리고 2004년에 다운증후군에 대한 산전 선별검사가 덴마크에 도입되었다.

동시에 앞서 언급된 보고서를 작성한 전문가 집단은 자율성이 언제나 "맨 위 칸에서부터 자유롭게 선택하는 것"을 의미하지는 않는다는 점을 강조했다.[2] 자율성과 자유로운 선택이란 언제나 일정한 경계 내에 한정되며, 이런 입장에 이의를 제기하려는 철학자는 거의 존재하지 않는다. 이 글의 논의 내용과 연관된 경우에서의 한계란 여러 산전 검사들에서의 선택이라는 문제와 관련된다. 임신부들은 이 검사들을 일정한 위험 평가에 기초하여 제공받았다. 임신부들은 다운증후군에 대한 검사를 받기를 원하는지 아닌지는 선택할 수 있었지만, 어떤 것에 대한 검사를 받기를 원하는지는 선택할 수 없었다. 흥미롭게도 이러한 문제는 우리를 선별검사에 대한 또 다른 논쟁으로 이끌고 간다.

은폐될 수 없는 의제: 설명을 개선하기

관념에 의해 세계가 변화되는 것인지 아니면 보다 물질주의적인 힘에 의해 변화가 야기되는 것인지는 일련의 고전적인 철학적·정치적 질문이자 논쟁거리이다. 서구 국가들이 다운증후군에 대한 산전 선별검사를 의제에 올린 이유는 최소한 새로운 과학기술의 발전과 일정한 관련이 있다. 가장 두드러지게는 1990년대에 이루어진 초음파 진단에서의 획기적 발전과 말이다. 고해상도의 초음파 사진, 향상된 해석 기술, 질병과 손상에 대한 보다 '연성의 생성인자'까지 탐지할 수 있게 된 것은 임신 초기에도 초음파검사의 실행을 가능하게 해주었다. 다운증후군을 확인하는 데 있어서는 소위 '두꺼운 목주름'thick neck-fold이 중심적 징후가 되어 왔다.[3] 그리고 태아의 목 부분에서 나타나는 증가된 양의

---

2) Sundhedsstyrelsen, *Fosterdiagnostik og risikovurdering: rapport fra en arbejdsgruppe*.
3) K. H. Nicolaides, G. Azar, D. Byrne, C. Mansur and K. Marks, "Fetal Nuchal

체액 또한 다운증후군에 대한 가능성을 보여 주는 징후이다. 이런 과학기술이 어째서 '자율성 패러다임'을 가능하게 했는가는 산전 선별검사 이전에 이루어지던 양수천자羊水穿刺, amniocentesis와 대조해 보면 좀 더 뚜렷해진다.

양수천자는 침습적 기술이었고[4] 여전히 그러하다. 긴 주사 바늘이 자궁으로 들어가게 되며, 이는 유산의 위험성을 증대시킨다. 물론 그 위험성이 극적으로 높은 것은 아니다. 양수천자를 받은 임신부 100명 중 대략 1명 정도가 주사 바늘 침입의 결과로 유산하게 된다. 그러나 모든 임신부가 양수천자의 기회를 제공받게 된다면, 생명 상실의 총수는 전세계의 보건의료 서비스 당국들이 감내하기 어려운 수준에 이를 것이다.

이탈리아와 더불어 덴마크는 유럽에서 양수천자의 활용이 가장 많이 이루어지는 것으로 보고되어 왔던 나라인데, 그것은 덴마크의 보건의료 서비스 당국에게 도덕적으로 매우 값비싼 경험이었다고 할 수 있다.[5] 양수천자로 인해 생명을 상실한 비다운증후군 태아의 수는 다

Translucency: Ultrasound Screening for Chromosomal Defects in First Trimester of Pregnancy", *British Medical Journal* 304, 1992, pp. 867~869; K. Spencer, V. Souter, N. Tul, R. Snijders and K. H. Nicolaides, "A Screening Program for Trisomy 21 at 10-14 Weeks Using Fetal Nuchal Translucency, Maternal Serum Free-Human Chorionic Gonadotropin and Pregnancy-Associated Plasma Protein-A", *Ultrasound in Obstetrics and Gynecology* 13, 1999, pp. 231~237; Pekka Taipale, Vilho Hiilesmaa, Riitta Salonen and Pekka Ylöstalo, "Increased Nuchal Translucency As a Marker for Fetal Chromosomal Defects", *New England Journal of Medicine* 337, 1997, pp. 1654~1658.

4) '침습적(invasive) 기술'이란 신체 조직에 손상을 유발하는 (그로 인해 잠재적으로 부작용을 동반할 수 있는) 외과적 형태의 처치나 진단을 말하며, 이에 반해 '비침습적(non-invasive) 기술'이란 이러한 신체 조직의 손상을 발생시키지 않는 처치나 진단(예: 레이저 수술, 초음파나 CT 검사 등)을 말한다.—옮긴이

운증후군을 지닌 것으로 탐지된 태아의 수보다 훨씬 많았다.[6] 그에 반해서 혈액검사와 결합된 초음파검사는 결과의 균형에 부정적인 영향을 미치지 않은 채 임신한 인구 전체에게 제공될 수 있었다. 즉 더 적은 수의 비다운증후군 태아만이 생명이 잃는 것과 더불어 더 많은 수의 다운증후군 태아가 탐지될 수 있었다.[7]

여기서 내가 말하고자 하는 요점은 조기 초음파검사를 제공한 덴마크와 다른 나라들이 다운증후군을 지닌 사람들을 제거하기 위한 목적에서 그것을 도입하지는 않았다는 것이다. 신기술의 해법은 그 자신의 내재적 논리를 지니고 있었다. 즉, 이전의 기술보다 더 많은 (가능하다면 대다수의) 다운증후군 사례를 탐지해 낼 수 있을 것, 그리고 더 적은 생명을 대가로 할 것. 누군가가 이런 문제를 경제적 관점에서 바라보려 하든 인본적 관점에서 바라보려 하든, 신기술이 도입되는 데 있어서는 그것이 경제적인가 혹은 인본적인가보다 결과의 균형이 더 크게 작용했다.

물론 계획의 수립이 장차 다운증후군을 지니게 될 사람들의 감소를 의도하는 것이라 하더라도, 이를 꼭 나쁘다고만은 할 수 없을 것이다. 그러나 덴마크의 (그리고 다른 나라들의) 우생학적 역사로부터 습

---

5) Sundhedsstyrelsen, *Fosterdiagnostik og risikovurdering: rapport fra en arbejdsgruppe*, p. 127.

6) Linn Getz and Anna Luise Kirkengen, "Ultrasound Screening of Pregnancy: Advancing Technology, Soft Markers of Fetal Anomaly and Unacknowledged Ethical Dilemmas", *Social Science and Medicine* 56, 2003, pp. 2045~2057.

7) Sundhedsstyrelsen, *Fosterdiagnostik og risikovurdering: rapport fra en arbejdsgruppe*.

득된 교훈에 근거하여, 그런 의도는 점점 더 설 자리를 잃게 되었다. 오늘날 대다수 서구 사회에서 산전 진단과 관련된 지배적 가치는 더욱더 자유로운 선택권과 자기결정권이 되고 있으며, 신기술이 지닌 가능성은 이러한 이상에 매우 잘 들어맞는다. 결국 위험으로부터 더 자유로운 검사가 이용 가능해질수록 더 큰 선택권이 행사될 수 있다. 비침습적 검사의 제공을 통해 다운증후군을 지닌 아기를 갖거나 갖지 않을 수 있는 선택권을 모두에게 부여하는 것은 임신부 그리고/또는 그 파트너의 자율성을 증대시킨다. 그들이 어떤 선택을 하든 간에 말이다. 검사를 받거나 받지 않는 것, 다운증후군을 지닌 태아를 낳거나 낙태시키는 것은 오로지 자율성에 관한 문제가 된다! 덴마크국민보건서비스 당국에게 이것은 윈-윈을 이룰 수 있는 상황인 것처럼 보였다. 즉 자유로운 선택권의 확장과 결합된 비침습적 기술로의 이행은 어떤 종류의 윤리적 진보를 표상하는 듯했다.

선별검사에 반대하는 논변들

산모보건과 관련된 의료기술을 면밀히 검토해 보면 선별검사 논쟁이 어떻게 상이한 방식으로 맥락화되는지가 밝혀진다. 예를 들어, 덴마크의 이웃 나라인 노르웨이는 덴마크보다 더 엄격한 (38세라는) 산모의 나이 기준을 유지해 왔으며, 그 결과 노르웨이에서 행해진 양수천자 시술의 횟수와 원치 않게 상실된 생명의 수는 덴마크보다 적었다. 노르웨이가 단지 다운증후군에 대한 산전 조기 선별검사를 도입하고자 했던 것이라면, 양수천자 시술의 횟수는 극적으로 증가해 왔을지 모르며 의도치 않게 생명을 잃은 건강한 태아의 수 또한 그러했을지 모른다. 그랬다면 해당 기술의 '내재적 논리'는 자율적인 선택권으로의 활로를 열지 못했을 것이다. 이는 선별검사에 대한 기성 첨단의료계로부터의 '독려'가 지닐 수 있는 영향력이, 선별검사가 이전의 기술과 비교되었을 때 분명한 한 단계의 진보를 표상할 경우 발휘하게 될 영향력만큼 크지는 않다는 것을 의미한다.

실제로 노르웨이에서 조기 초음파 선별검사의 도입에 대한 반감은 상당히 높았다. 노르웨이국민보건서비스Norwegian National Health Service 당국이 '고위험'군에 속하는 여성들에 대해서만 다운증후군 검사를 제공했음에도 말이다. 이런 반감을 보여 주는 한 예는 1999년에 노르웨이 보건부장관이 유력한 초음파검사 전문가가 진행하던 조기 초음파검사 계획 연구planned study의 중단을 권고했다는 것이다.[8] 그 연구가 조기 초음파 선별검사를 촉진하게 될 것을 우려하면서 말이다.

노르웨이와 다른 나라들에서 선별검사에 반대하는 주요 논변은 표현주의적[9] 논변의 한 형태라고 할 수 있다. 표현주의적 논변은 특히 에이드리엔 애쉬가 이야기하는 "'임의의'any와 '특정한'particular의 구별"에 의해 분명하게 설명되고 있다.[10] 즉, 임신이 원치 않는 것이

---

8) Nasjonal Telegram Byraa(NTB), "Ultralyd-stopp ved RiT"(Ultrasound Study Stopped at the Hospital in Trondheim), *Nasjonal Telegram Byraa*, 1999. 10. 15.

9) '표현주의'(expressivism)는 메타윤리학 내에서 도덕적 언어(moral language)의 가치판단적 의미를 중시하는 이론적 흐름이다. 표현주의에 따르면, '그르다', '좋다', '공정하다'와 같은 도덕적 용어가 사용된 문장은 어떤 사실에 대한 진술이 아니라, 진술자나 진술자가 속한 집단의 감정, 평가, 태도를 표현하는 것이라 할 수 있다. 예컨대 '돈을 훔치는 것은 옳지 않다'는 명제는 참 혹은 거짓의 진릿값을 갖지 않으며, 돈을 훔치는 상황에 대한 부정적인 판단을 표현하고 있는 것일 뿐이다.—옮긴이

었을 때 태아를 낙태시키는 것은 '임의의 종류'의 태아에 대한 낙태인 반면, (예를 들어) 다운증후군을 지닌 태아를 낙태시키는 것은 '특정한 종류' ——사회의 다른 구성원들도 공유하고 있는 일정한 특성을 지닌——의 태아에 대한 낙태라는 것이다. 주로 해당 여성 및 그녀의 자궁에 있는 태아와 관련해서 보자면 낙태란 사적 영역에 속하는 것일 수 있지만, 선별적 낙태는 사회 내의 다른 사람들이나 집단에게 영향을 미치며 따라서 공적이고 사회적인 문제이다. 애쉬에 따르면 이것이 선별적 낙태라는 이슈가 지닌 윤리-정치적 차원이다. 선별적 낙태에서는 기대하던 삶의 질(이나 그러한 삶의 질의 부재)에 관한, 부담 또는 행복(이나 불행)에 관한, 가정생활의 의미에 관한 일정한 관념들이 의사결정에 대한 전제를 제공하고 있다. 이러한 사고의 노선은 선별적 낙태란 (특정 집단의) 장애인에 대한 차별적이거나 모욕적인 태도의 표현이라는 결론으로 이어진다.

낸시 프레스Nancy Press는 구체적인 낙태나 낙태를 한 여성으로부터 전달되는 메시지가 아니라, 오히려 산전 검사의 기회가 제공되는 것 그 자체가 지닌 의미에 초점을 맞추어야 함을 논한다.[11] 그녀가 제기하는 요점은 노르웨이서 벌어진 대중적 논쟁에서의 쟁점과 잘 들어맞으며, 고위험군 전략과 [임신한 인구 전체에 대한] 선별검사 간의 윤

---

10) Adrienne Asch, "Why I Haven't Changed My Mind on Prenatal Diagnosis", eds. Erik Parens and Adrienne Asch, *Prenatal Testing and Disability Rights*, Washington, DC: Georgetown Unversity Press, 2000.

11) Nancy Press, "Assessing the Expressive Character of Prenatal Testing: The Choices Made or the Choices Made Available?", eds. Erik Parens and Adrienne Asch, *Prenatal Testing and Disability Rights*, Washington, DC: Georgetown Unversity Press, 2000.

리적 구별에 대한 가능성을 열어놓는다. 소규모의 고위험군에게 검사를 제공하는 것과 훨씬 더 많은 수의 저위험군 임신부에게까지 검사를 제공하는 것은 상이한 함의를 지닌다. 전자의 경우 산전 검사는 자기 자신에게 닥친 '자연적' 위험에 대한 자각과 불안을 근거로 정당화될 수 있다. 그렇지만 후자의 경우 국민보건서비스 당국으로부터 전달되는 메시지는 훨씬 더 분명한 것처럼 보인다. 즉, 다운증후군은 잠재적으로 '행복한 가정생활'에 대단히 심각한 위협이 되므로, 적어도 상당 수의 사람들에게는 낙태가 더 좋은 해법이 될 수 있다는 것이다.

표현주의적 논변은 노르웨이에서 벌어진 대중적 논쟁에서 다양한 형태로 등장하면서 강고하게 지속되어 왔다. 그 중 창조적인 한 가지 형태는 2007년 봄 노르웨이 국영 TV방송을 통해 마르테 고크쇠위르 Marthe Goksøyr가 그녀 자신의 영상일기를 공개하면서 제시되었다.[12] 마르테는 다운증후군을 지니고 있었는데, 비디오카메라를 가지고 한 의료유전학과의 연구실에 들어가서 그곳의 직원에게 왜 부모는 '자기와 같은' 사람들을 없애길 원하느냐고 물으며 그 모습을 영상에 담았다. (그곳의 유전학자들에게는 극히 난처했을) 이 질문의 결과가 그 자체로 표현주의적 논변의 올바름에 대한 증거가 되지는 않았지만, 그 불편한 상황은 이해되고 설명될 필요가 있다.

그 연구실의 유전학자들로부터 제시된 신뢰할 만한 답변은 이미 몇몇 생명윤리학자들이 제시해 왔던 것일지도 모르겠다. 그들의 답변

---

12) NRK, Bare Marte, Faktor, NPK1, 2007, http://sesam.no/search/?c=wt&q=%22bare+marte%22#(2007년 3월 12일에 최종 접속).

은 어떤 태아를 낙태시키는 것은 마르테나 다른 누군가를 없애는 것이 아니라, 단지 [미정의] 태아를 낙태시키는 것에 관한 문제라는 것이다. 이와 같은 입장이 몇몇 유명한 생명윤리학자들에 의해 제시되었으며, 그들 중에는 존 해리스와[13] 피터 싱어Peter Singer도[14] 있다. 톰 셰익스피어는 그러한 입장을 다음과 같이 공식화했다. "임신중절이 어차피 허용될 수 있는 것이라면, 장애태아의 임신중절도 허용될 수 있다는 것이 직관적으로 맞는 듯 보인다."[15] 즉, 누군가는 우리가 여기서 태아에 관해 사유하며 이야기하고 있음을 망각하는 경향이 있지만, 우리들 중 다수는 잠재적인 질병이나 손상을 수반하지 않는 경우에도 임신중절이 허용될 수 있음을 확인하게 될 것이라는 얘기다.

그렇지만 그런 답변은 이 장에서 다루고 있는 중심적 문제와 관련된 메시지들, 즉 선별검사가 함의하며 전달하고 있는 메시지들을 전체적으로 고려하고 있지는 않은 것처럼 보인다. 어떤 메시지나 신호는 다른 것보다 훨씬 더 강렬하다. 아마도 반드시 이슈화될 수밖에 없는 것은 임신중절의 허용 여부가 아니라, 오히려 임신중절이 종국적 선택지 중 하나가 되는 상황을 적극적으로 마련하는 것의 허용 여부가 아닐까? 비판자들에 따르면 그런 단계의 질문으로 나아가는 것은 다운증후군을 지닌 사람들의 삶(내지는 가정생활)에 대한 가치판단의 문제에 있어 도를 넘은 것이다. 그러나 이것이 과연 지속될 수 있는 비판일까?

---

13) John Harris, *Clones, Genes and Immortality*, Oxford: Oxford University Press, 1998.

14) Peter Singer, *Rethinking Life and Death: The Collapse of Our Traditional Ethics*, Oxford: Oxford University Press, 1994.

15) Shakespeare, *Disability Rights and Wrongs*, p. 93.

인정투쟁

다운증후군을 지닌 많은 사람들과 그 가족들은 산전 선별검사로부터 전달되는 메시지가 다양한 방식으로 그들을 상처 입히고, 폄하하며, 평가 절하한다고 느낀다. 다운증후군을 지닌 아이를 두고 있었던, 노르웨이에서 꽤 유명한 한 어머니는 언론에서 이런 감정을 다음과 같이 명확히 표현했다. "우리가 겪어 보니 보건의료 종사자들은 다운증후군을 지닌 사람들이 마치 시장에 나와서는 안 될 결함투성이의 자동차라도 되는 것처럼 이야기하는 것 같아요."[16]

이것이 장애인과 그 친지들이 겪는 전형적인 경험이라면, 산전 선별검사는 최소한 모욕적인 것으로 **인식되고** 있다고 쉽게 결론 내릴 수 있을 것이다. 그러나 현실은 좀 더 복잡하지 않을까? 장애인과 그 가족들이 산전 선별검사나 진단과 마주했을 때 언제나 폄하감을 느끼는 것은 아니다. 아마도 여기서의 변수는 일차적으로 어떤 관념이나 가치가 아니라 어떤 손상이 고려의 대상이 되고 있는가가 아닐까? 어쨌든 이분척추증이나 낭포성섬유증^{cystic fibrosis}[17] 같은 이상은 대중적인 윤리적 논쟁에서 다운증후군과 같은 정도의 논란이나 격렬함을 야기하지 않았으니 말이다. 이런 주장을 입증할 수 있는 간단하지만 설득력

---

16) H. Borud, "Vis respekt for våre barn"[Show Respect for Our Children], *Aftenposten*, 2000. 6. 5.

17) 염소 이온의 수송을 담당하는 유전자의 이상에서 기인하는 유전성 질환으로 주로 백인에게서 나타난다. 체내 점액의 과잉 생산으로 폐와 췌장에 이상이 발생하여 소화 효소가 소장에 도달할 수 없게 되고, 염분이 높은 땀을 흘리며, 생식 기관의 이상을 동반하기도 하는 등 여러 문제가 나타난다.—옮긴이

있는 증거는 노르웨이의 대중매체에 대한 리트리버 아카이브^{Retriever}
^{archive}에서의 최근 검색 결과인데, '다운증후군'과 '산전 진단'이라는
용어를 결합시켜 검색하면 513건의 검색 결과가 나오는 반면, '이분척
추증'과 '산전 진단'에 대해서는 24건의 검색 결과가, '낭포성섬유증'
과 '산전 진단'에 대해서는 단지 15건의 검색 결과가 나왔다.[18] 이와 같
은 큰 차이가 나타나는 한 가지 이유는 다운증후군의 전반적인 발생
빈도가 이분척추증이나 낭포성섬유증보다 더 높기 때문일 수도 있다.
그러나 이것이 주된 이유가 아닐지 모른다. 내가 보기에 가장 주된 이
유는, 일정한 손상과 장애가 팀 스테인턴^{Tim Stainton}이 '강한 정체성 특
질'[19]이라고 불렀던 것이 된다는 사실과 일정한 관련이 있다. 그리고
이러한 점이 여타의 손상과 비교하여 다운증후군을 고려할 때 표현주
의적 비판을 보다 적절하고 유의미한 것으로 만들어 준다.

스테인턴이 제기하는 요점은 지적장애에 대한 산전 선별검사가
그 자체로 정체성에 기반을 둔 억압의 표현으로 간주될 수 있다는 것
이다. 스테인턴에 따르면, 지적장애인들이 다른 사람들보다 객관적으
로 더 고통을 겪는 것은 아니며 슬픔이나 기쁨을 경험하는 정도도 다
를 바 없다는 사실은 사람들 사이에서——여타 유형의 장애에 대한 검
사 및 제거가 갖는 함의에 다른 방식으로 신경을 쓰는 사람들 사이에

---

18) A-tekst, The digital retriever media-archive, 2008, http://www.retrieverinfo.com/
atekst.pha(2008년 1월 28일에 최종 접속).

19) Tim Stainton, "Identity, Difference and the Ethical Politics of Prenatal Testing",
Journal of Intellectual Disability Research 47, 2003, pp. 533~539.

서조차도 —— 별로 중요하지 않은 것처럼 보인다.[20] 그렇다면 그가 보기에는, 다운증후군에 대한 산전 선별검사는 단지 다운증후군을 지닌 사람들과 그 가족들에게만 잠재적으로 부정적인 결과를 초래하는 것이 아닐 수 있다. 우리가 사태를 조금만 뒤집어 생각해 볼 수 있다면 말이다. 즉 지적장애에 대한 산전 선별검사는 정체성의 구성과 관련하여 우리 사회에서 무언가가 잘못됐다는 징후일 수 있는 것이다. 그리고 스테인턴은 지적 능력이 지나치게 높게 평가되었던 근대의 역사 내에 그런 문제의 기원이 존재한다고 생각한다.

　나는 적어도 스테인턴이 정체성에 초점을 맞추는 것에 있어서는 그가 옳다고 생각한다. 다운증후군은 이분척추증과 다르다. 예컨대 노르웨이에서 환경부 장관을 지낸 구로 피엘랑에르Guro Fjellanger는 이분척추증을 지닌 장애인이었지만, 그런 노르웨이에서도 다운증후군을 지닌 사람이 장관이 될 가능성은 전혀 없는 것이다. 피엘랑에르는 자신의 업무를 수행하기 위해 목발과 휠체어, 그리고 접근 가능하도록 만들어진 집무실에 의존할 수 있었다. 다운증후군은, 적어도 장관의 업무 대부분을 수행할 수 있는지 없는지의 문제와 관련해서는 그처럼 용이하게 보완될 수 있는 손상이 아니다. 다운증후군을 지닌 사람은 단지 다르기만 한 것이 아니라 **너무나** 달라서 그 정도 수준의 정치활동에는 포함될 수 없는 것이다.

　그렇다면 어떤 사람들은 다운증후군을 지닌 태아보다 이분척추증을 지닌 태아에 대한 산전 선별검사와 낙태가 도덕적으로 더 문제

---

20) Ibid., p. 538.

가 있는 것이라는 결론을 내릴지도 모른다. 전자가 후자보다 잠재적으로 훨씬 더 심각한 이상이라는 이유로 말이다. 후자는 장관이 되는 데 있어 필연적이라고 할 정도로까지 방해물인 것은 아니다. 그러나 이런 논리는 다운증후군에 관한 대중적 논란과 이분척추증에 관한 대중적 논란의 결여를 해명하지 못한다. 오히려 핵심은 다운증후군에 대한 산전 선별검사가 우리 사회에서 지적 손상과 연관되어 있는 문제적 측면의 본질을 조명하고 드러낸다는 데 있다. 이분척추증보다는 다운증후군을 지닌 사람들과 그 가족들이 찰스 테일러Charles Taylor가 '인정투쟁' struggle for recognition이라고 부른 것에[21] 훨씬 더 심각하게 직면해 있는 것이다.

무엇을 없애고 있는가: 태아, 부담, 아니면 정체성?

존 해리스는 그러한 표현주의적 관계들을 자신의 소위 '베토벤으로부터의 논변'에 종속시킨다.[22] 베토벤은 농인이었다고 상기될 수 있다. 그러나 해리스가 주장하는 바에 따르자면, '베토벤 신드롬'[즉 농]을 지닌 태아를 낙태시키는 것은 베토벤을 없애는 것이 아니라 단지 [미정의] 태아를 낙태시키는 것일 뿐이다. 해리스의 논변은 다음과 같이 좀 더 명확하게 표현될 수 있다. 모든 이들은 다리가 하나뿐인 아기보다는 다리가 둘인 아기를 갖는 쪽을 선호할 것이다. 우리가 한 달 정도

---

21) Charles Taylor, "The Politics of Recognition", ed. Charles Taylor, *Philosophical Arguments*, Cambridge, MA: Harvard University Press, 1995.
22) Harris, *Clones, Genes and Immortality*, p. 215.

임신을 연기함으로써 다리가 하나인 아기를 갖는 것을 예방할 수 있다면, 임신을 연기하려 할 것이고 또 연기해야만 한다. 이런 조치가 다리가 하나인 사람들에게 모욕적인 것이라거나, 우리가 억압적인 정체성 특질을 표현하고 있다고 주장하는 것은 터무니없는 일이다. 따라서 해리스가 보기에는 장애에 대한 논쟁에서 존중과 인정을 제기하는 것은 애당초 아무런 의미가 없다. 즉, 다리가 하나뿐인 아기보다는 다리가 둘인 아기를 갖는 쪽이 더 좋은 것과 마찬가지로, 다운증후군을 지니지 않은 아기를 갖는 쪽이 더 좋은 것이다. 해리스에 따르면 산전 진단과 관련하여 이야기될 수 있는 내용은 이것 이상은 없다.

해리스는 태아는 하나의 도덕적 인격체moral person가 아니라고 상정한다. 그렇다면 태아는 무엇인가? 그것은 '아무것도 아니다'. 그러므로 손상된 아이를 낙태를 통해 예방하는 것과 임신을 연기하는 것은 조금도 다를 바가 없는 것이 된다. 누군가가 배아나 태아는 어떠한 도덕적 가치도 지니지 않는다고 여긴다면 이런 입장은 물론 타당하다. 그러나 이런 입장은 도덕적 지위에 대해 내릴 수 있는 해석 중 단지 하나에 해당하며 대다수의 서구 문화에서 주변적인 것이다. 그렇기 때문에 그것은 산전 진단과 선별적 낙태가 장애의 정치와 중요한 방식으로 연관되어 있다는 광범위한 정서와 적절히 의미를 공유할 수 없는 입장이다.

하나의 대안적인 출발점은 대다수의 사람들이 우리가 태아에게 일정한 도덕적 가치를 부여해야만 한다고 여긴다는 사실일 것이다. 여성들이 낙태 결정에 대한 정당성을 입증할 필요 없이 요구만 하면 낙태가 이루어질 수 있는 경우라 할지라도, 여전히 여기에는 모종의 '사적인' 정당화에 대한 암묵적 필요가 존재한다. 임신이 예기치 않게 잡힌 그리스 섬에서의 휴가와 부딪친다는 이유로 낙태를 하는 것은 대다수 사람들의 사고방식에서는 충분한 정당화의 근거가 되지 못한다. (추정된) 부담이 일반적으로 태아에게 부여되어 있는 어떤 종류의 도덕적 가치를 능가하지 않는 것이다. 이러한 어렴풋한 도덕성 관념은 낙태를 통해 장애를 예방하는 것에는 '도덕적 비용'이 수반됨을 강력하게 시사한다. 나는 그 도덕적 비용이 인격체의 살해임을 주장하고자 하는 것이 아니라, 단지 일정한 도덕적 비용이 수반된다는 공통적 직관을 보존하고자 하는 것이다.

이와 대조적으로, 다운증후군을 지닌 태아가 임신을 일정하게 연기하거나 임신이 이루어지기 전 피임약을 복용하는 것을 통해 예방될 수 있다면, 여기에는 아무런 도덕적 비용이 수반되지 않을 것이다. 왜냐하면 낙태 자체가 선택지에서 배제되기 때문이다. 그러한 예방이 표현하고 있는 것도 물론 예비 부모가 다운증후군을 지니지 않은 아이를 원한다는 것이다. 그러나 예비 부모들이 기본적으로 질병과 손상을 지니지 않은 아이를 원한다는 것은 모두가 알고 있다. 반면에 산전 선별 검사가 암시하는 메시지는 다운증후군을 지닌 삶(내지는 가정생활)은 너무나 부정적으로 평가되기에 도덕적으로 문제가 있는 조치라도 취하는 편이 오히려 나을 수 있다는 것이다.

어떤 낙태가 어느 정도 도덕적으로 문제가 있는지와 관련해서는 의견이 서로 다른데, 이는 모욕성에 부여되는 등급 또한 다를 수밖에 없다는 것을 의미한다. 나는 이것을 '모욕성에 대한 점진주의적 관점'이라고 부른다. 이는 무엇보다도 누군가가 태아에 대한 어떠한 종류의 도덕적 가치도 부정하면서 동시에 산전 선별검사가 모욕적임을 주장할 경우, 이런 입장을 옹호하는 것은 논리적으로 불가능함을 의미한다. 이러한 지점에서는 해리스가 전적으로 옳다. 산전 선별검사 프로그램과 선별적 낙태가 그 사회의 장애인들에게 일정한 메시지를 보내고 있음을 주장하고자 한다면, 낙태는 '도덕적 비용'을 수반하는 사건으로 간주되어야만 한다. 그리고 물론 대다수의 경우 낙태는 그처럼 도덕적 비용을 수반하는 것으로 간주될 것이다.

다른 한편 모욕성에 대한 점진주의적 관점은 낙태에 대한 도덕적 판단에만 의존하지는 않는다. 도덕적 판단은 필요조건이지 충분조건은 아닌 것이다. 이에 더하여 점진주의적 관점은 이 장의 앞부분에서 진술된 것처럼 문제가 되는 질병이나 장애의 본질에도 의존한다. 구로 피엘랑에르가 일국의 장관이자 공적인 인물이 되고 난 후에도 노르웨이의 여성들이 여전히 이분척추증을 근거로 선별적 낙태를 택한다고 할 때, 그들이 '그 장관을 없애려고' 했던 것은 아니다. 그들은 그저 이분척추증을 지닌 아이와의 (가정)생활과 연관된 상당한 부담이 잠재적으로 존재할 수 있다는 것을, 그리고 손상의 스펙트럼이 극히 다양할 수 있다는 것을 여전히 인식하고 있었을 뿐이다.[23]

반면에 다운증후군을 지닌 태아를 낙태시키는 것은 아마도 일정 정도는 너무나 달라서 장관이 될 수 없는 바로 그 인격체를 없애는 것

---

23) 이분척추증을 지닌 태아의 임신중절에 대한 추가적인 동기는 지적장애를 수반한 아이를 갖게 될 위험성이다. 그러나 이런 동기는 이분척추증을 지닌 사람들의 정체성이 공적으로 어떻게 구성되는가의 문제에 직접적으로 의존하지는 않는다. 노르웨이의 공적 생활에서 중산층에 속해 있는 이분척추증을 지닌 사람들에 관한 한 지적장애는 이슈가 아니다.

이라 할 수 있다. 다운증후군은 이분척추증보다 강한 정체성 특질을 지니고 있는 것이다. 다수자 문화가 이분척추증을 지닌 사람을 한 명의 장관이나 대학생으로, 또 한 명의 예술가나 게이로 인식하게 될 수는 있다. 하지만 동일한 다수자 문화는 아마도 십중팔구, 그리고 대다수의 경우에 여전히 다운증후군을 지닌 사람은 다운증후군을 지닌 사람으로만 '인식할' 것이다. 그 손상을 넘어서는 것은 훨씬 더 큰 과업이 될 것이다. 물론 누군가는 다운증후군을 지닌 아이를 갖는 것에는 대개의 경우 아주 큰 부담이 존재함을 (그리고 그 부담은 아이가 자랐을 때에도 사라지지 않을 것임을) 논할 수 있다. 그러나 낙태를 통해서 훨씬 더 크게 없애고 있는 것은 장래의 부담이 아니라, 다른 무엇보다도 바로 다운증후군이라는 정체성 자체이다. 향후 예상되는 부담이나 잠재적 부담이 아니라 다름이 결정적으로 중요한 것이다. 그에 대한 한 가지 증거는 여성들이 다운증후군을 지닌 아이를 임신했다는 사실을 모른 채 그러한 아이를 출산했을 때 받게 되는 충격이다. 출생 후 다운증후군 진단을 받았을 때, 부모는 충격에 빠지고, 분노를 느끼며, 망연자실하고, 아연실색하며, 낙담하고, 어찌할 바를 모르며, 무력감을 느낀다.[24] 이런 충격은 아마도 일차적으로 그들의 앞날에 놓여 있는 부담에 대한 생각에 의해서가 아니라, 원했던 아이와 실제로 태어난 아이 사이에 존재하는 **다름**에 의해 야기되었을 것이다.

다운증후군이 강한 정체성 형성의 특질인 것은 부분적으로는 다

---

24) Brian Skotko, "Mothers of Children with Down Syndrome Reflect on Their Postnatal Support", *Pediatrics* 115, 2005, pp. 64~77.

운증후군을 지닌 사람들이 통상 지적/인지적 손상을 지닌다는 사실에, 그리고 부분적으로는 이 손상이 동시에 다운증후군을 지닌 사람들을 쾌활한 존재로 만들어 주고[25] 그래서 그들에게 있어서는 행복한 삶을 의미하는 것으로 여겨진다는 사실에 기반을 두고 있다. 게다가 다운증후군을 지닌 사람들은 그/그녀가 지닌 안면의 특성 때문에 거리에서도 쉽게 알아볼 수 있다. 이런 요인들 모두가 합해져 노르웨이 같은 사회들에서 다운증후군은 '완전한 다름'으로 구성된다. 예를 들어 취약X염색체증후군Fragile X syndrome은 하나의 질병으로[26] 그리고 의료 유전학자와 유전상담 전문가의 '영역'에 속하는 것으로 이해되는 반면, 다운증후군은 공론장에서 상이한 '인간 존재'의 양식에 대한 상징이 되고 있다. 즉 그것은 대단히 취약하지만 또한 소중하고 보호될 만한 가치가 있는 존재 양식인 것이다.

이런 논변이 옳다면, 다운증후군을 지닌 사람들과 그 가족들은 산전 선별검사의 제안에 대해 모욕감을 느낄 만한 충분한 이유가 있다. 자신과 자신의 아이가 환영받는 사회에서 살아간다고 느끼고 싶어 하는 것은 하나의 기본적 욕구다. 그렇다면 표현주의적 입장은 특히나 다운증후군 같은 지적 손상의 더 큰 함의와 관련하여, 유의미하게 기여할 수 있는 무언가를 지닌다고 할 수 있다. 다운증후군이 있는 사람

---

25) 다운증후군을 지닌 사람들은 성격이 명랑하고 사회성이 좋은 경우가 많다. 그래서 특수학급이나 특수학교에서는 '해피 메이커'(happy maker)라고 불리기도 한다.—옮긴이

26) 취약X염색체증후군은 다운증후군 다음으로 발생 빈도가 높은 지적장애의 원인으로 유전성을 지닌다. 지적장애를 지닌 남자 중 5.9%, 여자 중 0.3%를 차지하는 것으로 알려져 있다.—옮긴이

들이 생성할 수 있고 또 지닌 채 살아갈 수 있는 정체성은 우리 사회에서 공격받고 있다. 사회적으로 승인된 산전 검사 및 서비스 지원——부모에게 다운증후군을 지닌 아기의 예방에 대한 선택권을 주기 위해 만들어진——과 결부된 인적·경제적 비용이 더 클수록, 다운증후군을 지닌 사람들이 사회적으로 인정된 그들의 정체성의 긍정적 측면을 유지하기란 더 어려워진다.

동시에 여기에는 어떤 역설이 존재한다. 다운증후군이 노르웨이의 공론장에서 하나의 '다름'으로서 성공적으로 구성되어 왔다는 정확히 바로 그 이유 때문에, 21번 3염색체증을 지닌 태아에 대한 임신중절은 문제적인 것이 되었다. 다운증후군을 정체성의 문제로 만들 수 있도록 손상에 대한 인식틀을 설정하는 것은 사회의 많은 영역에서 다운증후군을 지닌 사람들의 권한을 강화하는 전략일지는 모르지만, 반면에 산전 진단에서 그것은 대립을 유발하고 어떤 사람들에게는 그런 전략의 실행이 모욕적이라고 느껴지는 것으로 이어질 수 있다. 린 길럼Lynn Gillam이 말했던 것처럼, 누군가가 당신이 어떻게 만족감을 느끼고 행복해——또는 불행해——하는지에 대한 판단을 내리면서 당신의 삶을 외부에서 관찰하도록 하는 것은 심히 모욕적인 것임에 틀림없다. 그러나 동시에 길럼은 이런 모욕감을 차별과 동일시하지는 말라고 충고한다. 그녀는 "선별적 낙태가 많은 장애인들에게 모욕적이라는 사실 그 자체가 그렇게 모욕감을 느끼는 장애인들에게 선별적 낙태를 차별적인 것으로 만들지는 않는다"고 쓰고 있다.[27]

'모욕감'은 다소 모호한 종류의 피해이며, 마땅히 고려되어야 할 다른 많은 유력한 윤리적 사항들이 존재한다. 설령 노르웨이처럼 덴마크에서 비판적 목소리들이 철저히 경청되었다 할지라도, 자율성과 산모보건에 대한 덴마크인들의 목소리가 무시될 수 있었을까? 근대사회에서 지적 능력이 지나치게 높게 평가되는 것이 사실이며 우리가 그것을 인정한다고 해서, 자율성은 '부담'과 관련된 논의에서조차 유의미한 것이 될 수 없으며 또 유의미하지 않은 것인가?

으뜸패로서의 자율성

나의 주장으로 되돌아오면, 덴마크에서 이루어진 패러다임의 전환은 자율성에 대한 고려가 아니라 주로 신기술의 효율성에 의해 추동되었다고 보아야 한다는 것이다. 그러나 이런 주장이 옳다 하더라도, 그것이 자율성이라는 이슈를 무의미하거나 무효한 것으로 만들지는 않는다. 아마도 정확히 그 반대일 것이다. 즉 자율성의 가치를 언급하는 것은 신기술이 지닌 가능성에 대한 매우 흔하면서도 유력한 답변이 되어준다.

자율성이 의료유전학에서 중심적 역할을 하게 된 데에는 몇 가지 중요한 이유가 있다. 다수의 서구 국가들, 그리고 실은 스칸디나비아 국가들도 우생학 실천의 역사를 지니고 있으며, 그런 역사에서 자율성의 침해와 개인적 선호 및 선택에 대한 존중의 결여는 의료유전학이 저지른 과오의 핵심이었다.[28] 자율적인 선택권은 억압에 대한 방벽인

27) Lynn Gillam, "Prenatal Diagnosis and Discrimination Against the Disabled", *Journal of Medical Ethics* 25, 1999, p. 170.

28) Gunnar Broberg and Nils Roll-Hansen, *Eugenics and the Welfare State: Sterilisation*

것처럼 보인다. 자율성과 자기결정권이라는 접근법은 또한 개인들에게 극적인 영향을 미치게 되는 선택들에서 대단히 유의미한 관점을 표상하고 있는 듯하다. 우리가 하다못해 다양한 치약들 가운데에서도 선택을 할 수 있도록 허용되어야 하는 것이라면, 보다 중요한 문제들에서 개인의 선택권을 제한한다는 것은 거의 말이 되지 않는 것 같다. 대신 그런 논리는 역으로도 이해될 수 있어야 한다. 다시 말해서, 자율성과 자기결정의 자유란 주로 매우 중요한 문제가 걸려 있는 경우에 의미를 갖는다.

다운증후군에 대한 산전 선별검사가 모욕적인 것으로 간주되는 것과, 자율성 및 선택권이라는 문제를 이러한 선별검사의 관행과 극히 밀접한 관련을 지닌 것으로 만들어 내는 것은 정확히 동일한 요인들이다. 다운증후군은 질병이 아니라 오히려 근본적인 다름을 표상한다. 이런 다름은 재생산이라는 관념 및 목적과 충돌한다. 누구도 다운증후군을 지닌 아기를 갖는 것이 하나의 충격이라는 사실을 부정하지 않는다. 비록 대다수의 부모가 결국은 그 상황에 적응한다고 알려져 있기는 하지만 말이다. 원치 않는 임신이라는 현실을 받아들이는 것보다도 자신의 태아가 다운증후군을 지녔다는 사실을 받아들이는 것이 잠재적으로는 더 큰 도전일 것이다. 그러나 예컨대 노르웨이 같은 나라에서 자율성과 선택권이 '명백히' 유의미한 요인이 되는 것은 단지 최종심에서이다. 심각한 손상을 지닌 아이를 갖는다는 것은 부모에게 중대

Policy in Denmark, Sweden, Norway and Finland, Ann Arbor, MI: Michigan University Press, 1996.

하고도 장기적인 도전 과제를 부여한다. 그렇다면 계획에 없던 아이를 임신하여 심각하고도 장기적인 영향을 받을 것이 너무나 뻔한 경우, 자율적인 선택권이 관심사가 된다는 사실을 부정하는 것은 이상해 보인다.

다운증후군은 행복한 가정생활에 위협 요인이 되지 않는다는 논변에 대한 증거들이 점점 더 많이 나타나고 있다. 장애인 가구의 가정생활과 관련하여 다수의 근거 없는 통념이 존재하는데, 두드러진 것 중 하나는 장애인 자녀를 둔 부모가 그렇지 않은 부모보다 이혼율이 높다는 것이다. 그러나 실제로는 그 반대가 진실이다.[29] 누군가는 한발 더 나아가, 손상을 지닌 가족 구성원이 있으면 행복한 (가정)생활을 영위할 수 없다고 말하는 사람들은 도대체 뭘 모르고 하는 소리라고 주장할 수도 있을 것이다. 그러나 문제는 정확히 그와 같은 논변이 계획에 없던 아이와 관련된 자율성 및 선택권을 반대하는 데 사용될 수 있다는 것이다. 하지만 그런 입장에 있는 누군가가 낙태 수술을 받은 주변의 여성들에게 계획에 없던 아이와의 삶도 생산적이고 만족감을 느낄 수 있음을 납득시키기 위해 노력하고 있다는 것은 사실이 아니다. 그러한 누군가도 그녀/그들의 자율적인 선택을 인정하고 받아들이는데, 부분적으로는 이와 같은 문제가 한 가지 이상의 해답을 지닐 수 있기 때문이고, 또 부분적으로는 자신의 삶과 몸이 가장 중심적인 영향을 받게 되는 바로 그 사람이 자신에게 옳다고 느끼는 해답과

---

29) Hege Lundeby and Jan Tøssebro, "Family Structure in Norwegian Families of Children with Disabilities", *Journal of Applied Research in Intellectual Disabilities* 21, 2008, pp. 246~256.

선택을 제시할 권리를 지닌다고 여기기 때문이다.

다운증후군에 대한 산전 선별검사는 모든 임신부에게 평등한 권리와 대안을 제공한다. 그것은 기술 및 정보의 공정한 분배를 표상한다. 그리고 덴마크에서 그와 같은 보편적 접근권은 자산, 교육, 연령, 거주지에 기반을 둔 불평등한 대우를 예방한다. 2007년에 노르웨이에서는 고등교육을 받은 38세 이하의 임신부들도 자신의 의사에게 임신기간 중 극심한 불안에 시달리고 있다고 말할 경우 조기 초음파검사를 제공받을 수 있었다. 이런 경우가 아니라면 [38세 이하의] 임신부는 통상적으로 임신 중기에만 초음파검사를 제공받게 되며, 그러한 중기의 검사 결과는 조기 검사 결과보다 질이 떨어지는 다운증후군 예측변수 predictor이다. 우리가 만일 목주름검사neck-fold scan나 혈액검사를 사회재로 간주한다면, 노르웨이보다 덴마크에서 이러한 재화의 좀 더 공정한 분배가 이루어지고 있는 것처럼 보인다.

초점을 **모욕감**에서 **자율성**으로 전환할 경우에도, 덴마크의 산전 선별검사 프로그램은 마치 서구 문화의 중요한 가치들을 반영하고 고양시키는 것처럼 보인다. 에드워즈가 논했던 것처럼, 다운증후군을 지닌 사람들 그리고/또는 그 가족들이 일정 정도 모욕감을 느낄 수도 있는 가능성은 선택권을 행사할 수 있는 임신부의 자유를 억압함으로써 발생되는 피해와 비교 검토되어야만 한다.[30] 모욕당하고 있다는 느낌은 다소 모호한 것이기 때문에, 그리고 셰익스피어가 지적했듯이 장애

---

30) Steven D. Edwards, "Disability, Identity and the 'Expressivist Objection'", *Journal of Medical Ethics* 30, 2004, pp. 418~420.

인에 대한 태도를 악화시키거나 돌봄의 기준을 저하시키는 것과 같은 구체적이고도 해로운 결과로 이어질 가능성이 낮기 때문에,[31] 자율성은 진정 모욕감보다는 더 중요한 고려 사항인 것처럼 보인다. 조기 초음파검사와 의료유전학적 서비스를 제공하는 것은 모든 임신부의 자율성을 향상시키고 또한 임신의 질을 개선시키는 것 같다. 덴마크에서는 불안 요인이 거의 없으면서도 미래의 생명에 대한 통제권을 늘리기 위해 산전 검사를 받는 임신부의 수가 매해 대략 60만 명에 이른다. 우리가 여기서 서술되고 있는 형태의 우선성을 올바른 것이라고 여긴다면, 다운증후군을 지닌 구성원이 있는 소수의 가족이 모욕감을 느낄 위험성, 그리고 장애운동으로부터 비판을 받을 가능성은 결정적인 것이 아닐 수 있다. 우리가 이런 논리를 따른다면, 산전 진단에 대한 표현주의적 비판은 유의미하다고 인정되기는 하지만, 임신부의 자율성을 억압하는 것은 훨씬 더 유해하다는 논변이 더 타당하다는 결론에 도달하게 되는 것 같다.

그렇지만 자율성에 대한 사례가 너무 단순하고 피상적이었던 것일 수도 있지 않을까? 우리는 다운증후군에 대한 산전 선별검사가 임신부의 자율성을 증대시킨다는 것을, 또는 불안의 수준을 낮추고 임신의 질을 높이는 것으로 이어진다는 것을 정말로 확신하는가? 명백해 보이는 위의 결론은 주로 자율성에 기초한 논변에 의존하고 있기 때문에, 우리는 좀 더 진전된 판단을 내리기에 앞서 이러한 논변의 실증적 기반을 검토할 필요가 있다.

---

31) Shakespeare, *Disability Rights and Wrongs*, p. 96.

윤리학과 선별검사: 장애라기보다는 임신에 관한 문제?

모든 종류의 선별검사 프로젝트와 관련해서는 아직 해결하지 못한 일정한 도전이 존재한다. 이는 결국 '정보'라는 범주의 문제로 요약될 수 있다. 그리고 이런 정보의 문제를 발생시키는 것은 위양성僞陽性, false positive 및 위음성僞陰性, false negative 선별검사 결과가 나오는 현상과 밀접하게 연관되어 있다. 선별검사는 흔히 그물을 가지고 물고기를 잡는 것에 비유된다. 그물망이 성기면, 잡기를 원하는 물고기 중 일부는 도망가 버릴 것이다. 그물망이 더 촘촘해지면, 원하는 물고기는 더 적게 도망가겠지만 대신 원치 않는 물고기는 더 많이 잡힐 것이다. 그러므로 여기에는 모종의 타협이 존재할 수밖에 없다.

다운증후군에 대한 산전 선별검사에서 '원치 않는 물고기'는 불필요하게 위험 꼬리표가 부여되는 건강한 아기라고 할 수 있으며, 이 경우 목주름검사나 혈액검사는 해당 아기를 가진 어머니를 고위험군에 속하는 것으로 식별한다. 그러나 그녀들은 '위양성' 판정을 받은 것이라고 할 수 있다. 양수천자였다면 그녀들의 태아가 다운증후군을 지니지 않았음을 밝혀 주었을 것이라는 점에서 말이다.[32] 어망이라는 은유를 계속해서 사용해 보면, 다운증후군에 대한 산전 검사에는 또 다른 문제를 표상하는 다른 '물고기'가 존재한다. 즉 목주름검사가 다운증후군을 지닌 모든 태아를 탐지할 수는 없다. 이 검사가 이루어진다고 해도 대략 10~15%의 다운증후군은 발견되지 않는다. 요컨대 '그물망을 빠져나간 원하는 물고기'를 표상하는, '위음성' 결과를 받게 되는 이들이 존재한다.

위양성과 위음성은 적어도 세 가지의 서로 독립적인 의료윤리적 문제를 발생시킨다. 거의 60만 명에 달하는 덴마크의 임신한 인구 전체에 대해 선별검사를 실시할 경우, 보건부의 평가에 따르자면 그들 중 약 3천 명은 위양성 판정으로 인해 '불필요한' 우려를 하게 될 것이다.[33] 그러므로 첫번째 문제는 불필요한 불안에 시달리고 임신의 질이 훼손되는 여성이 생겨난다는 것이다. 둘째, 이 여성들 중 다시 약 30여 명은 이후 단계에서 단지 양성 '진단'이 잘못되었는지 아닌지를 확인하기 위해 사용되는 양수천자 시술의 결과로 그들의 '정상적인' 아기를 잃게 될 것이다. 이러한 두번째 문제는 침습적 진단에 의해 야기되는 원치 않는 생명의 상실이라는 측면에서 더 잘 알려져 있다. 셋째, 100명 중 10~15명의 여성들은 모든 정밀 촬영 검사와 혈액검사를 거친다 하더라도 다운증후군을 지닌 아이를 출산한다. 즉, 세번째 문제는 누군가가 자신은 갖지 않기로 결정했고 또한 갖지 않을 거라 생각했던, 정확히 그런 '종류'의 아기를 갖게 된다는 것이다.

이러한 세 가지 임상윤리적 도전과 자율성 간의 관계는 무엇인가?

---

32) '위양성'이라는 용어는 마치 어떤 임신부의 태아가 다운증후군 진단을 받고 나서 그것이 거짓으로 드러난 것처럼 이해되기 쉽기 때문에, 관련 논쟁에서 불필요한 논란과 오해를 발생시켰다. 양수천자 결과가 양성이었고, 해당 산모가 낙태 수술을 받았으며, 낙태된 태아가 다운증후군을 지니지 않았음이 드러난다면, 그것은 위양성이라고 할 수 있다. 그러나 이런 일은 설령 일어난다고 해도 극히 드물며 좀처럼 발생하지 않는다. 초음파 선별검사에서 우리가 이야기하고 있는 것은 위험 꼬리표의 부여다. 위험성이란 통계적인 것이며, 그러한 의미에서 설령 태어난 아기가 완벽히 건강하다 하더라도 '고위험'은 진실일 수 있다. 따라서 '위양성'이라는 용어에 오해의 소지가 있다는 것은 사실이라 할 수 있으며, 이런 이유로 보다 바람직한 대안적 용어로 '오경보'(false alarm)가 제안되어 왔다.

33) Sundhedsstyrelsen, *Fosterdiagnostik og risikovurdering: rapport fra en arbejdsgruppe.*

일단 여기서 조금 급작스럽게 '자율성'은 경험적 연구의 영역이 된다. 자율성의 의미에 대한 철학적 토론으로 깊이 파고들어가지 않는 한, 자율적인 선택권은 충분한 정보에 근거한 자유로운 선택과 일정한 관련성을 지닌다고 주장하는 것이 합리적이고 타당해 보인다. 정보의 결여와 의학적 검사의 목적에 대한 이해의 결여는 자율성을 촉진하지 않는다. 마찬가지로 불합리한 불안과 두려움에 기반을 두고 이루어지는 선택은 우리가 통상적으로 '자율적인 선택권'이라고 여기는 것이 될 수 없다.

이런 주제를 다루고 있는 경험적 연구가 아직 많지는 않지만 빠르게 증대되고 있다. M. A. 뮐러M. A. Müller 등이 2006년에 발표한 한 연구는 다운증후군에 대한 목덜미 투명대Nuchal Translucency, NT 선별검사(조기 초음파검사)가 임신 중의 불안 및 우울 수준을 증가시키지 않는다고 결론지었다. 실제로 그 연구는 선별검사를 받지 않은 사람들과 비교했을 때 선별검사를 받은 사람들이 불안을 느끼는 정도가 더 낮다는 것을 보여 준다.[34] 이러한 결과는 윤리학자인 프랭크 처브낵Frank A. Chervenak 등을 대단히 열광시켜서 그들로 하여금 다음과 같이 진술하도록 추동했다. "우리는 정례적인 임신부 초음파검사가 자율성을 향상시키는 중요한 전략임을 논해 왔다. …… 이러한 결과는 임신 초기의 위험 평가가 생물심리사회적biopsychosocial 피해 없이 임신부의 자율

---

34) M. A. Müller, O. P. Bleker, G. J. Bonsel and C. M. Bilardo, "Nuchal Translucency Screening and Anxiety Levels in Pregnancy and Puerperium", *Ultrasound in Obstetrics and Gynecology* 27, 2006, pp. 357~361.

성을 향상시킨다는 것을 보여 주는 한층 더 진전된 증거이다."[35]

그러나 '경험적 증거'는 상이한 방향을 가리키기도 한다. 뮐러 등이 그들의 결론을 뒷받침하기 위해 활용한 연구는 2003년 스웨덴에서 이루어진 것인데, 그 연구는 조기 초음파 선별검사가 임신 후기에 이루어지는 정례적인 정밀 검사보다 아기의 건강에 대해 더 많은 불안이나 우려를 야기하지는 않는다고 결론지었다. 그렇기는 하지만, 그 저자들은 자신들의 결론이 완전히 신뢰할 수 있는 것인가에 대해서는 확신하지 못하고 있다. 그들은 통제집단[즉 조기 선별검사를 받지 않은 집단] 내 응답자들 사이에서의 불안 수준이 (같은 시기에 스웨덴에서 수행된 또 다른 연구를 포함하여) 다른 연구들에서 제시되고 있는 불안 수준보다 상당히 높다는 것을 발견했다. 그 저자들은 태아의 이상에 확고하게 초점을 맞추고 있는 해당 연구의 목적에 관한 정보가 차단되지 않았던 것이, 설문에 응답했던 모든 여성들로 하여금 태아에게서 뭔가 문제가 생길 수 있는 가능성을 더 잘 자각하게 만들었을지도 모른다고 말하고 있다.[36] 이러한 의심의 요소들로 인해 몇 년 후 그 저자들은 위양성 테스트에 대한 여성들의 반응에 초점을 맞춘 새로운 연구를 질적 설계의 방법을 사용하여 수행하게 되는데, 그 결과는 앞선 연구에서 뮐러가 내렸던 결론과는 완전히 모순되었다. 즉 "초음파를 이용한 다

---

35) Frank A. Chervenak, Laurence B. McCullough and Stephen T. Chasen, "Further Evidence for First-Trimester Risk Assessment As an Autonomy-Enhancing Strategy", *Ultrasound in Obstetrics and Gynecology* 27, 2006, p. 355.

36) Susanne Georgsson Öhman, Sissel Saltvedt, Charlotta Grunewald and Ulla Waldenström, "Does Fetal Screening Affect Women's Worries About the Health of Their Baby?", *Acta Obstetricia et Gynecologica Scandinavia* 83, 2004, pp. 634~640.

운증후군에 대한 태아 선별검사의 위양성 결과는 불안뿐만 아니라 심지어 임신의 거부라는 강한 반응까지도 야기할 수 있다. 그런 반응의 확산과 그것이 야기할 수 있는 장기적인 영향에 대해서는 추가적인 연구가 이루어져야만 한다"는 것이다.[37)]

덴마크의 선별검사 프로그램에 대한 2007년의 한 연구는 NT 검사를 받고자 하는 임신부의 동기가, 그 검사를 받지 않으면 충분한 정보에 근거한 선택informed choice이 이루어지지 못할 수도 있다는 이유에 기반하고 있었음을 발견했다.[38)] NT 검사를 원하는 가장 중요한 동기는 확실한 안심, 충분한 정보에 근거한 선택, 그 검사가 행복한 출산으로 이어질 것이라는 기대, 그리고 마지막으로 앞의 이유 못지않게 중요한 것인데, 그 검사가 덴마크 보건의료 시스템에 의해 승인받은 것이기 때문에 옳은 것이라는 생각과 관련이 있었다.

좀 더 간단히 말해서, 덴마크에서 이루어진 위의 연구는 임신부에게서 나타나는 전형적인 행동양식이 자신의 아이가 다운증후군이 아님을 보장받기 위해서 NT 검사를 받는 것임을 보여 준다. 즉 대다수의 여성들은 NT 검사를 받으러 오기 전부터 자신의 아이가 다운증후군이 아님을 그 검사가 보장해 줄 것이라는 상당한 확신을 갖고 있는 것

---

37) Susanne Georgsson Öhman, Sissel Saltvedt, Ulla Waldenström, Charlotta Grunewald and Sonja Olin-Lauritzen, "Pregnant Women's Response to Information About an Increased Risk of Carrying a Baby with Down Syndrome", *Birth* 33, 2006, p. 64.

38) S. Lou, K. Dahl, M. B. Risör, L. E. Hvidman, S. G. Thomsen, F. S. Jörgensen, F. Olesen, H. Kjaergaard and U. Kesmodel, "En kvalitativ undersögelse av gravides valg av nakkefoldscanning"[A Qualitative Study of Pregnant Women's Choice of an NT-Scan], *Ugeskriftet for Laeger [Danish Medical Journal]* 169, 2007, pp. 914~918.

이다. 그리고 이것이 NT 검사가 엄마와 아빠에게 있어 행복한 출산으로 이어질 것이라는 인식에 기여한다. 처브낵 등의 관점에서는, 이런 요인들이 향상된 자율성이라는 근거를 반박하는 것으로 느껴지지 않을 것이다. 임신의 초기 단계에 화면이라는 매개를 통해 태아와 접촉하기 위해서 조기 초음파검사의 기회를 갖는 것, 그리고 자신의 미래의 아이와 긍정적인 경험을 공유하는 것, 그것이 그들에게는 증대된 자율성의 표현으로 간주될 수 있을 것이다.

자율성에 대한 그런 이해가 처브낵 등의 사고와 일치할지는 모르겠지만, 특히나 '기념용 초음파촬영'souvenir scanning에 대하여 의료적 초음파검사 안전성을 위한 유럽위원회European Committee for Medical Ultrasound Safety, ECMUS가 나타낸 강한 반응에서 증명되는 것처럼, 그것은 분명히 기존 의료계의 관점과도 일치하지 않는다. 2006년에 그 위원회는 단지 태아의 이미지를 생산하거나 태아 또는 배아의 모습을 기록으로 남기기 위해 초음파검사가 실시되어서는 안 된다는 입장을 발표했다. "진단 프로그램의 초음파 수준이 발달 중인 인간 배아나 태아에게 감지하기 어려운 생물학적 영향을 미칠 가능성과 관련해서는 극히 적은 정보만이 알려져 있으며, 뇌의 발달에 영향을 미칠 가능성도 배제할 수 없다"는 점을 논하면서 말이다.[39]

물론 의료적 관점에서 NT 검사는 다운증후군의 위험성을 평가할 수 있기 때문에 진단상의 이익을 지니며, 이런 정보를 얻기 위해 조기

---

39) European Committee for Medical Ultrasound Safety(ECMUS), 2006, http://www.efsumb.org/efsumb/committees/Safety_Committee/Safety_Eng/2006%20souvenir%20scanning%20statement.pdf(2006년 1월 3일에 최종 접속).

정밀 촬영 검사를 받는 것은 해당 개인의 자율성을 증대시킨다. 그러나 덴마크의 여성들이 행복한 출산을 경험하길 원하기 때문에 산전 선별검사에 일차적으로 관심을 갖고 있는 것이라면, 그녀들은 '잘못된' 이유하에서 정밀 촬영 검사를 선택하고 있는 것이 아닐까? 의료적 관점에서 받아들일 수 있는 유일한 동기는, 여성들이 다운증후군을 지닌 아기를 가질 가능성을 배제하길 원하기 때문에, 그리고 그러한 위험 추정에 따른 '합리적' 결과를 받아들일 준비가 되어 있기 때문에 정밀 촬영 검사를 받는 것이다. 다시 말해서, 그 검사가 (실제로) 충분한 정보에 근거하고 합리적이며 자유로운지 아닌지에 따라, '자율적인 선택권'은 언제든 문제시될 수 있다.

페미니즘적 관점 또한 의료기술적 선택권의 범위가 더 커질수록 어떤 개인이 지닐 수 있는 자율성도 더 커진다는 발상을 문제시한다. 그런 발상에서는 여성들이 좀 더 충분한 정보를 취하고 좀 더 상황을 잘 통제할 수 있기 위해 검사와 기술적 지원을 원한다고 추정된다. 그러나 동시에, 그렇게 실시된 수많은 의료적 검사와 정밀 촬영 검사는 단지 전문가들에 의해서만 해석될 수 있다. 초음파 기계를 통해 검사가 이루어지는 과정에서 위험에 대한 사전 인지, 높은 산모의 나이, 출산 예정일에 대한 산모 자신의 의견은 평가 절하된다.[40] 오직 초음파검사만이 이런 문제에 대해 올바른 답변을 제공할 수 있다. 그러나 모든

---

40) Ann Rudinow Saetnan, "Thirteen Women's Narratives of Pregnancy, Ultrasound and Self", eds. Ann Rudinow Saetnan, Nelly Oudshoorn and Marta S. M. Kirejczyk, *Bodies of Technology: Women's Involvement with Reproductive Medicine*, Columbus, OH: Ohio State University Press, 2000.

임신부들이 이러한 기술을 이해하고 태아의 상태를 해석할 수 있는 것은 아니다. 누군가가 다년간에 걸친 고도의 훈련을 받지 않고서는 초음파 이미지를 이해할 수 없다는 의미에서 보자면, 그 이미지는 여러 가지 면에서 사람들을 '속이며', 겉으로 보이는 것이 실제 상태와 반드시 일치하지는 않는다. 그러므로 이런 비판적 노선이 말해 주는 것처럼, 여성들은 그 고도의 기술이 나타내는 결과를 해석할 수 있는, 그리고 그녀들이 두려워해야 하는 것이나 두려워할 필요가 없는 것을 포함하여 임신이 어떻게 진행되어 가고 있는지를 그녀들에게 말해 줄 수 있는 (주로 남성인) 의료 전문가들에게 다시금 의존하게 된다.

철학적 관점에서 보자면 선택권과 자유 간의 연관성은 상당히 의심스러운 것이다. 우리는 삶의 어떤 영역들에서는 더 많은 선택권이 더 많은 자유나 자율성을 낳지만은 않는다는 것을 경험을 통해 알고 있다. 어떤 경우에는 사실 그 정반대다. 결혼은 이런 측면을 매우 분명히 보여 주는 한 예라 할 것이다. 결혼의 질은 자유롭게 선정한 새로운 파트너를 매일같이 들인다고 해서 높아지지 않는다. 누군가가 결혼이라고 하는 것을 신뢰한다면, 그는 결혼이 이런 유형의 선택권을 허용하지 않는다는 바로 그 이유 때문에 일정한 가치를 지닌다고 여길 것이다. 동일한 유형의 논증이 부모라는 지위에 대해서도 적용될 수 있다. 시모 베마스가 지적했던 것처럼 부모가 되는 것은 본질적으로 무조건적인 프로젝트이다.[41] 누군가가 자신의 아이들이 지겨워졌을 때

---

41) Simo Vehmas, "Parental Responsibility and the Morality of Selective Abortion", *Ethical Theory and Moral Practice* 5, 2002, pp. 463~484.

아이를 버릴 수 있는 선택권을 부여받는다고 해서 더 자율적이거나 더 자유로운 부모가 되지는 않는다. 여기서도 마찬가지로 정반대이다. 좋은 부모라는 것은 그것이 무조건적이라는 바로 그 이유 때문에 그런 것이다.

그러나 이런 마지막 사항은 산전 진단과 관련될 경우 누군가를 언제부터 한 명의 부모로 볼 것인가라는 문제를 제기한다. 하지만 여기서 필요한 것은 그러한 논의를 본격적으로 개시하는 것이 아니라, 오히려 임신부에게 목주름 선별검사의 선택권을 주는 것과 자율성을 향상시키는 것 사이에 필연적 연관성이 존재하지 않음을 주장하는 것이다. 그런 연관성은 몇몇 경험적 관점 및 규범적 관점에서 문제제기가 이루어질 수 있다. 확실히 선별검사에 뒤따르는 두 가지 다른 윤리적 도전은 이 같은 결론을 강화한다. 2000년에 수 홀$^{Sue\ Hall}$ 등은 "산전 선별검사에 대한 위음성 결과는 해당 아동의 출산 후 명백히 2년에서 6년까지 부모로서의 적응에 작기는 하지만 부정적인 효과를 나타내는 것처럼 보인다"고 결론지었다.[42] 덴마크에서는 이미 이러한 문제가 국민보건서비스 당국에 대한 원치 않은[잘못된] 출산$^{wrongful-birth}$ 소송으로 이어진 바 있다.[43] 그리고 '여느 사람들 모두'가 이용하는 산전 선별검사의 결과(와 뒤이은 양수천자)로 인해 완벽히 건강하고 원했던 아기를 잃었을지 모를 잠재적 피해에 대한 경험적 연구는 아직까지 이루어지지 않고 있다.

---

42) Sue Hall, Martin Bobrow and Theresa M. Marteau, "Psychological Consequences for Parents of False Negative Results on Prenatal Screening for Down's Syndrome: Retrospective Interview Study", *British Medical Journal* 320, 2000, p. 407.

이런 모든 측면은 다운증후군에 대한 산전 선별검사에 특유한 것이지만, 고위험군 전략——산모의 나이가 그러한 의료유전학적 서비스를 제공하는 이유인——에 대해서까지 동일한 정도로 적용되지는 않는다 할 것이다. 그 주된 이유는, 나이가 든 임신부는 아마도 임신에 수반된 위험성에 대해 좀 더 의식적인 이해를 지닐 것이기 때문이다. 40세가 되어 임신할 경우 이러한 임신에는 상당 정도 증가된 위험성이 존재한다. 그리고 산전 진단은 다운증후군을 지닌 사람들에 대한 사회의 관점에 의한 것이 아니라, 이런 위험성과 관련된 불안의 '치료'로 여겨질 수 있다. 나이가 든 임신부는 그 수가 더 적고 더 나은 상담을 받을 수 있다. 그녀들의 선택은 훨씬 더 충분한 정보에 근거한 것일 가능성이 높다. 다시 말해서 충분한 정보에 근거한 동의informed consent가 이루어질 수 있는 것이다.

---

43) Kaare Skovmand, "Flere kræver erstatning etter fejlskanning"[More and More Claim Compensation for Wrongful Brith], *Politiken* 11, October 2005. [우리나라에서도 이와 같은 소위 '원치 않은 출산'에 대한 상반된 판례가 존재한다. 서울서부지법 민사 11부는 2006년 12월 6일, 척추성근위축증(Spinal Muscular Atrophy, SMA)을 지닌 자녀를 출산한 김모 씨 부부가 학교법인 연세대학교를 상대로 낸 손해배상청구소송에서, 피고 병원은 원고들에게 1억 6천여만 원을 지급하라는 원고 일부 승소 판결을 내렸다. 이는 유전질환을 갖고 있는 태아에 대해 낙태를 선택할 부모의 권리를 인정하고, 의사가 산전 검사를 잘못하여 낙태를 할 수도 있었는데 못했을 경우 이에 대한 위자료는 물론 재산상의 손해에 대한 법적 책임까지도 인정한 사례이다. 반면 지난 2013년에는 이와 반대되는 판결이 나오기도 했다. 곽모 씨의 첫째 아이에게는 장애가 있었으며, 2005년 7월 태어난 둘째 아이마저 아무런 이상이 없다던 병원의 검사 결과와는 달리 지적장애 1급 판정을 받았다. 이에 2012년 '장애아인 것을 알았더라면 아이를 낳지 않았을 것인데 병원 측 과실로 장애아를 낳고 키우게 됐다'며 병원 측을 상대로 총 2억 4천만 원의 손해배상청구소송을 냈다. 그러나 2013년 6월 대전지방법원 천안지원은 '태아의 질환은 「모자보건법」이 허용하는 낙태 사유가 아닌 점'——장애와 관련한 「모자보건법」상의 낙태 사유는 "본인 또는 배우자가 대통령령으로 정하는 우생학적 또는 유전학적 정신장애나 신체질환이 있는 경우"이다——을 들어 '곽 씨가 둘째 아이의 장애를 알았다 하더라도 아이를 낙태할 결정권이 없다'며 원고 패소 판결을 내렸고, 2014년 7월 대전고등법원 역시 원고의 항소를 기각했다.—옮긴이]

선별검사, 해야 하는가 하지 말아야 하는가?

산전 선별검사라는 이슈를 다루는 것이 결코 만만치 않은 과제인 것은 그러한 현상이 지닌 윤리적 복잡성 때문이다. 중요한 윤리적 문제와 경험적 문제가 제기되지만, 독립적인 동시에 또 때로는 서로 얽혀 있는 그런 문제의 맥락을 모두 따라가기는, 그러면서도 계속해서 보편적이고도 균형 잡힌 관점을 견지하지란 쉽지 않은 일이다. 아래에 이어지는 내용은 선별검사에 대한 지금까지의 찬반양론을 요약하고 잠재적 결론으로 나아가기 위한 시도라고 할 수 있다.

나는 다운증후군에 대한 산전 선별검사와 관련된 윤리적 사고의 두 가지 주요 노선을 확인한 바 있다. 그 첫번째는 **장애를 중심으로 한 논의**라고 이름 붙일 수 있다. 그것을 기술하는 데 있어 나의 주된 초점은 지적 손상을 지닌 사람들과 그 가족들이 벌이는 인정투쟁에 산전 선별검사가 미치는 영향, 선별검사가 모욕감을 야기할 수 있는 가능성, 표현주의적 비판의 유의미성에 주어져 왔다. 반면에, 장애를 중심으로 한 논의에서 산전 선별검사에 대한 주된 찬성론은 임신부에게 손상된/장애를 지닌 아동의 어머니가 되지 않을 선택권을 준다는 것이다. 그러므로 그런 논변은 선별검사가 보다 많은 여성들이 근본적인 다름을 지닌 아동을, 혹은 행복한 가정생활을 가로막거나 그렇지 않다면 부담이 될 수 있는 아동을 갖지 않도록 허용해야 한다는 방향으로 나아간다.

두번째는 **적절한 산모보건을 중심으로 한 논의**라고 이름 붙일 수 있다. 임신부 중 단지 매우 적은 소수만이 다운증후군을 지닌 아기를 갖지만 산전 선별검사는 모든 임신부를 그 대상으로 하기 때문에, 우리는 논의의 초점을 그러한 소수에게만 한정할 수 없다. 산전 선별검사는 임신이라고 하는 것, 그리고 실제로 임신을 하는 것이 어떤 방식으로 이해되고 경험되는지를 변화시켰다. 여기서 나의 주된 초점은 오경보와 위음성에 뒤따르는 부정적인 결과에, 그리고 또한 임신한 인구전체에 대한 정보와 이해에 주어져 왔다. 반면에, 이런 담론 내에서 다운증후군 선별검사에 대한 주된 찬성론은 그 검사가 위험성이 없다는 점, 그리하여 양수천자 시 발생하는 제약으로부터 자유롭고 더 많은 여성이 조기에 임신 시의 불안을 감소시킴으로써 이익을 얻을 수 있다는 점이다.

이러한 두 가지 형태의 논의는 여전히 대부분 분리된 채, 그리고 서로 다른 저널에서 이루어지고 있다. 철학자들, 윤리학자들, 장애학자들은 첫번째 형태의 논의를 선호하는 경향을 보인다. 바로 거기에 중요한 윤리적 문제들이 놓여 있는 듯하다. 의학 저널과 임상윤리에서는 두번째 형태의 논의가 훨씬 더 많이 이루어진다. 의학에는 환자에 대한 '좋은 치료'라고 하는 것을 치료에 수반되는 위험성과 이익을 잘 견주어 보는 문제로 규정하는 오랜 전통이 존재한다. 임신부가 한 명의 환자로 묘사될 수 있다면, 그리고 또 다른 실질적 환자로서의 태아와 관련된 보다 논쟁적인 주제들이 무시될 수만 있다면, 이런 논의는 유익하고 실용적이다.

양쪽 형태의 논의에는 충분히 '윤리적 논의'라는 이름이 부여될 만하다. 그러나 우리가 그 양자를 결합시키고자 노력한다면 어떻게 될까? 그러한 결합은 선별검사를 해야 하는가 하지 말아야 하는가에 대한 어떤 지침을 제공해 줄 것인가? 두 가지 관점을 결합시키고자 하는 시도가 낳게 되는 한 가지 흥미로운 효과는 각각의 관점 내에 존재하는 비판적 잠재력이 서로에 의해 강화된다는 점이다. 장애 중심적 관점에서 비판적으로 보자면, 선별검사는 장애아동의 출산을 가로막는 문제가 많은 방법이다. 그럼에도 심각한 오경보 문제, 유감스러운 위음성 문제, 부정확한 정보에 기초한 막대한 경제적 지출과 선별적 낙태라는 문제를 야기하는 선별검사 서비스를 국민보건서비스 당국이 제공한다면, 장애아동을 예방해야 할 필요성을 인정한 사회가 감당해야 할 (인적·사회적 손실 등을 포함하는 광의에서의) 비용은 극적으로 증가할 것이다. 이것은 '살아갈 가치'라는 차원의 견지에서 논의의 대상이 되는 질병이나 손상/장애가 한층 더 평가 절하됨을 의미한다. 그리고 그 함의는 모든 임신부가 다운증후군을 지닌 태아를 낙태시킬 수 있는 기회를 갖는 것이 극히 중요하기 때문에 이런 비용은 감수될 수 있다는 것이다. 이를 공리주의적 인식틀 속에 대입해 보자. 산전 선별검사 프로그램의 '비용'은 상당하다. 그리고 그 비용은 정당한 것이어야만 한다. 결국 다운증후군이 발생시키는 부담과 다운증후군을 지닌 아기를 갖는 것이 가져오는 피해가 그 비용보다도 큰 것이라는 얘기가 된다. 그렇다면 커다란 부담과 피해를 가능한 한 예방하는 것이 선별검사 프로그램의 인적·경제적 비용보다 중요할 수 있다. 이런 맥락에서 보자면 표현주의적 비판은 고위험군 전략과 견주어 보았을 때 [모든 임신부를 대상으로 하는] 다운증후군에 대한 선별검사 프로그램에 더 유의미한 것 같다.

　마찬가지로 적절한 산모보건이라는 관점에 존재하는 비판적 잠재력도 장애 중심적 관점을 받아들이는 것에 의해 강화된다. 손상이란 삶의 일부이며 반드시 비극적인 것은 아니라는 사실에 동의할 수 있다면, 임신부는 불안을 덜 겪게 될 것이고 위험을 평가하기 위한 수많은 검사의 필요성도 줄어들 것이다. 그리고 의료기술은 임신에서 덜 중심적인 역할을 하게 될 것이며, 임신부들은 여전히 태아의 건강과 손상에 일정한 책임을 지는 존재이겠지만 손상이라는 삶의 일부를 좀 더 수월하게 받아들일 수 있을 것이다.

이 장의 요점은 다운증후군에 대한 산전 검사가 비윤리적이라는 것이 아니다. 요점은 오히려 임신한 인구 전체를 대상으로 다운증후군 조기 선별검사가 실시되는 것을 지지하는 사람들이 지금까지 너무나 손쉽게 그런 주장을 하고 또 그 주장이 현실에 반영되어 왔다는 것이다. 그들은 장애를 중심으로 한 논의와 적절한 산모보건을 중심으로 한 논의 양자가 결합된 비판적 관점과 좀처럼 대면하려 하지 않는다. 그러한 비판적 관점은 다운증후군에 대한 조기 선별검사가 이익보다는 오히려 더 많은 피해를 야기할 수 있다고 말한다. 그리고 그러한 비판적 관점은 고위험군 전략과 임신한 인구 전체에 대한 조기 선별검사 사이에 윤리적으로 유의미한 차이가 존재한다고 주장한다.

다운증후군에 대한 조기 선별검사의 딜레마로부터 벗어날 수 있는 제3의 길이 존재한다. 이 제3의 길은 태아에 대한 의료적 이익이 존재할 때에만 조기 선별검사를 실시하는 것이 될 것이다. 다운증후군에 대한 표시인 '목주름'은 또한 다른 종류의 이상에 대한 표시이기도 하다. 즉 그것은 특히 다양한 유형의 심부전과 결부되어 있는 이상의 표시인데, 이러한 이상들은 치료가 가능하다.[44] 정당한 치료에 초점을 맞춘다면 장애인에 대한 선별이나 부정적 태도 같이 논란이 많은 측면들은 대단치 않게 생각될 수 있다. 설령 그런 측면이 중요할 수 있다 하더라도, 임신 초기의 낙태 결정으로 이어질 수 있는 많은 기형들이 현재는 치료될 수 있기 때문에, 그러한 기형을 지닌 아기는 태어나게 될 것이다. 동시에 정당한 치료에 초점을 맞추는 것은 적절한 산모보건을 중시하는 관점과도 좀 더 잘 부합한다. 즉, 산모들은 태아가 원하는 아이인지 원하지 않는 아이인지를 확인하기 위한 검사를 제공받지 않지만, 그것은 다른 이유가 아니라 오히려 검사를 하지 않는 것이 태아에게 이익이 될 수 있기 때문이다.

오늘날 의학에 제기되고 있는 도전은 조기 선별검사가 치료상의 이익이 있음을 증명하라는 것이다. 그 이익이 상당히 크다는 것이 틀림없을 경우에만, 장애를 중심으로 한 논의와 적절한 산모보건을 중심으로 한 논의 양자가 결합된 비판적 관점이 기각될 수 있다. (만일 치료상의 이익이 언젠가 존재하게 된다면) 그러한 이익이 입증될 때까지, 선별검사를 해야 하는가 하지 말아야 하는가는 손상/장애에 관한 심오한 정체성의 문제를, 그리고 임신과 과학기술이라는 문제를 수반한 강력한 윤리적 문제로 존재할 것이다.

---

44) J. A. Hyett, M. Perdu, G. K. Sharland, R. S. Snijders and K. H. Nicolaides, "Increased Nuchal Translucency at 10-14 Weeks of Gestation As a Marker for Major Cardiac Defects", *Ultrasound in Obstetrics and Gynecology* 10, 1997, pp. 242~246.

13장 _ 생명정치와 벌거벗은 생명

손상을 지닌 몸은 호모 사케르의 현대적 예인가?

도나 리브

서론

이탈리아의 철학자 조르조 아감벤의 작업은 사회학이나 정치학뿐만 아니라 지리학과 같은 학문 분야 내에서도 적용되어 왔지만, 아직까지 장애학에서는 온전히 수용되고 있지 않다. 『호모 사케르』*Homo Sacer*에서 아감벤은 호모 사케르를 "누구든지 그를 죽여도 살인죄가 되지 않는다는 사실로 인해 그의 실존 전체가 모든 권리를 박탈당한 채 벌거벗은 생명bare life으로 격하된" 자로 기술하면서 주권 권력의 본질과 벌거벗은 생명의 생산을 탐구한다.[1]

호모 사케르는 예외상태에서 살아가는 법외자outlaw나 무법자bandit, 하지만 단순히 법의 외부에 있고 법과 무관한 존재가 아니라 오히려 바로 그 법에 의해 버림받은 자로 간주될 수 있다. 아감벤은 지구

---

[1] Giorgio Agamben, *Homo Sacer: Sovereign Power and Bare Life*, trans. Daniel Heller-Roazen, Stanford, CA: Stanford University Press, 1998[조르조 아감벤, 『호모 사케르: 주권 권력과 벌거벗은 생명』, 박진우 옮김, 새물결, 2008], p. 183.

적 차원의 갈등과 정치를 분석하기 위해 호모 사케르라는 개념을 사용하고 있지만, 나는 조금 더 축소된 범위에서, 즉 호모 사케르의 형상이 어떻게 장애차별주의의 몇몇 현대적인 예들에 대한 모델을 제공할 수 있는지에 관해 몇 가지 아이디어를 제시하기 위하여 이를 활용할 것이다.

　나는 아감벤의 작업을 영국 내에서 장애인에게 영향을 미치는 일련의 다양한 이슈에 적용해 보고자 한다. 우선 나는 산전 진단이 벌거벗은 생명에 대한 분명한 예를 제공한다는 것을 보여 줄 것인데, 그런 예들 속에서는 "파악 가능성에 대한 규범적 도식이 어떤 존재가 인간이 될 수 있고 어떤 존재가 인간이 될 수 없는지, 어떤 존재가 살 가치가 있는 생명이며 어떤 존재가 비통한 죽음에 이를 수밖에 없는지를 설정하고 있다".[2] 그러고 나서 나는 심각한 정신적 고통severe mental distress을 지닌 사람들의 강제적인 정신병원 입원이라는 논쟁적인 이슈가 난민수용소나 밀입국자수용소——예외상태를 표상하는 현대적인 '수용소'의 예들——의 본질에 관한 최근의 논의와 어떻게 연결될 수 있는지를 살펴볼 것이다. 마지막으로 나는 낯선 이들과의 상호작용에서 발생하는 심리-정서적인 장애차별주의의 몇몇 예들을 고찰하기 위해 호모 사케르라는 개념을 사용할 것이다. 행동 규범이나 '내면의 법' internal law이 정지되면서 빤히 응시하기, 험담하기와 같은 관습적 행동이 일어난다면, 가시적 손상을 지닌 사람들은 공간적 예외상태가 아니

---

2) Judith Butler, *Precarious Life: The Powers of Mourning and Violence*, London: Verso, 2004[주디스 버틀러, 『불확실한 삶: 애도와 폭력의 권력들』, 양효실 옮김, 경성대학교출판부, 2008], p. 146.

더라도 **심리적** 예외상태라 불릴 수 있는 것 내에서 권한의 박탈감을 느끼는 상황에 처할 수 있다.

이 장은 아감벤이 이야기하는 예외상태라는 개념과 호모 사케르의 형상이 현대 영국 사회에서 손상을 지닌 사람들의 경험과 상당한 관련이 있음을 보여 주는 것을 목표로 한다. 물론 내가 장애인들이 난민이나 억류자와 같은 방식으로 사회의 외부에서 살아가도록 강요된 법외자라고 말하려는 것은 아니다. 그렇지만 아감벤의 렌즈를 통해 장애차별주의의 몇몇 측면들을 분석하는 것은 장애학뿐만 아니라 다른 학문 분야들에도 폭넓게 가치를 지닌다.

생명정치: 호모 사케르의 형상

시민들의 안녕well-being에 대한 능동적 관심에 의해 주권이 대체되는 방식을 기술하기 위하여 '생명정치'biopolitics라는 용어를 처음 만들어 낸 사람은 미셸 푸코Michel Foucault였다. 푸코는 생명정치가 두 가지에 초점을 맞췄다고 말한다. 우선 이런 형태의 정치가 17세기에 처음 시작될 때 (감옥이나 구빈원workhouse 같은 곳을 통하여) 개별적인 몸의 수준에서 작용하는 규율권력이 출현했다. 이후 어느 시점이 되자 종種 전체의 몸에 대해 작동하는 생명권력biopower이 그 뒤를 이어 나타났는데, 종 전체에 대한 그런 "감시는 일련의 전체적 개입과 **규제적 관리**를 통해, 즉 **인구에 대한 생명정치**를 통해 이루어졌다".[3] 요컨대 생명정치

---

3) *Ibid.*, p. 139, 강조는 저자.

의 출현은 "왕의 목을 잘라내고" 주권 권력의 종료를 나타냈으며,[4] 대신 권력을 지식 및 사회적 장치의 체계 내에 위치시켰다. 생물학적 수준에서 작동하는 이러한 새로운 생산적 권력을 통해서, 푸코는 노동력을 제공하는 몸의 사회화에 의존하는 자본주의 사회의 생성에 있어 생명정치가 어째서 필수적인 것이었는지를 드러냈다.[5]

이와 대조적으로 아감벤은 생명정치가 고대부터 존재해 왔음을 논하면서 주권과 생명정치를 신중하게 융합시킨다.[6] 아감벤은 근대 정치 내에서 벌거벗은 생명이 수행하는 필수적인 역할을 설명하기 위하여, 고대 로마법에 나오는 모호한 형상을 띤 존재인 호모 사케르에 의지한다. 호모 사케르는 "살해는 가능하되, 희생물로 바칠 수는 없는" 존재이다.[7] 그러므로 호모 사케르를 죽이는 것은 살인으로 간주되지 않는다. 또한 "추방령을 받은 자는 실제로 단순히 법의 외부에 놓이고 법과 무관해지는 것이 아니라 오히려 그 법에 의해 **버림받은** 것이다. 즉 생명과 법이, 외부와 내부가 식별 불가능하게 된 경계영역에서 무방비로 노출된 채 위협받고 있는 것이다".[8]

이러한 비식별역zone of indistinction은 호모 사케르가 정치적 권리를

---

4) Michel Foucault, *'Society Must Be Defended': Lectures at the College de France, 1975-1976*, trans. David Macey, London: Penguin Books, 2004[미셸 푸코, 『"사회를 보호해야 한다"』, 김상운 옮김, 난장, 2015], p. 59.

5) Michel Foucault, "The Birth of Social Medicine", ed. James D. Faubion, *Power: Essential Works of Foucault, 1954-1984, Vol. 3*, trans. R. Hurley, New York: The New Press, 2000.

6) Agamben, *Homo Sacer.*

7) *Ibid.*, p. 8, 강조는 저자.

8) *Ibid.*, p. 28, 강조는 저자.

박탈당하고 폴리스 외부에 놓인 채 벌거벗은 생명, 즉 조에^{zoē}로 존재하는 하나의 예외상태를 표상한다. 다시 말해서, 호모 사케르는 생물학적 생명을 지니고 있지만 그의 생명은 아무런 정치적 중요성을 갖지 않는다. 게다가 그러한 버림의 행위는 생물학적 생명(조에)과 사회/정치적 생명(비오스^{bios})을 가르고,[9] 생물학적 생명이 권력의 영역 내에 포함되는 경로를 제공한다.[10] 장애차별주의의 경험 내에서 분명히 나타나는 공간적·심리적 예외지역은 이 버림의 행위에 대한 예를 제공한다 할 것이다.

아감벤은 호모 사케르와 예외지역 간의 관계뿐만 아니라, 주권자와 호모 사케르 간에 존재하는 상호관계 또한 보여 주고 있다. "모든 사람들을 잠재적인 호모 사케르들로 간주하는 자가 바로 주권자이며, 또 모든 사람들이 주권자로 행세하는 대상이 되는 자가 바로 호모 사케르이다."[11] 빌렌트 디켄^{Bülent Diken}과 카르스텐 라우스트센^{Carsten Bagge Laustsen}은 강단의 학자들이 대개 이 정식화의 첫번째 부분에만 관심을 집중하는 경향이 있는데, 이는 아마도 주권자와 국가 간의 오도된 관념연합 때문일 것이라고, 그리고 그로 인해 개인성^{individuality}이라

---

9) 고대 그리스에서는 '삶[생명]'(life)을 가리키는 단어가 두 개로 구분되어 있었는데, 그 하나가 '조에'고 다른 하나는 '비오스'다. 조에가 모든 생명체에 공통된 것으로서 살아 있음이라는 단순한 사실을 가리켰던 반면, 비오스는 어떤 개인이나 집단에 특유한 삶의 형태나 방식을 가리켰다. 그리고 조에로서의 삶이 영위되는 공간은 '오이코스'(oikos, 가정)인 반면 비오스로서의 삶이 실현되는 공간은 '폴리스'(police)였고, 이 둘은 철저하게 분리·구분되었다. 아감벤은 서양 정치의 근본적인 대당 범주가 칼 슈미트(Carl Schmitt)가 이야기했던 '동지/적'이 아니라, '벌거벗은 생명/정치적 존재', '조에/비오스', '배제/포함'이라고 말한다.—옮긴이

10) Bülent Diken and Carsten Bagge Laustsen, *The Culture of Exception: Sociology Facing the Camp*, London and New York: Routledge, 2005, p. 20.

11) Agamben, *Homo Sacer*, p. 84.

는 환상을 계속해서 유지하기 때문일 것이라고 논한다.[12] 그리고 이는 결국 호모 사케르와 다른 사람들 간의 관계를 기술한 두번째 부분이 제공해 주는 통찰을 가로막게 된다. 나는 심리-정서적인 장애차별주의의 경험에 대한 이해에 있어 이 후자의 관계가 지닌 중요성을 보여줄 것이다.

호모 사케르는 서로 다른 시기에 상이한 모습으로 존재했다. 예를 들어 중세에는 마녀들이 호모 사케르로 간주되었다.[13] 마녀라고 주장되는 여성들에 대한 재판은 통상적인 절차적 규정이 정지된 지방법원에서 열렸다. 그렇게 마녀들은 법에 포함되는 동시에 법으로부터 배제되었다. 아감벤은 호모 사케르의 예로서 나치 독일에서의 유대인에 대해 상세히 논한다.[14] 그들은 시민권이 폐지된 채 강제수용소로 보내졌고 거기에서 수백만 명이 학살되었다. 강제수용소는 시민이 호모 사케르, 벌거벗은 생명, "살 가치가 없는 생명"[15]이 되는 예외상태의 한 예였다. 이러한 수용소에서 집행된 잔혹 행위는 유대인뿐만 아니라 동성애자, 장애인, 집시 같은 여타의 소수자 집단이 인간 이하의 존재로 간주되었기에 가능할 수 있었다. 아감벤은 독일에서의 사건들이 극단적인 것이기는 했지만, 서구 사회의 근본적인 생명정치적 패러다임이 다름 아닌 바로 수용소라고 결론짓는다.[16] 이 '수용소'camp라는 개념은

---

12) Diken and Laustsen, *The Culture of Exception: Sociology Facing the Camp*.
13) *Ibid*.
14) Agamben, *Homo Sacer*.
15) *Ibid*., p. 142.
16) *Ibid*., p. 181.

억류자나 난민을 수용하고 있는 '비장소들'[17]과 같은 보다 현대적인 예들에 적용되어 왔다.[18] 이러한 비장소들은 사람들이 정당하게 살해될 수 있는 곳은 아니지만, 그곳의 사람들은 자신들이 법에 의해 버림받았고, 비식별역에서 호모 사케르로 살아가게 되며, 법에 포함된 것도 배제된 것도 아님을 확인하게 된다는 점에서 근본적인 유사점이 존재한다. 특히 델타수용소^{Camp Delta}의 사례에 많은 관심이 기울여져 왔는데, 그곳에는 ('포로'라기보다는) '억류자'들이 그들의 모호한 법적 지위 때문에 예외상태에서 존재하고 있다. 부시 대통령은 테러리스트로 의심되는 외국인들의 '무기한 구금'을 정식으로 허가하는 군령을 내렸다. 이런 사람들은 제네바 협약에 의해 규정된 전쟁포로^{prisoner of war, POW}가 아니다. 그리고 그 수용소는 관타나모만^{Guantánamo Bay}에 위치해 있는데, 그곳은 쿠바의 영토로 미국의 국경 외부이지만 쿠바 법의 영역 외부이기도 하다.[19] 따라서 이러한 억류자들은 대통령령과 군

---

17) '비장소'(non-place)라는 개념은 맥락에 따라 여러 가지 의미로 사용되는데, 여기서는 '법으로부터 배제되는 동시에 법에 포함되어 있는' 장소로서의 치외법권지대(extra-territory)를 의미한다고 할 수 있다.― 옮긴이

18) Diken and Laustsen, *The Culture of Exception: Sociology Facing the Camp*.

19) Butler, *Precarious Life*; Diken and Laustsen, *The Culture of Exception: Sociology Facing the Camp*. [16세기 이래로 스페인의 오랜 식민지였던 쿠바는 1868~1878년의 10년 전쟁(1차 독립전쟁)에 이어 1895년부터 제2차 독립전쟁을 벌이게 된다. 이 전쟁 중 아바나항에 정박해 있던 미국 전함 메인호에서 1898년에 원인 모를 폭발 사고가 발생하자 미국은 스페인에 선전포고를 하고 전쟁에 개입했다. 전쟁은 4개월 만에 미국의 승리로 끝나고 '파리평화조약'이 체결되어 스페인은 쿠바의 독립을 승인했으나, 종전 후 3년 동안은 미국의 군정이 실시되었다. 군정 기간 중인 1901년에 미국의 내정 간섭과 군사 기지 설치를 인정하는 '플래트 수정조항'이 마련되는데, 미국은 이를 근거로 관타나모만에 해군 기지를 설치했으며 1903년에는 매년 금화 2,000개(당시 4,085달러)에 이 기지를 무기한 임대하기로 쿠바 측과 계약했다. 1959년 카스트로 정권이 집권하면서 기지의 반환을 요구했으나, 미국은 '양쪽의 합의 전엔 계약을 깰 수 없다'는 임대 당시의 조항을 들어 이를 거부해 왔다. 그리고 2001년 발생한 9.11 테러 이후 미국은 대통령령에 의해서 알 카

인사들의 의지에 따라 운명이 좌우되기 때문에 호모 사케르의 예에 해당한다고 할 수 있다.

호모 사케르의 이런 모호한 형상은 또한 손상을 지닌 존재의 형상을 나타내는 매우 유용한 은유인 것 같다는 생각이 든다. 특히나 전문가라는 사람들뿐만 아니라 일반 대중들까지도 장애인에 대해 '주권자'로 행세할 수 있다는 점을 고려해 본다면 말이다. 사회이론 내에서 아감벤은 현대의 정치적 현상을 설명하기 위해 푸코의 사상을 발전시킨 철학자로 평가된다. 푸코를 보건, 손상, 장애라는 이슈에 적용하는 데 전념하고 있는 그 많은 양의 문헌을 생각한다면, 지금까지도 아감벤의 작업이 마찬가지의 형태로 활용되고 있지 않다는 것은 상당히 의외라고 할 수 있다. 이 장은 이러한 누락을 바로잡는 작업을 시작하는 것을 목표로 한다.

장애의 정의

호모 사케르라는 개념이 장애인에게 영향을 미치는 이슈에 적용될 수 있는 몇 가지 예를 논하기에 앞서, 내가 채택하고 있는 장애의 정의를 설명하는 것이 중요할 듯하다. 영국의 장애학 내에서 장애는 손상을 지닌 사람에 의해 경험되는 사회적 억압의 한 형태로 간주된다. 장애차별주의는 인종주의, 성차별주의, 연령차별주의, 동성애혐오증과

에다와 아프가니스탄의 전(前) 탈레반 정권에 연루된 것으로 의심되는 외국인들을 이 기지 내에 있는 수용소에 구체적 증거 없이 구금했던 바 있다. 물론 재판 같은 적법한 절차는 존재하지 않았으며 수차례 확인된 고문과 인권 침해로 인해 국제 사회로부터 많은 비판을 받았다.—옮긴이]

유사한 것으로, 사회적 차별의 경험으로, 우리와는 '다르다'고 구별되는 사람들에 대한 배제와 폭력으로 간주될 수 있다. 캐럴 토머스[Carol Thomas]는 그녀의 최근 저서에서 장애에 대해 자신이 초기에 견지했던 사회관계론적 이해[20]를 수정했으며, 이에 따라 장애 대신 **장애차별주의**라는 용어를 사용하고 있다.[21] 요컨대 "장애차별주의는 손상을 지닌 사람들에 대해 활동의 제한이 사회적으로 부과되고, 그들의 심리-정서적 안녕이 사회적으로 훼손되는 것을 수반하는 사회적 억압의 한 형태이다".[22]

이러한 용어의 전환은 활동에서의 제약(손상 효과[impairment effects])보다는 사회적 억압과 장애 간의 연관성을 분명히 하려는 시도라 할 수 있다. '장애차별주의'라는 용어의 사용은 손상을 지닌 사람들이 경험하는 다양한 형태의 사회적 억압에 관한 논의가 (개인보다는) 사회적 관계의 영역 내에서 유지되도록 보장하고, 사람들에게 일반적으로 좀 더 익숙한 인종주의, 성차별주의, 연령차별주의 같은 자매 용어들과 용이하게 연계될 수 있다.

장애차별주의는 두 가지 상이한 경로를 따라 작동한다. 첫번째 경로는 흔히 '활동의 제한'으로 이야기되는 장애차별주의의 구조적 차원, 즉 사람들이 무엇을 **할 수** 있는지에 영향을 미치는 장벽을 나타낸다. 예를 들면, 손상을 지닌 사람들이 건물이나 사회적 공간에 물리적

---

20) Thomas, *Female Forms*.
21) Carol Thomas, *Sociologies of Disability and Illness: Contested Ideas in Disability Studies and Medical Sociology*, Basingstoke: Palgrave Macmillan, 2007.
22) *Ibid.*, p. 115.

으로 접근하는 것을 가로막는 환경적 제한 같은 것을 말이다. 두번째 경로는 장애차별주의의 심리-정서적 차원, 즉 사람들이 어떤 존재일 수 있는지에 영향을 미치면서 그들의 심리-정서적 안녕을 훼손하는 장벽을 나타낸다. 예를 들면, 가시적 손상을 지닌 사람으로 하여금 심리-정서적 훼손감을 느끼도록 하는 경솔한 말이나 낯선 이들의 빤히 응시하기 같은 것을 말이다. 장애학은 장애차별주의의 구조적 차원을 이론화하는 데에는 탁월함을 보여 왔지만, 심리-정서적 차원은 상대적으로 제대로 연구되지 않은 상태로 남아 있다고 할 수 있다.[23] 심리-정서적인 장애차별주의의 경험은 손상의 불가피한 결과(의료적 모델의 관점)도 아니고, 장애를 만들어 내는 사회와의 실제 전투에 집중하는 것을 방해하는 '사적인 곤란'도 아니라는 점 역시 주의해야만 할 것이다.[24]

앞서 언급된 것처럼, 장애이론 및 장애와 관련된 관행에 푸코주의적 접근법을 적용한 사례는 많이 존재한다.[25] 그렇지만 아감벤의 작업

---

23) Donna Reeve, "Psycho-Emotional Dimensions of Disability and the Social Model", eds. Colin Barnes and Geof Mercer, *Implementing the Social Model of Disability: Theory and Research*, Leeds: The Disability Press, 2004; Thomas, *Female Forms*.

24) Thomas, *Sociologies of Disability and Illness*.

25) 이에 대한 예로는 Julie Allan, "Foucault and Special Educational Needs: A 'Box of Tools' for Analysing Children's Experiences of Mainstreaming", *Disability and Society* 11, 1996, pp. 219~233; Alden Chadwick, "Knowledge, Power and the Disability Discrimination Bill", *Disability and Society* 11, 1996, pp. 25~40; Mairian Corker and Sally French eds., *Disability Discourse*, Buckingham: Open University Press, 1999; Hughes and Paterson, "The Social Model of Disability and the Disappearing Body: Towards a Sociology of Impairment", pp. 325~340; Hughes, "The Constitution of Impairment: Modernity and the Aesthetic of Oppression", pp. 155~172; Paul McIntosh, "An Archi-Texture of Learning Disability Services: The Use of Michel Foucault", *Disability and Society* 17, 2002, pp. 65~79; Margrit Shildrick

을 장애학에 적용했던 예는 매우 드물다.[26] 이 장에서 나는 아감벤의 작업을 영국 장애학 내에서 다루어져 왔던 세 가지 매우 상이한 영역에 적용함으로써 그의 이론이 지닌 활용 가능성을 확장할 것이다. 산전 진단, 2006년에 제안되었던 「정신보건법」[Mental Health Act]의 개정, 장애인과 낯선 이들 간의 상호작용에서 발생하는 심리-정서적인 장애차별주의에 대한 한 가지 예가 그것이다. 마지막으로, 나는 현대 사회에서의 장애차별주의에 대한 경험을 이해하는 데 있어 호모 사케르와 예외상태라는 개념이 지닌 잠재적 가치에 대해 논의할 것이다.

산전 진단

아감벤은 호모 사케르에 대한 자신의 저서에서 죽음과 뇌간사[腦幹死][27]

---

and Janet Price, "Uncertain Thoughts on the Dis/Abled Body", eds. Margrit Shildrick and Janet Price, *Vital Signs: Feminist Reconfigurations of the Bio/logical Body*, Edinburgh: Edinburgh University Press, 1998; Donna Reeve, "Negotiating Psycho-Emotional Dimensions of Disability and Their Influence on Identity Constructions", *Disability and Society* 17, 2002, pp. 493~508; Martin Sullivan and Robyn Munford, "The Articulation of Theory and Practice: Critique and Resistance in Aotearoa New Zealand", *Disability and Society* 13, 1998, pp. 183~198; Shelley Tremain ed., *Foucault and the Government of Disability*, Ann Arbor, MI: University of Michigan Press, 2005 를 보라.

26) 이에 대한 예로는 James Overboe, "Disability and Genetics: Affirming the Bare Life (the State of Exception)", *Canadian Review of Sociology and Anthropology* 44, 2007, pp. 219~235; Thorvald Sirnes, "Deviance or Homo Sacer? Foucault, Agamben and Foetal Diagnostics", *Scandinavian Journal of Disability Research* 7, 2005, pp. 206~219를 보라.

27) 인간의 뇌는 그 구조와 기능에 의거해 크게 대뇌(기억, 사고, 의지, 정서, 언어 등의 활동을 담당하며, 운동과 감각 중추가 존재함), 소뇌(운동 조절 중추가 있어 몸의 평형을 유지하고 운동을 원활케 함), 뇌간(모든 장기의 기능을 통합 조절하며, 호흡과 순환 중추가 존재함)으로 나누어 볼 수

사이의 모호한 영역을 둘러싼 논쟁을, 그리고 시체라는 법적 지위를 지닌 몸이지만 이식을 위한 장기의 획득이 가능하도록 생명을 유지시키고 있는 '식물인간'이라는 개념을 다룬다.[28] 이는 호모 사케르, 즉 벌거벗은 생명의 현대적 예라고 할 수 있다. 또 다른 예는 바로 산전 진단과 낙태이다.[29] 산전 진단이라는 이슈는 매우 감정적이고 경합적인 영역이다. 즉 그것은 많은 장애인 활동가들과 학자들에 의해 장애를 지닌 아기를 탐지해서 제거하려는 시도로 간주된다. 내가 보기에는 셰익스피어가 산전 진단에 대해 균형 잡힌 논의를 제시하고 있는데, 그는 산전 진단이 일부 사람의 주장처럼 의도적인 우생학적 실천도 아니고 단순한 차별도 아니라고 결론짓는다.[30]

그렇지만 진정으로 개선이 필요한 한 가지 영역은 영국의 현행 낙태법이다. 그 법은 임신 24주 후에는 임신중절을 금지하지만, 아이가 심각한 신체적 또는 정신적 손상을 지니고 태어날 상당한 위험이 존재하는 경우만은 예외로 하고 있다.[31] 그러므로 심각한 손상을 지닌 태아에 대한 임신중절은 언제라도 가능하다. 즉 낙태는 심지어 출산이 이

있다. 이에 따라 우리가 흔히 '뇌사'(brain death)라고 부르는 것의 판정 기준도 크게 3가지가 존재한다. 첫째는 대뇌, 소뇌, 뇌간 모두의 불가역적인 기능 정지 상태인 '전뇌사'(whole-brain death)를 뇌사로 보는 것, 둘째는 생명 활동과 직결되는 뇌간의 불가역적인 기능 정지 상태인 '뇌간사'(brain stem death)를 뇌사로 보는 것, 셋째는 인간의 고등 정신 활동을 담당하는 대뇌의 기능 정지 상태인 '대뇌사'(cerebrum death)를 뇌사로 보는 것이다.—옮긴이

28) Agamben, *Homo Sacer*.
29) Sirnes, "Deviance or Homo Sacer? Foucault, Agamben and Foetal Diagnostics", pp. 206~219.
30) Shakespeare, *Disability Rights and Wrongs*.
31) Tom Shakespeare, "Choices and Rights: Eugenics, Genetics and Disability Equality", *Disability and Society* 13, 1988, pp. 665~681.

루어지는 동안에도 허가된다. 낙태법의 이런 도피구는 태아가 출산 과정의 마지막까지 살아남을 가능성이 희박하거나 또는 태어난 후 곧 죽을 것 같은 매우 드문 경우를 포괄하기 위해 마련된 것이다. 그렇지만 그 법이 '심각한 핸디캡을 지닌'에 대한 정의를 제시하지 않고 있기 때문에, 심각한 핸디캡과 그렇지 않은 것의 경계를 어디에서 그을 것인가를 결정하는 문제, 즉 누가 실제로 태아에 대해 주권자로 행세하는가의 문제는 부모, 의사, 기타 여러 전문가들의 재량에 전적으로 맡겨진다. 이런 현실은 손상이 해당 아기를 신생아 사망neonatal death[32]에 이르게 할 만큼 충분히 심하지 않은 경우에도 후기 낙태가 이루어지는 경우를 발생시켰다. 그 자체로 생명을 위협하지 않는 이상인 구개열口蓋裂을 이유로 두 명의 태아가 낙태되었던 예는 잘 알려져 있다.[33]

게다가 선별검사 등의 산모보건 서비스는 점점 더 관례화되어 왔다. 그에 따라 산전 진단은 (예외적인 것이라기보다는) 표준적인 것이 되었고, 그러다 보니 여성들은 선별검사가 초래할 수 있는 결과에 대해 거의 아무것도 묻지 않는다.[34] 산전 검사와 후기 낙태 간의 관계도 여성들이 이러한 검사를 받아들이도록 조장하기 위해 경시된다.[35] 다

---

32) 살아서 태어난 아기가 4주 이내에 사망하는 것을 말한다. ─ 옮긴이

33) Elizabeth Day, "The Law Is Saying There Are Reasons Why I Shouldn't Be Alive. I Look at My Life and Think: That's Rubbish", *The Sunday Telegraph*, 2003. 11. 23, p. 22.

34) Melinda Tankard Reist, "introduction", ed. Melinda Tankard Reist, *Defiant Birth: Women Who Resist Medical Eugenics*, Melbourne: Spinifex Press, 2005.

35) Susan Markens, Carole H. Browner and Nancy Press, "'Because of the Risks': How US Pregnant Women Account for Refusing Prenatal Screening", *Social Science and Medicine* 49, 1999, pp. 359~369.

운증후군이나 이분척추증과 같은 손상이 임신 24주 후에 탐지될 경우, 그런 손상에 대한 질 높고 균형 잡힌 정보의 결여는 태아의 후기 낙태가 대개 유일한 선택지로 간주됨을 의미한다.[36] 어떤 손상이 해당 태아에 대한 후기 낙태를 고려하기에 충분할 만큼 심각한 것인지를 낙태법이 분명히 정의하지 않은 것은 일련의 주권적 결정을 초래하며, 그런 결정들 하나하나는 의료 전문가들의 태도와 행동뿐만 아니라 장애에 대해 견지되고 있는 보다 광범위한 문화적 태도에 영향을 받을 것이다.

토르발 시르네스Thorvald Sirnes는 법의 내부와 외부 양자의 영역에서 장애를 지닌 태아가 호모 사케르로 간주될 수 있는 이런 예외상태에 대한 면밀한 분석을 제공한다.[37] 시르네스는 '이중적 위험'이 현존함을 논한다. 즉, 태아가 비정상/정상의 연속체 상에서 어디에 위치해 있는가에 대한 평가가 이루어지고 있을 뿐만 아니라, 현재 '정상'이라고 간주되는 존재라 하더라도 향후에는 '비정상'이라고 여겨질 수도 있는 것이다. 마지막으로, '심각한 핸디캡'에 대해 애매한 언급을 하고 있는 낙태법의 이 모호한 영역에는, 단지 법적인 처벌 없이 이루어지는 인간의 살해에 관한 문제만이 존재하는 것은 아니다. 그에 앞서 여기에는 태아가 인간으로 간주될 수 있는지에 대한 문제, 즉 잠재적 아기에게 어떤 지위가 부여될 수 있는가라는 이슈가 또한 존재한다. 장애를 지니지 않은 태아에게는 '정치적 생명'이 부여되리라 기대할 수

---

36) Shakespeare, *Disability Rights and Wrongs*.
37) Sirnes, "Deviance or Homo Sacer? Foucault, Agamben and Foetal Diagnostics", pp. 206~219.

있는 반면, 장애를 지닌 태아에게 이런 지위가 부여될지는 훨씬 더 불확실하다. 그러한 태아는 장애인이라는 꼬리표가 붙게 될 존재가 아니냐는 바로 그 질문에 의해 하나의 대상으로 전락하고 만다.[38]

심각한 정신적 고통을 지닌 사람들의 강제 구금

아감벤의 작업은 난민수용소나 밀입국자수용소와 같은 현대의 '수용소'에 대한 많은 예들뿐만 아니라 외부인 출입제한 주택단지gated community ——내부의 사람들을 나가지 못하게 하는 게 아니라 외부의 사람들이 들어오지 못하도록 만들어진, 거주자에 대한 높은 수준의 보안과 보호를 제공하는 주거단지 ——에도 적용되어 왔다.[39] 이제 나는 심각한 정신적 고통을 지닌 사람들의 정신병원 구금이라는 논쟁적인 이슈를 검토할 것이며, 이런 구금이 어떻게 예외상태로 이어질 수 있는지를 보여 줄 것이다. 정신건강에 대한 개별적 모델에 직접적으로 이의를 제기하고 있는 광기 및 정신적 고통에 대한 사회적 모델의 발전에 따라, 이 글에서는 '심각한 정신건강 문제'severe mental health problem가 아닌 '심각한 정신적 고통'severe mental distress이라는 용어가 사용되고 있다.[40] 영국에서는 2006년에 「정신보건법」을 강화하기 위한 개정

---

38) Overboe, "Disability and Genetics: Affirming the Bare Life(the State of Exception)", pp. 219~235.
39) Diken and Laustsen, *The Culture of Exception: Sociology Facing the Camp*.
40) Peter Beresford, "Thinking About 'Mental Health': Towards a Social Model", *Journal of Mental Health* 11, 2002, pp. 581~584.

안이 제출되었는데, 그 안은 심각한 인격장애와 같이 치료될 수 없는 정신건강의 이상을 지닌 사람들의 경우 설령 그들이 범죄를 저지르지 않았다 하더라도 구금하는 것을 허용하고자 했다.[41] 당시의 법하에서 사이코패스적 장애psychopathic disorder[42]를 지닌 자는 그가 지닌 이상이 치료될 수 없는 경우라 하더라도 타인과 그 자신의 보호를 위해서만 강제로 구금될 수 있었다. 게다가 새로운 개정안은 지역사회에서 살아가고 있는 환자에 대하여, 통행금지령이나 '정신질환적인 반사회적 행위 금지명령'psychiatric ASBOs[43]이라고 불려 왔던 것의 부과를 포함하는 원외 강제 치료의 광범위한 활용에 대한 내용을 담고 있었다.[44] 이러한 법안에 대해 평의원들back-bench MPs[45]과 활동가들은 반대했는데, 왜냐하면 그 법안이 보건 당국에게 사람들의 시민적 자유를 제한할 수 있는 권한을 부여했으며, 그에 따라 아이러니하게도 정신적으로 다소 취약하고 잠재적으로 위험한 사람들이 치료를 받으러 가는 것을 억제할

---

41) BBC New, "Plan to Beef Up Mental Health Law", 2006, http://news.bbc.co.uk/go/pr/fr/-/1/hi/health/6157736.stm(2006년 11월 20일에 최종 접속).

42) '사이코패시'(psychopathy)는 평소에는 정상적인 모습을 보이지만 자신의 욕구 해결을 위해 끔찍한 범죄를 저지르거나 타인을 희생시키며 사소한 일에 공격적 성향을 드러내는 정신질환을 말한다. 영국의 「정신보건법」은 사이코패스적 장애를 "비정상적으로 공격적이거나 심각하게 무책임한 행동을 야기하는 지속적인 정신장애"로 규정하고 있다.—옮긴이

43) '아스보'(ASBO)는 'Anti-Social Behaviour Order'의 약자로, 영국에서 법원이 다른 사람들에게 피해를 주는 행위를 하는 사람에게 그런 행위를 금지시키기 위하여 부과하는 강제적 명령을 말한다.—옮긴이

44) David Batty, "Mental health sector criticises 'unworkable' reforms", 2006, http://www.guardian.co.uk/medicine/story/0,1950763,00.html(2006년 11월 21일에 최종 접속).

45) 의원 내각제인 영국의 하원에는 정부 각료나 정당 간부가 아닌 의원들의 자리가 뒷줄에 배치되어 있는데 이를 '백 벤치'(back-bench)라고 하며, 'MP'는 'Member of Parliament'(하원의원)의 약자이다.—옮긴이

가능성이 높았기 때문이다. 영국의사협회 의료윤리위원회British Medical Association Medical Ethics Committee는 다음과 같은 진술이 포함된 성명을 발표했다.

정신장애를 지닌 누군가에게 강제적으로 치료가 이루어질 수 있는 것은 이런 조치와 연계된 건강상의 이득이 상당히 분명하게 존재하는 경우뿐이다. 보건 당국이 어떤 이들을 격리하기를 원한다고 해서, 그들을 구금하는 데 정신보건 관련법이 활용되어서는 안 된다. 만일 어떤 이들이 다른 사람들에게 위험한 것으로 여겨진다면, 적절한 경우에 한해 형사사법절차가 실행되어야 한다.[46]

그러므로 심각한 정신적 고통을 지닌 사람들은 형법이 (유죄임이 입증될 때까지는 무죄로 간주되는) 사람들에게 일반적으로 제공하는 보호를 박탈당할 수 있으며, 대신 자신의 의지와는 무관하게 그들의 인권과 공민권civil rights을 합법적으로 제한하는 「정신보건법」에 얽매이게 된다.

법에 의해서, 정신보건 서비스 이용자들의 권리는 '치료'라는 미명하에 박탈될 수 있다. 그들에게는 몸에 해롭고 때로는 치명적인 결과를 초래하는 것으로 입증된 '치료'가 강제적으로 이루어질 수 있다. 그

---

46) Tony Calland, "BMA Response to the Queen's Speech – Proposed Mental Health Legislation Refers to England and Wales Only", 2006, http://www.bma.org.uk/pressrel. nsf/wlu/SGOY-6VKGC5?OpenDocument&vw=wfmms(2006년 11월 21일에 최종 접속).

러한 치료에는 신경외과적 수술, 전기경련요법electro-convulsive therapy, ECT, 구식일 뿐만 아니라 위험한 향정신성/신경이완성 약물의 사용이 포함된다.[47]

　그러므로 일단 어떤 사람이 「정신보건법」하에서 구금되면 그들에게는 위와 같은 치료가 이루어질 수 있다. 이것이 문제가 되는 사람에게 매우 적절하고 그리고/또는 바람직한 경우가 존재할 수도 있지만, 그렇지 않은 대부분의 다른 사람들도 여타의 환경에서라면 폭행의 한 형태로 간주되어야 하는 것을 치료로 경험하게 될 것이다. 이런 사람들은 대단히 축소된 인권 및 공민권과 강제 '치료'가 수반되는 병원에 자신의 의지와는 무관하게 존재하게 되므로, 다름 아닌 바로 이 지점에 하나의 예외상태가 존재한다. 보통은 학대라고 여겨지는 것들이 이러한 환경에서는 허용되며, 환자들은 그들의 일상생활, 치료, 방면 일자를 통제하는 의사, 사회복지사, 여타 전문가들의 '주권' 권력에 종속된 채 호모 사케르가 될 수 있다. 게다가 그들의 감금에 대한 근거의 바로 그 본질은, 어떠한 항의나 저항의 시도도 오히려 강제 치료가 필요하다는 더 확실한 증거로 간주될 가능성이 높음을 의미한다.
　정부의 정신보건 정책은 심각한 정신적 고통을 지닌 사람을 '위험한' 존재로 간주하고 '공공의 안전'public safety을 우선적으로 보장하는 것이 필요하다고 여기며, 그렇기 때문에 (병원과 지역사회 양쪽에

---

47) Peter Beresford, Chris Harrison and Anne Wilson, "Mental Health Service Users and Disability: Implications for Futures Strategies", *Policy Press* 30, 2002, pp. 389~390.

서) 통제와 '강제' 치료에 대한 강조를 통하여 이러한 안전을 성취하는 것이 정당화된다.[48] 이는 현재 유행하고 있는 '테러와의 전쟁'에 관한 수사와, 그리고 점점 더 많은 반테러리즘 법안이 영국에서 입법화되고 있는 것과 불편한 공명을 이룬다. 2006년 11월의 여왕 국정 연설은 블레어 총리가 집권한 1997년 이후 8번째의 반테러리즘 법안에 대한 내용을 담고 있었다.[49] 나는 앞서 델타수용소의 상황에 대해, 그리고 그 수용소가 어떤 점에서 (벌거벗은 생명 내지는 호모 사케르인 억류자가 존재하는) 예외상태를 표상하는지에 대해 언급했던 바 있다. 미국 정부가 형사 기소를 당하지 않은 사람들의 구금을 뒷받침하기 위해 사용했던 선례들 중 하나가 바로 자신과 타인에게 위협을 가하는 심각한 정신적 고통을 지닌 사람들의 비자발적 입원이었다.[50] 테러리즘으로부터의 위협에 대한 점증하는 두려움과 극심한 공포는 심각한 정신적 고통을 지닌 사람의 치료와 같은 공공 생활의 다른 영역으로 새어 들어가고 있으며, 그것은 이런 집단에 속한 사람들이 인구 전체에게 가할 것이라고 추정되는 위협과 관련하여 편견만을 키우고 있다. [이러한 상황 속에서는] 그 근거가 무엇이든 간에 위험한 것으로 '간주되는' 존재는 무기한 구금당할 수 있다.[51]

---

48) Peter Beresford, "Treatment at the Hands of the Professionals", eds. Colin Barnes, Carol Thomas, Sally French and John Swain, *Disabling Barriers – Enabling Environments* 2nd Edn., London: Sage Publications, 2004, p. 247.

49) George Jones, "Queen's Speech Focuses on Security", 2006, http://www.telegraph.co.uk/news/main.jhtml?xml=news/2006/11/15/uelizabeth115.xml(2006년 11월 22일에 최종 접속).

50) Butler, *Precarious Life*.

51) *Ibid*.

낯선 이들과의 상호작용

산전 진단과 심각한 정신적 고통을 지닌 사람들에 대한 강제 치료는 주권자와 호모 사케르 간의 대칭적 관계에 대한 첫 대목, "모든 사람들을 잠재적인 호모 사케르들로 간주하는 자가 바로 주권자이다"라는 명제의 예에 해당한다.[52] 즉 그것들은 구조적인 장애차별주의에 대한 예인데, 여기에서 (주권을 지닌) 전문가나 정치가에 의해 이루어지는 결정은 손상을 지닌 사람들을 주류적 삶으로부터 배제하는 것으로 귀결된다. 그들을 태어나지 못하도록 하는 것을 통해서, 또는 감금이나 극한 상황에 몰아넣는 것을 통해서 말이다. 나는 이제 심리-정서적인 장애차별주의의 예를 살펴보기 위해 아감벤의 예외상태라는 개념틀을 재설정하고자 한다. 그러한 장애차별주의는 주권자와 호모 사케르 간의 대칭적 관계에 대한 두번째 대목, "모든 사람들이 주권자로 행세하는 대상이 되는 자가 바로 호모 사케르이다"라는 명제의 예에 해당한다.[53]

가시적 손상을 지닌 존재에 대한 사람들의 반응, 특히 낯선 이들의 반응은 그들의 정서적 안녕에 해로운 영향을 미칠 수 있으며, 장애인들이 **할 수** 있는 것도 간접적으로 제한할 수 있다. "우리가 집에만 머물고 아는 사람들만 만나게 되는 것은 단지 신체적 제약 때문만은 아니다. 그것은 또한 그 각각의 공적 세계에 우리가 등장하는 것이 빤히

---

52) Agamben, *Homo Sacer*, p. 84.
53) *Ibid.*, p. 84.

응시하기, 생색내는 듯한 태도, 동정, 적대감에 의해 지배된다는 것을 알고 있기 때문이기도 하다."[54]

다른 이들이 자신을 빤히 응시하거나 험담하는 것을 겪어 내는 일은 사람을 정서적으로 소진시킬 수 있다.[55] 게다가 이러한 심리-정서적인 장애차별주의의 예를 한층 더 심각하게 만드는 것은, 단지 방금 설명한 것과 같은 장애를 만들어 내는 만남 그 자체가 아니라, 옆에 있는 낯선 이가 어떻게 반응해 올지 모른다는 불확실성과 연동된 '실존적 불안'이다.[56] 장애여성인 에마 사티아무르티Emma Satyamurti가 다음과 같이 쓰고 있는 것처럼 말이다.

그러나 때때로 겪게 되는 손가락질이나 눈치 없는 말보다 나를 더 불안하게 만드는 것은 어떤 반응이 올지 모른다는 사실이에요. 나를 보고 있는 누군가에게 내가 일정한 인상을 남긴다는 것은 알겠어요. 하지만 (관습적인 예의 바름 때문에) 도대체 어떤 인상을 주는지 알 수 없다는 것이 나를 불안하게 해요. 나는 그저 약간 특이하고 단지 한 순간의 추가적인 평가를 불러일으키는 존재일까요? 아니면 나는 한 명의 프릭freak[57]일까요? 그러니까 관용의 대상이 되고 호의를 받을 수

54) Morris, *Pride Against Prejudice*, p. 25.

55) Lois Keith, "Encounters with Strangers: The Public's Response to Disabled Women and How This Affects Our Sense of Self", ed. Jenny Morris, *Encounters With Strangers: Feminism and Disability*, London: Women's Press, 1996.

56) 실존적 불안에 관한 좀 더 상세한 논의에 대해서는 Carol Thomas, "Developing the Social Relational in the Social Model of Disability: A Theoretical Agenda", eds. Colin Barnes and Geof Mercer, *Implementing the Social Model of Disability: Theory and Research*, Leeds: The Disability Press, 2004, p. 38을 보라.

는 있지만 언제나 프릭일 수밖에 없는 걸까요?[58]

이 발췌문은 어째서 사티아무르티가 한 명의 프릭으로서 버림받게 될지 모른다는 위험감을 계속해서 느끼게 되는지를 드러내 준다. 또한 사티아무르티는 **자기 자신을** 장애인으로서 어떻게 생각해야 하는지와 관련하여 그녀가 겪는 어려움을 토로하고 있다. "내가 뻔한 사실에 대해 논박하기를 포기하고 나의 신체적 차이를 완전히 인정한다면, 나는 '폐질자'廢疾者, invalid[59]라는 꼬리표가 부여된 상자 안에 갇힌 채 사회적으로 생매장되는 게 아닐까요?"라고 물으면서 말이다.[60] 여기에서 다시 누군가가 어딘가로 '내팽개쳐진다'는 테마가, 즉 그녀가 만나는 이들에 의해 버림받는다는 테마가 등장한다.

아감벤에 따르면 정치적 존재로 간주되는 자(시민, 비오스)와 벌거벗은 생명(생물학적 몸, 조에)을 구분하는 것이 바로 버림의 행위이다.[61] 이런 행위는 호모 사케르를 폴리스 외부의 벌거벗은 생명으로, 그리고 르네 지라르René Girard가 이야기하는 희생양처럼[62] "다른 사람

---

57) '프릭'은 기본적으로 기형(畸形)이나 변종(變種)을 의미하는 단어인데, 19세기에 미국과 유럽에서는 수염 난 여성, 소두인, 샴쌍둥이, 팔다리가 없는 사람, 난쟁이, 거인 등과 같이 주로 가시적인 이례성을 띤 사람들을 출연시키는 프릭쇼라는 것이 성행했다.—옮긴이

58) Emma Satyamurti, "The Seamstress", Prospect, February 2001, p. 52.

59) '폐질'은 '고질'(痼疾)과 마찬가지로 더 이상 치료될 수 없는 병을 뜻하며, 1970년대까지는 우리나라의 법률에서도 장애를 지칭하기 위해 이 용어가 사용되었다. 폐질자의 영어 표현인 'invalid'가 형용사로 '무효한'이라는 의미를 지닌 것에서도 드러나듯, 폐질자란 결국 쓸모없고 폐기 처분될 수 있는 존재라는 함의를 지닌다.—옮긴이

60) Satyamurti, "The Seamstress", p. 52.

61) Agamben, Homo Sacer.

62) 프랑스의 역사학자인 르네 지라르는 여러 신화나 설화에 들어 있는 희생양 메커니즘을 문화인류학적인 시각에서 분석하는 작업을 수행했다. 신화와 설화에 희생제의가 들어 있다는 것

들에게 적용되는 규범과 규칙에 의해 보호되지 않는, 그리고 아무런 가치가 없는 것으로 간주되는" 생명으로 존재하게 만든다.[63] 다른 사람들에 의해서 장애인에게 프릭이나 폐질자라는 꼬리표가 부여되었던 방식을 고찰해 본다면, 우리는 장애인이 **심리적** 예외상태에 놓여 있다고 말할 수 있을 것이다. 난민수용소나 밀입국자수용소 같은 공간적 예외상태에서 정지되어 있는 것은 사법적 법률이다. 심리적 예외상태의 경우에 정지되어 있는 것은 행동의 '규범', 즉 '내면의 법'이며, 그것은 장애인으로 하여금 '주류 사회'의 외부에 있다고, 즉 다른 사람들과는 다르다고 느끼도록 만든다.

예를 들어, 영국에서 빤히 응시하는 행동은 일반적으로 무례한 것으로 간주된다. 그럼에도 불구하고 가시적 손상/손상 효과를 지닌 장애인들은 흔히 그렇게 빤히 응시당하는 대상이 되며, 의례적인 호기심의 임계점이라고 간주될 수 있는 것의 너머에 자리하게 된다. 이런 대상화의 행위는 손상을 지닌 사람들을 비인격체로 구분짓는 효과를 지니며, 그럼으로써 이들을 응시자들과는 상이한 심리적 공간으로 옮겨 놓는다. 비인격체로 간주된다는 것은 부분적으로, 손상을 지닌 사람은 흉내, 험담, 회피의 대상이 되는 것에 개의치 않는다고 가정됨을 의

은 그러한 신화나 설화가 생겨난 시점이 희생제의가 있고 난 뒤라는 것을 말해 주며, 결국 그것은 그 희생제의를 거치면서 '살아남은 자'들이 만들어 내거나 기록한 이야기라고 그는 지적한다. 따라서 지라르는 이런 기록들을 모두 '박해의 텍스트'라 부르며, 거기서 박해의 흔적을 찾아내 정확히 읽는 것이 바로 그런 기록에 대한 진정한 해석임을 강조한다. 자세한 내용은 르네 지라르, 『폭력과 성스러움』, 김진식·박무호 옮김, 민음사, 2000; 『희생양』, 김진식 옮김, 민음사, 2007을 참조하라.─옮긴이

63) Diken and Laustsen, *The Culture of Exception: Sociology Facing the Camp*, p. 21.

미한다. 즉 대부분의 비장애인들과 달리 그들은 이런 경험에 의해 상처받거나, 모욕감을 느끼거나, 속상해하지 않는다고 가정되는 것이다. 이와 같은 폭력적인 가정의 적용은 손상의 본질상 수치심, 무안함, 속상함 같은 감정을 느낄 수 없다고 간주되는 학습적 장애인들에게 특히 더 사실이라고 할 수 있다.[64] 영국에서 인종 간 증오를 조장하는 것은 이미 1965년에 불법화되었음에도 불구하고, 장애인에 대한 증오범죄는 2005년 4월이 되어서야, 즉 그로부터 40년이 지나서야 불법화되었다는 것은 이런 실상을 잘 보여 준다.[65]

대상화의 방식도 시대의 흐름에 따라 변화한다. 셰익스피어는 카메라가 내장된 휴대폰이 흔해진 이후 일상적으로 발생하는, '카메라 오남용'의 희생자가 되는 경험에 대해 다음과 같이 기술하고 있다.

인격을 침해하는 주목의 대상이 되는 것은 언제나 불쾌한 일이긴 하지만, 왠지 카메라 폰에 찍히는 것은 한층 더 권한을 박탈당하는 느낌을 받는다. 왜 찍었는지에 대해서는 우리가 받아들일 만한 아무런 답변도 제시하지 않는다. 그랬다면 그런 행동이 조금이라도 덜 기분 나쁠 텐데 말이다. 그렇다고 과도한 반응을 보이는 것은 단지 가해자가 당신을 짜증나게 하는 데 성공했음을 입증해 줄 뿐이다. 그 사진이 어딘가에 게재되지 않는다면 아무런 범죄도 저질러지지 않은 것이기

64) Deborah Marks, *Disability: Controversial Debates and Psychosocial Perspectives*, London and New York: Routledge, 1999.
65) Katharine Quarmby, "If These Are Not Hate Crimes, What Are?", *Disability Now*, September 2007, p. 1.

때문에, 경찰에게 호소해 봐야 아무런 의미도 없다. 당신이 가해자의 전화를 박살낸다면 그때 당신이 범죄자가 된다.[66]

나는 이런 형태의 '카메라 오남용'을 심리-정서적인 장애차별주의의 또 다른 예로 간주할 것인데, 이는 이의를 제기하거나 예방하기가 매우 어려운 것이기도 하다. 셰익스피어라면 사람들이 그를 빤히 응시하는 것은 불가피한 것이라고, 왜냐하면 아무리 교육을 많이 받더라도 이러한 "자연적 호기심"을 제거할 수는 없기 때문이라고 논할 것이다. 즉 그는 빤히 응시당하는 것을 억압의 한 형태라기보다는 오히려 "난쟁이로서 내가 지닌 곤경의 여러 차원들" 중 하나로 여긴다.[67] 그렇지만 호기심이 인간의 본질 중 일부일 수는 있다고 하더라도, 카메라 폰에 찍히는 것은 훨씬 더 심하게 대상화되는 경험이며 용납될 수 없는 행동으로 다루어져야만 한다.

호모 사케르의 존재론적 불안이 가장 분명하게 드러나는 것은 바로 이와 같이 인격체 대 인격체의 직접적인 상호작용이 이루어지는 지점이다. 심리-정서적인 장애차별주의는 그 본질상 보통 두 사람 간의 관계에서 나타나는데, 그에 따라 호모 사케르와 같은 존재인 장애인은 이러한 만남에서 다른 사람들의 '호의'goodwill에 어느 정도 종속된다.

---

66) Tom Shakespear, "Snap Unhappy", 2006, http://www.bbc.co.uk/ouch/columnists/tom/290806_index.shtml(2006년 9월 27일에 최종 접속).
67) Shakespeare, *Disability Rights and Wrongs*, p. 63. [셰익스피어는 연골무형성증(achondroplasia)을 지닌 저신장장애인이다. 연골무형성증은 유전 또는 돌연변이에 의해 발생하며, 이 질병을 지닌 사람은 연골이 장골로 바뀌는 과정에 문제가 있어 뼈의 성장이 이루어지지 않기 때문에 키가 보통 140센티미터를 넘지 않는다.—옮긴이]

즉 사람들은 장애인을 포함시키거나 모호한 심리적 예외상태에 처하게 하면서 그에 대해 주권자로 행세할 수 있다. 나는 '호의'라는 용어를 제한적으로만 사용한다. 문화적으로 '합의된' 관계맺기의 규칙이 부족하다 보니, 많은 사회적 만남들에서 무지가 큰 역할을 하기 때문이다.[68] 또한 '잘못된 행동을 하는 것'에 대한 두려움이 관계맺기보다는 회피를 야기하는 경우도 너무나 흔하다.

논의

나는 아감벤의 작업, 특히 '수용소'에 의해 대표되는 예외상태로 추방된 호모 사케르라는 형상이 장애인의 경험에 어떻게 적용될 수 있는지에 대한 몇 가지 사례를 제시했다. 영국에서 정신보건과 낙태를 둘러싼 사법적 법률이 어떤 식으로 '공간적' 예외상태를 초래할 수 있는지를 보여 주는 것에 더하여, 나는 '도덕'률moral law의 정지도 유사하게 '심리적' 예외상태로 이어질 수 있음을 말했다. 그렇지만 아감벤에 대한 비판자들이 없는 것은 아니다. 주요 비판 중 하나는 그의 작업이 너무 묵시록적이고[69] 수용소로부터 탈주할 수 없다는 인상을 준다는 점이다. 예컨대 델타수용소의 경우, 억류자들은 대통령이 '비상

---

68) Keith, "Encounters with Strangers: The Public's Response to Disabled Women and How This Affects Our Sense of Self", p. 72.

69) Malcolm Bull, "States Don't Really Mind Their Citizens Dying (Provided They Don't All Do It at Once): They Just Don't Like Anyone Else to Kill Them", 2004, http://www.generation-online.org/p/fpagamben2.htm(2005년 5월 25일에 최종 접속).

사태'를 철회하거나 군사재판이 열릴 경우——양쪽 다 주권적 조치이다——에만 자유로워질 수 있는 것으로 설명된다. 푸코는 권력과 지식 간의 상호연관성에 대해 썼으며, 바로 그 권력의 존재 때문에 그러한 권력에 반하는 저항이 출현함을 시사했다.[70] 맞서 대항해야 할 무언가가 존재하고 정상화 담론과 같은 이의제기가 존재하기 때문에 저항도 존재할 수 있다. 그렇지만 아감벤은 훨씬 더 불확실하고 불안정한 상황에 대해, 즉 혼돈이 정상이고 예외가 규칙이 되는 상황에 대해 기술한다. 그러므로 여기서는 맞서 저항할 수 있는 명확한 실체가 존재하지 않는다는 바로 그 이유 때문에 저항이란 훨씬 더 모호한 개념일 수밖에 없다. 이런 상황에 대한 유일하게 실행 가능한 대안은 수용소로부터 어떤 형태의 '탈주'를 감행하는 것이며, 그것이 '무언가 다른 것'에 대한 기회를,[71] 즉 창조적인 탈주선line of escape에 대한 가능성을 제공한다.

장애를 만들어 내는 사회에서의 삶과 관련된 문제에 대해 실용적인 해결책이 요구되는 장애인들에게 있어, 이는 이론적으로 막다른 길처럼 보인다. 일반적인 포스트구조주의와 마찬가지로 푸코주의적 접근법은 장애차별주의와 결부된 물질적 불이익에 변화를 만들어 내는 데 무능하다는 이유로 비판을 받아 왔다.[72] 그렇다면 아감벤은 더

---

70) Michel Foucault, "The Ethics of the Concern for Self as a Practice of Freedom", ed. Paul Rabinow, *Ethics: Essential Works of Foucault, 1954-1984, Vol. 1*, trans. P. Aranov and D. McGrawth, London: Penguin Books, 2000.
71) Diken and Laustsen, *The Culture of Exception: Sociology Facing the Camp*, p. 13.
72) Thomas, *Female Forms*.

더욱 장애학에 제공할 수 있는 것이 별로 없는 것처럼 보인다. 그렇지만 우리가 살아가는 세계는 점점 더 불확실해지고 파편화되고 있으며, 이는 사회의 다른 구성원들뿐만 아니라 장애인에게도 영향을 미친다. 마이클 올리버와 콜린 반스는 한 풀뿌리 잡지에 기고한 글에서, 21세기가 시작되는 시점에 장애인운동이 직면해 있는 문제들을 논한 바 있다.[73) 그들은 하나의 권리 이슈로서 장애에만 초점을 맞추는 것은 장애차별주의를 제거하지 못할 것이며 단지 극소수의 장애인들에게만 이득이 될 것이라고 결론지었다. "최악의 경우에, 그것은 본질적으로 불공정하고 불평등한 사회를 지지하는 이들의 수사를 한층 더 정당화할 것이며, 의미 있는 평등과 정의를 위한 투쟁을 더욱더 저해할 것이다."[74)

올리버와 반스가 보기에, 장애권의 점증하는 전문화 및 자립/통합생활센터Center for Independent/Integrated Living, CIL 같은 장애인 당사자 단체들이 점차 문을 닫는 것이 장애인운동의 쇠퇴에 대한 원인이 되었다. 정부는 '사회적 모델의 언사'를 채택하기는 했지만 많은 장애인들의 삶을 유의미하게 개선하는 데에는 실패했다.[75) 일반 대중과 관련된 한에서, 장애인들은 차별금지법, 즉 「장애차별금지법」Disability Discrimination Act, DDA에 의해 보호를 받는다. 그렇지만 '합당한 조정'

---

73) Michael Oliver and Colin Barnes, "Disability Politics and the Disability Movement in Britain: Where Did It All Go Wrong?", *Coalition*, August 2006, pp. 8~13.

74) Ibid., p. 12.

75) Prime Minister's Strategy Unit, "Improving the Life Chances of Disabled People", 2005, http://www.strategy.gov.uk/downloads/work_areas/disability/disability_report/pdf/disability.pdf(2006년 7월 31일에 최종 접속).

reasonable adjustment과 같은 용어들은 장애인에 대한 배제가 여전히 실재함을 의미한다. 그러나 다른 사람들이 장애인 주차공간과 경사로가 이제는 좀 더 흔해졌으니 '문제'는 사라졌다고 추정할 때, 그러한 배제에 대해 계속해서 항의하는 것은 어려울 수 있다. 그러므로 장애인은 삶의 많은 영역에서 포함과 배제가 공존할 수 있고 실제로 공존하는 시대에 살고 있으며, 장애차별주의에 이의를 제기하는 것은 사실상 점점 더 어려워지고 있다. 요컨대, 사회적 모델상의 용어들이 정부와 다른 공공단체들에 의해 모호하게 사용되는 것이 초래하는 효과를 이해하기만 한다면, 아감벤의 작업은 우리가 처해 있는 현재의 상황에 적용될 수 있다.

아감벤은 또한 모든 사회 ── 아무리 현대화된 사회라 할지라도 ──가 누가 호모 사케르인지, 즉 누구의 생명이 "가치가 없는 생명"으로 간주되는지를 결정하는 방식을 기술하고 있다.[76] 복지 제도에서 최근 제안된 변화들은 100만 명의 장애인들을 노동불능급여incapacity benefit에서 떠나보내고 그들을 일정한 형태의 유급고용으로 이동시키는 것을 포함하고 있다.[77] 빈곤으로부터 탈출하는 단 하나의 적절한 경로로서 고용이 이처럼 강조되는 것은 손상/손상효과로 인해 일할 수 없는 장애인들에 대한 다음과 같은 우려로 이어졌다.

---

76) Agamben, *Homo Sacer*, p. 139.
77) Gabrielle Preston, "Introduction", ed. Gabrielle Preston, *A Route Out of Poverty? Disabled People, Work and Welfare Reform*, London: Child Poverty Action Group, 2006.

그들은 노동할 수 없기 때문에 자신이 '버림받았고' 가치가 없다고 느끼게 될 것이다. 장애인들은 괜찮은 소득과 적절한 사회적 돌봄 및 보건의료 서비스뿐만 아니라, 능력에 따라 사회에서 자신의 역할을 다하기 위하여 교육 및 훈련에 대한 접근권을 필요로 한다. 비노동자non-worker라고 해서 비시민non-citizen으로 취급되고 버림받아서는 안 된다.[78]

그러므로 일할 수 없는 장애인들은 결국 호모 사케르와 같은 비시민으로, 폴리스 외부의 벌거벗은 생명(조에)으로 간주되는 상황에 처할 수 있다.

나는 아감벤의 사상이 장애차별주의의 경험에 어떻게 적용될 수 있는지에 관해 몇 가지 출발점이 될 만한 제안을 했고 몇 가지 유용한 통찰을 얻을 수 있었다. 그렇지만 앞서 논했던 세 가지 예외상태로부터 어떻게 성공적인 탈주의 시도가 이루어질 수 있는지를 파악하기란 쉽지 않다. 산전 진단의 경우에는 후기 낙태가 단지 산모의 생명이 위험한 상태에 있는 경우, 또는 태아가 출생 전이나 출산 후 최초 4주 내에 사망하게 될 경우에만 허용되는 것을 보장하기 위하여 관련법이 개정되어야 한다(주권적 결정).[79] 그렇다면 예외상태가 사라지게 될 것이다. 덧붙여, 예비 부모가 충분한 정보에 근거한 선택을 할 수 있도록 그

---

78) Lorna Reith, "Disability Alliance Response R47: Response to the Work and Pensions Committee Inquiry into the Reform of Incapacity Benefits and Pathways to Work", 2005, p. 8, 강조는 인용자, http://www.disabilityalliance.org/r47.pdf(2006년 8월 6일에 최종 접속).

79) Shakespeare, *Disability Rights and Wrongs*.

들에게 장애아를 갖는다는 것이 무엇을 의미하는지에 관해 훨씬 더 정확한 정보가 제공되어야 한다.[80] 그래야만 임신을 유지하기로 결정한 부모가 손상을 지닌 태아가 태어나는 것을 허용함으로써 탈주로를 제공하는 것이 가능해진다. 마찬가지로 심각한 정신적 고통을 겪는 사람들이 '무기한 구금'을 당하게 되지 않도록 보장하는 것도 법적 절차의 책임이 되어야 할 것이다.

그렇지만 내가 앞서 논했던 심리적 예외상태를 고찰해 보면, 여기서는 창조적인 탈주선이 한층 더 용이하게 형성될 수 있다. 부분적으로 이는 여기서 다뤄지고 있는 것이 사법적 법률이라기보다는 비공식적이고 관습적인 행동의 '규칙'이기 때문이다. 낯선 이들과의 상호작용에 대한 사례에서, 나는 가시적 손상을 지닌 사람들이 다른 사람들에 의해서 빤히 응시되거나 인격 침해적인 질문을 받을 때 어떻게 무력감과 취약감을 느끼는 상황에 처할 수 있는지를 논의했다. 이런 문제에 대한 해결책은 시간이 흐름에 따라 찾아오게 될 것이다. 즉, 장애인들이 사회 내에서 좀 더 많이 눈에 띄게 됨에 따라 그들과의 '관계 맺기의 규칙'이 좀 더 광범위하게 알려지고 받아들여지게 될 것이며, 이는 또한 장애차별주의적인 이미지와 편견의 점진적인 감소에 의해 뒷받침될 것이다. 학교 현장에서의 통합은 장애인 친구와 동료를 갖는 데 친숙한 미래의 세대를 낳게 될 것이다. 그렇지만 단기적으로는 개별적인 장애인들이 창조적인 방식으로 다른 사람들의 편견을 다루는 방법을 찾아낼 때 탈주선들이 형성될 수 있다. 예를 들어, 어떤 이

---

80) *Ibid.*

들은 장애인을 두려움의 대상으로 느낄 필요가 없음을 다른 사람들에게 보여 주는 교육자의 역할을 맡을 수 있을 것이다.[81] 이러한 역할을 맡는 것은 장애인 쪽에서는 진정 많은 노력과 일정한 양의 감정 노동을 요한다. 다른 사람들이 "[장애에 관한] 그들의 두려움과 편견을 다룰 수 있도록" 돕기 위해서는 말이다.[82] 이러한 역할의 수행이 반드시 필요하지는 않겠지만 그것은 사회적 상호작용을 부드럽게 한다. 그리고 잠재적으로 이타적인 결과를 가져온다. 즉 교육을 받은 사람과 다른 장애인들 간의 향후 상호작용을 용이하게 할 수 있는 것이다. 그것은 또한 사회적 만남과 관련된 통제권을 장애인에게 돌려주며, 그렇다면 장애인들은 예외상태에서 벗어나 사회세계로 다시 돌아갈 수 있다. 다시 말해, 실질적으로 조에의 세계에서 폴리스로 되돌아가는 것이다.

결론

나는 구조적인 그리고 심리-정서적인 장애차별주의의 다양한 사례들을 고찰하기 위하여 호모 사케르와 예외상태라는 아감벤의 개념에 의지하면서 그의 작업을 활용했다. 이는 현대 사회에 존재하는 예외상태 ──공간적인 그리고 심리적인── 를 드러내 주며, 그런 예외상태는

---

81) Donna Reeve, "Towards a Psychology of Disability: The Emotional Effects of Living in a Disabling Society", eds. Dan Goodley and Rebecca Lawthom, *Disability and Psychology: Critical Introductions and Reflections*, Basingstoke: Palgrave. 2006.
82) Ibid., p. 104.

장애인들이 처할 수 있는 점점 더 불확실하고, 모순적이며, 파편화되고 있는 세계에 대한 가치 있는 묘사를 제공한다. 푸코주의적 접근법은 정상적인 것과 비정상적인 것을 구별짓는 권력의 기술들을 이해하는 데 유용성을 지녀 왔다. 푸코의 계승자인 아감벤에 의해 묘사된 법의 중지와 예외의 생산에 초점을 맞추는 것은 21세의 출발점에서 영국과 다른 곳의 많은 장애인들이 직면해 있는 불확실한 세계에 대한 추가적인 통찰을 제공한다. 특히, 나는 대인관계론적 상호작용에서의 심리-정서적인 장애차별주의를 탐구하기 위해 심리적 예외상태라는 개념을 도입했는데, 그런 예외상태에서는 다른 사람들이 장애인에 대한 주권자로 행세한다. 그들의 태도와 행동이 호모 사케르를 주류에 포함시키기도 하고 배제하기도 하면서 말이다.

호모 사케르의 몸은 우리 주변 어디에나 존재한다. 문서와 기록에 의해 충분히 입증된 난민과 정치적 억류자에 더하여, 나는 손상을 지닌 태아, 심각한 정신적 고통을 지닌 사람, 증오범죄의 대상이 되는 장애인을 그러한 호모 사케르의 몸에 포함시키고자 했다. 서구 사회에서 평균 수명의 연장으로 인한 결과 중 하나는 더 많은 사람들이 그들의 인생 중 어떤 시점에 손상을 경험하게 된다는 점일 것이다. 즉 누구라도 장애인이 될 수 있는 것이다. 그러므로 반복적으로 나타나는 '당연시되는 손상 없는 몸'이란, 몸에 관한 현대 사회이론에서 불확실성과 차이가 기본적 고려 사항이 된 탈구조적 전환의 시대에 하나의 이론적 간과에 해당한다. 사이보그나 몬스터 같은 이론적 형상들에 대한 관심이 존재하기는 하지만, 이런 형상들과 장애인의 체험 간에는 어떠한 연계도 이루어지지 않고 있다.[83] 단지 아감벤의 사상을 장애학에 적용하는 것뿐만이 아니라, 손상된 몸이 현대의 호모 사케르에 대해 한층 더 많은 사례를 제공한다는 점이 인정되는 것과 더불어 장애인의 체험이 사회이론 주류의 일부분이 되는 것이 반드시 필요하다.

---

83) Rosemarie Garland-Thomson, "Feminist Disability Studies", *Signs* 30, 2005, pp. 1557~1587.

옮긴이 후기

이 책의 번역을 마치고 난 후, 제가 즐겨 이용하는 인터넷 서점 사이트에 들어가 '장애+철학'을 키워드로 검색을 한번 해보았습니다. 화면에 뜬 책은 그린비 장애학 컬렉션의 두번째 권으로 번역 출간된 『거부당한 몸: 장애와 질병에 대한 여성주의 철학』(2013)이 유일하더군요. 혹시나 해서 다른 주요 인터넷 서점 사이트에서도 같은 방식으로 검색해 보았지만, 정말 그 외에는 단 한 권의 책도 더 없었습니다. 한국 사회에서 철학을 전공하거나 스스로를 철학자라고 정체화한 이들 중, 장애를 사유와 글쓰기의 화두로 삼아 지속적인 작업을 수행한 이는 사실상 전무하다는 얘기이겠지요.

물론 흔히 이야기되는 것처럼 철학이 하나의 세계관이고 입장 position이라면, 특히 장애인운동 활동가들은 언제나 일정한 철학을 다양한 방식으로 표현해 왔다고 할 수 있습니다. 그리고 루이 알튀세르 Louis Althusser의 말처럼 철학이 이론 내에서의 계급투쟁이라면, 장애학과 연동되어 이루어지는 모든 사유와 글쓰기 작업은 그 자체로 하나의 철학적 효과를 발생시켜 왔다고도 볼 수 있겠지요. 그렇지만 기성 철학계 내지 담론의 장場 내에서 이러한 '표현'과 '효과'를 인지하고 최소한의 적절한 반응이나 성찰을 보여 주었는가는 또 다른 문제일 것입니다. 그러한 장 내에서 장애/인은 철학을 행하는 '주체'subject의 자리에서도 배제되고 철학적 탐구의 '대상'object의 자리에서도 삭제된 일종의 비체abject로 존재해 왔다고 얘기한다면, 글쎄요, 너무 과한 평가일까요?

2004년 작고한 프랑스 철학자 자크 데리다Jacques Derrida는 로고스중심주의logocentrism의 해체를 자신의 평생 과업 중 하나로 삼았으며 그런 맥락에서 동물의 문제에 천착했던 이였는데요, 1997년에 쓴 「그러므로 나인 동물 (계속)」L'animal que donc je suis (à suivre)이라는 텍스트에서 다음과 같이 말합니다. "어떤 위대한 철학자에게서도, 플라톤부터 하이데거까지 그 누구의 편에서도, 이른바 동물의 문제, 그리고 동물과 인간 사이의 경계 문제가 철학적으로, 그 자체로 제기되지 않았다"고 말이지요. 우리는 데리다와 유사하지만 조금은 다른 맥락에서 이렇게 말할 수 있을 것 같습니다. (데리다 자신을 포함한) '어떤 위대한 철학자에게서도 이른바 장애인의 문제, 장애인과 비장애인 사이의 경계 문제가 철학적으로, 그 자체로 제기되지 않았다'고. 여기서 '그 자체로'라는 문구는 결정적으로 중요한데요, 특히 근대 계몽주의 및 사회계약론의 전통과 관련하여 그러합니다.

장애인이라는 범주는 자본주의의 태동 이후 '발명'되었으며, 따라서 장애란 무엇이며 누가 장애인인가, 장애인이라는 범주는 어떻게 정의될 수 있는가——정의한다define는 것은 끝finis, 즉 경계를 그리는 일이지요——라는 질문은 통치적 목적에서든 비판적 동기에서든 지속적으로 제기되어 왔습니다. 그러나 근대 철학의 담론 장 내에서 장애인(특히 인지장애인)은 인간이라는 철학적 주체와 인간 사회를 성립시키기 위한 '타자'이면서 동시에 '도구-경계'로서만 등장합니다.

　다시 말하자면 첫째, 근대 이후의 철학에서 장애인이라는 존재는 구성적 외부constitutive outside ——내부를 구성하기 위해 배제된 외부, 혹은 외부로서만 포섭된 내부——로서만 다루어질 뿐 '그 자체로' 다루어지지 않는 것은 물론이거니와, 둘째, 장애인과 비장애인을 가르는 경계 문제는 이미 자명한 것으로서 혹은 수단으로서만 다루어질 뿐 '그 자체로' 다루어지지 않습니다. 오히려 장애인이라는 존재가 '그 자체로' 인격체와 비인격체를 가르는 일종의 경계가 되지요. 즉 장애인은 (도덕적으로) 인간의 편에서 멀어지고 (생물학적으로) 동물의 편에 속하지도 않으면서 하나의 선으로 압축되고 사실상 비가시화됩니다. 장애인은 그런 맥락 속에서 정확히 이중적 의미로서의 비체——타자의 세계로 추방된 비천한 존재[卑體]인 동시에 세계성 자체가 소실된 존재[非體]——가 되지요.

　프로비던스칼리지Providence College의 철학과 교수인 리시아 칼슨은 자신의 저서 『지적장애의 얼굴들』The Faces of Intellectual Disability(2010) 서문에 '철학자의 악몽'이라는 의미심장한 제목을 붙였습니다. 그리고 지적장애는 "철학자에게 최악의 악몽"이라고 썼지요. 왜 그랬을까요? 외부도 내부도 아닌 '구성적 외부'가 진정한 내부가 되는 순간, 혹은 일차원적인 선으로서 존재하던 '경계'가 확장되어 넓이(자신의 영토)와 공간(주체적 세계성)을 획득하는 순간, 기존 철학 담론의 토대는 해체[탈구축]déconstruction되고 말 것이며 그것이 떠받치고 있던 인간계의 질서까지 흔들리게 될 테니까요.

따라서 데리다가 "경계를 지우는 것이 아니라, 경계의 형상을 증식"시키는 것이, "말하자면 선을 증가시키고 증식시킴으로써 그 선을 복잡하게 하고 두껍게 하고 비선형화"하는 것이 관건이자 자신의 주제라고 말했을 때, 의도하지는 않았겠지만 그가 취한 입장은 장애인의 문제와도 긴밀히 연관된다고 할 수 있을 것입니다. 그리고 이러한 작업이 성공한다면, 칼슨이 말했던 악몽이란 지배적 질서의 수호자들과 담지자들이 꾸게 될 기나긴 혁명 '전야'의 악몽이 될 수도 있겠지요. 이 책을 매개로 독자 여러분들이 새롭게 제기할 질문과 어느 늦은 밤 술자리에서의 토론들이 그런 악몽의 스토리를 만들어 내는 작업으로 이어질 수 있기를 기대하며, 우리 모두의 건투를 빕니다.

2019년 11월
옮긴이 김도현

참고문헌

서장 _ 장애학과 철학의 피할 수 없는 동맹

Asch, Adrienne, "Disability, Bioethics, and Human Rights", eds. Gary L. Albrecht, Katherine D. Seelman and Michael Bury, *Handbook of Disability Studies*, Thousand Oaks, CA: Sage, 2001.

Barnes, Colin, Geof Mercer and Tom Shakespeare, *Exploring Disability: A Sociological Introduction*, Cambridge: Polity Press, 1999.

Buchanan, Allen, Dan W. Brock, Norman Daniels and Daniel Wikler, *From Chance to Choice: Genetics and Justice*, Cambridge: Cambridge University Press, 2000.

Garland, Robert, *The Eye of the Beholder: Deformity and Disability in the Graeco-Roman World*, London: Duckworth, 1995.

Harris, John, *Wonderwoman and Superhuman: The Ethics of Human Biotechnology*, Oxford: Oxford University Press, 1992.

Kuhse, Helga and Peter Singer, *Should the Baby Live? The Problem of Handicapped Infants*, Oxford: Oxford University Press, 1985.

Linton, Simi, *Claiming Disability: Knowledge and Identity*, New York: New York University Press, 1998.

MacIntyre, Alasdair, *Dependent Rational Animals: Why Human Beings Need the Virtues*, London: Duckworth, 1999.

Nussbaum, Martha C., *Frontiers of Justice: Disability, Nationality, Species Membership*, Cambridge, MA: Harvard University Press, 2006.

Oliver, Michael. *The Politics of Disablement*, Basingstoke: Macmillan, 1990.

_____, *Understanding Disability: From Theory to Practice*, Basingstoke: Macmillan, 1996.

Parens, Erik and Adrienne Asch eds., *Prenatal Testing and Disability Rights*, Washington, DC: Georgetown Unversity Press, 2000.

Priestley, Mark, *Disability: A Life Course Approach*, Cambridge: Polity, 2003.

Scully, Jackie Leach, *Disability Bioethics*, Lanham, MD: Rowman and Littlefield, 2008.

Silvers, Anita, "Formal Justice", eds. Anita Silvers, David Wasserman and Mary B. Mahowald, *Disability, Difference, Discrimination: Perspective on Justice in Bioethics and Public Policy*, Lanham, MD: Rowman and Littlefield, 1998.

Silvers, Anita, David Wasserman and Mary B. Mahowald, *Disability, Difference, Discrimination: Perspective on Justice in Bioethics and Public Policy*, Lanham, MD: Rowman and Littlefield, 1998.

Stiker, Henri-Jacques, *A History of Disability*, trans. William Sayers, Ann Arbor, MI: University of Michigan Press, 1999.

Thomas, Carol, *Female Forms: Experiencing and Understanding Disability*, Buckingham: Open University Press, 1999.

Veatch, Robert M., *The Foundations of Justice: Why the Retarded and the Rest of Us Have Claims of Equality*, New York: Oxford University Press, 1986.

Vehmas, Simo, "Live and Let Die? Disability in Bioethics", *New Review of Bioethics*, 1, 2003: 145~157.

Wasserman, David T., "Philosophical Issues in the Definition and Social Response to Disabiltity", eds. Gary L. Albrecht, Katherine D. Seelman and Michael Bury, *Handbook of Disability Studies*, Thousand Oaks, CA: Sage, 2001.

Wendell, Susan, "Toward a Feminist Theory of Disability", *Hypatia* 4, 1989: 104~124.

_____, *The Rejected Body: Feminist Philosophical Reflections on Disability*, New York: Routledge, 1996[수전 웬델, 『거부당한 몸』, 김은정·강진영·황지성 옮김, 그린비, 2013].

Barnes, Colin, *Disabled People in Britain and Discrimination*, London: Hurst and Calgary, 1991.

Bickenbach, Jerome E., Somnath Chatterji, E. M. Badley and T. B. Üstün, "Models of Disablement, Universalism and the International Classification of Impairments, Disabilities and Handicaps", *Social Science and Medicine* 48, 1999: 1173~1186.

Hevey, David, *The Creatures Time Forgot: Photography and Disability Imagery*, London and New York: Routledge, 1992.

Liachowitz, Claire H., *Disability As a Social Construct: Legislative Roots*, Philadelphia, PA: University of Pennsylvania Press, 1988.

Morris, Jenny, *Pride Against Prejudice*, London: Women's Press, 1991.

Oliver, Michael, *The Politics of Disablement*, Basingstoke: Macmillan, 1990.

_____, *Understanding Disability: From Theory to Practice*, Basingstoke: Macmillan, 1996.

Shakespeare, Tom, *Disability Rights and Wrongs*, London and New York: Routledge, 2006[톰 셰익스피어, 『장애학의 쟁점』, 이지수 옮김, 학지사, 2013].

Smith, Steven R., "The Social Construction of Talent: A Defence of Justice as Reciprocity", *Journal of Political Philosophy*, 9, 2001: 19~37.

_____, "Distorted Ideals: The 'Problem of Dependency' and the Mythology of Independent Living", *Social Theory and Practice: An International and Interdisciplinary Journal of Social Philosophy* 27, 2001: 57~98.

_____, "Equality, Identity and the Disability Rights Movement: From Policy to Practice and from Kant to Nietzsche in More than One Uneasy Move", *Critical Social Policy*, 25, 2005: 554~76.

Swain, John, Sally French and Colin Cameron eds., *Controversial Issues in a Disabling Society*, Buckingham: Open University Press, 2003.

Union of the Physically Impaired Against Segregation(UPIAS), *Fundamental Principles of Disability*, London: UPIAS, 1976.

World Health Organisation(WHO), *International Classification of Functioning, Disability and Health*, Geneva: WHO, 2001.

Bickenbach, Jerome E., Somnath Chatterji, E. M. Badley and T. B. Üstün, "Models of Disablement, Universalism and the International Classification of Impairments, Disabilities and Handicaps", *Social Science and Medicine* 48, 1999: 1173~1187.

Edwards, Steven D., "Plastic Surgery and Individuals with Down's Syndrome", eds. Inez de Beaufort, Medard Hilhorst and Søren Holm, In the Eye of the Beholder: Ethics and Medical Change of Appearance, Oslo: Scandinavian University Press, 1996.

_____, *Disability, Definition, Value and Identity*, Oxford: Radcliffe Press, 2005

Engelhardt, Hugo Tristram, *The Foundation of Bioethics*, Oxford: Radcliffe Press, 1996.

Harris, John, "Is There a Coherent Social Conception of Disability?", *Journal of Medical Ethics* 26, 2000: 95~100.

Nordenfelt, Lennart, *On Disabilities and their Classification*, Linköping: University of Linköping Press, 1983.

_____, "On the Notions of Disability and Handicap", *Social Welfare* 2, 1993: 17~24.

_____, *On the Nature of Health*, Dordrecht: Kluwer, 1995.

_____, "On Disability and Illness: A Reply to Edwards", *Theoretical Medicine* 20, 1999,: 181~189.

_____, *Action, Ability and Health*, Dordrecht: Kluwer, 2000.

Oliver, Michael, *The Politics of Disablement*, Basingstoke: Macmillan, 1990.

Ouch!, "Alison Lapper Pregnant Unveiled", 2005, available online at <http://www.bbc.co.uk/print/ouch/news/btn/lapper/index.shtml>(accessed 16 November 2006).

Schramme, Thomas, "A Qualified Defence of a Naturalist Theory of Health", *Medicine, Health Care and Philosophy* 10, 2007: 11~17.

Shakespeare, Tom, *Disability Rights and Wrongs*, London and New York: Routledge, 2006[톰 셰익스피어, 『장애학의 쟁점』, 이지수 옮김, 학지사, 2013].

Union of the Physically Impaired Against Segregation(UPIAS), *Fundamental*

Principles of Disability, London: UPIAS, 1976.

Vehmas, Simo, "Ethical Analysis of the Concept of Disability", *Mental Retardation* 42, 2004: 209~222.

World Health Organisation (WHO), *International Classification of Impairments, Disabilities and Handicaps*, Geneva: WHO, 1980.

_____. *International Classification of Functioning, Disability and Health*, Geneva: WHO, 2001.

3장 _ 장애와 손상의 존재론

Albrecht, Gary L., "American Pragmatism, Sociology and the Development of Disability Studies", eds. Colin Barnes, Michael Oliver and Len Barton, *Disability Studies Today*, Cambridge: Polity Press, 2002.

Barnes, Colin, "Disability and the Myth of the Independent Researcher", *Disability and Society* 11, 1996: 107~110.

Barnes, Colin, Geof Mercer and Tom Shakespeare, *Exploring Disability: A Sociological Introduction*, Cambridge: Polity Press, 1999.

Barnes, Colin and Alison Sheldon, "'Emancipatory' Disability Research and Special Education Needs", ed. Lani Florian, *The SAGE Handbook of Special Education*, London: Sage, 2007.

Baron, Stephen, Sheila Riddell and Heather Wilkinson, "The Best Burgers? The Person with Learning Difficulties as Worker", ed. Tom Shakespeare, *The Disability Reader: Social Science Perspective*, London: Continuum, 1998.

Barton, Len, "Sociology, Disability Studies and Education: Some Observation", ed. Tom Shakespeare, *The Disability Reader: Social Science Perspective*, London: Continuum, 1998.

Best, Shaun, "The Social Construction of Pain: An Evaluation", *Disability and Society* 22, 2007: 161~171.

Bogdan, Robert and Steven J. Taylor, *The Social Meaning of Mental Retardation: Two Life Stories*, New York: Teachers College Press, 1994.

Burr, Vivien, *Social Constructionism* 2nd edn., London and New York:

Routledge, 2003.

Cahoone, Lawrence E., "Introduction", ed. Lawrence E. Cahoone, *From Modernism to Postmodernism: An Anthology* 2nd edn., Oxford: Blackwell, 2002.

Cooper, Paul, "Understanding AD/HD: A Brief Critical Review of Literature", *Children and Society* 15, 2001: 387~395.

Danforth, Scot, "What Can the Field of Developmental Disabilities Learn from Michel Foucault?", *Mental Retardation* 38, 2000: 364~369.

Danforth, Scot and William C. Rhodes, "Deconstructing Disability: A Philosophy for Inclusion", *Remedial and Special Education* 18, 1997: 357~366.

Fuss, Diana, *Essentially Speaking: Feminism, Nature and Difference*, New York: Routledge, 1989.

Goodley, Dan, "'Learning Difficulties', The Social Model of Disability and Impairment: Challenging Epistemologies", *Disability and Society* 16, 2001: 207~231.

Goodley, Dan and Mark Rapley, "Changing the Subject: Postmodernity and People with 'Learning Difficulties'", eds. Mairian Corker and Tom Shakespeare, *Disability/Postmodernity: Embodying Disability Theory*, London: Continuum, 2002.

Hacking, Ian, "Making up People", eds. Thomas C. Heller, Morton Sosna and David E. Wellbery, Reconstructing Individualism: Autonomy, Individuality, and the Self in Western Thought, Stanford, CA: Stanford University Press, 1986.

_____. *Rewriting the Soul: Multiple Personality and the Science of Memory*, Princeton, NJ: Princeton University Press, 1995.

_____. *The Social Construction of What?*, Cambridge, MA: Harvard University Press, 1999.

_____. "Kinds of People: Moving Targets", *The Tenth British Academy Lecture*, London: The British Academy, 2006. Online. Available HTTP: <http://www.britac.ac.uk/pubs/src_pdf/hacking.pdf> (accessed 26 March 2007).

Hughes, Bill, "The Constitution of Impairment: Modernity and the Aesthetic of Oppression", *Disability and Society* 14, 1999: 155~172.

_____. "Disability and the Body", eds. Colin Barnes, Michael Oliver and Len Barton, *Disability Studies Today*, Cambridge: Polity Press, 2002.

Hughes, Bill and Kevin Paterson, "The Social Model of Disability and the Disappearing Body: Towards a Sociology of Impairment", *Disability and Society* 12, 1997: 325~340.

Levine, James E., "Re-Visioning Attention Deficit Hyperactivity Disorder (ADHD)", *Clinical Social Work Journal* 25, 1997: 197~209.

Linton, Simi, *Claiming Disability: Knowledge and Identity*, New York: New York University Press, 1998.

Mercer, Geof, "Emancipatory Disability Research", eds. Colin Barnes, Michael Oliver and Len Barton, *Disability Studies Today*, Cambridge: Polity Press, 2002.

Morris, Jenny, *Pride Against Prejudice*, London: Women's Press, 1991.

Oliver, Michael, "Changing the Social Relation of Research Production?", Disability, Handicap and Society 7, 1992: 101~114.

_____. "The Social Model in Action: If I Had a Hammer", eds. Colin Barnes and Geof Mercer, *Implementing the Social Model of Disability: Theory and Research*, Leeds: The Disability Press, 2004,.

Paterson, Kevin and Bill Hughes, "Disability Studies and Phenomenology: The Carnal Politics of Everyday Life", *Disability and Society* 14, 1999: 597~610.

Roets, Griet, Dan Goodley and Geert Van Hove, "Narrative in a Nutshell: Sharing Hopes, Fears, and Dreams with Self-Advocates", Intellectual and Developmental Disabilities 45, 2007: 323~334.

Searle, John R., *The Construction of Social Reality*, London: Penguin, 1995.

Shakespeare, Tom, *Disability Rights and Wrongs*, London and New York: Routledge, 2006[톰 셰익스피어, 『장애학의 쟁점』, 이지수 옮김, 학지사, 2013].

Shakespeare, Tom and Nicholas Watson, "The Social Model of Disability: An Outdated Ideology?", *Research in Social Science and Disability* 2, 2001: 9~28.

Shildrick, Margrit and Janet Price, "Breaking the Boundaries of the Broken Body", *Body and Society* 2, 1996: 93~113.

Stone, Emma and Mark Priestley, "Parasites, Pawns and Partners: Disability Research and the Role of Non-Disabled Researchers", *British Journal of Sociology* 47, 1996: 699~716.

Taylor, Steve, "Disability Studies and Mental Retardation", Disability Studies Quarterly 16, 1996: 4~13.

Thomas, Carol, *Female Forms: Experiencing and Understanding Disability*, Buckingham: Open University Press, 1999.

_____. "Disability Theory: Key Ideas, Issues and Thinkers", eds. Colin Barnes, Michael Oliver and Len Barton, *Disability Studies Today*, Cambridge: Polity Press, 2002.

_____. "How is Disability Understood? An Examination of Sociological Approaches", Disability and Society 19, 2004: 569~583.

_____. Carol Thomas, "Rescuing a Social Relational Understanding of Disability", *Scandinavian Journal of Disability Research* 6, 2004: 22~36.

Tremain, Shelley, "On the Subject of Impairment", eds. Mairian Corker and Tom Shakespeare, *Disability/Postmodernity: Embodying Disability Theory*, London: Continuum, 2002.

Vehmas, Simo, "Live and Let Die? Disability in Bioethics", *New Review of Bioethics*, 1, 2003, pp.145~157.

_____. "Philosophy and Science: The Axes of Evil in Disability Studies?", *Journal of Medical Ethics* 34, 2008: 21~23.

Wendell, Susan, *The Rejected Body: Feminist Philosophical Reflections on Disability*, New York: Routledge, 1996[수전 웬델, 『거부당한 몸』, 김은정·강진영·황지성 옮김, 그린비, 2013].

Williams, Simon J., "Is Anybody There? Critical Realism, Chronic Illness and the Disability Debate", *Sociology of Health and Illness* 21, 1999: 797~819.

4장 _ 장애와 사고하는 몸

Albrecht, Gary L. and Patrick J. Devlieger, "The Disability Paradox: High Quality of Life Against All Odds", *Social Science and Medicine* 48, 1999: 977~988.

Amundson, Ron, "Disability, Ideology, and Quality of Life: A Bias in Biomedical Ethics", eds. David Wasserman, Robert Wachbroit and Jerome E. Bickenbach, *Quality of Life and Human Difference: Genetic Testing, Health Care, and Disability*, Cambridge: Cambridge University Press, 2005.

Anstey, K. W., "Are Attempts to Have Impaired Children Justifiable?", *Journal of Medical Ethics* 28, 2002: 286~288.

Berlucchi, Giovanni and Salvatore Aglioti, "The Body in the Brain: Neural Bases of Corporeal Awareness", *Trends in Neurosciences* 20, 1997: 560~564.

Corker, Mairian, "Differences, Conflations and Foundations: The Limits to 'Accurate' Theoretical Representation of Disabled People's Experience", *Disability and Society* 14, 1999: 627~642.

Diprose, Rosalyn, *The Bodies of Woman*, London and New York: Routledge, 1994.

Frank, Gelya, *Venus on Wheels: Two Decades of Dialogue on Disability, Biography, and Being Female in America*, Berkeley, CA: University of California Press, 2000.

Gallagher, Shaun, *How the Body Shapes the Mind*, Oxford: Oxford University Press, 2005.

Gallagher, Shaun and Jonathan Cole, "Body Image and Body Schema in a Deafferented Subject", *Journal of Mind and Behaviour* 16, 1995: 369~390.

Gallagher, Shaun and Andrew N. Meltzoff, "The Earliest Sense of Self and Others: Merleau-Ponty and Recent Developmental Studies", *Philosophical Psychology* 9, 1996: 213~236.

Gibbs jr., Raymond W., "Why Many Concepts are Metaphorical", *Cognition* 61, 1996: 309~319.

_____. "Embodiment in Metaphorical Imagination", eds. Diane Pecher and Rolf A. Zwaan, *Grounding Cognition: The Role of Perception and Action in Memory, Language, and Thinking*, Cambridge: Cambridge University Press, 2005.

Gibbs jr., Raymond W., Paula Lenz Costa Lima and Edson Francozo, "Metaphor Is Grounded in Embodied Experience", *Journal of Pragmatics*

36, 2004: 1189~1210.

Glucksberg, Sam, *Understanding Figurative Language*, Oxford: Oxford University Press, 2001.

Goffman, Erving, *Stigma*, Harmondsworth: Penguin, 1971[어빙 고프먼, 『스티그마: 장애의 세계와 사회적응』, 윤선길·정기현 옮김, 한신대학교 출판부, 2009].

Grosz, Elizabeth, *Volatile Bodies: Toward a Corporeal Feminism*, Bloomington, IN: Indiana University Press, and Sydney: Allen & Unwin, 1994.

Harding, Sandra, "Rethinking Standpoint Epistemology: What is 'Strong Objectivity'?", eds. Linda Alcoff and Elizabeth Potter, *Feminist Epistemologies*, London and New York: Routledge, 1993.

_____, *The Feminist Standpoint Theory Reader: Intellectual and Political Controversies*, London and New York: Routledge, 2004.

Hartsock, Nancy, "The Feminist Standpoint: Developing the Ground for a Specifically Feminist Historical Materialism", eds. Sandra Harding and Merrill B. Hintikka, *Discovering Reality: Feminist Perspective on Epistemology, Metaphysics, Methodology, and Philosophy of Science*, Boston, MA: Reidel, 1983.

Johnson, Mark, *The Body in the Mind: The Bodily Basis of Meaning, Imagination, and Reason*, Chicago, IL: University of Chicago Press, 1987.

_____. *Moral Imagination: Implications of Cognitive Science for Ethics*, Chicago, IL: University of Chicago Press, 1993.

Johnston, Trevor, "In One's Own Image: Ethics and the Reproduction of Deafness", *Journal of Deaf Studies and Deaf Education* 10, 2005: 426~441.

Lakoff, George, and Mark Johnson, *Metaphors We Live By*, Chicago, IL: University of Chicago Press, 1980

_____. *Philosophy in the Flesh*, New York: Basic Books, 1999

_____. "Why Cognitive Science Needs Embodied Realism", *Cognitive Linguistics* 13, 2002: 245~263.

Levy, Neil, "Deafness, Culture and Choice", *Journal of Medical Ethics* 28, 2002: 284~285.

Linton, Simi, *Claiming Disability: Knowledge and Identity*, New York: New York University Press, 1998.

Mackenzie, Catriona and Jackie Leach Scully, "Moral Imagination, Disability and Embodiment", *Journal of Applied Philosophy* 24, 2007: 335~351.

Merleau-Ponty, Maurice, *The Primacy of Perception: and Other Essays on Phenomenology, Psychology, the Philosophy of Art, History and Politics*, Evanston, IL: Northwestern University Press, 1964

_____. *The Phenomenology of Perception*, London and New York: Routledge, 2002[모리스 메를로-퐁티, 『지각의 현상학』, 류의근 옮김, 문학과지성사, 2002].

Murphy, Gregory L., "On Metaphorical Representation", *Cognition* 60, 1996: 173~204.

Parker, Michael, "The Best Possible Child", *Journal of Medical Ethics* 33, 2007: 279~283.

Pecher, Diane and Rolf A. Zwaan eds., *Grounding Cognition: The Role of Perception and Action in Memory, Language and Thinking*, Cambridge: Cambridge University Press, 2005

Sallis, John, *Merleau-Ponty: Perception, Structure, Language*, Atlantic Highlands, NJ: Humanities Press, 1981

Schmidt, Eric B., "The Parental Obligation to Expand a Child's Range of Open Futures When Making Genetic Trait Selections for Their Child", *Bioethics* 21, 2007: 191~197.

Scully, Jackie Leach, "Disabled Embodiment and an Ethic of Care", eds. Christoph Rehmann-Sutter, Marcus Düwell and Dietmar Mieth, *Bioethics in Cultural Context*, Dordrecht: Springer, 2006

_____. *Disability Bioethics*, Lanham, MD: Rowman and Littlefield, 2008.

Thelen, Esther, "Motor Development: A New Synthesis", *American Psychologist* 50, 1995: 79~95.

Thelen, Esther and Linda B. Smith, *A Dynamic Systems Approach to the Development of Cognition and Action*, Cambridge, MA: MIT Press, 1994.

Toombs, Kay, *The Meaning of Illness: A Phenomenological Account of the Different Perspectives of Physician and Patient*, Dordrecht: Kluwer, 1993.

Rompay, Thomas van, Paul Hekkert, Daniel Saakes and Beatriz Russo, "Grounding Abstract Object Characteristics in Embodied Interactions", *Acta Psychological (Amsterdam)* 119, 2005: 315~351.

Wilson, Margaret, "Six Views of Embodied Cognition", *Psychonomic Bulletin and Review* 9, 2002: 625~636.

Wolfson, Jay, "Erring on the Side of Theresa Schiavo: Reflection of the Special Guardian Ad Litem", *Hastings Center Report* 35, 2005: 16~19.

Young, Iris Marion, *On Female Body Experience: 'Throwing Like a Girl' and Other Essays*, Oxford: Oxford University Press, 2005.

5장 _ 인격과 장애인의 사회적 통합

Bach, Michael, *Social Inclusion as Solidarity: Rethinking the Child Rights Agenda*, The Laidlaw Foundation, 2002 Available HTTP: <http://www. laidlawfdn.org/cms/file/children/bach.pdf> (accessed 28 August 2007).

Brandom, Robert, "Some Pragmatist Themes in Hegel's Idealism: Negotiation and Administration in Hegel's Account of the Structure and Content of Conceptual Norms", *European Journal of Philosophy* 7, 1999: 164~189.

Buber, Martin, *I and Thou*, New York: Free Press, 1971.

Feinberg, Joel, "Abortion", ed. Tom Regan, *Matters of Life and Death*, New York: Random House, 1980.

Frankfurt, Harry G., "The Importance of What We Care About", Harry G. Frankfurt, *The Importance of What We Care About: Philosophical Essays*, Cambridge: Cambridge University Press, 1998.

_____. *Reasons of Love*, Princeton, NJ: Princeton University Press, 2004.

Honneth, Axel, *The Struggle for Recognition: The Moral and Political Grammar of Social Conflicts*, Cambridge: Polity Press, 1995[악셀 호네트, 『인정투쟁: 사회적 갈등의 도덕적 형식론』, 문성훈·이현재 옮김, 사월의책, 2011].

_____. *Recognition: A New Look at an Old Ideal*, Oxford: Oxford University Press, 2008

Honneth, Axel and Nancy Fraser, *Redistribution or Recognition? A Political-Philosophical Exchange*, London: Verso, 2003.

Ikäheimo, Heikki, "On the Genus and Species of Recognition", *Inquiry* 45, 2002: 447~462.

_____. "Recognising Persons", eds. Heikki Ikäheimo and Arto Laitinen,

Dimensions of Personhood, Exeter: Academic Imprint, 2007.

Ikäheimo, Heikki and Arto Laitinen, "Analysing Recognition: Identification, Acknowledgement and Recognitive Attitudes Between Persons", eds. Bert van den Brink and David Owen, *Recognition and Power: Axel Honneth and the Tradition of Critical Social Theory*, Cambridge: Cambridge University Press, 2007.

_____. (eds) *Dimensions of Personhood*, Exeter: Academic Imprint, 2007.

Ladwig, Bernd, "Das Recht auf Leben–nicht nur für Personen", *Deutsche Zeitschrift für Philosophie* 55, 2007: 17~39.

Laitinen, Arto, "Interpersonal Recognition: A Response to Value or a Precondition of Personhood?", *Inquiry* 45, 2002: 463~478.

_____, "Sorting Out Aspects of Personhood", eds. Heikki Ikäheimo and Arto Laitinen, *Dimensions of Personhood*, Exeter: Academic Imprint, 2007.

Locke, John, *An Essay Concerning Human Understanding*, New York: Penguin Books, 1997.

Mead, George Herbert, *Mind, Self and Society*, Chicago, IL: University of Chicago Press, 1962.

Murdoch, Iris, *The Sovereignty of Good*, London: Routledge & Kegan Paul, 1970.

Oliver, Michael, *Understanding Disability: From Theory to Practice*, Basingstoke: Macmillan, 1996.

Parsons, Talcott, "Prolegomena to a Theory of Social Institution", *American Sociological Review* 55, 1990: 319~333.

Pitkin, Hanna Fenichel, "Rethinking Reification", *Theory and Society* 16, 1987: 263~293.

Searle, John R., *The Construction of Social Reality*, London: Penguin, 1995.

Sellars, Wilfrid, "Philosophy and the Scientific Image of Man", ed. Robert G. Colodny, *Frontiers of Science and Philosophy*, Pittsburgh, PA: University of Pittsburgh Press, 1962.

Sen, Amartya, *Social Exclusion: Concept, Application and Scrutiny* (Social Development Papers No. 1.), Asian Development Bank, 2000. Available HTTP: <http://www.adb.org/Documents/Books/Social_Exclusion> (accessed 28 August 2007).

Spaemann, Robert, *Persons: The Difference Between 'Someone' and 'Something'*, New York: Oxford University Press, 2007.

Thompson, Simon, *Political Theory of Recognition: A Critical Introduction*, Cambridge: Polity Press, 2006.

Tooley, Michael, "Abortion and Infanticide", *Philosophy and Public Affairs* 2, 1972: 37~65.

van den Brink, Bert and David Owen eds., *Recognition and Power: Axel Honneth and the Tradition of Critical Social Theory*, Cambridge: Cambridge University Press, 2007.

Vehmas, Simo, "The Who or What of Steve", eds. Matti Häyry, Tuija Takala and Peter Herissone-Kelly, and Gardar Árnason, *Arguments and Analysis in Bioethics*, New York: Rodopi, 2007.

Vlastos, Gregory, "The Individual as an Object of Love in Plato", Gregory Vlastos, *Platonic Studies*, Princeton, NJ: Princeton University Press, 1981.

6장 _ 장애와 자유

Daniels, Norman, "Equal Liberty and Unequal Worth of Liberty", ed. Norman Daniels, *Reading Rawls*, Oxford: Blackwell, 1975.

Feinberg, Joel, *Social Philosophy*, Englewood Cliffs, NJ: Prentice Hall, 1973.

Glover, Jonathan, *Choosing Children*, Oxford: Oxford University Press, 2006.

Gray, Tim, *Freedom*, Basingstoke: Macmillan, 1991.

Hull, Richard, "Defining Disability: A Philosophical Approach", *Res Publica* 4(2), 1998: 2.

_____. *Deprivation and Freedom*, London and New York: Routledge, 2007.

MacCallum, Gerald, "Negative and Positive Freedom", ed. David Miller, *Liberty*, Oxford: Oxford University Press, 1991.

Miller, David ed., *Liberty*, Oxford: Oxford University Press, 1991.

Pogge, Thomas W., *Realizing Rawls*, Ithaca, NY: Cornell University Press, 1989.

Rawls, John, *A Theory of Justice*, Oxford: Oxford University Press, 1972[존 롤스, 『정의론』, 황경식 옮김, 이학사, 2003].

_____. "The Basic Liberties and Their Priority", ed. Sterling M. McMurrin, *The Tanner Lectures on Human Value* Vol. III, Salt Lake City, UT: University of Utah Press, 1982.

Sen, Amartya et al., *The Standard of Living*, Cambridge: Cambridge University Press, 1987.

Van Parijs, Philippe, *Real Freedom for All*, Oxford: Clarendon Press, 1995[필리프 판 파레이스, 『모두에게 실질적 자유를』, 조현진 옮김, 후마니타스, 2016].

Williams, Bernard, "The Standard of Living: Interest and Capabilities", Amartya Sen et al., *The Standard of Living*, Cambridge: Cambridge University Press, 1987.

7장 _ 장애, 재능 부재, 분배적 정의

Altman, Barbara M., "Disability Definitions, Models, Classification Schemes, and Applications", eds. Gary L. Albrecht, Katherine D. Seelman and Michael Bury, *Handbook of Disability Studies*, Thousand Oaks, CA: Sage, 2001.

Amundson, Ron, "Disability, Handicap, and the Environment", *Journal of Social Philosophy* 23, 1992: 105~118.

Anderson, Elizabeth, "What is the Point of Equality?", *Ethics* 109, 1999: 287~337.

Bagenstos, Samuel R., "Subordination, Stigma, and 'Disability'", *Virginia Law Review* 86, 2000: 397~534.

_____. "The Americans with Disabilities Act as Welfare Reform", *Williams and Mary Law Journal* 44, 2003: 1~89.

Bickenbach, Jerome E., *Physical Disability and Social Policy*, Toronto: University of Toronto Press, 1993.

Brighouse, Harry and Adam Swift, "Equality, Priority, and Positional Goods", *Ethics* 116, 2006: 471~95.

Daniels, Norman, "Justice and Health Care", eds. Donald Van DeVeer and Tom Regan, *Health Care Ethics: An Introduction*, Philadelphia, PA: Temple University Press, 1986..

Dworkin, Ronald, "What Is Equality? Part 2: Equality of Resources", *Philosophy and Public Affairs* 10, 1981: 283~345.

Fougeyrollas, Patrick, "Documenting Environmental Factors for Preventing the Handicap Creation Process", *Disability and Rehabilitation* 17, 1995: 83~102.

Frankfurt, Harry G., "Equality as a Moral Ideal", *Ethics* 98, 1987: 21~43.

Gutmann, Amy, *Democratic Education*, Princeton, NJ: Princeton University Press, 1987.

Hahn, Harlan, "The Politics of Physical Differences: Disability and Discrimination", *Journal of Social Issues* 44, 1988: 43~68.

Hirsch, Fred, *Social Limits to Growth*, Cambridge, MA: Harvard University Press, 1976.

Hollis, Martin, "Education as a Positional Good", *Journal of Philosophy of Education* 22, 1984: 235~244.

Merton, Robert King, *Social Theory and Social Structure*, Glencoe, IL: Free Press, 1968.

Nagi, Saad Z., "Some Conceptual Issues in Disability and Rehabilitation", ed. Marvin B. Sussman, *Sociology and Rehabilitation*, Washington, DC: American Sociological Association, 1965.

Nozick, Robert, *Anarchy, State and Utopia*, New York: Basic Books, 1974.

Nussbaum, Martha C., "Human Functioning and Social Justice: A Defense of Aristotelian Essentialism", *Political Theory*, 20, 1992: 202~246.

Oliver, Michael, "Social Policy and Disability: Some Theoretical Issues", *Disability, Handicap and Society* 1, 1986: 5~17.

Parfit, Derek, "Equality and Priority", eds. Matthew Clayton and Andrew Williams, *The Ideal of Equality*, Basingstoke: Palgrave Macmillan, 2000.

Pogge, Thomas W., *Realizing Rawls*, Ithaca, NY: Cornell University Press, 1989.

Rawls, John, *A Theory of Justice*, Oxford: Oxford University Press, 1972[존 롤스, 『정의론』, 황경식 옮김, 이학사, 2003].

Safilios-Rothschild, Constantina, *The Sociology and Social Psychology of Disability and Rehabilitation*, New York: Random House, 1970.

Sen, Amartya, "Equality of What?", ed. Sterling M. McMurrin, *The Tanner*

Lectures on Human Value Vol. I, Salt Lake City, UT: University of Utah Press, 1980.

_____. "Capability and Well-Being", eds. Martha Nussbaum and Amartya Sen, *The Quality of Life*, Oxford: Clarendon Press, 1993.

Shakespeare, Tom, *Disability Rights and Wrongs*, London and New York: Routledge, 2006[톰 셰익스피어, 『장애학의 쟁점』, 이지수 옮김, 학지사, 2013].

Silvers, Anita, "'Defective' Agents: Equality, Difference and the Tyranny of the Normal", *Journal of Social Philosophy* (25th Anniversary Special Issue), 1994: 154~175.

Stein, Michael A., "The Law and Economics of Disability Accommodations", *Duke Law Journal* 53, 2003: 79~192.

_____. Distributive Justice and Disability: Utilitarianism against Egalitarianism, New Heaven, CT: Yale University Press, 2006.

Tawney, Richard H., *Equality*, London: Allen and Unwin, 1931.

Temkin, Larry, "Equality, Priority and the Levelling Down Objection", eds. Matthew Clayton and Andrew Williams, *The Ideal of Equality*, Basingstoke: Palgrave Macmillan, 2000.

Union of the Physically Impaired Against Segregation(UPIAS), *Fundamental Principles of Disability*, London: UPIAS, 1976.

Wasserman, David, "Some Moral Issues in the Correction of Impairments", *Journal of Social Philosophy* 27, 1996: 128~145.

_____. "Distributive Justice", eds. Anita Silvers, David Wasserman and Mary B. Mahowald, *Disability, Difference, Discrimination: Perspective on Justice in Bioethics and Public Policy*, Lanham, MD: Rowman and Littlefield, 1998.

_____. "Addiction and Disability: Moral and Policy Issues", *Substance Use and Misuse* 39, 2004: 461~88.

Wilkinson, Richard G., *Unhealthy Societies: The Afflictions of Inequality*, London: Routledge, 1996.

Williams, Gareth, "Theorising Disability", eds. Gary L. Albrecht, Katherine D. Seelman and Michael Bury, *Handbook of Disability Studies*, Thousand Oaks, CA: Sage, 2001.

World Health Organisation(WHO), *International Classification of*

Functioning, Disability and Health, Geneva: WHO, 2001.

Wright, Beatrice Ann Posner, *Physical Disability: A Psychosocial Approach* 2nd edn., New York: Harper and Row, 1983.

Young, Iris Marion, *Justice and the Politics of Difference*, Princeton, NJ: Princeton University Press, 1990.

Zola, Irving K., "Toward the Necessary Universalizing of a Disability Policy", *The Milbank Quarterly* 67, 1989: 401~428.

8장 _ 젠더, 장애, 개인적 정체성

Amundson, Ron, "Disability, Ideology, and Quality of Life: A Bias in Biomedical Ethics", eds. David Wasserman, Robert Wachbroit and Jerome E. Bickenbach, *Quality of Life and Human Difference: Genetic Testing, Health Care, and Disability*, Cambridge: Cambridge University Press, 2005.

bat Tzedek, Elliott Femynye, "The Rights and Wrongs of Identity Politics and Sexual Identities", eds. Maxine Baca Zinn, Pierrette Hondagneu-Sotelo and Michael A. Messner, *Gender through the Prism of Difference* 3rd edn, Oxford: Oxford University Press, 2005.

Blackless, Melanie, Anthony Charuvastra, Amanda Derryck, Anne Fausto-Sterling, Karl Lauzanne and Ellen Lee, "How Sexually Dimorphic Are We? Review and Synthesis", *American Journal of Human Biology* 12, 2000: 151~166.

Gilligan, Carol, *In a Different Voice: Psychological Theory and Women's Development*, Cambridge, MA: Harvard University Press, 1982.

Glover, Jonathan, *I: The Philosophy and Psychology of Personal Identity*, London: Penguin, 1988.

Grillo, Trina, "Anti-Essentialism and Intersectionality", eds. Elizabeth Hackett and Sally Anne Haslanger, *Theorising Feminism: A Reader*, Oxford: Oxford University Press, 2006.

Hackett, Elizabeth and Sally Anne Haslanger, (eds). *Theorising Feminism: A Reader*, Oxford: Oxford University Press, 2006.

Longmore, Paul K., *Why I Burned My Book and Other Essays on Disability*, Philadelphia, PA: Temple University Press, 2003.

Meyers, Diana T., *Gender in the Mirror: Cultural Imagery and Women's Agency*, Oxford: Oxford University Press, 2000.

Parens, Erik and Adrienne Asch, "The Disability Rights Critique of Prenatal Genetic Testing: Reflections and Recommendation", *Hastings Center Report* 29, 1999: S1~S22.

Richards, Janet Radcliffe, *The Sceptical Feminist: A Philosophical Enquiry*, Harmondsworth: Penguin, 1982.

Shakespeare, Tom, *Disability Rights and Wrongs*, London and New York: Routledge, 2006[톰 셰익스피어, 『장애학의 쟁점』, 이지수 옮김, 학지사, 2013].

Sparti, David, "Making up People: On Some Looping Effects of the Human Kind: Institutional Reflexivity or Social Control", *European Journal of Social Theory* 4, 2001: 331~349.

Swain, John and Sally French, "Towards an Affirmation Model of Disability", *Disability and Society* 15, 2000: 569~82.

Takala, Tuija and Matti Häyry, "Is Communitarian Thinking Altruistic?", *TRAMES* 8, 2004: 276~86.

Young, Iris Marion, "Five Faces of Oppression", eds. Elizabeth Hackett and Sally Anne Haslanger, *Theorising Feminism: A Reader*, Oxford: Oxford University Press, 2006.

Zinn, Maxine Baca and Bonnie Thornton Dill, "Theorising Difference from Multiracial Feminism", eds. Maxine Baca Zinn, Pierrette Hondagneu-Sotelo and Michael A. Messner, *Gender through the Prism of Difference* 3rd edn, Oxford: Oxford University Press, 2005.

9장 _ 인공와우, 언어권, '열려 있는 미래'론

Balkany, Thomas, Annelle V. Hodges and Kenneth W. Goodman, "Ethics of Cochlear Implantation in Young Children", *Otolaryngology, Head and Neck Surgery* 114, 1996: 748~755.

Breazeale, Daniel, "Why Fichte now?", *Journal of Philosophy* 88, 1991:

524~531.

Brunnberg, Elinor, *Vi bytte våra hörande skolkamrater mot döva: förändring av hörselskadade barns identitet och självförtroende vid byte av språklig skolmiljö*[*We Exchanged Our Hearing School-Friends with Deaf Ones: Changes in the Identity and Self-Confidence for Hearing-Impaired Children by Changing the Language of School-Environments*], Örebro, Sweden: Örebro University, 2003.

Chen, Albert H. Y., "The Philosophy of Language Rights", *Language Science* 20, 1998: 45~54.

Corker, Mairian, *Deaf and Disabled, or Deafness Disabled? Towards a Human Rights Perspective*, Buckingham: Open University Press, 1998.

Davis, Dena S., "Cochlear Implants and the Claims of Culture? A Response to Lane and Grodin", *Kennedy Institute of Ethics Journal* 7, 1997: 253~258.

_____. "Genetic Dilemmas and the Child's Rights to an Open Future", *Hastings Center Reports* 27, 1997.

Engen, Thor Ola and Lars Anders Kulbrandstad, *Tospråklighet, minoritetsspråk og minoritetundervisning*[*Bilingualism, Minority Language, and Education of Minorities*], Oslo: Gyldendal Akademisk, 2004.

Eriksen, Thomas Hylland, *Languages at the Margins of Modernity: Linguistic Minorities and the Nation-State*, Oslo: International Peace Research Institute(PRIO), 1991.

Feinberg, Joel, "The Child's Right to an Open Future", eds. William Aiken and Hugh LaFollette, *Whose Child? Children's Rights, Parental Authority, and State Power*, Totowa, NJ: Littlefield, Adams and Co., 1980.

Frønes, Ivar, *De likeverdige: om sosialisering og de jevnaldrendes betydning*[*The Equals: Socialisation and the Significance of Peer-relationships*], Oslo: Universitets-forlaget, 1998.

Grønlie, Sissel M., *Uten hørsel?: En bok om hørselshemming*[*Without Hearing? A Book about Hearing Impairment*], Bergen: Fagbokforlaget, 2005.

Harris, John, "Is There a Coherent Social Conception of Disability?", *Journal of Medical Ethics* 26, 2000: 95~100.

Harris, J. P., J. P. Anderson and R. Novak, "An Outcome Study of Cochlear

Implants in Deaf Patients: Audiologic, Economic, and Quality-of-Life Changes", *Archives of Otolaryngology Head and Neck Surgery* 121, 1995: 398~404.

Kant, Immanuel, "Grunnlegging av moralens metafysikk(Grundlegung zur Metaphysik der Sitten)"[Fundamental Principles of the Metaphysics of Morals], ed. Eivind Storheim, *Moral, politikk og historie*, Oslo: Universitetsforlaget, 1983.

Kermit, Patrick, "Tegnspråk og anerkjennelsen av døve som en språklig minoritet"[Sign Language and the Recognition of Deaf People as a Linguistic Minority], eds. S. R. Jørgensen and R. L. Anjum, *Tegn som språk: en antologi om tegnspråk*[*Signs as Language: An Anthology about Sign Language*], Oslo: Gyldendal Akademisk, 2006.

Kermit, Patrick, Astri Holm and Odd Morten Mjøen, *Cochleaimplantat i et tospråklig og etisk perspektiv*[*Cochlear Implantation in a Bilingual and Ethnic Perspective*](Report No. 14), Trondheim, Norway: University-College of Sør-Trøndelag, Department of Teaching and Interpreter Education, 2005.

Kruth, Lars, *En tyst värld –full av liv*[*A Silent World: Full of Life*], Örebro: SIH Läromedel, 1996.

Ladd, Paddy, *Understanding Deaf Culture: In Search of Deafhood*, London: Cromwell Press, 2003.

Lahey, Margaret, *Language Disorders and Language Development*, Basingstoke: Macmillan, 1988.

Levy, Neil, "Deafness, Culture and Choice", *Journal of Medical Ethics* 28, 2002: 284~285.

_____. "Reconsidering Cochlear Implants: The Lessons of Martha's Vineyard", *Bioethics* 16, 2002: 134~153.

Matre, Synnøve, "Munnlege tekstar hos barn: ein studie av barn 5-8 år i dialogisk samspell"[Oral Texts among Children: A Study of Children Aged 5-8 in Dialogic Interaction], unpublished doctoral dissertation, Trondhem: Norwegian University of Science and Technology, 1997.

Mead, George Herbert, "The Mechanism of Social Consciousness", *Journal of Philosophy, Psychology and Scientific Methods* 9, 1912: 401~406.

_____. "The Social Self", *Journal of Philosophy, Psychology and Scientific Methods* 10, 1913: 374~380.

Mukari, Siti Z., Lai N. Ling and Hanizam A. Ghani, "Educational Performance of Pediatric Cochlear Implant Recipients in Mainstream Classes", *International Journal of Pediatric Otorhinolaryngology* 71, 2007: 231~240.

Nunes, Rui, "Ethical Dimension of Paediatric Cochlear Implantation", *Theoretical Medicine and Bioethics* 22, 2001: 337~349.

Padden, Carol and Tom Humphries, *Deaf in America: Voices from a Culture*, Cambridge, MA: Harvard University Press, 1998.

Patten, Alan and Will Kymlicka, "Introduction: Language Rights and Political Theory: Context, Issues, and Approach", eds. Will Kymlicka and Alan Patten, *Language Rights and Political Theory*, Oxford: Oxford University Press, 2003.

Pennycook, Alastair, "The Right to Language: Towards a Situated Ethics of Language Possibilities", *Language Science* 20, 1998: 73~87.

Skjervheim, Hans, *Deltakar og tilskodar og andre essays[Participant and Audience and Other Essays]*, Oslo: Tanum-Norli, 1976.

Skutnabb-Kangas, Tove, "Marvelous Human Rights Rhetoric and Grim Realities: Language Rights in Education", *Journal of Language, Identity and Education* 1, 2002: 179~205.

Skutnabb-Kangas, Tove and Robert Phillipson, "Linguistic Human Rights, Past and Present", eds. Tove Skutnabb-Kangas and Robert Phillipson, *Linguistic Human Rights: Overcoming Linguistic Discrimination*, Berlin and New York: Mouton de Gruyter, 1994.

Stokoe Jr., William C., "Sign Language Structure: An Outline of the Visual Communication Systems of the American Deaf", *Journal of Deaf Studies and Deaf Education* 10, 2005: 3~37.

Takala, Tuija, "The Child's Right to an Open Future and Modern Genetics", eds. Brenda Almond and Michael Parker, *Ethical Issues in the New Genetics: Are Genes Us?*, Aldershot: Ashgate, 2003.

Thoutenhoofd, Ernst et al., *Paediatric Cochlear Implantation*, London: Whurr Publishers, 2005.

Tugendhat, Ernst, *Selbstbewußtsein und Selbstbestimmung: Sprachanalytische*

Interpretationen[*Self-Consciousness and Self-Determination: A Linguistic Interpretation*], Frankfurt: Suhrkamp Verlag, 1979.

Tye-Murray, Nancy, "Conversational Fluency of Children who Use Cochlear Implants", *Ear and Hearing* 24, 2003: 82S~89S.

United Nations, *Universal Declaration of Human Rights*, New York: United Nations, 1948. Available at <http://www.un.org/Overview/rights.html> (accessed 5 February 2008).

_____. *United Nations Convention on the Rights of the Child*, New York: United Nations, 1990. Available at <http://www.unhchr.ch/html/menu3/b/k2crc.htm> (accessed 5 February 2008).

_____. *United Nations Declaration on the Rights of Indigenous Peoples*, New York: United Nations, 2007. Available at <http://daccessdds.un.org/doc/UNDOC/GEN/N06/512/07/PDF/N0651207.pdf?OpenElement> (accessed 5 February 2008).

Vygotsky, Lev S., *Mind in Society: The Development of Higher Psychological Processes*, Cambridge, MA: Harvard University Press, 1978.

Wie, Ona Bø, *Kan døve bli hørende?: en kartlegging av de hundre første barna med cochleaimplantat i Norge*[*Can the Deaf Become Hearing? A Survey of the First Hundred Children with Cochlear Implants in Norway*], Oslo: Unipub forlag, 2005.

Wittgenstein, Ludwig, *Philosophical Investigations*, Oxford: Blackwell, 1967[루트비히 비트겐슈타인, 『철학적 탐구』, 이영철 옮김, 책세상, 2006].

_____. *Tractatus Logico-Philosophicus*, London and New York: Routledge, 1992[루트비히 비트겐슈타인, 『논리철학논고』, 이영철 옮김, 책세상, 2006].

Wray, Denise, Carol Flexer and Vanessa Vaccaro, "Classroom Performance of Children who Are Deaf or Hard of Hearing and Who Learned Spoken Communication through the Auditory-Verbal Approach: An Evaluation of Treatment Efficacy", *Volta Review* 99, 1997: 107.

10장 _ '농배아' 선택의 도덕적 경합성

Anstey, K. W., "Are Attempts to Have Impaired Children Justifiable?", *Journal of Medical Ethics* 28, 2002: 286~288.

Baruch, Susannah, David Kaufman and Kathy L. Hudson, "Genetic Testing of Embryos: Practices and Perspectives of Us in Vitro Fertilization Clinics", *Fertility and Sterility* 89, 2008.

Buchanan, Allen, Dan W. Brock, Norman Daniels and Daniel Wikler, *From Chance to Choice: Genetics and Justice*, Cambridge: Cambridge University Press, 2000.

Elwyn, Glyn, Jonathon Gray and Angus Clarke, "Shared Decision Making and Non-Directiveness in Genetic Counselling", *Journal of Medical Genetics* 37, 2000: 135~138.

Gillon, Raanan, *Philosophical Medical Ethics*, Chichester: John Wiley and Sons, 1985.

Hare, Richard M., "Survival of the Weakest", ed. Samuel Gorovitz, *Moral Problems in Medicine*, Englewood Cliffs, NJ: Prentice-Hall, 1976.

Harris, John, *Wonderwoman and Superhuman: The Ethics of Human Biotechnology*, Oxford: Oxford University Press, 1992.

_____. "Is There a Coherent Social Conception of Disability?", *Journal of Medical Ethics* 26, 2000: 95~100.

_____. "One Principle and Three Fallacies of Disability Studies", *Journal of Medical Ethics* 27, 2001: 383~387.

_____. *Enhancing Evolution: The Ethical Case for Making Better People*, Princeton, NJ: Princeton University Press, 2007.

Hawking, Stephen W., *Black Holes and Baby Universe*, New York: Bantam Books, 1993.

Häyry, Heta, *The Limits of Medical Paternalism*, London and New York: Routledge, 1991.

_____. *Liberal Utilitarianism and Applied Ethics*, London and New York: Routledge, 1994.

_____. "What the Fox Would Have Said, Had He Been a Hedgehog: on the Methodology and Normative Approach of John Harris's Wonderwoman and Superman", eds., Veikko Launis, Juhani Pietarinen and Juha Räikkä, *Genes and Morality: New Essays*, Amsterdam and Atlanta, GA: Rodopi, 1999.

_____. "If You Must Make Babies, Then at Least Make the Best Babies You Can?", *Human Fertility* 7, 2004: 105~112.

_____. "There Is a Difference Between Selecting a Deaf Embryo and Deafening a Hearing Child", *Journal of Medical Ethics* 30, 2004: 510~512.

_____. "A Rational Cure for Pre-Reproductive Stress Syndrome", *Journal of Medical Ethics* 30, 2004: 377~378.

_____. "The Rational Cure for Prereproductive Stress Syndrome Revisited", *Journal of Medical Ethics* 31, 2005: 606~607.

_____. "Utilitarianism and Bioethics", eds. Richard E. Ashcroft, Angus Dawson, Heather Draper and John R. McMillan, *Principles of Health Care Ethics* 2nd edn., Chichester: John Wiley and Sons, 2007.

Koch, Tom, "Life Quality Vs the 'Quality of Life': Assumption Underlying Prospective Quality of Life Instruments in Health Care Planning", *Social Science and Medicine* 51, 2000: 419~428.

_____. "Disability and Difference: Balancing Social and Physical Constructions", *Journal of Medical Ethics* 27, 2001: 370~376.

_____. "The Ideology of Normalcy: The Ethics of Difference", *Journal of Disability Policy Studies* 16, 2005: 123~129.

Levy, Neil, "Deafness, Culture and Choice", *Journal of Medical Ethics* 28, 2002: 284~285.

Mill, John Stuart, *On Liberty*, 1859, reprinted J. S. Mill, *On Liberty and The Subjection of Women*, Ware: Wordsworth, 1996.

Mundy, Liza, "A World of Their Own", *Washington Post*, 2002. 3. 31., p. W22.

Munthe, Christian, *Pure Selection: The Ethics of Preimplantation Genetic Diagnosis and Choosing Children without Abortion*, Gothenburg: Acta Universitatis Gothoburgensis, 1999.

Oduncu, Fuat S., "The Role of Non-Directiveness in Genetic Counselling", *Medicine, Health Care and Philosophy* 5, 2002: 53~63.

Parker, Michael, "The Best Possible Child", *Journal of Medical Ethics* 33, 2007: 279~283.

Reindal, Solveig Magnus, "Disability, Gene Therapy and Eugenics: A Challenge to John Harris", *Journal of Medical Ethics* 26, 2000: 89~94.

Robertson, John A., "Extending Preimplantation Genetic Diagnosis: The

Ethical Debate", *Human Reproduction* 18, 2003: 465~471.

Savulescu, Julian, "Procreative Beneficence: Why We Should Select the Best Children", *Bioethics* 15, 2001: 413~426.

_____. "Deaf Lesbians, 'Designer Disability' and the Future of Medicine", *British Medical Journal* 325, 2002: 771~773.

Singer, Peter, "Ethics and Disability: A Response to Koch", *Journal of Disability Policy Studies* 16, 2005: 130~133.

Spriggs, Merle, "Lesbian Couple Create a Child Who Is Deaf Like Them", *Journal of Medical Ethics* 28, 2002: 283.

Suter, Sonia M., "Value Neutrality and Nondirectiveness: Comments on 'Future Directions in Genetic Counseling'", *Kennedy Institute of Ethics Journal* 8, 1998: 161~163.

Takala, Tuija, "Utilitarianism Shot Down by Its Own Men", *Cambridge Quarterly of Healthcare Ethics* 12, 2003: 447~454.

_____. "Acts and Omissions", eds. Richard E. Ashcroft, Angus Dawson, Heather Draper and John R. McMillan, *Principles of Health Care Ethics* 2nd edn., Chichester: John Wiley and Sons, 2007.

Vehmas, Simo, "Ethical Analysis of the Concept of Disability", *Mental Retardation* 42, 2004: 209~222.

Vehmas, Simo, and Pekka Mäkelä, "A Realist Account of the Ontology of Impairment", *Journal of Medical Ethics* 34, 2008: 93~95.

11장 _ 장애 관련 법률의 형성에서 의료 전문가의 역할

Addington-Hall, Julia and Lalit Kalra, "Who Should Measure Quality of Life?", *British Medical Journal* 322, 2001: 1417~1420.

Altman, Barbara M., "Disability Definitions, Models, Classification Schemes, and Applications", eds. Gary L. Albrecht, Katherine D. Seelman and Michael Bury, *Handbook of Disability Studies*, Thousand Oaks, CA: Sage, 2001.

Andrews, Keith, "Misdiagnosis of the Vegetative State: Retrospective Study in a Rehabilitation Unit", *British Medical Journal* 313, 1996: 13~16.

Andrews, Lori B., *Future Perfect: Confronting Decisions About Genetics*, New York: Columbia University Press, 2002.

Asch, Adrienne, "Distracted by Disability", *Cambridge Quarterly of Healthcare Ethics* 7, 1988: 77~87.

_____. "Disability, Bioethics, and Human Rights", eds. Gary L. Albrecht, Katherine D. Seelman and Michael Bury, *Handbook of Disability Studies*, Thousand Oaks, CA: Sage, 2001.

British Council of Disabled People, *The New Genetics and Disabled People*, London: BCODP, 2000.

Brownsword, Roger, "An Introduction to Legal Research", 2006. Available HTTP:<http://www.wellcome.ac.uk/assets/wtx030897.pdf> (accessed 2 January 2007).

Cella, David F., "Quality of Life: The Concept", *Journal of Palliative Care* 8, 1992: 8~13.

Corker Mairian, and Tom Shakespeare, "Mapping the Terrain", eds. Mairian Corker and Tom Shakespeare, *Disability/Postmodernity: Embodying Disability Theory*, London: Continuum, 2002.

Department of Constitutional Affairs, *Mental Capacity Act 2005 Code of Practice*, London: HMSO, 2007.

Derrida, Jacques, *Writing and Difference*, Chicago, IL: University of Chicago Press, 1978.

Dworkin, Ronald, *Life's Dominion*, London: HarperCollins, 1993.

Foster, Charles, "Burke: A Tale of Unhappy Endings", *Journal of Philosophy and International Law* 4, 2005: 293~300.

_____. "Re MB: At the Edge of Life and at the Edge of the Law", *Family Law Journal* 67, 2006: 8~9.

_____. "Re MB: Always Look on the Bright Side of Life", *Healthcare Risk Report* 12, 2006: 23~24.

Frisch, Michael B., *QOLI: Quality of Life Inventory*, Minneapolis, MN: National Computer Systems, 1994.

Gallagher, Hugh Gregory, "Can We Afford Disabled People?", Fourteenth Annual James C. Hemphill Lecture, Rehabilitation Institute of Chicago, 1995. 9. 7.

General Medical Council(GMC), *Tomorrow's Doctors: Recommendations for Undergraduate Medical Education*, London: GMC, 2003.

Gerhart, Kenneth A., Jane Koziol-McLain, Steven R. Lowenstein and Gale G. Whiteneck, "Quality of Life Following Spinal Cord Injury: Knowledge and Attitude of Emergency Care Providers", *Annals of Emergency Medicine* 23, 1994: 807~812.

Goble, Colin, "Controlling Life?", eds. John Swain, Sally French and Colin Cameron, *Controversial Issues in a Disabling Society*, Buckingham: Open University Press, 2003.

Holland, James and Julian Webb, *Learning Legal Rules* 6th edn., Oxford: Oxford University Press, 2006.

Hughes, Bill and Kevin Paterson, "The Social Model of Disability and the Disappearing Body: Towards a Sociology of Impairment", *Disability and Society* 12, 1997: 325~340.

Kennedy, Ian, "Patients, Doctors and Human Rights", ed. Ian Kennedy, *Treat Me Right: Essays in Medical Law and Ethics*, Oxford: Clarendon Press, 1988.

Montgomery, Jonathan, "Rhetoric and 'Welfare'", *Oxford Journal of Legal Studies* 9, 1989: 395~402.

_____. "Health Care Law for a Multi-Faith Society", ed. John Murphy, *Ethnic Minorities, Their Families and the Law*, Oxford: Hart Publishing, 2000.

Morris, Jenny, *Pride Against Prejudice*, London: Women's Press, 1991.

Parens, Erik and Adrienne Asch eds., *Prenatal Testing and Disability Rights*, Washington, DC: Georgetown Unversity Press, 2000.

Reinders, Hans S., *The Future of the Disabled in Liberal Society: An Ethical Analysis*, Notre Dame, IN: University of Notre Dame Press, 2000.

Rothwell, P. M., Z. McDowell, C. K. Wong and P. J. Dorman, "Doctors and Patients Don't Agree: Cross-sectional Study of Patients' and Doctors' Assessments of Disability in Multiple Sclerosis", *British Medical Journal* 314, 1997: 1580~1583.

Royal College of Paediatrics and Child Health(RCPCH), *Withholding or Withdrawing Life Sustaining Treatment in Children: A Framework for*

Practice 2nd end., London: RCPCH, 2004.

Saraga, Esther, *Embodying the Social: Construction of Difference*, London and New York: Routledge, 1998.

Sehgal, Ashwini, Alison Galbraith, Margaret Chesney, Patricia Schoenfeld, Gerald Charles and Bernard Lo, "How Strictly Do Dialysis Patients Want Their Advance Directives Followed?", *Journal of the American Medical Association* 267, 1992: 59~63.

Shakespeare, Tom, "Choice and Rights: Eugenics, Genetics and Disability Equality", *Disability and Society* 13, 1998: 665~681.

_____. *Disability Rights and Wrongs*, London and New York: Routledge, 2006[톰 셰익스피어, 『장애학의 쟁점』, 이지수 옮김, 학지사, 2013].

Testa, Marcia A. and Johanna F. Nackley, "Methods for Quality of Life Studies", *Annual Review of Public Health* 59, 1994: 535~559.

Thomas, Carol and Mairian Corker, "A Journey Around the Social Model", eds. Mairian Corker and Tom Shakespeare, *Disability/Postmodernity: Embodying Disability Theory*, London: Continuum, 2002.

Tremain, Shelley, "On the Subject of Impairment", eds. Mairian Corker and Tom Shakespeare, *Disability/Postmodernity: Embodying Disability Theory*, London: Continuum, 2002.

Walter, James J. and Thomas Anthony Shannon, *Quality of Life: The New Medical Dilemma*, Mahwah, NJ: Paulist Press, 1990.

Ward, Linda, "Whose Right to Choose? The 'New' Genetics, Prenatal Testing and People with Learning Difficulties", *Critical Public Health* 12, 2002: 187~200.

Wasserman, David, Robert Wachbroit and Jerome E. Bickenbach eds., *Quality of Life and Human Difference: Genetic Testing, Health Care, and Disability*, Cambridge: Cambridge University Press, 2005.

12장 _ 다운증후군에 대한 산전 선별검사

Asch, Adrienne, "Why I Haven't Changed My Mind on Prenatal Diagnosis", eds. Erik Parens and Adrienne Asch, *Prenatal Testing and Disability*

Rights, Washington, DC: Georgetown Unversity Press, 2000.

A-tekst, The digital retriever media-archive, 2008. Available at <http://www. retrieverinfo.com/atekst.php> (accessed 28 January 2008).

Borud, H., "Vis respekt for vâre barn"[Show Respect for Our Children], Oslo: Aftenposten, 2000. 6. 5.

Broberg, Gunnar and Nils Roll-Hansen, *Eugenics and the Welfare State: Sterilisation Policy in Denmark, Sweden, Norway and Finland*, Ann Arbor, MI: Michigan University Press, 1996.

Chervenak, Frank A., Laurence B. McCullough and Stephen T. Chasen, "Further Evidence for First-Trimester Risk Assessment As an Autonomy-Enhancing Strategy", *Ultrasound in Obstetrics and Gynecology* 27, 2006: 355.

European Committee for Medical Ultrasound Safety(ECMUS), 2006. Available HTTP: <http://www.efsumb.org/efsumb/committees/Safety_Committee/Safety_Eng/2006%20souvenir%20scanning%20statement.pdf> (accessed 3 January 2006).

Edwards, Steven D., "Disability, Identity and the 'Expressivist Objection'", *Journal of Medical Ethics* 30, 2004: 418~420.

Getz, Linn and Anna Luise Kirkengen, "Ultrasound Screening of Pregnancy: Advancing Technology, Soft Markers of Fetal Anomaly and Unacknowledged Ethical Dilemmas", *Social Science and Medicine* 56, 2003: 2045~2057.

Gillam, Lynn, "Prenatal Diagnosis and Discrimination Against the Disabled", *Journal of Medical Ethics* 25, 1999: 163~171.

Harris, John, *Clones, Genes and Immortality*, Oxford: Oxford University Press, 1998.

Hyett, J. A., M. Perdu, G. K. Sharland, R. S. Snijders and K. H. Nicolaides, "Increased Nuchal Translucency at 10-14 Weeks of Gestation As a Marker for Major Cardiac Defects", *Ultrasound in Obstetrics and Gynecology* 10, 1997: 242~246.

Lou, S., K. Dahl, M. B. Risör, L. E. Hvidman, S. G. Thomsen, F. S. Jörgensen, F. Olesen, H. Kjaergaard and U. Kesmodel, "En kvalitativ undersøgelse av gravides valg av nakkefoldscanning"[A Qualitative Study of Pregnant

Women's Choice of an NT-Scan], *Ugeskriftet for Laeger*(*Danish Medical Journal*] 169, 2007: 914~918.

Lundeby, Hege and Jan Tøssebro, "Family Structure in Norwegian Families of Children with Disabilities", *Journal of Applied Research in Intellectual Disabilities* 21, 2008(Online Early Articles), doi : 10.1111/j.1468-3148.2007.00398.x.

Hall, Sue, Martin Bobrow and Theresa M. Marteau, "Psychological Consequences for Parents of False Negative Results on Prenatal Screening for Down's Syndrome: Retrospective Interview Study", *British Medical Journal* 320, 2000: 407~412.

Müller, M. A., O. P. Bleker, G. J. Bonsel and C. M. Bilardo, "Nuchal Translucency Screening and Anxiety Levels in Pregnancy and Puerperium", *Ultrasound in Obstetrics and Gynecology* 27, 2006: 357~361.

Nicolaides, K. H., G. Azar, D. Byrne, C. Mansur and K. Marks, "Fetal Nuchal Translucency: Ultrasound Screening for Chromosomal Defects in First Trimester of Pregnancy", *British Medical Journal* 304, 1992: 867~869.

NRK, Bare Marte, Faktor, NPK1, 2007. Available HTTP: <http://sesam.no/search/?c =wt&q=%22bare+marte%22#>(accessed 12 March 2007).

Nasjonal Telegram Byraa(NTB), "Ultralyd-stopp ved RiT"(Ultrasound Study Stopped at the Hospital in Trondheim), *Nasjonal Telegram Byraa*, 1999.

Öhman, Susanne Georgsson, Sissel Saltvedt, Charlotta Grunewald and Ulla Waldenström, "Does Fetal Screening Affect Women's Worries About the Health of Their Baby?", *Acta Obstetricia et Gynecologica Scandinavia* 83, 2004: 634~640.

Öhman, Susanne Georgsson, Sissel Saltvedt, Ulla Waldenström, Charlotta Grunewald and Sonja Olin-Lauritzen, "Pregnant Women's Response to Information About an Increased Risk of Carrying a Baby with Down Syndrome", *Birth* 33, 2006: 64~73.

Press, Nancy, "Assessing the Expressive Character of Prenatal Testing: The Choices Made or the Choices Made Available?", eds. Erik Parens and Adrienne Asch, *Prenatal Testing and Disability Rights*, Washington, DC: Georgetown Unversity Press, 2000.

Saetnan, Ann Rudinow, "Thirteen Women's Narratives of Pregnancy,

Ultrasound and Self", eds. Ann Rudinow Saetnan, Nelly Oudshoorn and Marta S. M. Kirejczyk, *Bodies of Technology: Women's Involvement with Reproductive Medicine*, Columbus, OH: Ohio State University Press, 2000.

Shakespeare, Tom, *Disability Rights and Wrongs*, London and New York: Routledge, 2006[톰 셰익스피어, 『장애학의 쟁점』, 이지수 옮김, 학지사, 2013].

Singer, Peter, *Rethinking Life and Death: The Collapse of Our Traditional Ethics*, Oxford: Oxford University Press, 1994.

Skotko, Brian, "Mothers of Children with Down Syndrome Reflect on Their Postnatal Support", *Pediatrics* 115, 2005: 64~77.

Skovmand, Kaare, "Flere kræver erstatning etter fejlskanning"[More and More Claim Compensation for Wrongful Brith], *Politiken* 11, October 2005.

Spencer, K., V. Souter, N. Tul, R. Snijders and K. H. Nicolaides, "A Screening Program for Trisomy 21 at 10-14 Weeks Using Fetal Nuchal Translucency, Maternal Serum Free-Human Chorionic Gonadotropin and Pregnancy-Associated Plasma Protein-A", *Ultrasound in Obstetrics and Gynecology* 13, 1999: 231~237.

Stainton, Tim, "Identity, Difference and the Ethical Politics of Prenatal Testing", *Journal of Intellectual Disability Research* 47, 2003: 533~539.

Sundhedsstyrelsen[Danish Ministry of Health], *Fosterdiagnostik og risikovurdering: rapport fra en arbejdsgruppe*[Prenatal Diagnosis and Risk Assessment—a Report], Copenhagen: Sundhedsstyrelsen, 2003.

Taipale, Pekka, Vilho Hiilesmaa, Riitta Salonen and Pekka Ylöstalo, "Increased Nuchal Translucency As a Marker for Fetal Chromosomal Defects", *New England Journal of Medicine* 337, 1997: 1654~1658.

Taylor, Charles, "The Politics of Recognition", ed. Charles Taylor, *Philosophical Arguments*, Cambridge, MA: Harvard University Press, 1995.

Vehmas, Simo, "Parental Responsibility and the Morality of Selective Abortion", *Ethical Theory and Moral Practice* 5, 2002: 463~484.

13장 _ 생명정치와 벌거벗은 생명

Agamben, Giorgio, *Homo Sacer: Sovereign Power and Bare Life*, trans. Daniel

Heller-Roazen, Stanford, CA: Stanford University Press, 1998.

Allan, Julie, "Foucault and Special Educational Needs: A 'Box of Tools' for Analysing Children's Experiences of Mainstreaming", *Disability and Society* 11, 1996: 219~233.

Batty, David, "Mental health sector criticises 'unworkable' reforms", 2006. Online. Available HTTP: <http://www.guardian.co.uk/medicine/story/0,1950763,00.html> (accessed 21 November 2006).

BBC New, "Plan to Beef Up Mental Health Law", 2006. Online. Available HTTP: <http://news.bbc.co.uk/go/pr/fr/-/1/hi/health/6157736.stm>(accessed 20 November 2006).

Beresford, Peter, "Thinking About 'Mental Health': Towards a Social Model", *Journal of Mental Health* 11, 2002: 581~584.

_____. "Treatment at the Hands of the Professionals", eds. Colin Barnes, Carol Thomas, Sally French and John Swain, *Disabling Barriers—Enabling Environments* 2nd Edn., London: Sage Publications, 2004.

Beresford, Peter, Chris Harrison and Anne Wilson, "Mental Health Service Users and Disability: Implications for Futures Strategies", *Policy Press* 30, 2002: 387~396.

Bull, Malcolm, "States Don't Really Mind Their Citizens Dying (Provided They Don't All Do It at Once): They Just Don't Like Anyone Else to Kill Them", 2004. Online. Available HTTP: <http://www.generation-online.org/p/fpagamben2.htm>(accessed 25 May 2005).

Butler, Judith, *Precarious Life: The Powers of Mourning and Violence*, London: Verso, 2004[주디스 버틀러, 『불확실한 삶: 애도와 폭력의 권력들』, 양효실 옮김, 경성대학교출판부, 2008].

Calland, Tony, "BMA Response to the Queen's Speech – Proposed Mental Health Legislation Refers to England and Wales Only", 2006. Online. Available HTTP: <http://www.bma.org.uk/pressrel.nsf/wlu/SGOY-6VKGC5?OpenDocument&vw = wfmms> (accessed 21 November 2006).

Chadwick, Alden, "Knowledge, Power and the Disability Discrimination Bill", *Disability and Society* 11, 1996: 25~40.

Corker, Mairian and Sally French eds., *Disability Discourse*, Buckingham: Open University Press, 1999.

Day, Elizabeth, "The Law Is Saying There Are Reasons Why I Shouldn't Be Alive. I Look at My Life and Think: That's Rubbish", The Sunday Telegraph, 2003. 11. 23., p. 22.

Diken, Bülent and Carsten Bagge Laustsen, *The Culture of Exception: Sociology Facing the Camp*, London and New York: Routledge, 2005.

Foucault, Michel, *The History of Sexuality: Volume 1, An Introduction*, trans. R. Hurley, New York: Vintage Books, 1990.

_____. "The Birth of Social Medicine", ed. James D. Faubion, *Power: Essential Works of Foucault, 1954-1984, Vol. 3*, trans. R. Hurley, New York: The New Press, 2000.

_____. "The Ethics of the Concern for Self as a Practice of Freedom", ed. Paul Rabinow, *Ethics: Essential Works of Foucault, 1954-1984, Vol. 1*, trans. P. Aranov and D. McGrawth, London: Penguin Books, 2000.

_____. 'Society Must Be Defended': Lectures at the College de France, 1975-1976, trans. David Macey, London: Penguin Books, 2004.

Garland-Thomson, Rosemarie, "Feminist Disability Studies", *Signs* 30, 2005: 1557~1587.

Hughes, Bill, "The Constitution of Impairment: Modernity and the Aesthetic of Oppression", *Disability and Society* 14, 1999: 155~172.

Hughes, Bill and Kevin Paterson, "The Social Model of Disability and the Disappearing Body: Towards a Sociology of Impairment", *Disability and Society* 12, 1997: 325~340.

Jones, George, "Queen's Speech Focuses on Security", 2006. Online. Available HTTP: <http://www.telegraph.co.uk/news/main.jhtml?xml=/news/2006/11/15/uelizabeth115.xml>(accessed 22 November 2006).

Keith, Lois, "Encounters with Strangers: The Public's Response to Disabled Women and How This Affects Our Sense of Self", ed. Jenny Morris, *Encounters With Strangers: Feminism and Disability*, London: Women's Press, 1996.

Markens, Susan, Carole H. Browner and Nancy Press, "'Because of the Risks': How US Pregnant Women Account for Refusing Prenatal Screening", *Social Science and Medicine* 49, 1999: 359-69.

Marks, Deborah, *Disability: Controversial Debates and Psychosocial*

Perspectives, London and New York: Routledge, 1999.

McIntosh, Paul, "An Archi-Texture of Learning Disability Services: The Use of Michel Foucault", *Disability and Society* 17, 2002: 65~79.

Morris, Jenny, *Pride Against Prejudice*, London: Women's Press, 1991.

Oliver, Michael and Colin Barnes, "Disability Politics and the Disability Movement in Britain: Where Did It All Go Wrong?", *Coalition*, August 2006: 8~13.

Overboe, James, "Disability and Genetics: Affirming the Bare Life(the State of Exception)", *Canadian Review of Sociology and Anthropology* 44, 2007: 219~235.

Preston, Gabrielle, "Introduction", ed. Gabrielle Preston, *A Route Out of Poverty? Disabled People, Work and Welfare Reform*, London: Child Poverty Action Group, 2006.

Prime Minister's Strategy Unit, "Improving the Life Chances of Disabled People", 2005. Online. Available HTTP: <http://www.strategy.gov.uk/downloads/work_areas/disability/disability_report/pdf/disability.pdf> (accessed 31 July 2006).

Quarmby, Katharine, "If These Are Not Hate Crimes, What Are?", *Disability Now*, September 2007: 1.

Reeve, Donna, "Negotiating Psycho-Emotional Dimensions of Disability and Their Influence on Identity Constructions", *Disability and Society* 17, 2002: 493~508.

_____. "Psycho-Emotional Dimensions of Disability and the Social Model", eds. Colin Barnes and Geof Mercer, *Implementing the Social Model of Disability: Theory and Research*, Leeds: The Disability Press, 2004.

_____. "Towards a Psychology of Disability: The Emotional Effects of Living in a Disabling Society", eds. Dan Goodley and Rebecca Lawthom, *Disability and Psychology: Critical Introductions and Reflections*, Basingstoke: Palgrave. 2006.

Reist, Melinda Tankard, "introduction", ed. Melinda Tankard Reist, *Defiant Birth: Women Who Resist Medical Eugenics*, Melbourne: Spinifex Press, 2005.

Reith, Lorna, "Disability Alliance Response R47: Response to the Work and Pensions Committee Inquiry into the Reform of Incapacity Benefits and Pathways to Work", 2005. Online. Available HTTP: <http://www.disabilityalliance.org/r47.pdf> (accessed 6 August 2006).

Satyamurti, Emma, "The Seamstress", *Prospect*, February 2001: 52~53.

Shakespeare, Tom, "Choices and Rights: Eugenics, Genetics and Disability Equality", *Disability and Society* 13, 1988: 665~681.

_____. *Disability Rights and Wrongs*, London and New York: Routledge, 2006[톰 셰익스피어, 『장애학의 쟁점』, 이지수 옮김, 학지사, 2013].

_____. "Snap Unhappy", 2006. Online. Available HTTP: <http://www.bbc.co.uk/ouch/columnists/tom/290806_index.shtml>(accessed 27 September 2006).

Shildrick, Margrit and Janet Price, "Uncertain Thoughts on the Dis/Abled Body", eds. Margrit Shildrick and Janet Price, *Vital Signs: Feminist Reconfigurations of the Bio/logical Body*, Edinburgh: Edinburgh University Press, 1998.

Sirnes, Thorvald, "Deviance or Homo Sacer? Foucault, Agamben and Foetal Diagnostics", *Scandinavian Journal of Disability Research* 7, 2005: 206~219.

Sullivan, Martin and Robyn Munford, "The Articulation of Theory and Practice: Critique and Resistance in Aotearoa New Zealand", *Disability and Society* 13, 1998: 183~198.

Thomas, Carol, *Female Forms: Experiencing and Understanding Disability*, Buckingham: Open University Press, 1999.

_____. "Developing the Social Relational in the Social Model of Disability: A Theoretical Agenda", eds. Colin Barnes and Geof Mercer, *Implementing the Social Model of Disability: Theory and Research*, Leeds: The Disability Press, 2004.

_____. *Sociologies of Disability and Illness: Contested Ideas in Disability Studies and Medical Sociology*, Basingstoke: Palgrave Macmillan, 2007.

Tremain, Shelley ed., *Foucault and the Government of Disability*, Ann Arbor, MI: University of Michigan Press, 2005.

찾아보기

필자 소개

제롬 비켄바흐(Jerome E. Bickenbach)

캐나다 퀸즈대학교(Queen's University) 철학 및 법학 교수이자 세계보건기구(World Health Organization, WHO) 자문위원 역임. 그의 연구 관심사는 장애의 개념화, 윤리 및 정치 이론, 특히 분배적 정의론이다.

린지 브라운(Lindsey Brown)

영국 옥스퍼드대학교(University of Oxford) 에톡스 센터(the Ethox Centre) 공중위생윤리 연구원 역임. 그녀는 법학을 전공했으며, 사회법률적 연구와 경험적 연구를 통해 윤리학을 탐구하고 있다. 그녀의 연구 관심사는 보건법, 장애권, 생명윤리이다.

스티브 에드워즈(Steven D. Edwards)

웨일스 스완지대학교(Swansea University) 보건학대학원 철학·역사학·법학과 교수. 그의 주요 연구 관심사는 보건철학, 마음의 철학(philosophy of mind), 상대주의 분야에 걸쳐있다.

마티 헤이리(Matti Häyry)

영국 맨체스터대학교(University of Manchester) 생명윤리 및 법철학 교수. 그는 국제생명윤리학회(International Association of Bioethics) 회장을 역임했으며, 연구 관심사는 도덕이론과 유전학 윤리이다.

리처드 헐(Richard Hull)

철학 강사이자 골웨이(Galway) 소재 국립아일랜드대학교(National University of Ireland) 생명윤리 연구 및 분석 센터(Centre for Bioethical Research and Analysis) 이사 역임. 그의 연구 관심사는 도덕철학, 정치이론, 생명윤리이다.

헤이키 이케헤이모(Heikki Ikäheimo)

호주 뉴사우스웨일스대학교(University of New South Wales) 부교수. 그의 주요 관심 분야는 인지, 인격, 사회적 존재론, 주체성에 대한 헤겔의 이론이다.

패트릭 셰르밋(Patrick Kermit)

노르웨이과학기술대학교(Norwegian University of Science and Technology) 정신보건학과 교수. 그는 철학으로 학위를 받았으며, 수어통역사이기도 하다. 박사학위 연구 프로젝트에서 그는 소아 인공와우 이식과 관련된 다양한 윤리적 측면들을 다루었다.

크리스트야냐 크리스티안센(Kristjana Kristiansen)

노르웨이과학기술대학교 사회사업학과 교수. 그녀의 학문적 배경은 심리학이며 공중위생학으로 박사학위를 받았다. 그녀의 연구 관심사는 장애학, 정신보건, 질적 방법론이다.

페카 메켈레(Pekka Mäkelä)

핀란드 헬싱키대학교(University of Helsinki) 사회과학부 연구팀 연구 코디네이터. 그의 연구는 집단적인 도덕적 책임감과 사회적 실재의 형이상학에 초점을 맞추고 있다.

도나 리브(Donna Reeve)

영국 리즈대학교에서 장애학으로 석사학위를, 랭커스터대학교(Lancaster University)에서 박사학위를 받았다. 연구 관심사는 장애이론과 장애에 대한 학제적 접근법을 강조하는 포스트구조주의다.

재키 리치 스컬리(Jackie Leach Scully)

영국 뉴캐슬대학교(Newcastle University) 지리학·정치학·사회학대학원 교수. 그녀의 전공은 신경과학과 철학이다. 그녀의 현재 연구 관심사는 장애와 생명윤리, 장애의 현상학, 도덕적 상상(moral imagination)에 대한 한계이다.

톰 셰익스피어(Tom Shakespeare)

생명윤리에 관심을 갖고 있는 사회과학자. 그의 저서로는 『장애학의 쟁점』(*Disability Rights and Wrongs*), 『유전자 정치: 우생학에서 인간게놈프로젝트까지』(*Genetic Politics: From Eugenics to Genome*) 등이 있다. 그는 지난 30년 동안 영국의 장애운동에 관여해 왔다.

스티븐 스미스(Steven R. Smith)

웨일스대학교(University of Wales) 정치철학 및 사회정책학 교수이며, 뉴포트 사회윤리 연구집단(Newport Social Ethics Research Group, SERG)의 창립 멤버. 그의 연구 관심사는 장애철학, 사회정의, 평등주의이다.

베르게 솔베르그(Berge Solberg)

노르웨이과학기술대학교 공중보건 및 간호학과 교수. 그의 연구 관심사는 주로 생명윤리, 특히 산전 진단, 착상전 유전자진단, 유전자 데이터베이스의 윤리이다.

투이야 타칼라(Tuija Takala)

영국 맨체스터대학교의 생명윤리 및 도덕철학 부교수, 핀란드 헬싱키대학교 실천철학 외래교수 역임. 그녀의 학문적 배경은 철학이지만, 의료윤리와 법률 또한 연구해 왔다. 그녀의 연구 관심사는 자율성이나 정체성과 같은, 생명윤리의 보다 이론적이고 개념적인 이슈들이다.

시모 베마스(Simo Vehmas)

스웨덴 스톡홀름대학교(Stockholm University) 특수교육학과 교수. 철학과 특수교육을 전공했으며, 그의 연구 관심사는 장애이론과 장애 윤리이다.